图解词典系列丛书
ILLUSTRATED DICTIONARY SERIES

中国古代艺术珍品图解词典

[加] 王其钧 ——— 编著
WANG QIJUN
Text Author and Illustrator

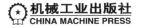
机械工业出版社
CHINA MACHINE PRESS

本书以图解词典的形式，系统汇集了中国古代艺术珍品方面的词条，进行细致到位的解读，为读者查考、检索提供了极大的便捷，帮助读者更轻松地查阅相关知识，学习、研究和欣赏中国古代艺术珍品。本书插图精美，作者以严谨的态度，并付出巨大的精力，徒手绘制了本书中大部分的插图，每幅插图都如一幅美术作品，有较强的欣赏性，具有较高的艺术价值。

图书在版编目（CIP）数据

中国古代艺术珍品图解词典/（加）王其钧编著.—北京：机械工业出版社，2021.2（2024.3重印）

（图解词典系列丛书）

ISBN 978-7-111-67747-5

Ⅰ.①中…　Ⅱ.①王…　Ⅲ.①文物工作—中国—图解词典②博物馆—工作—中国—图解词典　Ⅳ.①K870.4-61②G269.2-61

中国版本图书馆CIP数据核字（2021）第043378号

机械工业出版社（北京市百万庄大街22号　邮政编码100037）

策划编辑：张维欣　　　　　　责任编辑：张维欣
责任校对：韩佳欣　李　婷　封面设计：鞠　杨
责任印制：张　博

北京利丰雅高长城印刷有限公司印刷

2024年3月第1版第2次印刷

125mm×210mm·16.625印张·3插页·715千字

标准书号：ISBN 978-7-111-67747-5

定价：139.00元

电话服务　　　　　　　　　网络服务

客服电话：010-88361066　机　工　官　网：www.cmpbook.com
　　　　　010-88379833　机　工　官　博：weibo.com/cmp1952
　　　　　010-68326294　金　书　网：www.golden-book.com

封底无防伪标均为盗版　机工教育服务网：www.cmpedu.com

前　言

　　中国古代艺术珍品在世界艺术史上占有重要位置。这是因为中国的文物历史悠久、内容广泛、种类繁多、技艺精湛。除此之外，更重要的还在于中国的文物作品民族风格强烈，与中国历史的变迁同步发展。原始彩陶、商周铜器、秦汉漆器、汉唐雕塑、宋元瓷器、明清雕刻，都集中反映了那个时代先民的智慧和创造力，是中华文化博大精深、源远流长的实体反映。中国历史上的典型的艺术珍品体现着中华民族生生不息的生命力、非凡的创造力和强大的凝聚力。现在博物馆中的常见器物在过去的生活中深深地影响着中华儿女的思维方式、行为方式和价值观念。

　　艺术珍品的范围包括古代中国人的衣、食、住、行、用等生活的方方面面。艺术珍品的基本属性具有实用的功能，并且还具有美观的形式。有了良好的功能和形式，便从精神和物质两个方面满足了人们的需求。因此在历史上，艺术珍品是和人们的日常生活与信仰崇拜紧密结合的。

　　我与工艺美术专业的结缘开始于 1974 年我考入南京艺术学院美术系装饰设计专业。当时这个专业的主要教学内容为玻璃、陶瓷、印刷、金属工艺设计等方面的知识，课程涵盖了平面与立体造型设计两个方面。我需要感谢我们这个教研组的吴山和张道一两位教师，是他们把我带入到工艺美术的学术领域内。中国的工艺美术知识浩如烟海，尤其是一些名词，光看字面，无法理解。如果不是在南京艺术学院跟吴山、张道一先生一点点地学、一个词一个词地问，自己简直就没法进入这个行业内。因此我也理解，传统的师傅带徒弟的方法是最有效的教学方法。

　　但是，并不是所有的老师都像吴山、张道一先生那样博古通今、满腹经纶，并且有这么深厚的实践知识。假如学习工艺美术只能通过"面授"而不能通过"函授"，那就大大限制了工艺美术知识的传播。有没有别的方法能使人在条件有限的前提下学到和掌握一些工艺美术方面的基础知识呢？我想，编写一本图解词典应该可以部分地帮助那些想学习工艺美术的人解决一些这方面的实际问题。

　　我的恩师吴山先生曾经于 1987 年 9 月主编了一本《中国工艺美术大辞典》，那是一本厚达 1385 页的大书。35 年后的今天，作为学生的我每次看这本书时，都对先生的敬业和博学尊敬有加。

　　我编撰的这本体量不大的书主要聚焦于一些特定方面的内容。词条收录主要聚焦于一些博物馆的藏品、石窟寺院的现存雕塑作品等具有视觉形象的艺术珍品，而回避了艺术珍品加工、生产等环节的技术名词。这是因为这本书是"图解"名词条目的。技法类的词条假如用"图解"的模式则十分困难，即便可以用"图解"阐述的内容，往往也是需要用连环画的形式逐步说明。因此，这本书更像是器物、构件和雕塑的图解词典。瑕瑜互见、良莠并存是客观的真实反映。不当之处还请读者批评指正。

王其钧

2022 年 5 月 24 日

于中央美术学院

目 录 Contents

v

第二章　夏、商与西周

第三章　春秋和战国

目录

第五章　魏晋南北朝

中国古代艺术珍品图解词典

第六章 隋 唐

第七章　五代　辽宋　西夏　金

第一章　新石器时代

时间	白陶	红陶	灰陶	彩陶
仰韶文化 约公元前4900~ 前3000年				
仰韶文化庙底沟类型 约公元前4000~ 前3500年				
仰韶文化半坡类型 约公元前4900~ 前4000年				
裴李岗文化 约公元前5300~ 前4600年				
马家窑文化 约公元前4200~ 前3300年				
齐家文化 约公元前2200~ 前1900年				
大汶口文化 约公元前4200~ 前2600年				

时间	红陶	黑陶	灰陶	彩陶
龙山文化 距今约4000年				
山东龙山文化 约公元前2600~ 前2000年				
中原龙山文化 约公元前3000~ 前2000年				
大溪文化 约公元前3825~ 前2405年				
屈家岭文化 约公元前3000年前后				
河姆渡文化 约公元前5000~ 前3000年				

时间	红陶	黑陶	灰陶	彩陶
马家浜文化 约公元前5000~ 前4000年				
崧泽文化 约公元前4000~ 前3300年				
良渚文化 约公元前2750~ 前1890年				
磁山文化 约公元前5400~ 前5100年				
辛店文化 约公元前3400年				
夏家店文化 约公元前2000~ 前300年				

红陶双耳三足壶

新石器时代裴李岗文化，陶塑。1987
年河南新郑裴李岗村出土，中国国家
博物馆藏。裴李岗陶器以红陶为主，
多采用泥条盘筑法，手工制作，因此
器壁多薄厚不均。壶体腹部呈球状，
小口，两耳，壶底有三足支地，为古
代的盛贮器。壶表面磨光，表面多有
剥落，壶口处带有裂痕。

红陶双耳三足壶

白陶鬶

新石器时代大汶口文化，陶塑。1959
年山东泰安出土，高14.8厘米。鬶
（guī）是一种三足的煮器，有柄有流，
可以在温热食物或酒水后直接端上桌
使用，陶体表面和胎骨均为白色，呈
现出光洁的外观形象。鬶腰部有编织
纹柄，颈圆润挺直，敞口上有流，向
外有细卷边装饰，造型独特。

白陶鬶

陶兽形壶

新石器时代大汶口文化，陶塑。1959
年山东泰安出土，山东博物馆藏。高
21.6厘米，兽体形肥胖，腿短、粗而壮，
头向上仰，耳鼻塑出造型，眼和口都
穿孔洞而成，尤其是口部被塑造为流
口。背上有拱圆提梁，最后部有上翘
的短尾，在提梁与尾部之间塑圆柱筒，
可向内注水，前面张口的嘴是水倒出
的地方。整件器具经过打磨抛光，并
在表面涂施朱红色，外观形象及整体
造型都显得活泼生动。

陶兽形壶

猪纹黑陶钵

新石器时代河姆渡文化，陶塑。口边长 21.7 厘米，宽 17.5 厘米，高 11.7 厘米，浙江余姚河姆渡出土。夹炭黑陶，手工制作，钵壁较厚，胎质较粗，制作水平还处于初级阶段。钵体上的猪采用双线刻和草叶纹表现，向人们展示了古代猪的形象。

猪纹黑陶钵

莪沟陶塑人头像

新石器时代裴李岗文化，陶塑。1978年河南莪沟北岗出土，河南省文物考古研究所藏。残像高 4 厘米，陶质灰色。头像脸呈方形，鼻子大而臃肿，额头宽平，两眼紧闭，其整体形象是一位眉头紧锁的老人。整件雕塑雕技稚拙，反映了我国早期雕塑的古朴风格。这件作品是迄今我国发现的最古老的圆雕人头像，也是新石器时代中期的陶塑佳作。

莪沟陶塑人头像

洛南人首形口陶壶

新石器时代仰韶文化，陶塑。1953年陕西洛南出土，西安半坡博物馆藏。陶壶通高 23 厘米，为泥质红陶。由下部鼓腹壶身和圆雕人头组成，造型别致。壶下部形体圆润，颈部有褶皱，向后塑有圆筒形口；向上接圆雕人头，为雕塑的重点。头像眼口作镂空，鼻梁挺直，头上凹凸不平雕出头发形象。人物表情淳朴、生动。将实用器具与人物形象雕塑结合，是我国早期雕塑艺术手法的一种，反映了当时人们艺术创作表现对象的倾向。

洛南人首形口陶壶

牙雕凤鸟匕形器

新石器时代河姆渡文化，象牙雕。
1977 年浙江余姚河姆渡出土，长 15.8
厘米，中国国家博物馆藏。早期匕形
器多作为取食器，其作用类似于匙，
但这件将前端雕刻成鸟形的象牙匕显
然不是实用器，而是一种按照实用器
制作的礼器，因为鸟身上有打孔以供
串绳。匕形器以带弯尖喙的鸟头为柄，
鸟身刻有双翅收束，鸟尾被夸大为扁
圆的匕身部分。同墓出土有多件鸟形
纹饰的其他用具，显然带有早期自然
图腾崇拜的印记。

牙雕凤鸟匕形器

姜西村陶塑人面像

新石器时代仰韶文化，陶塑。1959 年
陕西扶风姜西村出土，中国社会科学
院考古研究所藏。这是一件陶盆口沿
下的浮雕装饰残片，所余陶盆残片使
作品呈现怪异而奇特的造型。作品为
夹砂红陶质，表面粗糙。依盆沿口向
下的人面中间鼻梁突出并向下微勾，
眼和嘴是简单的划纹线，面部形象富
于动感，作品以粗糙的表面展示出了
生动的人面形象。

姜西村陶塑人面像

鹳鱼石斧图彩陶缸

新石器时代前期仰韶文化，陶塑。
1980 年河南省临汝县阎村出土，中国
国家博物馆藏。陶缸高 47 厘米，口径
32.7 厘米，底径 20.1 厘米，为夹砂红
陶质，其外壁绘有站立的鹳鸟口衔鱼
的形象，以及一把独立的石斧。此类
多见于成人墓葬之中，应是具有特殊
含义的象征物，据有关专家推测为鸟
族战胜鱼族的象征。斧头采用写实手
法表现了石斧头捆绑在木制手柄上的
形象，为人们了解和研究当时石制工
具的发展情况提供了重要参考。

鹳鱼石斧图彩陶缸

北首岭陶塑人面像

新石器时代仰韶文化，陶塑。1958年陕西宝鸡北首岭出土，中国社会科学院考古研究所藏。高7.3厘米，宽9厘米，为器物装饰件。像为平头形象，以镂空雕刻孔洞表现眼睛和嘴，眉毛、鼻梁及嘴巴周围以黑彩描绘出眉须。在人物两耳部都有穿孔，似为固定人像之用。作品以不同的表现手法展示出完整的人面形象特征，是我国早期雕塑与绘画相结合的代表。

北首岭陶塑人面像

高寺头陶人头

新石器时代仰韶文化，陶塑。1964年甘肃礼县高寺头出土，甘肃省博物馆藏。头像高12.5厘米，宽8.5厘米，采用堆塑与锥镂相结合的技法塑造。额头上部用泥条堆塑并压成节状纹，如发辫的形象，鼻子为堆塑突出，眼睛和嘴为镂空，耳垂上有洞孔，面部饱满圆润。作品头部略微向上扬，并侧倾，表现出神情悠然的人物形象。头像五官比例及表现出的装饰特征展现了当时人们的审美和风俗习惯。作品表现细腻，手法写实，但底部残缺，考虑到此时有人头形器皿的做法，因此推测此人头可能为某器皿盖的一部分。

高寺头陶人头

船形彩陶壶

新石器时代仰韶文化，陶塑。1958年陕西省宝鸡市北首岭出土，中国国家博物馆藏。壶高15.6厘米，长24.8厘米。这件两头出尖锥状角的壶被认为是对当时独木舟形象的模仿。壶中间有突出的竖口，两角状突出物上有环可供穿绳提拉，壶腹两面绘斜向网格纹，纹饰两侧又设连续三角形饰边。

船形彩陶壶

大地湾人首形口彩陶瓶

新石器时代仰韶文化庙底沟类型，陶塑。1973年甘肃秦安大地湾出土，甘肃省博物馆藏。泥质红陶，高31.8厘米，口径4.5厘米，底径6.8厘米。器体呈两头尖的梭形，鼓腹。瓶口塑成少女形象，头部有刘海，阴线刻齐耳短发，鼻头隆起，面部轮廓呈三角形，眼、鼻、嘴均为镂孔形式。两耳有穿孔，可穿绳。瓶体颀长，布满树叶形图案装饰，为墨绘。作品整体造型典雅，构思巧妙，是集装饰与实用于一体的原始雕塑精品。

大地湾人首形口彩陶瓶

陶鹰鼎

蝉形佩

新石器时代末期石家河文化，玉雕。1955~1956年湖北省天门石家河罗家柏岭遗址出土，中国国家博物馆藏。石家河文化遗址中出土较多的玉蝉形象，图示长2.9厘米，宽1.8厘米，厚0.6厘米，是同墓出土的多件玉蝉之一，同墓多件玉蝉造型基本相同，只在形状尺度和细部纹饰上有所差异。图示玉蝉总体为一瘦长方形玉片，头部顶端和圆眼略有突出，通过刻饰有卷线纹和凹凸弦纹的颈部与底部带双翅的蝉身相连。蝉翅与身体刻写实性纹路，整体造型逼真。此类玉蝉多在首、尾部有穿孔，应是供穿绳悬挂式佩戴之用。

陶鹰鼎

新石器时代后期仰韶文化庙底沟类型，陶塑。1958年陕西华县太平庄出土，中国国家博物馆藏。高35.8厘米，口径23.3厘米，通体呈灰黑色。鹰底部双腿与尾部形成三足，其腿部粗而健壮。双目圆瞪，神态专注。尖喙向前弯曲，似在捕捉食物，前胸饱满壮实，突显力量感，器口开在鹰的背部。作品形神兼备，充满动感并具有强烈的生命气息。将动物阔大的腹部作为使用部分，使艺术形象与实用功能充分结合，这与早期一些小型的动物陶塑以及造型简单的实用器都不相同，是技艺水平提升的象征。

蝉形佩

玉凤

新石器时代末期石家河文化，玉雕。1955~1956 年湖北省天门石家河罗家柏岭遗址出土，中国国家博物馆藏。同墓出土一龙一凤，共两件玉环，凤形环最大径 4.9 厘米，厚 0.6~0.7 厘米。凤首与凤尾端相交成环，双面雕，但今仅一面图案清晰。凤鸟的眼、冠和羽毛均为浅浮雕形式，有长短二尾相套，身体尾部外沿有一穿孔。

玉凤

杨家圈陶塑人头像

新石器时代龙山文化，陶塑。1978 年山东栖霞杨家圈出土，山东省文物考古研究所藏。像长 2.5 厘米，宽 2 厘米，灰陶质。造型简单，形象概括。眼、口均为镂空，鼻梁向上挺起，有鼻孔。嘴呈圆廓状，整个头部形象塑造相当简约，似初加工后还未细雕琢的半成品。

杨家圈陶塑人头像

八角星纹彩陶豆

新石器时代大汶口文化，陶塑。1978 年山东泰安大汶口遗址出土，山东省文物考古研究所藏。陶豆高 28 厘米，口径 26 厘米，足径 14.5 厘米。这件陶器是大汶口文化中期的作品，此时彩陶以红、白、黑三色最为普遍。豆体本身为红陶，豆口沿外撇，为白底加黑线饰，豆腹为双竖线以八角星纹间隔，八角星纹中间另有红陶块，豆足为成对的弯月纹饰。豆腹与高足上的图案都为白色以黑线勾边形式，其纹饰简洁，色彩搭配醒目。

八角星纹彩陶豆

陶塑房屋模型

新石器时代大汶口文化，陶塑。1966年江苏邳县大墩子出土，南京博物院藏。高8.3厘米，红陶质。造型精巧，形象写实。上部有三角形屋顶，屋顶下出檐为方形。檐下正面开方门洞，两侧及后部均开窗。模型中的建筑以半穴居地上部分与地下空间相结合的形式，展示了当时人们的住宅状态。

陶塑房屋模型

江豚形灰陶器

江豚形灰陶器

新石器时代良渚文化，陶塑。1960年江苏省吴江县梅堰遗址出土，南京博物院藏。高11.7厘米，长32.4厘米，泥质灰陶。体态肥硕，被认为是模仿长江中的白鳍豚而塑造。头部有圆雕尖嘴，阴刻圆眼中有竖线为睛，造型生动。这件豚形器整体如梭形，只是尾部并不像头部那样呈尖形，而是开有圆形口，并向上翘起，腹部中空，可储水。腹下有三足作支撑。以水生动物为题材的雕塑作品的出现，说明了早在新石器时代晚期，在长江中下游地区就有江豚活动。

镂孔兽形灰陶器

新石器时代，陶塑。1973年江苏省吴县草鞋山遗址出土，南京博物院藏。高10.5厘米，长21厘米，泥质灰塑。以模仿兽类形象塑造，体形颀长，整器呈圆筒形，一端开圆口，另一端封闭，两端出尖角。器上部略显平整，至尾部略向上翘起，两侧腹部有圆形和三角形镂刻装饰，下有四足支撑。圆口上部有长方形和三角形纹饰，形似鼻子和眼睛，两侧对称有三角形纹饰，象征胡须。作品造型抽象，但形象生动。

镂孔兽形灰陶器

猪形陶壶

新石器时代，陶塑。1933 年江苏省高邮县龙虬庄遗址出土，南京博物院藏。泥质灰陶，圆形敞口，颈部较短，鼓腹。腹前部捏塑猪的面部形象，眼、鼻、嘴等部分都十分逼真，腹下还设有四足，造型更加活泼。同时出土的七件作品，造型各异。猪在古代是财富的象征，因此猪形器物在古代十分流行。

猪形陶壶

邓家湾陶塑人像

邓家湾陶塑人像

新石器时代青龙泉三期文化（也称石家河文化），陶塑。1976 年湖北天门邓家湾出土，荆州博物馆藏。陶塑人像，其中一件高 9.5 厘米，另一件高 8.7 厘米，均为泥质红陶。人像制作较为粗糙，造型简洁，虽然人像的五官与身体的比例明显失衡，但却通过捏塑，使作品整体表现出了人的形象，具有特殊的情趣。这组人像是现今保存较为完整的原始社会时期圆雕人物全身像。

陶象

新石器时代青龙泉三期文化，陶塑。1976 年湖北邓家湾出土，荆州博物馆藏。象高约 7 厘米，长 9.5 厘米，泥质红陶。大象的形象塑造抽象而生动，头部着重表现长牙和鼻子，身体也被简化而着重表现四肢。象前足粗壮，后足显弱，身体呈向前倾的趋势，头部是塑造的重点。作品形象完整、统一，造型简洁、概括。

陶象

陶鸟

新石器时代后期屈家岭文化，陶塑。1976 年湖北邓家湾出土，荆州博物馆藏。高 3.4~4.8 厘米，长度约 6.8 厘米，都是泥质红陶。作品均以立鸟为形象进行塑造，身体和尾部的比例为 1：1。尾部造型夸张，呈"V"字形略向上翘。屈家岭文化以种植和养殖为主，因此在墓葬中出土大量此类陶鸟、陶鸡和陶狗形象的陶器小品。

陶鸟

陶塑裸体女像

新石器时代后期红山文化，陶塑。1982 年辽宁省喀喇沁左翼蒙古族自治县东山嘴出土，辽宁省博物馆藏。像为泥质红陶，陶质坚硬，表面呈棕红色，头部、手臂、足部均残缺。腹部圆大，臀部宽厚，身体残高 7.8 厘米。雕塑对孕妇形象的塑造，具有极高的写实性。这一形象的孕妇雕塑同时出土多件，由于其出土地点是一处被认为是原始宗教建筑的基址，因此也不排除这些小型雕像具有浓厚的原始宗教内涵，可能是祈求丰产的纪念物。

陶塑裸体女像

牛河梁泥塑女神头像

新石器时代红山文化晚期，陶塑。1983 年辽宁凌源、建平交界处牛河梁出土，辽宁省博物馆藏。像高 22.5 厘米，宽 16.5 厘米。像接近真人头部尺度，是采用草禾粗泥为里，细泥罩面的方式雕塑而成，作品表面饰红彩。头像面部轮廓呈方圆形，额部宽而平，五官比例适中，眼睛凹陷，眼眶大而明显，眼角上扬，以青色扁圆状玉片镶嵌作眼珠，面部表情更加生动逼真。像鼻梁残缺，嘴巴咧开，唇部造型逼真。作品写实性强，是对当时人头部结构及形象特征的成功塑造。

牛河梁泥塑女神头像

筒形彩陶瓶

新石器时代大溪文化，陶塑。1975 年
四川省巫山县大溪遗址 114 号墓出土，
四川博物院藏。高 17.7 厘米、口径 6.2
厘米、底径 8.3 厘米。陶瓶为泥质红
陶，筒形，陶体细腻，上细下粗，腰
微束，底部呈喇叭形外撇，平底。瓶
表面打磨光滑，施红陶衣，在中上部
绘以黑色的平行纹和弯曲的波浪纹作
为装饰。彩陶瓶造型简洁概括，风格
素朴且不失艺术趣味。

筒形彩陶瓶

彩陶碗

新石器时代大溪文化，陶塑。1975 年
四川省巫山县大溪遗址出土，四川博
物院藏。高 9.9 厘米、口径 13.5 厘米、
足径 8.2 厘米。泥质红陶。碗为直口，
不卷边，弧腹体形饱满，碗底为覆口
的喇叭形足。碗壁很薄，表面施有褐
色彩绘。腹部圈饰平行纹，在平行纹
间还饰有三种不同形状的几何纹样，
分别呈菱形、方格形和箭头形。在大
溪遗址的出土物中，多为素面的红陶
器，这种满饰彩纹的陶器极为少见。

彩陶碗

乳钉纹红陶鼎

新石器时期裴李岗文化，陶塑。河南
新郑市裴李岗遗址出土，河南博物院
藏。陶鼎是裴李岗文化中最具代表性
的陶器之一，用作炊具。裴李岗的乳
钉纹陶鼎是我国目前发现的中国最古
老的鼎。鼎高 22 厘米、口径 23 厘米、
足高 6 厘米，为侈口，深腹圆底，底
下有三条扁足，足尖稍向外撇，器腹
设三圈扁圆乳钉纹饰。制作过程中，
在陶胎中还有意加入许多粗砂，使其
在高温下不易出现崩裂。鼎造型概括
简洁，器形简单，器身无纹饰，这也
是裴李岗文化陶器的特征之一。

乳钉纹红陶鼎

彩陶背壶

新石器时期大汶口文化，陶塑。1959年山东省泰安市大汶口墓出土，中国国家博物馆藏。高16.9厘米，口径7厘米，底径6厘米。陶壶敞口，漏斗形长颈，阔肩，深腹，平底，腹两侧各有一环耳，方便穿绳使用。壶体表面敷红色陶衣，并以黑白彩绘装饰。颈部绘黑白彩等距同心圆，肩部饰有黑底白彩涡纹，腹部为黑彩白边上下交错的三角纹饰，腹底部及足部绘以黑底白色连珠纹。背壶是大汶口文化中的一种具有特色的盛水器，其腹部一面圆鼓，一面扁平，以便于人们背水。

彩陶背壶

鲵鱼纹彩陶瓶

新石器时期，陶塑。1958年甘肃甘谷西坪出土，甘肃省博物馆藏。高38.4厘米，口径7厘米，底径12厘米。瓶口较小，短颈，腹部为柱形，腹部两侧有两耳。瓶身通体呈黄褐色，腹部有彩绘的鲵鱼纹，头似人面，颔下有须，身体似蛇，以斜格纹饰。这种拟人化的鱼纹形象被认为是华夏文明始祖伏羲氏的雏形。作品整体造型简洁，彩绘纹样简练，线条自然，风格质朴。

鲵鱼纹彩陶瓶

鸳鸯池石雕人面像

新石器时代马家窑文化马厂类型，陶塑。1973年甘肃永昌鸳鸯池出土，甘肃省博物馆藏。像高3.8厘米，宽2.5厘米，白云石质。人面像椭圆形，头顶部开洞作穿孔，两眼、鼻孔及嘴部均凹陷，并用黑色胶质物填充，以环状白色骨珠镶嵌。这种采用镶嵌技法使雕塑形象更生动、更夸张的做法，在原始社会时期各文化遗址中发现的同类面具饰中并不多见。

鸳鸯池石雕人面像

彩陶双耳壶

新石器时代辛店文化，陶塑。甘肃临洮辛店遗址出土，台北历史博物馆藏。高62.5厘米。壶为圆柱形长径，侈口，肩部饰有两环形耳，腹部圆鼓，向下渐渐收成平底。器体外磨光，施红色陶衣为底，其上用墨线勾勒纹饰。口沿处饰一段黑带纹，颈部饰连续的变体回纹及日纹、鸟纹，壶肩部饰以单线双勾纹和太阳纹。壶造型简洁，轮廓粗犷，风格质朴。

彩陶双耳壶

武安石雕人头

新石器时代早期磁山文化，石刻。河北武安出土，邯郸市博物馆藏。人面部及头部轮廓呈不规则状，面部五官夸张却能表现出真实的面部形态。两段凸弧形连在一起形成的双眉细而长，眉下眼窝凹陷，却又以两个凸起的圆球突出眼睛的形象。鼻子被忽略，嘴巴扁而宽，两端长到耳际，嘴中斜刻纹线，像是外突的牙齿。作品形象憨厚，表现手法夸张。其头顶中央穿孔，显然为穿绳佩戴或悬挂之用，因此人头像也为具有特征意义的象征物。

武安石雕人头

石锛

新石器时代仰韶文化半坡类型，石制工具。陕西西安半坡遗址出土。选用好石料，打制成石器的雏形，再进行磨制、打孔，制成复合工具，是早期劳动人民为提高劳动效率制作工具的步骤。同一地点出土的除石锛外，还有石斧、石锄等农用工具，其形象与现代民间使用的斧头、锄头形制相似。

石锛

大溪石雕人面

新石器时代大溪文化，石刻。1959年四川省巫山县大溪遗址64号墓出土，四川博物院藏。高6厘米，宽3.6厘米，中间厚约1厘米。通体由漆黑色火山灰岩雕刻而成。平面为椭圆形，正反两面的中心位置采用阳刻的手法雕出人面的造型，双眼镂雕圆洞状，鼻梁高挺，口呈"O"形。背面的装饰与前面大致相同。顶部边缘左右各有一椭圆形穿孔，作穿绳佩挂用。石雕人面从一个儿童墓出土，鉴于同时期不同地区的墓中多有此类小型玉片式人面出土，推测为巫文化的一种表现，可能为死者佩戴以求神灵庇护之意。

大溪石雕人面

六合玉雕人头像

新石器时代石家河文化，玉雕。1981年湖北钟祥六合出土，荆州博物馆藏。高3.7厘米，整体造型为一个类面具式人面纹。正面刻出五官，鼻部突出，其余部分以线刻为主。头两侧有角，耳下有双环。人面下有蹄状的足，使整个形象极具神话色彩。作品表面光滑，显示出娴熟的技艺水平，是新石器时代不可多得的玉雕作品。

六合玉雕人头像

大型玉龙

新石器时代红山文化，玉雕。1971年内蒙古翁牛特旗三星他拉村出土，内蒙古博物院藏。高26厘米，体态卷曲呈"C"形，通体磨光，中部有孔，应作串绳用。这件"C"形器为猪首蛇身形式，下颌有线刻的胡须，头顶有形如马尾的长鬣向后自然弯曲并呈扬起状。作品雕刻简洁明快，富有内在的气势和动力，是我国古代龙形象的早期范本。而且此龙背部穿孔提绳之后，龙头与龙尾恰能处于同一水平线上，显示出较高的技术水平。

大型玉龙

玉琮

新石器时代良渚文化，玉雕。1982 年江苏省武进寺墩出土，南京博物院藏。高 4.1 厘米，上端外环直径为 7.4~7.5 厘米，内环直径约为 6.7 厘米；下端外环直径 7.2~7.3 厘米，内环直径约 6.6 厘米。环外壁均刻四个凸起块，被凸块分隔的四个区域又自在中部和上部设置凹凸的直棱，并加雕兽面，分上下两节。上节较简洁，为横纹冠，下节较复杂，形象夸张，为亦人亦兽的面纹纹。作品纹饰细腻而结构讲究，外观精美，造型雅致。

玉琮

兽面纹玉琮

新石器时代良渚文化，玉雕。1977 年江苏省吴县张陵山出土，南京博物院藏。高 3.5 厘米，直径 10.2 厘米，孔径 8.2 厘米。这件玉琮为圆筒形，沿圆孔边沿刻一圈台阶纹，外圈玉璧以阴线刻画出四个对称的兽面，兽面纹理清晰，造型抽象。尤其是兽面眉部的刻画十分特别。作品玉质透明，质地较好，应是当时社会一件极为珍贵的装饰物品。

兽面纹玉琮

黄玉凤形佩

新石器时代红山文化，玉雕。天津市艺术博物馆藏。长 15.4 厘米，宽 9.6 厘米。这是在红山文化的考古中发掘的第一块玉凤。玉凤造型概括简洁，轮廓清晰，在较薄的玉片上先打磨出凹槽，再施线刻纹。红山文化遗址中出土的一些抽象的玉佩，学界对其纹饰的解读还存在一些分歧，主要有云气纹和动物纹两种观点。

黄玉凤形佩

青玉双鸟形佩

新石器时代红山文化，玉雕。天津市艺术博物馆藏。高 5.4 厘米，宽 16.5 厘米。这件佩饰造型抽象、形象概括，且十分精巧，玉佩为两卷曲的鸟相背而立构成的，玉佩两侧面为鸟头，鸟冠、喙和喙下垂饰明显，身体则采用镂雕和线刻纹形成对称的旋涡状纹饰。玉佩上端为锯齿状，下端正中有一小孔，可穿绳系挂。玉质呈青绿色，略有褐色沁斑。这种具有抽象性造型的玉佩，为红山文化考古发掘中的珍品。

青玉双鸟形佩

青玉鹰攫人面佩

新石器时代龙山文化，玉雕。天津市艺术博物馆藏。高6.9厘米，宽4.7厘米。玉佩造型怪异，上部有一展翅欲飞的鹰，两爪下抓一人首，人首下为一兽首。整个玉佩采用镂雕手法表现纹饰，使玉佩通体有玲珑剔透的美感。考古发现与史籍记载验证，龙山文化有崇拜鸟类的信仰，因此鹰形纹饰的出现也是这种原始崇拜的一种表现。玉佩通体由青玉雕琢而成，造型抽象，风格朴拙，镂雕技艺成熟，是龙山文化玉器中的精品。

青玉鹰攫人面佩

带齿兽面纹玉饰

新石器时代红山文化，玉雕。台北故宫博物院藏。高6.9厘米，长19.1厘米，厚0.2~0.3厘米，重62.51克。玉饰为半透明状，呈青绿色，局部带白沁斑。眼睛、眉为镂空雕刻，并以浅浮雕雕出五官及面部轮廓，两端似角，并雕有鬃毛形象，正反面图案相同。下端以镂空雕出一排齿纹，整体造型突出别致。红山文化中有较多动物形象的玉佩，但多是真实的动物形象，而像图示这种抽象的纹饰则不多见。

带齿兽面纹玉饰

玉龟

新石器时代，玉雕。辽宁省阜新县胡头沟墓出土，辽宁省博物馆藏。长4.8厘米，宽2.8厘米，厚0.5厘米（右）；长3.9厘米，宽3.6厘米，厚0.6厘米（左）。这组玉龟为两件，左边的玉质呈青绿色，体型近似六角形，头部及四肢雕刻细致，甚至龟爪都清晰可见。右侧的玉龟呈淡绿色，体形瘦长。两玉龟造型简练，均无精雕细琢，形体一大一小，被发现于墓主人手部，被认为是长寿的象征物。

玉龟

马蹄形玉箍

新石器时代，玉雕。辽宁省牛河梁红山文化墓出土，辽宁省博物馆藏。高18.7厘米。玉箍为筒形，扁圆体，一端平口，两侧壁有孔，另一端敞口无打孔。玉呈青绿色，箍外壁平滑无饰，内壁有斜道琢痕，表明是采用管钻法制作而成。关于此器用途尚无定论，因其发现于墓主人头部，因此有专家推测其为束发箍。

马蹄形玉箍

勾云纹玉佩

新石器时代，玉雕。辽宁省凌源市三官甸子出土，辽宁省博物馆藏。勾云纹玉佩目前只有红山文化遗址中较大型的墓中出土，造型多为长方形或方圆形的板状，两面雕饰，也有的只在正面雕饰。这件勾云纹玉佩呈井字形，正中镂孔作勾云状，四周刻出与纹样相对应的浅凹槽纹，背面则钻四孔。线条圆润流畅，风格质朴自然。

勾云纹玉佩

玉猪龙

新石器时代，玉雕。牛河梁红山文化遗址出土，辽宁省博物馆藏。玉雕的造型为蜷曲状，头尾相连成圆形，头部用线刻出五官形象。玉雕通体无饰，背部有一个圆形小孔，可穿绳系挂作装饰。中国龙的形象即源于红山文化中的猪首蛇身神兽形象，此饰物成对设置在墓主人胸前，是其生前社会地位和财富的象征。

玉猪龙

玉蛙

早期良渚文化，玉雕。1977年江苏省吴县张陵山出土，南京博物院藏。长4.2厘米，宽3.2厘米。玉蛙采用圆雕与线刻相结合的手法，由整块玉精雕细琢而成，色黄，有沁斑。头部呈三角形，上面两个较大的圆孔代表双眼，前端两个小凹点代表鼻，前尖后宽，前薄后厚。蛙身正面以凸出的形状和刻线勾勒出四肢的轮廓，形象较为概略。制作蛙形象征物的做法从新石器时期即有，这种玉片蛙的形式以良渚文化为最早。

玉蛙

玉锥形器

大汶口文化，玉雕。1987年江苏省新沂县花厅遗址出土，南京博物院藏。通长35.5厘米，宽1.2~1.5厘米，厚1.1~1.3厘米。此锥形器一端呈立体锥尖形，另一端为圆柱形榫状。此器玉色呈湖绿色，圆柱形的榫端套有一长形玉管，管壁径0.4~0.8厘米，壁厚仅0.2~0.3厘米，可见当时制作者高超的技艺。锥体上部用阴线刻画装饰有8节神人兽面纹，每节都有纵横双向的短棱构成。

玉锥形器

玉鹰攫人首佩

玉雕。故宫博物院藏。长9.1厘米，最宽5.2厘米，厚2.9厘米。此玉器为青黄色，局部有褐色沁斑，两面图案纹样相同。作品以镂雕和剔地阳纹手法刻一鹰抓两个人头。鹰位于上部，鹰头侧向一边，勾嘴、圆目，双翅和双腿都横向展开，双爪下垂各抓一人头部。两个人头背向设置，头部的形式、大小相同，蓄短发、闭口、长胡须。此佩图案较复杂，纹饰用了较多的镂雕手法。

玉鹰攫人首佩

璧

新石器时代晚期良渚文化，玉雕。台北"故宫博物院"藏。外径约23厘米，孔径4.1~4.5厘米，厚约1.3厘米，重1643.8克。玉璧是一种祭祀用品，为圆形片状物，中有一孔。此璧为墨绿夹赭色玉，中间有一圆孔，边缘为内凹状。这种自两边打孔的做法是良渚玉璧的特征之一。良渚玉璧以素面璧为多，带有纹饰的玉璧数量不多。

璧

玉人头

新石器时代，玉雕。1976年陕西神木县出土，陕西历史博物馆藏。此玉器为我国古代最早的玉雕作品之一。玉呈青白色，通体打磨光滑，造型为扁平的侧面人头像，眼、鼻、耳、嘴、发髻，一样不差，栩栩如生。这件玉人头眼部和嘴部均为线刻，在脸的下方还有一圆孔，可能为镶嵌在另一件物品上的饰物。此器造型概略，刻画风格简洁，表情温和，装饰性较强。

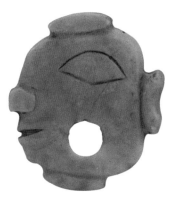

玉人头

何家湾骨雕人头像

新石器时代仰韶文化，骨雕。1982年陕西西乡何家湾出土，陕西省考古研究院藏，是目前我国发现年代最早的骨雕。残高2.5厘米，用兽骨雕制而成。人头像下端较窄，上端较宽，正好符合人的面部结构。头像正面雕出五官形象，眉横平，眼睛圆突，鼻梁隆起，嘴部较为平缓，五官位置对应适当。雕刻手法概括。

何家湾骨雕人头像

双鸟朝阳纹牙雕

新石器时代河姆渡文化，牙雕。1977
年至 1978 年浙江余姚河姆渡出土，
浙江省博物馆藏。长 16.6 厘米，残宽
6.3 厘米，厚 1.2 厘米。以阴线雕刻出
两只小鸟围绕太阳的图案，图案正中
心刻出一轮太阳，太阳内线刻多圈同
心圆，太阳周边还以短斜线刻出太阳
的光芒和火焰纹，两侧小鸟回首相望。
此象牙雕刻已断，略呈长方形的器身
在两长边缘有孔，上四、下二，应作
穿绳佩饰之用。整件作品雕刻手法简
练，刀法娴熟、生动。

双鸟朝阳纹牙雕

人头形柄铜匕

青铜器时期齐家文化，铜铸。甘肃省
广河县齐家坪出土，甘肃省博物馆藏。
长 14.6 厘米。铜匕柄端饰有一圆形人
面纹，高鼻、圆眼、厚唇，形象概括
简洁，表情怪异，极具神秘色彩。作
品风格粗犷，手法古拙、早期铜匕因
使用功能不同而分为多种形式，因大
多数铜匕为食器，因此造型多样，并
多在柄上有饰纹。

人头形柄铜匕

铜镜

新石器时代晚期齐家文化，铜铸。
1977 年青海贵南尕马台出土，为铜石
并用时代齐家文化遗物，青海省文物
考古研究所藏。直径 9 厘米，厚 0.3
厘米。铜镜绕中心纽和外边缘各设一
圈凸弦纹，在两圈弦纹之间设置斜道
纹和留白的多角星纹。以简单的几何
形图案构图，使整个画面产生规律的
节奏感。

铜镜

第二章　夏、商与西周

时间	食器			
	鼎	方鼎	鬲	甗
商早期				
商中期				
商晚期				
周前期				
周中期				
周晚期				

时间	食 器			酒 器
	簋	盨	簠	觚
商早期				
商中期				
商晚期				
周前期				
周中期				
周晚期				

酒　器				
斝	盉	爵	尊	壶

时间	酒 器			
	卣	彝	觥	角
商早期				
商中期				
商晚期				
周前期				
周中期				
周晚期				

酒器	水器		兵器	
尊	盘	鉴	戈	钺

时间	兵 器	礼、乐 器	
	矛	钟	铙
商早期			
商中期			
商晚期			
周前期			
周中期			
周晚期			

白陶爵

夏代（约公元前 2070~ 前 1600 年），
1991 年伊川县南寨出土，河南省文物
考古研究所存。白陶由类似瓷土的泥
土制成，其质坚硬，因此多被当时社
会上层所使用，这种器形仿自青铜器。

白陶爵

二里头龙纹陶片

二里头文化时期，陶塑。1960 年河
南偃师二里头出土，中国社会科学院
考古研究所藏。残高 19.5 厘米，残宽
20.5 厘米。泥质灰陶，是一件陶器的
残片。残片一端为弦纹收口，陶片上
刻有龙首，龙眼采用浮雕手法向外突
出。龙首处向外刻有两身，向上呈弧
形张开，下部刻有云纹，使龙的形象
气势生动。龙身上方，器身刻有一兽
面纹，头小耳长，形象生动。作品线
条柔和，雕刻线内以朱砂填充，眼部
涂成翠绿色，外观色彩丰富。

二里头龙纹陶片

黑陶象鼻盉

二里头文化时期，1984 年河南偃师出
土，中国社会科学院考古研究所藏。
器为头、腹鼓、细颈形式，高 26 厘米。
头部眼、鼻俱全，直长的象鼻为流，
头后部有开口，并有扁形鋬从开口根
部伸出，接于腹上部。器无细刻纹饰，
只有颈、腹和器足部饰弦纹。史籍记
载我国黄河流域有大象，甲骨文记载
有商王捕象的历史，这一点也从夏商
早期出土的象形陶器和青铜器中得到
验证。

黑陶象鼻盉（hé）

29

殷墟陶塑人像

商代后期，陶塑。1937年河南安阳殷墟出土，台湾"中央研究院"历史语言研究所藏。灰陶，同时出土的器物造型有男有女，此造型应为女像。像头顶盘发，眼睛扁而小，口大，嘴角向下，鼻大而突出，双手向前，似戴梏（古时木制的手铐），左臂已残，下身裹裙似与上衣相连。颈中戴项圈应为枷锁，此人像为商代奴隶或战俘形象。同时出土的男像，为双手向后戴梏状。

殷墟陶塑人像

兽面纹陶母范

周代，陶塑。1960年山西侯马牛村出土，山西省考古研究所藏。长32.2厘米，宽22.2厘米。采用深浮雕的手法，依陶体表面进行雕刻。兽面呈长方形构图，上部雕出两角，并有鳞纹装饰，中间呈旋涡状，角上伸出两只小爪，向下夹住呈横向"S"形的两角，两角之下为兽面，眼下嘴两旁向外伸出胡须，形象怪异。整件雕刻内容丰富，造型多变，表现手法多样。

兽面纹陶母范

兽头陶母范

周代，陶塑。1960年山西侯马牛村出土，山西省考古研究所藏。长10.5厘米，宽8厘米。这是一件圆雕作品，形似猪头，顶部有耳为桃形，内有鳞纹及"S"形纹装饰。耳下布满螺旋纹及鳞纹装饰，线条优美，雕刻细腻。面部眼睛周围和短鼻上，下颌处均刻细密纹饰，线条流畅自然，形象生动逼真。牛村所在地为东周时期晋国青铜手工业区，此地出土了大量生产、生活及雕塑的陶范。

兽头陶母范

原始青瓷尊

西周，陶制。1959年安徽屯溪西周墓葬出土，安徽博物院藏。高17.3厘米，口径15.9厘米，腹径13.4厘米，足径11厘米。瓷尊口为喇叭状，颈稍向内侧斜，腹部圆鼓，高圈足。瓷尊胎体灰白通体施灰白釉，但釉质含铁量高，因此器表呈青褐色，釉层部分脱落。在瓷尊的口缘、肩部堆贴有卷云纹，颈部、腹部饰有水波纹和斜方格纹，纹饰线条自然舒展，造型古朴端庄。

原始青瓷尊

妇好墓戴冠跪坐石人像

商代后期，石刻。1976年河南安阳妇好墓出土，中国社会科学院考古研究所藏。妇好被认为是商王武丁的王后，约葬于公元前13世纪末到前12世纪前期。妇好墓是目前发现的唯一一座未被盗掘、保存完整的商代王室墓。墓中随葬品数量、品种众多，其中跪坐人像有玉质和石质两种。这尊跪坐石人像，高9.5厘米，采用白石雕造。人像为双膝跪坐像，头顶盘髻戴冠饰，脑后有发髻。像脸形略长，前额突出，眉毛浓密，双眼圆瞪，颧骨高出，嘴唇丰厚，具有蒙古族人的特征。作品写实，造型生动。

妇好墓戴冠跪坐石人像

石牛

商代后期，石刻。1976年河南安阳妇好墓出土，中国国家博物馆藏。长25厘米，高14.5厘米，宽11.5厘米，白色大理石质。作品整体采用圆雕，并以浮雕和线刻相结合，塑造出壮实、憨厚的牛的形象。前肢跪地，后肢前屈，呈俯卧状。牛角向后，昂首向前，张口露齿，眼睛微闭，神态安详悠闲。塑像通体饰以兽面和卷云纹，下颌处刻有"后辛"二字，是石牛所属的标志。整件作品雕琢朴实，风格简朴，形象端庄，造型完整统一。

石牛

石鸮鸟

商代后期，石刻。20 世纪 30 年代河南安阳侯家庄出土。台湾"中央研究院"历史语言研究所藏。高 33.6 厘米，宽 24.8 厘米，白色大理石质。作品最突出的特点是通体线刻雕饰，头部和背部刻鳞纹，腹部前方及双足雕饰兽面纹，双翼雕蛇形和鸟的图案。像头生冠角，圆眼突出，双耳向后，鼻略尖，嘴呈下斜状，表情呆板，从像形上看应是仿自当时的青铜器，具有中国早期石雕作品古朴、原始的特征。

石鸮鸟

妇好墓玉人

玉怪鸟

商代后期，玉雕。1976 年河南安阳妇好墓出土，中国国家博物馆藏。高 5.5 厘米，通体呈深褐色，形象独特、怪异。像为站姿，躯体短而粗壮。头顶有三股粗大的弯角，线刻出双眼，头前有巨大喙钩向内弯曲。双翅紧贴身体以浮雕纹雕出，双足和尾巴均较短，形成底部天然的托座。鸟胸背上饰有线刻羽纹，背和头上均有孔洞，可作穿绳挂佩。妇好墓出土了大量此类型的动物玉雕，如鸮、熊等，有真实的动物形象，也有怪异的神话动物形象。

妇好墓玉人

商代后期，玉雕。1976 年河南安阳妇好墓出土，中国国家博物馆藏。高 12.5 厘米，肩宽 4.4 厘米，厚 1 厘米，为站姿人像。像为双面，一面为男，一面为女。像两面均头梳双角状高髻，女像弯细眉，目略凹，嘴扁，唇薄，两手扶在腹部。男像一面，额头留短发，眉粗而直，鼻大，嘴厚，双目微突，双手置胯间。两面人像遍身刻花纹，双肩略向上耸，肩下镂空；中间为身体，两侧为臂膀。双腿略粗，向内屈。像采用透雕与线刻相结合的手法，雕工精致，构思巧妙。人像脚下有突出的短榫，可作插嵌。在薄玉人上刻浅浮雕和线纹，对刻作者要求较高，这件作品双面雕刻，且细部纹饰较多，显示出较高的技艺水平。

玉怪鸟

梳辫跪坐玉人像

商代后期，玉雕。1976年河南安阳妇好墓出土，中国国家博物馆藏。高8.5厘米，双手扶膝，双膝跪坐。上身略微向前倾，方脸尖颌，鼻大口小，作品头部较大，下身较小，头部约占全身比例的四分之一。玉人头顶正中梳短辫垂于脑后，头顶一圈短发雕琢细腻。衣饰蛇纹和云纹，其中胸部雕有兽面图案，纹路清晰，凹凸感强。双腿纤细、短小，与上身尤其是头部形成对比。商代这一时期的玉器作品除实用工具以外，不仅玉雕的题材丰富，人物及动物的雕刻技术水平也大幅提高。此种人物雕像在同墓中出土多件，并且可经由衣饰的不同区别身份。

梳辫跪坐玉人像

玉人

商代后期，玉雕。1976年河南安阳妇好墓出土，中国国家博物馆藏。玉人像高7厘米，通身黄褐色，圆雕作品。人像呈跪坐状，双手扶膝，大鼻小口，头顶戴有圆箍形装饰物，脑后梳发辫，向前盘成圆形发髻。人像身穿交领衣，长袖，腰束带，腹前悬"蔽膝"。衣饰云纹、回纹，腰后饰以卷云形宽柄饰物，似具有某种象征意义。作品突出衣饰、发饰和冠饰等细节，并以此来显示人物的社会地位。

玉人

青玉跽坐人佩

商代后期，玉雕。1976年河南安阳妇好墓出土，河南博物院藏。通高5.6厘米，宽2.8厘米。人形佩为跽坐姿，双手自然扶膝，面部方圆，五官清晰，为猴面形象。头顶梳短发，发纹细密。头与肩部连接，颈下有小孔，可穿绳。作品由青玉雕刻而成，形象生动，代表了商代晚期的玉雕工艺水平。

青玉跽坐人佩

玉象

商代后期，玉雕。1976年河南安阳妇好墓出土，中国国家博物馆藏。同时出土为两件，其中一件为深褐色，长6.5厘米，高3.3厘米；另一件为黄褐色，长6厘米，高3厘米，两件成对。玉雕小象造型写实，但身体部分的比例被夸大，短腿，身体敦实，四肢粗短，除长鼻单独雕刻之外其余部位都采用线刻或浅浮雕手法表现。虽无精雕细琢，但造像颇具有生命气息。象身雕饰云纹和节状纹。作品雕刻手法简洁质朴，造型小巧圆润，是商代后期极为优秀的玉雕作品。

玉象

玉凤佩

商代后期，玉雕。1976年河南安阳妇好墓出土，中国国家博物馆藏。长13.8厘米，宽3.2厘米，厚0.8厘米，通体呈黄褐色，为双面雕。玉凤形象独特，回首欲飞，整体看上去犹如一弯残月，更加烘托出凤鸟的优美气质。作品在雕琢上十分简洁，仅雕琢出凤鸟大致的轮廓，羽翼上饰以阳刻花纹，整体雕刻以简洁线条为主。头部的花冠及尾部的镂雕，充分显示出商代匠师的高超雕琢水平。

玉凤佩

玉鹰

商代后期，玉雕。1976年河南安阳妇好墓出土，中国社会科学院考古研究所藏。高6.2厘米，厚0.2厘米，两面雕，通体为深绿色。鹰翅双展，做飞翔状；鹰头向一侧，嘴及眼部雕刻细腻。双面玉雕纹样各不相同，一面为单线，一面为双线，似有正反之分。作品造型精致，形象生动。鹰为展开翅膀飞翔状，此类造型的鹰在东北地区的红山文化玉雕中也有发现，来源可能是人们仰望飞鹰所获得的形象。

玉鹰

玉龙

商代后期，玉雕。1976年河南安阳妇
好墓出土，中国国家博物馆藏。长8.1
厘米，高5.6厘米，通身为墨绿色。龙
头较大，口张开，牙齿外露。头顶眼
珠凸起，两角向后伏于背上，脊部雕
扉棱，双足前屈立地，尾向前卷曲成
旋涡状，龙身遍布双线勾菱形纹。作
品结构简单，造型别具一格。

玉龙

新干玉羽人像

商代后期，玉雕。1989年江西新干大
洋洲出土，江西省博物馆藏。羽人高8.7
厘米，厚1.4厘米，三环通长4.6厘米，
足部残缺，通体呈红褐色。作品形象
怪异，造型独特，具有较强的装饰效
果。羽人双手上举，拱于胸前，屈膝
向上呈半蹲坐姿态。面部形象怪异，
头顶有高冠，鸟喙，下半身和腿部有
羽状纹饰，为神兽面造型。其头顶高
冠后有穿孔，坠有三个椭圆形套环，
这种形制的商代玉制品为首次发现，
反映了当时雕刻技术较高，可以镂刻
三个活环。

新干玉羽人像

圭

商代，玉刻。台北"故宫博物院"藏。
长30.5厘米，宽7.2厘米，厚1.2厘米，
重600克。此玉圭呈褚色，上面布满
土斑，色泽多变。圭在商代有平首和
尖首两种形式，图示为平首圭。圭两
面均有纹饰化的鸟纹和动物纹饰。圭
上窄下宽，颜色由上到下逐渐变深，
中上部有一圆孔，圆孔上部刻有清代
乾隆年间加刻的"五福五代"印玺，下
部刻有乾隆帝的御题诗。

圭

玉人形铲

西周早期，玉雕。甘肃灵台出土，甘肃省博物馆藏。作品高17.6厘米，裸身像，无性别之分，体形消瘦，肩下垂，双臂位于身侧，两手扶于腹部；下身双腿膝部明显，双脚隐去站于铲形基座上，底部有斜刃。人像脸部雕刻较为细腻，高颧骨、扁鼻和凸嘴的细节表现明显，身体部分则以雕出人体外部轮廓线为主，通体几乎不做任何装饰，唯头顶雕螺旋形髻，似蛇状。玉人底部为铲形榫，可能插于其他器物上。此件玉人于1996年被国家文物局定为国家一级文物。

玉人形铲

玉鹿

西周中期，玉雕。陕西宝鸡出土，宝鸡市博物馆藏。作品采用浮雕与线刻相结合的手法。以浮雕雕出鹿的外轮廓和动态。鹿角或竖直，或弯曲，力求变化，塑造出形态逼真的鹿角形象。此玉雕小品为组雕，由多件不同造型的鹿组成一个场景，鹿角形象更是各具特色，作品造型优美，生动写实，充满浓郁的生命气息。

玉鹿

雕花骨

商代，骨雕。河南安阳小屯村出土，台北"故宫博物馆"藏。通高35.3厘米，上宽7.5厘米，下宽13厘米。器物上有流口，应为注水容器。作品表面刻满兽面纹饰，刀法利落，纹饰清晰，构图复杂，纹饰外观细密，显示出商代雕刻技艺的高超水平。

雕花骨

夔鋬象牙杯

商代后期，牙雕。1976 年河南安阳妇好墓出土，中国国家博物馆藏。同时出土的为三件象牙杯，其一为口沿处带流，侧面虎形鋬的造型，另两件造型相同，为觚形杯身与夔龙形鋬的造型。造型相同的象牙杯其中一件杯高 30.5 厘米，口径为 10.5~11.3 厘米；另一件杯身高 30.3 厘米，口径为 11.2~12.5 厘米。整件作品分两部分进行加工，由两面雕的器鋬和浅浮雕的杯体组成。器鋬两面雕刻，上部为变形的怪鸟形象；中部为浅雕兽面；下部高浮雕龙首，整体看来为蛇身夔龙形，通体镶嵌绿松石，造型生动。杯身用象牙根制作而成，通体雕满花纹，并以兽面纹及兽面组合纹为主。在杯口及底部有绿松石带镶嵌，并将整个杯体分作几个部分，而且各部分图案也各不相同。杯身和鋬上均用云雷纹衬底。整件作品布局紧凑，造型精致、典雅，具有较高的观赏价值，极为珍贵。

夔鋬象牙杯

带流虎鋬象牙杯

商代后期，牙雕。1976 年河南安阳妇好墓出土，河南殷墟博物馆藏。此为同墓出土的三件象牙杯中的一个，器形仿青铜器雕刻而成，高 42 厘米，杯壁厚 0.9 厘米。杯为象牙根部雕刻而成，杯身不像其他两件那样镶嵌绿松石，而是只雕刻饕餮纹、夔纹、鸟纹和云雷纹，其上有流口，鋬上部为饕餮纹，下部为立虎。

带流虎鋬象牙杯

兽面纹扁足鼎

商代早期，铜铸。台北"故宫博物院"藏。通高 19.2 厘米，重 1.4 千克。兽面纹扁足鼎下置三个龙形的扁足。每一个扁足的两面都有线刻的龙纹，从而增强了鼎的气势。兽面纹扁足鼎的纹饰主要是腹中部环绕的一圈兽面纹。图案雕琢极为精美，以鼻梁为中轴，兽的双眼在鼻梁左右，兽面和兽身为浅浮雕勾曲状纹，呈对称形式向左右两边展开。从图案的构图来看，这件鼎从整体到局部的设计都十分简洁朴素，构图完整，呈现出商代早期简洁、厚重的装饰特色。

兽面纹扁足鼎

青铜汽柱甑

商代后期。1976 年河南安阳妇好墓出土，河南博物院藏。器高 15.6 厘米，口径 31 厘米，汽柱高 13.1 厘米。这件甑是与其他炊具组合使用的汽蒸锅，其中空柱莲花头有漏孔以散发蒸汽。器腹靠近底部设置对称的耳，器外壁上下分饰夔龙纹和倒三角形蝉纹，内壁刻有"好"字的铭文。

青铜汽柱甑

龙头提梁卣

商代后期。1976 年河南安阳妇好墓出土。器高 36 厘米，口径 8.8 厘米。器为长径，小口，鼓腹，圆圈足。腹上部两侧向上设高圈形提梁，提梁底部各有一对柱形饰。器颈、腹、圈足前后都设扁棱，且棱两侧对称设孔钉，形成兽面纹饰，器体以饕餮纹和云雷纹为底纹。顶盖上铸一立鸟，立鸟底部由夔龙纹和鸟纹的连接件与提梁上的环相接。

龙头提梁卣（yǒu）

"妇好"青铜鸮尊

商代后期。1976年河南安阳妇好墓出土，中国国家博物馆藏。尊高45.9厘米，足高13.2厘米，盖高13.2厘米，口径16.4厘米。铜尊以鸮为形，做昂首站立状。双足与宽尾形成稳固的三个支点。铜尊通体布满雕饰，以云雷纹为底，喙面饰蝉纹、胸部饰蝉形兽面。背部白鏊面饰有兽面纹样，鏊下与尾部饰鸱鸮。同时，在铜尊的顶部后端还开有一个半圆形口，上有盖，并铸有立鸟和夔龙为提手。整件作品综合运用了线刻、浮雕与圆雕手法，纹饰清晰、变化丰富，结构紧凑，增强了作品的完整性与统一性。在尊口内壁刻有"妇好"字样，同墓出土铜鸮尊为两件。

"妇好"青铜鸮尊

人面铜盉

商代后期，铜铸。相传为河南安阳出土，出土时间不详，美国弗利尔美术馆藏。通高18.5厘米，顶部盖作深浮雕人面像，像面朝上，五官突出。像头顶生两角，造型特别。头像向下为圆形盉体，人面颈后部通过连贯的纹饰与盉体上的龙身相接。盉体周身雕饰花纹，有菱格纹和鳞纹构成的龙身，还有变形的兽头和夔龙等图案，造型丰富。盉体一侧开有壶嘴式的直流口，另一侧又开有一个短流口。除流口之外，盉底还设圆孔以供穿绳提拉。底部圆孔有三处，分别为直流口下及其两侧，而盖上的人面双耳也有孔与底端的孔相对应，以便穿绳供提拉。

人面铜盉

亚醜钺

商代后期，铜铸。1965年山东益都苏埠屯出土，山东博物馆藏。同时出土的有两件，其中一件宽35.8厘米，长31.8厘米，另一件长32.7厘米，宽34.5厘米，两器造型相似，其中一件正反两面均有"亚醜"的铭文。钺（yuè）本为造型像斧的武器，图示这种明显为礼器。器底部有弧形刃，面上有透雕人面像，鼻、眉为浮雕，其余部位均为透雕。五官造型奇特，手法简洁、夸张。人面生动的形象充满情趣，此类玉质或青铜质的钺放置于墓中，往往是墓主社会身份的象征。

亚醜钺

桃花庄龙纹铜觥

商代后期，铜铸。1959 年山西石楼桃
花庄出土，山西博物院藏。通长 41.5
厘米，高 18.8 厘米。器物以牛角为
原型制作而成。其一端为圆雕龙首，
龙首上昂，张口露齿，头顶双角。龙
背为觥（gōng）盖，盖上浮雕龙身，
龙身周围布满蛇纹、涡纹及云纹等，
这些纹样均采用浅浮雕雕饰，以烘托
龙身的形象。其中盖顶还雕一盖纽，
为圆形帽钉形状，纽顶雕涡纹。觥体
两侧为鳄鱼纹与夔龙纹，且其首与觥
身的龙首方向相反。生动形象的扬子
鳄图案在同一时期的雕塑作品中十分
少见，而且雕刻手法相当写实，尤为
珍贵。

桃花庄龙纹铜觥

二郎坡铜鸮卣

商代后期，铜铸。1956 年山西石楼二
郎坡出土，山西博物院藏。通高 19.7
厘米，长 15 厘米，口径径 12 厘米，
短径 8.6 厘米。造型为两只站立的鸮
鸟背部相对，正面为一只站立的鸮鸟，
盖为鸮头，弯眉，环形眼，眼下部出
尖喙，卣腹为鸟身，饰对称的螺旋纹，
下双足略内收。侧面分别为两只鸟的
侧面像，构思巧妙，造型独特。

二郎坡铜鸮卣

小臣艅铜犀尊

商代后期，铜铸。山东寿张出土，现
藏于美国旧金山亚洲艺术博物馆。通
高 24.5 厘米，以犀牛为原型，作品生
动写实。头部生角，嘴向上起翘，双
耳伸展，眼部突出，腹部圆鼓，四肢
短粗，极符合犀牛的形象特征。尊体
周身不施雕饰，在尊内底刻有 27 字
的铭文，记叙商王出巡并赏赐臣子的
事件。这种较长的叙事性铭文设置，
是自商后期才开始出现的。

小臣艅铜犀尊

豕卣

商代后期，铜铸。上海博物馆藏。高14.1
厘米。这件器物的造型为两只猪背对的形
象，器身圆鼓为猪身，在其两头都设猪头
和两斜向前蹄，由此从两面看都是完整的
猪身形象。猪头部眼、耳各自铸出，口鼻
为一体，拱唇向前。器物全身雕饰云雷纹，
其上再饰耳、眼等形象，纹饰主次突出。

豕卣

象尊

商代后期，铜铸。美国弗利尔美术馆藏。
尊通高17.5厘米，形为一头立象。立象通
身以云雷纹为底，雕饰夔龙纹、兽面纹及
花瓣纹。象鼻饰细密鳞纹，其造型向上卷，
中空，与腹部相通，为流口。鼻下有牙齿
外露，额顶有蛇盘卧，双耳外廓，形象生动。
象背有盖，盖顶圆雕小象，姿态造型与大
象相仿。作品细部装饰与整体雕琢协调，
大象驮小象的设置，使作品更富生活气息。
造型相似的象尊在湖南省博物馆和法国吉
美博物馆均有收藏。

象尊

四羊方尊

商代后期，铜铸。1938年湖南宁乡月山铺
出土，中国国家博物馆藏。尊高58.6厘米，
口径52.4厘米，上口最大径44.4厘米，重
34.5千克。这件尊器集圆雕、浮雕、线刻
于一体，不仅是商代青铜器中的名作，也
是中国现存商代青铜尊中最大的一座。器
物为方形，以四折角为中线，器肩部分
别雕出卷角羊胸像，羊头突出器面，羊身、
蹄足均浮雕，肩、背以鳞纹和长冠鸟纹表现。
尊口颈部饰蕉叶夔纹和兽面纹，肩饰浮雕
龙纹，四面肩部中央圆雕龙头探出器面。
四折角及四面正中分别装饰有扉棱。整件
作品造型庄重，铸造技艺高超，充分显示
出商代青铜器的制作艺术水平。

四羊方尊

双羊尊

商代后期，铜铸。日本根津美术馆藏。高46厘米。尊体以两只羊背相贴合而成，羊肩驮尊颈，羊体为尊腹，羊腿为尊足，造型稳重、对称。圆雕羊首各顶一对弯曲的大角，脸部细刻交连纹。羊体满刻鳞纹，腿上刻饰涡旋状蛇纹，尊颈部以云雷纹为底，刻饰兽面纹，包括羊头、羊身和尊颈在内的所有纹饰均左右对称。

双羊尊

虎食人卣

象尊

商代后期，铜铸。1975年湖南醴陵狮形山出土，湖南省博物馆藏。尊通高22.8厘米，长26.5厘米，通体呈碧绿色。象体形硕大，长鼻高翘，自然弯曲，四肢粗壮，身体比例被缩短。象身通体以云雷纹为底，雕饰有兽面、虎、龙、凤等纹样，形象生动、富有装饰美感。其中最为精致的是象鼻的雕饰。象鼻中空为流口，前端雕成凤鸟状，鼻上卷部雕出一只伏虎，虎首向下，口中衔蛇。鼻下端镶刻一倒悬蛇，象头雕两条旋涡状蛇。尊背部开口，出土时尊盖已失。

虎食人卣

商代后期，铜铸。相传为湖南安化出土，同时出土为两件，形制基本相同。其中一件藏于日本泉屋博物馆，一件藏于法国巴黎。两件高分别为32.5厘米和35.7厘米。器物为中型酒器，也作礼器用。作品为人、虎合体卣，其中虎口大张，做吞食人状，因此，此物便称作"虎食人卣"。虎做踞蹲状，由尾部及两后腿形成三足，虎头顶为盖，盖上设一鹿为提手，虎全身雕饰龙、虎、牛头及兽面，并以云雷纹作底。与虎相对一人，双脚踏在虎足上，双手抱向虎身，与虎做怀抱状。人的双臂与虎身纹饰连为一体，臀部和大腿饰蛇纹，但底纹也与虎身的纹饰相一致。藏于法国的虎食人卣，其区别在于人的左耳部有穿孔，而日本博物馆藏品的人形则没有耳洞。作品表现的虽是虎食人的形象，但从整体的造型结构及人物的表情姿势来看，却又表现出一种人与虎的亲密关系。

象尊

三星堆铜立人像

商代后期，铜铸。1986 年四川广汉三星堆出土，四川省文物考古研究院藏。通高 262 厘米，基座高 90 厘米。人像头戴莲花状花冠，其上有回纹装饰，冠有残损，未能复原。头部眉目粗大，耳阔而上扬，右臂上举，左臂屈于胸前，做环抱状，两手部均呈闭的环状。这种环状手的做法在此时期的多地出土人像中都有发现，其意义尚不明。铜像表情严肃，似正在进行庄重的仪式。粗大双手与细长的身躯形成对比。像身着窄袖紧身长袍，赤足戴镯。像下基座为覆斗形，上层各面透雕倒置兽面。这是我国迄今发现的最大的青铜人物雕塑。其形象造型在中国甚至世界青铜雕塑史上都很少见。

三星堆铜立人像

人头铜像

商代后期，铜铸。1986 年四川广汉三星堆出土，四川省文物考古研究院藏。同时出土的人头与面具像有多件，而且这些人像有着共同的面部特征，均为细长的大眼睛、高鼻梁，阔耳挑眉，嘴扁而长。耳朵造型奇特，耳垂部还有穿孔。因眼部多突出，艺术处理特别，使人像呈现出独特的形象和神态表情，手法夸张。三星堆出土面具有两种尺度，一种尺度巨大，眼睛向外突出明显，可能是为祭祀活动铸造的，面部形象夸张，如兽面；另一种尺度适宜，面部形象更贴近真人，有的眉眼部被描黑，有的则做贴金处理。

人头铜像

亚方罍

商代后期，铜铸。故宫博物院藏。高
60.8 厘米，宽 37.6 厘米，重 20.8 千克。
罍（léi）是古时盛酒的一种器皿。有
屋形盖，顶端设屋形纽，腹部两侧双
耳，耳上衔圆环，圈足。器身的各角
及每面的正中均铸有突出的扉棱。盖
与腹部饰兽面纹，颈、肩与方形圈足
饰夔纹，每个面的雕饰相同，呈对称
式。腹部前后两面上、下各有一兽首
状圆雕，下部兽首向外穿出为鋬。整
体造型庄重浑厚，纹饰瑰丽，风格古
朴雅致。

亚方罍

凸目铜面具

商代后期，铜铸。1986 年四川广汉三
星堆出土，中国国家博物馆藏。同时
出土的有多件面具，这是其中的一个，
高 85.4 厘米，宽 78 厘米，重 19.24 千克。
面具以蜀王蚕丛的形象为原型，利用
夸张的手法铸造，眉毛粗厚，眼睛斜
长，眼球向外突出 9 厘米。鼻梁上、
额前向上直竖一戟形饰，上端向前卷
曲，中为戟形饰，下端饰云纹。鼻下
的嘴用三道阴线勾勒，上翘至腮。两
耳朵大且尖，其上铸有云形勾纹的轮
廓。包括图示面具在内的大部分三星
堆面具都出土于二号坑，这些面具的
共同特征是双眼突出。据专家推测，
由于蜀地缺碘，因此人们多患有甲亢，
双目突出即为甲亢的主要表现，因此
导致这些人物面具也多为突目形式，
此外，这些面具的腮部上下、额头多
留孔，可能是供系绳固定面具以供悬
挂之用。

凸目铜面具

双面铜头像

商代后期，铜铸。1989 年江西新干大洋洲出土，江西省博物馆藏。高 53 厘米，角距 38.5 厘米，中空，双面雕，正反两面相同。头像头生两角，线饰云雷纹。双耳上扬，眼部内凹，眼珠呈圆球形向外突出。鼻头椭圆，嘴为长方形，张开的嘴露齿，两边齿呈卷形。头顶有圆管，中空与内部相通。头像下细长颈部也呈管状，在使用时面具头顶可插入饰物，底部则可插于竹木柄上。作品造型生动，充满趣味性，是目前出土唯一双面青铜头像。

双面铜头像

鸟兽纹铜觥

商代后期，铜铸。出土时间、地点不详，现藏于美国弗利尔美术馆。通高 31.4 厘米，整体造型奇特，雕饰烦琐。觥体为一怪兽形象，兽头朝向一端，做昂首状。兽头上雕刻一对夔龙，脊背上前雕龙后雕牛头，背两侧浮雕龙及卷鼻大象，龙形顾盼回首，形象逼真。兽背向下，前方为一怪鸟形象，鸟嘴突出器表，鸟面上下饰有鸱纹，由两条龙组成的两翼更是栩栩如生，鸟爪向下正好为觥的前两足。兽背后为一大型兽面形象，兽面向下，觥足部刻有两个人首蛇身像。觥的鋬部上端刻带角的兽头，兽头向下做口吞立鸟状，鸟尾向后与觥体相连，正好构成鋬的弧形轮廓。整件作品集多种现实与神话中的动物之大成，充分利用器体的各组成部分，使作品完整而又丰富，具有浓郁的象征意味。

鸟兽纹铜觥

商代铜尊

商代晚期，铜铸。1965年湖北汉阳东城垸出土，湖北省博物馆藏。通高37.1厘米，口径26.4厘米，底径16.5厘米。尊口呈喇叭形，器身铸有四道对称的扉棱，通体以云雷纹为底，颈饰蕉叶纹、回首夔纹等图案。铜尊造型别致，构思巧妙，独具匠心，纹饰繁缛华丽，极具装饰效果，同时也表现出商代后期高超的雕铸技艺水平。

商代铜尊

人面纹方鼎

豕尊

商代晚期，铜铸。1981年湖南湘潭出土，湖南省博物馆藏。通高40厘米，长72厘米。这是中国少有的、写实风格的豕形青铜艺术品。豕尊造型写实，其嘴部有牙外露，耳小，为野猪形象。尊背部有椭圆形口，上覆一盖，盖上铸一立鸟。身以方格状的鳞纹为主，其面部和四肢，以及与四肢对应的肘部则满饰云纹、夔纹。在豕的前后肘部都有一圆形穿孔，推测为供穿绳或棍，方便移动而设。这件豕尊纹样刻画自然，风格细腻，是件具有实用性与象征意义的酒器。

人面纹方鼎

商代后期，铜铸。1959年湖南宁乡出土，湖南省博物馆藏。通高38.5厘米，长29.3厘米，宽23.7厘米。在中国古代，鼎是贵族王权的象征。这尊鼎为祭祀礼器，呈长方形，深腹，四壁均以回纹为底，四面饰人面纹，两短壁沿上铸有两竖耳，下设四个粗高足，足上部饰有兽面纹。腹部四个转角及四足上部各有一扉棱。鼎四人面形象基本相同，其中正反两面较大，两侧面较小。人面五官刻画清晰，浓眉、大眼、鼻高挺、嘴唇略厚，表情严肃，两耳上方有角纹，下方饰有爪纹，整体为有首无身像。鼎内底铸有"大禾"二字，应是氏族的标记。目前学者推测这种有面无身的形象为饕餮，龙的九子之一。

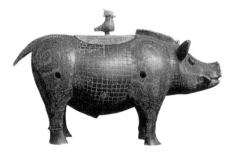

豕尊

龙凤纹"戈"卣

商代晚期，铜铸。1970年湖南宁乡出土，湖南省博物馆藏。通高37.7厘米。器物通体呈墨黑色，腹部为椭圆形，从顶部到底足呈纵向铸有四道凸起的扉棱。腹上部设置提梁，上饰龙纹，两端饰以兽面纽。器身分层饰花纹，盖面及颈部饰以瓦楞纹，盖沿、腹部及圈足上饰以凤纹，纹样变化，每层形纹都不相同。内底和盖内铸有一"戈"字铭文，是中原戈族的标记。出土时器腹内藏320件玉器。造型庄重浑厚，纹饰布局严谨，精致美观，线条自然。

龙凤纹"戈"卣

牲首兽面纹方尊

商代后期，铜铸。湖南常宁出土，湖南省博物馆藏。高53.8厘米，口径34.6厘米。方尊口呈喇叭形，高圈足，腹部上下内束，通体以云雷纹为底，上饰以兽面纹和三角纹，尊身还对称饰有四道凹纹，肩部对称铸有四只鸟身的蹲兽，各鸟之间方尊各面的中央设猪首。兽面纹方尊造型精美，雕饰繁复而不乱，主次分明，是细部装饰与整体造型完美结合的青铜代表作。

牲首兽面纹方尊

虎纹铙

商代晚期，铜铸。1959年湖南宁乡出土，湖南省博物馆藏。通高71厘米，铙间宽46.5厘米，鼓间宽35.6厘米。铙是甬部插于座上仰击的一种乐器。两面以弧形线组成的简化兽面纹为主纹。鼓部正中浮雕兽面纹，两侧浮雕饰以虎纹。甬内中空，甬上有旋。铙整体造型简洁，纹饰简练，线条弯曲自然，风格质朴。此类铙（náo）有单支出土，也有多个不同规格同时出土的情况，对于是否存在成组使用的铜铙，目前学界仍未确定。

虎纹铙

云纹铙

商代晚期,铜铸。1974年湖南宁乡出土,湖南省博物馆藏。通高67厘米,铙间宽49.8厘米,鼓间宽31厘米。这件云纹铙体形较大,两面纹饰简洁洗练,以排列整齐的云纹烘托出主体的兽面纹,中间有棱,左右两眼对称,呈立体状的菱形。云纹铙纹饰造型仍是兽面纹的形式,纹样布局严谨。铙以云纹作为装饰,但构图仍为兽面形式,显示出与早期兽面纹饰的传承关系。

四足鬲

商代晚期,铜铸。陕西城固县出土,陕西历史博物馆藏。鬲(gé)是一种底足中空的炊具,此四足鬲高23.5厘米,口径21厘米。圆口、腹鼓、袋足,腹部饰兽面纹,按四足划分为四部分。颈部饰有S形的曲纹和弦纹,图案组合和谐,富有情趣,造型精巧,形体丰满。

三羊首兽面纹铜瓿

商代晚期,铜铸,高52厘米,口径41.3厘米,出土时间、地点不详,现藏于故宫博物院。瓿(bù)是一种古代盛酒或水的小瓮。作品以线刻和浮雕相结合,口径向下肩部高浮雕三个羊首,羊角呈旋涡状,双眼突出。器物通体浅浮雕云雷纹和羽状纹,并以高浮雕圆眼组成兽面形象,图案抽象又不失生动。器体中部和圈足处以大小不同的圆眼组成兽面纹饰图案,主次分明,结构清晰。

饕餮纹铜鼓

商代,铜铸。1977年湖北崇阳白霓新堰汪家嘴出土,湖北省博物馆藏。通高75.5厘米,鼓面径39.5厘米。商周时期,鼓是一种重要乐器,但大多数的鼓都是木质。这件铜鼓完全仿照木质鼓造型铸成。鼓形为横置的桶形,下部两端向内收缩,两侧鼓面平素无饰。鼓身顶部铸有一枕形纽,中间有一圆形穿孔,下设底座,以便悬吊、安放。鼓身满饰纹样,以饕餮(tāo tiè)纹为主,鼓两端边缘处各饰有三列乳钉。整体造型精美,线条流畅自然,装饰纹样繁而不乱,风格浑厚粗犷,作为商周仅存的两件铜鼓之一,显得弥足珍贵。

云纹铙

三羊首兽面纹铜瓿

四足鬲

饕餮纹铜鼓

牛尊

商代，铜铸。湖南衡阳出土，衡阳市博物馆藏。高7.4厘米，因氧化，尊通体呈翠绿色。尊是一种大、中型的储酒器，此尊以水牛为原型，形象写实。牛头及牛背为盖，牛身为尊。盖顶塑小型立虎为把手，牛角弯曲，圆眼突出，头向上昂，一幅憨厚神态。牛蹄为圆形，腿粗短，饰云雷纹。腹部中空，外观满饰凤鸟纹、夔纹及兽纹，采用深浮雕、浅浮雕与线刻相结合的雕饰形式，纹饰繁而不乱，细部雕刻生动，整体形象和谐。

牛尊

饕餮纹盉

商代，铜铸。1974年河南中牟县黄店村出土，河南博物院藏。通高25厘米，流长7厘米。盉是古时用于盛水、温酒或调和酒味浓淡的器皿。如果与盘一起，可为盥沐之器。盉顶部密封，只留有一个心形小口和一管状长流。流两侧各有一向上凸起的圆面并饰乳钉，颈部饰有一圈饕餮纹，圆面光滑无饰。盉下有三足，为袋状。作品整体浑圆，大块大面，转折回旋自然，装饰简洁，风格素朴。

饕餮纹盉

妇好墓夔足方鼎

商代，铜铸。1976年河南安阳妇好墓出土，河南博物院藏。通高42.4厘米，口长33厘米，口宽25厘米。鼎身为长方体，沿稍折、方唇、立耳、平底，下有四条扁状夔形足，兽尾上卷。鼎通体饰满花纹，四壁为雷纹衬底，上面饰以饕餮纹，四个角与四壁中间各有一条凸棱，在鼎内底的中部刻有铭文"妇好"二字。

妇好墓夔足方鼎

司母辛四足觥

商代，铜铸。1976 年河南安阳妇好墓出土，河南博物院藏。通高 36 厘米，长 46.5 厘米。觥为古代盛酒的器皿，该觥造型奇特，整体为立兽形，顶部有盖，盖的前部似牛，但头上铸有一对向内卷曲的角，尾部铸有一兽首形鋬，通体布满纹饰。在盖和器身上均刻有铭文"司母辛"字样。立兽造型写实，手法粗犷、传神，工艺考究。

司母辛四足觥

三勾兵

商代，铜铸。辽宁省博物馆藏。这组戈共有三柄，分别长 27.5 厘米、27.6 厘米和 26.1 厘米。援部均为长条的牛舌形，上刻有不同的纹样，柄端镂雕饰有鸟形纹。戈是商代重要的兵器，但从这三件造型及铸铭文的做法可以看出应为礼器。相传这三柄戈均出自河北易县，皆为殷制，应该是殷商时代北方侯国的器物。三戈造型概括简洁，铸造精良，风格质朴。因器身上雕刻的铭文有 20 人，共四辈，因此对研究商代宗法制度以及亲属称谓，具有极为重要的参考价值。

三勾兵

饕餮纹罍

商代，铜铸。1955 年河南郑州白家庄出土，河南博物院藏。高 24.5 厘米，口径 13 厘米。罍为古代的一种盛酒器，也可作礼器，器为小口，沿外侈，颈部较长，折肩、深腹、圆底、高圈足。肩部饰有云纹，腹部为饕餮纹、雷纹，足部仅饰有双弦纹但开设了三个十字形镂孔。颈部铸有三个对称的龟形图案。器物整体造型粗犷奔放，纹饰朴实简练，风格浑厚。

饕餮纹罍

鸮纹铜徙斝

商代后期，铜铸。1968 年河南温县小南张出土，河南博物院藏。通高 37.3 厘米，口径 20 厘米。这是一件古代的酒器，束颈、垂腹、圆底，底内刻有"徙"字铭文。口沿上安一对伞形柱，底部有三只锥形足，一侧有兽面纹弓形鋬。顶部伞形柱雕饰蕉叶纹、涡纹；器腹部雕刻三组平展双翅的鸮鸮纹；三足外侧雕夔纹。其中兽面图案最为生动，还雕有细密的雷纹为底，兽面形象突出。

鸮纹铜徙斝

饕餮纹瓿

商代，铜铸。1976 年河南安阳妇好墓出土，河南博物院藏。通高 47.6 厘米，口径 29.8 厘米。瓿为大型的盛酒器，器身敛口，器腹呈鼓形，在上下两端内收。上部同样为半圆形略向上凸起的盖，器底则为平底圈足的形状。除顶部铸有圆形纽之外，通体满饰纹样，肩部浮雕有三个兽首，雷纹为底，上面雕饰饕餮纹，层次丰富。

饕餮纹瓿

外叔鼎

西周早期，铜铸。1952 年陕西省岐山县青化镇出土，陕西历史博物馆藏。高 89.5 厘米，口径 61.3 厘米，腹深 44 厘米，重 99.25 千克。此鼎造型厚重，体形巨大。鼎有三足。耳饰二夔龙纹，口沿下方饰有一圈饕餮纹，其下无纹饰。三足上端饰有象面纹。此器纹饰简练、刀法娴熟、风格粗犷、形象朴拙，是 1949 年后在中国所收集到的第一个西周重器，具有重要的历史、文物价值，因鼎内刻有作器人名为外叔而得名。

外叔鼎

人形铜车辖

西周早期，铜铸。1976 年河南洛阳
庞家沟出土，洛阳市文物考古研究院
藏。通高 25.4 厘米，人高 18.3 厘米。
车辖是车轴两端的销钉。西周时期塑
像较商朝形象更为写实，作品更显生
动。这是一件以人像为主题的铜车辖
雕塑，人物造型为屈膝跪坐状，双手
置于腹前，身着右衽长衣，腰束带，
垂蔽膝。人物头梳高髻，戴束发物，
双目圆睁，粗眉扁耳，嘴突出，表情
严肃、谨慎。人像背后连一横向挡泥
板，板上刻饕餮纹。人像腿弯曲，中
心为空洞，腿下接一竖插销。

人形铜车辖

人面铜盾饰

西周早期，铜铸。1976 年陕西岐山贺
家村出土，周原扶风文物管理所藏。
作品高 35 厘米，宽 37.8 厘米，呈扁
长形。人面五官以高浮雕的手法处理，
弯眉粗厚，眼睛凸圆，鼻梁突起，从
眉端至嘴部，鼻脊饰满鳞纹。嘴阔而
大，宽至脸颊，牙齿外露，做龇牙咧
嘴状。因人像五官造型构图以几何形
为主，因此，人像面目既富有情趣，
又充满粗犷、丰富之感。

人面铜盾饰

太保鸟卣

西周早期，铜铸。出土时间、地点不
详，日本白鹤美术馆藏。通高 23.5 厘
米。器身造型为一只蹲坐的鸟，鹰喙，
上喙可开启，为卣嘴，长冠垂于脑后，
脑后开口并设盖。颌下垂肉髯，腹部
鼓突，刻翎毛纹饰，两侧有云纹双翼，
翼下有双足呈屈蹲状，与后尾部形成
支座。在颈侧处设有两耳，耳向上接
提梁。器物造型古朴、敦实，装饰简洁。
卣体上刻有铭文"太保铸"，故得名。

太保鸟卣

鸟纹爵

西周早期，铜铸。故宫博物院藏。高
22厘米。爵是用以饮酒的器物，同时
也可用来温酒，是最早出现的青铜礼
器之一。爵的造型一端为宽大的流，
用以倒酒，一端呈尖锐的尾状。流与
杯口接合处有双柱。器身有耳，腹下
有细长的刀状足。流、腹部均饰有高
冠长尾的鸟纹。

鸟纹爵

折觥

西周早期，铜铸。出土于陕西扶风。
通高28.7厘米。觥是一种酒器，其前
有流，上有盖，后有銎。抽象的鸟兽
及浮雕兽纹饰使图案组合丰富多样。
觥尾依次雕刻兽首、立鸟和象头。其
中造型最为突出的是羊头形的觥盖。
羊头顶雕饰双角，呈弯曲下垂状。觥
体略呈长方体，饰兽面纹，圈足一圈
饰龙纹，在觥背和长方体的四面中间
都有透雕的回形龙纹凸棱。在顶盖和
器体内侧均刻有铭文。

折觥

鸟盖兽纹壶

西周早期，铜铸。江苏丹徒出土，镇
江博物馆藏。高49厘米。壶是一种
盛水或酒的器皿，其顶有盖，盖上一
只圆鸟，首向上昂起，鸟羽翘起，
双翅上浮雕卷云纹，造型精巧。壶体
为不规则圆柱体，腹部略鼓，颈下有
两耳，壶底为圈足。通体饰卷云状交
连纹，并以四条竖条纹平均分隔，构
成四组卷云图案，竖条纹上有突起的
圆点装饰。

鸟盖兽纹壶

茹家庄铜舞人像

西周中期，铜铸。1975 年陕西宝鸡茹家庄
一号墓乙室出土，宝鸡市博物馆藏。人像
高 17.9 厘米，双臂向右侧上扬，双手做环
状，置于肩部。人像头部上宽下窄，眉目
清晰，双眼圆瞪，鼻梁突起，身穿垂地长袍，
腰中系带，体形适中。铜人底部长袍下有
方孔，似乎用于固定。因人像发现于棺椁
之间的头面部，推测其用途可能与祭祀活
动有关。

茹家庄铜舞人像

几父环带纹铜壶

西周中期，铜铸。1960 年陕西扶风齐家村
出土，陕西历史博物馆藏。同时出土的为
两件，壶通高 60 厘米，口径 16 厘米。两
件作品造型、图案及铭文都相同。壶体长
颈，腹体下垂，除沿口与颈端外，通体采
用浮雕手法刻波浪云纹，并在颈部及腹部
形成三组云形图案。其中下两组图案还分
别相间有兽面纹、龙纹和公字形纹，盖榫
外侧刻铭文。作品中采用的波浪纹装饰，
开始流行于西周中期。波浪纹装饰的此类
造型青铜壶还有采用减底平刻方法雕刻的
纹饰，与器体本身造型相呼应，使整体更
具流畅感。

几父环带纹铜壶

铜牛尊

西周中期，铜铸。1967 年陕西岐山贺家村
出土，陕西历史博物馆藏。尊通高 24 厘米，
长 38 厘米。以水牛为原型塑造，作品呈
现出朴实的生活气息。牛四肢短粗，体形
健壮，躯体雕饰变形兽纹，图案简洁大方。
牛头前部平，设流口。头顶双眼生动传神，
牛角向后，造型充满张力。牛背上开口，
有一小盖，盖上立一只圆雕虎，虎周身刻
满纹饰，并在尾部通过活链与牛身相连。

铜牛尊

驹尊

西周中期，铜铸。陕西眉县出土，中国国家博物馆藏。尊长23.4厘米，通高32.4厘米。驹四肢站地，腹部中空，背部开口，有盖。头顶双耳直竖，五官雕刻细致。短尾下垂，胯部突起，腹两侧分别刻有圆涡纹图案。在驹形尊的胸前、颈和背部顶盖内侧刻有105字铭文，是一位名为盠的官员为纪念周王所赐骒驹而作。

驹尊

鸭尊

西周前、中期，铜铸。1955年辽宁省凌源市出土，中国国家博物馆藏。尊高44.6厘米，长41.9厘米，口径12.7厘米，重6.6千克。鸭嘴扁平，鸭头短圆，颈部圆润，鸭身刻菱形格纹，腹两侧以涡旋状螺纹表现羽翅，身下前部有双腿，短粗有力，双蹼雕刻细致，靠尾后部有短柱支撑。鸭背上开圆形口，口沿高出鸭背。作品写实，造型简洁、古朴。

鸭尊

方座筒形铜器

西周晚期，铜铸。1993年山西曲沃天马—曲村遗址北赵村晋侯墓出土，山西省考古研究所藏。通高23.1厘米。器身满饰窃曲纹、环带纹。顶部有盖与筒身以子母口扣合，盖顶圆雕神鸟为提手。筒身下有方座，座四面圆雕四个背向的裸体人像，为器物的足。人像蹲身，做用力背负状，胸前也刻有纹饰，神态逼真。

方座筒形铜器

毛公鼎

西周晚期，铜铸。台北"故宫博物院"藏。通高 53.8 厘米，重 34.5 千克。毛公鼎是一件宗庙祭器，器物造型和纹饰都很简单朴拙，直耳，鼎腹为半球状，三立足为矮短的兽蹄形，只在口沿下部饰有环带状的重环纹。在腹部内侧铸有 500 字的铭文，是现存青铜器上所铸最长的铭文。

毛公鼎

散氏盘

散氏盘

西周晚期，铜铸。清康熙年间陕西凤翔出土，台北"故宫博物院"藏。口径 54.6 厘米。盘为水器，圆形，浅腹，有一对附耳，高圈足。腹饰以夔纹，圈足饰以兽面纹。内底铸有铭文 357 字，内容为一篇土地转让契约，全篇记载西周时，散、矢两国土地纠纷和议的事，为研究西周土地制度提供了重要的史料。散氏盘的造型、纹饰风格均简约端正，雕刻精细，手法简练，是西周青铜雕塑精品。

方彝

西周，铜铸。1956 年陕西眉县出土，陕西历史博物馆藏。高 22.8 厘米，口长 14.4 厘米。此方彝（yí）形体长方，带盖，有圈足。器身饰有两个宽扁形竖耳，为象鼻形。器盖为坡面的屋顶形式，在正脊中央铸有一屋顶形纽。全器通体布满以夔纹为主题的纹饰。这座方彝的独特之处，在于彝腹内部有中壁，隔成两室的形式，并且顶盖上的两个开口与内部两室对应设置，彝上的回涡纹在同处出土的驹尊上也有发现，有关专家推测这可能是家族标记类的纹饰。此器造型精美，通体浮雕的纹饰线条流畅，刻工细腻，纹样繁复但不琐乱，具有很高的艺术水准。

方彝

蟠龙盖饕餮纹铜罍

西周，铜铸。1959 年四川省彭县竹瓦街出土，四川博物院藏。通高 50 厘米，口径 17.4 厘米。罍是古时盛酒的一种器具。这件铜罍通体以细雷纹为底纹。上有覆盆式罍盖，顶部铸有盘龙形纽，可惜头部已损坏。盖心以一蝉纹装饰，边缘处饰一周雷纹。壶颈部有两道凸弦纹，两侧设有兽形的环耳。在壶的肩部两侧各饰有相向卷身夔龙纹，壶腹饰饕餮纹，下部圈足饰夔龙纹，且两部分都以番纹打底。铜罍造型别致、纹样丰富、做工精良、风格质朴。

蟠龙盖饕餮纹铜罍

牛首纹铜钺

西周，铜铸。1980 年四川省彭县竹瓦街出土，四川博物院藏。长 16.2 厘米，刃宽 12.6 厘米。钺是一种形如板斧的兵器，这件铜钺刃部为舌形，向上内斜肩。器的正面饰有牛头纹，两肩正面有圆点纹。器背面无纹饰，两肩背面也只饰有两道凸弦纹。铜钺除了作为兵器用来征伐砍杀外，还可作为刑具或礼器。

牛首纹铜钺

兽面象首纹铜罍

西周，铜铸。1980 年四川省彭县竹瓦街出土，四川博物院藏。通高 69.4 厘米，口径 21.8 厘米。这件铜罍除两耳为圆雕立体的长鼻象首状之外，在耳间及一面的腹下部也各铸有一立体的象首。通体布满纹饰，颈部至圈足，由四道高耸的扉棱把罍分为四等份，每份装饰相同，以雷纹为底，饰兽面纹、如意云纹等。铜罍整体以浅浮雕和扉棱相结合，造型夸张，纹饰形态多变。其特色在于融合运用了多种纹饰，并以浮雕的深浅变化突出主纹的特殊形态，又通过扉棱的对称设置获得了庄重、协调的形象特征。

兽面象首纹铜罍

元年琱生簋

西周，铜铸。相传清代陕西出土，中国国家博物馆藏。高22.2厘米，口径21.9厘米，足径18厘米。器为圆口、折沿、鼓腹，腹下为高圈足形式。腹部两侧铸鸟形耳。器前后两面的正中各有一道大扉棱。通体以雷纹为底，上面又饰以变形的兽面纹。内壁刻有铭文11行，共105字，其中有两字重文。记载内容为召伯虎祖护琱生多占土地的事情。西周时，簋（guǐ）是一种盛食物的器具，通常和鼎配合使用，是贵族身份的象征。这件青铜器造型美观大方，通体黝黑，纹饰古朴，充满了商周青铜器的神秘和威严的气质。

元年琱生簋

匽侯盂

西周，铜铸。1955年辽宁喀喇沁左翼蒙古族自治县出土，中国国家博物馆藏。高24.3厘米，口径33.8厘米，足径23.3厘米。盂为古代盛食器或盛水器，匽侯盂就是匽侯盛饭食的盂。这件匽侯盂为圆形、侈口、深腹、平底、圈足，腹下部略收，两侧铸有两耳。盂体通身饰精美的雷纹，腹部有华丽的回首夔龙纹样。盂内壁刻有铭文5字。此盂造型庄重，匽即燕国的侯主，刻有匽侯铭文的青铜在北京房山一带也有出土。

匽侯盂

青铜人头戟

西周，铜铸。1972年甘肃灵台白草坡出土，甘肃省博物馆藏。高25.2厘米。刃部饰人头，浓眉、高鼻、卷发，脸颊上刻有纹饰，颔下有椭圆形孔，直刃部斜出如钩，有外凸的脊棱。刃部饰牛首，端部为锯齿状，内侧阴刻有一牛首纹样标志。此戟造型简洁，铸造精良，风格古拙。据研究，这件兵器上装饰的人面纹明显为异族，这种将敌方形象设置在兵器上的做法，可能来自远古时悬挂敌首的习俗。

青铜人头戟

盘龙纹盖罍

西周，铜铸。辽宁省喀喇沁左翼蒙古族自治县北洞二号窖藏坑出土，辽宁省博物馆藏。高44.5厘米，口径15厘米，底径16.5厘米。罍上覆盖，长颈、圆腹、平底、圈足较高。盖上铸有一蟠龙，罍颈部饰有两道凸弦纹，肩部铸两衔环耳，腹部以雷纹为底，满饰突起的饕餮纹，圈足饰一圈夔纹。罍造型优美，敦实厚重，雕饰繁复，风格华丽。

盘龙纹盖罍

公卣

西周，铜铸，1965年安徽省屯溪镇奕棋乡出土，安徽博物院藏。通高23厘米，器物体形较矮，腹部下垂。器盖犹如一个倒置的大碗，盖顶塑成喇叭状。腹圆鼓，向下内收，有圈足。颈部两侧圆雕兽首，向上接提梁，梁面雕饰蝉纹。器物最突出的特点是：通体高浮雕凤纹，凤首、凤冠、凤身环绕成圈状，其间还以细密的云雷纹作底，颈部有高浮雕兽面。通体雕饰图案，主次分明，作品敦厚、庄重。

公卣

鸟纹铜戟

西周至春秋初期，铜铸。1959年四川省彭县竹瓦街窖藏出土，四川博物院藏。戟是兵器的一种。商周时期的戟多为戈、矛合铸，春秋战国时则多为分铸。这件戟是戈与刺分铸，戈的援部设有穿孔，可能为绑缚穿线所用。戈与刺的器身上都刻有神鸟纹，且无论是鸟纹还是整体器形均造型简洁，风格古朴。

鸟纹铜戟

第三章　春秋和战国

时间	食器			
	鼎	簋	簠	豆
春秋早期				
春秋中期				
春秋晚期				
战国早期				
战国中期				
战国晚期				

时间	酒器	兵器		
	尊	戈	钺	矛
春秋早期				
春秋中期				
春秋晚期				
战国早期				
战国中期				
战国晚期				

礼、乐器		钱币
钟	匜	布

黄君孟墓玉雕人头像

春秋早期，玉雕。1983 年河南光山宝
相寺黄君孟墓出土，信阳市文物保护
管理委员会藏。像高 3.8 厘米，宽 2.5
厘米，厚 1.8 厘米，通体为黄褐色。
面相椭圆，阴刻眼眶，眼球突出，蒜
头鼻，嘴扁略宽，下巴略向上翘起，
颈部圆润。两侧有耳，耳垂上有较大
的孔洞。头像脑后刻有长方形簪，并
有两处圆孔相通，头顶平顶冠饰，冠
角下垂，造型优美。作品表面光滑细
腻，刀法圆润，造型写实。

黄君孟墓玉雕人头像

人首蛇身玉饰

春秋早期，玉雕。1983 年河南光山宝相寺黄君孟墓出土，信阳市文物保护管理
委员会藏。同时出土的有两件，形制相似。外径为 3.8 厘米，厚 0.2 厘米，通体
呈青黄色，为两面雕。饰面雕人头侧面造型，人首蛇身，线条刻画人首和卷云纹。
两种图案结合并用头发做弯曲状连接，过渡处理十分协调。玉饰两面均为人像，
造型相同，人形象稍有差别，推测为传说中的女娲和伏羲，充满神话色彩。

人首蛇身玉饰

象首龙纹铜方甗

春秋早期，铜铸。1966年湖北省京山县苏家垅出土，湖北省博物馆藏。高52厘米，口宽22.5厘米。铜方甗（yǎn）是古时蒸饭用的器皿，由底部带箅眼的甑和用于放水的鬲两部分组成。上部的甑口缘部及底部饰窝曲纹，并铸有两竖耳，主体部分饰简化的象首龙纹。下部的鬲铸有四蹄足，两侧面也设竖耳。

象首龙纹铜方甗

齐侯龙錾铜匜

春秋早期，铜铸。出土时间、地点不详，上海博物馆藏。高24.7厘米，总长48.1厘米。匜（yí）是一种供洗手使用的器皿，这座铜匜器形较大，主体满饰沟纹。底部四足雕成兽形，造型精致。弧形器錾为圆雕龙，龙首栩栩如生，龙背有脊棱，龙身线刻云纹。龙口向上衔器沿口，龙尾下接器底，其动势恰与底部四足相呼应。器内底有铭文，记齐侯为虢孟姬良女所造。

齐侯龙錾铜匜

龙柄盉

春秋时期，铜铸。1978年安徽庐江县泥河出土，安徽博物院藏。高17厘米，口径14.4厘米。器物上部盘口束颈，中部鼓腹，与腹部连接的三足中空。腹上塑一短口为流水槽，另外一侧有长錾，向上呈弧形挑出。錾头圆雕成龙首，做回首顾盼状。器物外形简洁，除龙首外通体没有雕饰，朴实、素洁，造型饱满，具有浓郁地方特色。

龙柄盉

蔡侯方壶

春秋时期，铜铸。1955 年安徽寿县西门蔡侯墓出土，安徽博物院藏。高 80 厘米，口长 18.7 厘米，宽 18.2 厘米，腹径 33 厘米。器物形体高大，为圆角方壶形式。壶顶部壶盖雕仰莲瓣，长颈两侧有圆雕卷尾兽耳，兽做回首顾盼状。壶腹部圆鼓，每面有四块界栏状突出，将腹面分成不等的四块，长颈与腹上部细雕蟠虺纹，下部素面。腹下束腰，有圈足，足下圆雕四兽，向下承托壶体。

蔡侯方壶

蔡侯盥缶

春秋时期，铜铸。1955 年安徽寿县西门蔡侯墓出土，安徽博物院藏。通高 36 厘米，口径 21 厘米，腹围 115 厘米，底径 22 厘米。器物为一种水器，其盖顶提手为六柱连环形，上面雕刻细密花纹。盖面上和器腹上部均设圆饼饰，盖面上为六个，腹面八个。围绕圆饼饰刻有一圈细密的兽纹，纹理内填充红铜，与青铜对比，十分醒目。腹体向下内收，假圈足上有兽纹雕饰。盖内及口沿外刻有铭文。原器有双链提梁。

蔡侯盥缶（guàn fǒu）

蟠虺纹盨

春秋时期，铜铸。1958 年安徽太和县胡窑出土，安徽博物院藏。盨（xǔ）是一种盛放饭食的器皿。器高 16.8 厘米，长 33 厘米，宽 21 厘米。器物造型为椭圆方体，由盖与腹两部分构成。盖顶雕有四莲瓣，盖钮翻转后也可作盛器。腹圆鼓，下内收，底下有圈足，内中空。器物通体刻饰蟠虺纹，尤以盖顶、盖面及腹体雕饰最为细密。两端有耳，作兽面雕饰。

蟠虺纹盨

龙虎四环器

春秋时期，铜铸。1980年安徽舒城县
孔集出土，安徽博物院藏。据推测此
器为鼓座，器高29厘米，直径80厘
米。此物为扁圆形，因器口上的龙虎
雕作而得名。器口上塑虎首和盘龙，
虎张口猛目，龙头独角，龙身蜿蜒起
伏，形象生动。器物外壁密饰蟠螭纹，
器外壁有铭文100多字，因锈蚀严重，
难以辨认。

龙虎四环器

子犯和钟

春秋时期，铜铸。台北"故宫博物院"
藏。铜钟通高44厘米，重15.75千克。
八件为一套，此物为其中的第五钟，
钟身铸有三层锥形小钉。这套编钟上
共铸有铭文132个字，详细记录了有
关晋文公返晋复国、晋楚城濮之战以
及践土会盟等大事件，铭文中记载作
器者为子犯，原文自称为"和钟"。

子犯和钟

王子午鼎（附匕）

春秋时期，铜铸。1978年河南淅川县
下寺楚墓出土，河南博物院藏。通高
76厘米，口径66厘米；匕长63厘米，
宽8.5厘米。王子午鼎宽体、束腰、
平底，口沿上有两个长方形立耳，下
有三兽首蹄足。器身口沿处绕有六个
以失蜡工艺铸成的夔龙攀附，器表浮
雕有蟠螭纹、双线窃曲纹及鳞纹，装
饰华丽。鼎盖正中铸有一环形纽。鼎
的内壁和底部均铸有铭文，记录了王
子午作器的目的。匕身为柳叶状，有
长条形柄，尾端为镂空纹饰。鼎造型
敦厚，装饰华丽。同时出土同形同铭
器物为七件，只在大小和重量方面有
所差异。

王子午鼎（附匕）

鄬子倗浴缶

春秋时期，铜铸。1978 年河南淅川县
下寺楚墓出土，河南博物院藏。通高
49.6 厘米，口径 26.6 厘米。器口小，
方唇、短颈、圆肩、鼓腹、平底。口
上覆钵形盖，铸有四个环形组。盖沿
部位外饰一圈红铜镶嵌的龙纹。肩部
设有一对链环状耳，腹下部前后各置
一个环组。器物做工讲究，器腹分饰
有夔龙纹、几何纹及涡纹，纹饰为红
铜铸成，将其固定在特定的位置后再
进行整体浇铸，打磨，青铜底与红铜
纹相互对比。器盖内及口沿有铭文，
为"楚叔之孙鄬子倗之浴缶"，即为
沐浴时盛水之用。

鄬子倗浴缶

云纹禁

春秋时期，铜铸。1978 年河南淅川县下寺
楚墓出土，河南博物院藏。通高 28.8 厘米，
器身长 103 厘米，宽 46 厘米。禁（jìn）
是古时用来放置酒器的桌案。这件禁上部
主体为长方形平面，在平面四周及器身的
四壁均由铜梗构成的多层云纹组成。器下
方一周为 12 个虎形足，均头戴高冠，腰
向内凹，尾巴上扬，做昂首挺胸状。器四
壁铸有十二兽，头生双角，口吐长舌，身
曲尾卷，做窥视状扒着禁面。在镂空的器
表下面，有粗细不同的五层铜梗加固支撑，
使得器表的花纹虽然纷繁复杂，却显得玲
珑剔透。它是一件极具装饰效果的工艺作
品，也是我国目前发现年代最早采用失蜡
法铸造工艺制造的青铜器。

云纹禁

错金栾书缶

战国时期，铜铸。中国国家博物馆藏。
通高 40.5 厘米，口径 16.5 厘米，足径
17 厘米。缶为古时盛水或盛酒的器皿。
器有盖，短颈，腹如壶深且鼓，平底、
圈足。器身素面无纹饰，盖的边缘及
腹部均对称铸有四个圆形环组，纽上
饰有斜角的云纹。缶腹和缶盖都刻有
铭文，器腹刻有错金铭文五行，每行
八字，共四十字，说明了该器物为栾
书的子孙祭祀祖先用品。这件缶的器
形是典型的楚式，造型简洁大方，朴
素无饰。

错金栾书缶

兽纽镈

春秋时期郑国，铜铸。1923 年河南新郑出土，中国国家博物馆藏。镈（bó）通高 86.2 厘米，宽 39 厘米。镈是古代的一种打击乐器，通常是用青铜铸造，呈扁圆形的筒状，使用时悬挂供敲击。这件兽纽镈上小下大，口平，椭圆形，上面有对称构图的镂空兽形扁纽，器身上饰有螺形纹四组纽钉，每组九枚，共三十六枚，其间还有夔龙纹装饰。作品造型硕大，庄重浑厚，制作精美，是春秋时期流行的形制，为研究古代乐器提供了珍贵的实物资料。

兽纽镈

秦公簋

春秋时期秦景公年代，铜铸。1923 年甘肃天水西南乡出土，中国国家博物馆藏。通高 19.8 厘米，口径 18.5 厘米，足径 19.5 厘米。簋呈圆形，敛口，上覆盖，为半球状，顶部有凸出的圆形捉手，倒置可作盛器。腹圆鼓，两侧有兽面耳。腹下内收，圈足向外逐渐散开。器盖与器身上部均饰带状蟠螭纹，器腹饰瓦纹，圈足上饰波状纹。器盖与器身内侧均有铭文，共 105 个字。

秦公簋

嵌赤铜鸟兽纹壶

战国中期，铜铸。相传为 1923 年山西浑源李峪村出土，中国国家博物馆藏。通高 32 厘米，口径 10.4 厘米，底径 12.3 厘米。壶口为圆形，有盖，盖上铸有一对环耳并在耳上又各设一环，盖面刻饰四只飞燕。壶颈微收，用赤铜嵌出两行三角叉纹。器深腹，肩上两侧各有一衔环铜耳，器腹下部在前后各置二鼻纽。腹上部饰有两行走兽，每行六只，做奔驰状，其下嵌赤铜。壶造型简洁，装饰富有特色。

嵌赤铜鸟兽纹壶

吴王夫差铜矛

春秋时期，铜铸。1983 年湖北江陵马山 5 号墓出土，湖北省博物馆藏。通长 29.5 厘米，最宽处为 5.5 厘米。矛有带血槽的中脊，因此呈三棱形，中脊两侧对称饰有菱形花纹。正面接近柄的位置处刻有"吴王夫差自作用矛"八个错金铭文。矛通体饰以连续的菱形纹样，造型简洁洗练，风格质朴。虽然经过几千年的埋藏，但仍然光泽闪烁，锋利如新，反映了当时卓越的冶金水平。

吴王夫差铜矛

蛇纹尊

蛇纹尊

春秋时期，铜铸。湖南衡山霞流出土，湖南省博物馆藏。高 21 厘米，口径 15.5 厘米。尊口呈喇叭状，通过短颈与底部的鼓腹相连，最下部为圈足。尊口内沿上以立体的蛇纹作装饰，形态生动。尊腹部也由图案化的蛇形象构成主纹，其上端饰鳄鱼纹。

曲刃短剑

春秋时期，铜铸。辽宁省朝阳县十二台营子 2 号墓出土，辽宁省博物馆藏。两把剑长分别为 36 厘米、36.7 厘米。剑中轴为突出的柱式脊，剑叶肥大，两侧刃均为两段弧曲线连接的形式。剑底部有木质和麻丝痕迹，表明原来装有木质剑柄。短剑铸工精良，保存较为完好。

曲刃短剑

鳐鱼形铜饰

战国时期，铜铸。辽宁省喀喇沁左翼蒙古族自治县南洞沟石椁墓出土，辽宁省博物馆藏。长 9.5~15 厘米，宽 9.3~13.1 厘米。这组鳐鱼形铜饰均为青铜制造，作马饰。饰件正面为鳐鱼形，口扁，身短，尾细，两侧的鳍宽大如翼，尾鳍呈三角形，尾尖细。大者背面有上、下二桥状组，小者背面为十字形组。铜饰造型优美，线条流畅，轮廓清晰。

鳐鱼形铜饰

蟠龙方壶

蟠龙方壶

春秋时期，铜铸。河南新郑郑公大墓出土，台北历史博物馆藏。壶通高 90.3 厘米，口长 19.8 厘米，宽 14 厘米。壶有盖，盖为镂雕精细蟠螭纹的仰帽式构造；长颈，主要装饰虺纹；壶两侧相对铸有龙形耳饰，做向上攀爬状，回首向下俯望；器腹部圆鼓，分上、下两段。上段饰虺纹，下段光面无饰；腹下为平底、矮圈足，足下铸有一对虎做向前奋力奔跑状，虎形细长、流畅，用以承托上面的壶。

镇墓兽

春秋时期，铜铸。1923 年河南新郑郑公大墓出土，台北历史博物馆藏。长 34 厘米，宽 30 厘米，高 47 厘米。镇墓兽呈坐状。其头部为兽面，五官概括，瞪眼，张口，头顶和两腮有四条弯曲向上延伸的带状物，形象怪异。兽身人形，两臂上举，两足各踏一条盘旋缠绕的长蛇。造型威猛、纹饰简洁、风格粗犷，充满神秘色彩。

镇墓兽

螭纽特钟

春秋时期，铜铸。1923年河南新郑县城李氏园出土，台北历史博物馆藏。高95厘米，长52厘米。器物顶部铸有镂雕对称的兽形纽，腹部为圆柱形，上细下粗，下沿与地面平行。钟身通体饰蟠虺纹，具有春秋时期的纹饰特征。器体上部铸四组共三十六枚螺形纹纽钉。整体造型简洁，装饰富有规律性。中国国家博物馆藏有一件造型与之相同的器物，只是整体尺寸都较之要小，其名为兽纽镈（其形似钟，但钟口弧而镈口平），两者出土时间与地点均相同，是否为一组器有待证实。

螭纽特钟

云龙罍

云龙罍

春秋时期，铜铸。河南新郑郑公大墓出土，台北历史博物馆藏。高40.5厘米，口径29.5厘米，腹围157.5厘米。罍为酒器，圆形，口沿边外翻、短颈、圆腹、平底。肩部对称饰有四个双龙耳，分别由向上方形的龙和向下衔环的圆形龙组成。罍腹部中央以凸起的弦纹分为上下两个区域，通体满饰纹样，以蟠螭纹、云龙纹及窃曲纹为主要纹饰。整体器物纹饰精美，器型较大。

青玉虎形佩

春秋时期，玉刻。1983年河南信阳光山县宝相寺黄君孟夫妇墓出土，河南博物院藏。玉佩为一对，其中之一长14.2厘米，宽7.2厘米；另一残长13.7厘米，宽7厘米。佩通体微黄色。虎口略闭，尾总体下垂，尾梢向上卷。虎目、耳、斑纹等均以粗细不同的阴线雕刻。在虎的口与尾处各有一个圆形穿孔，方便系挂佩带。玉佩造型精致、线条流畅。

青玉虎形佩

莲鹤铜方壶

春秋中期，铜铸。1923 年河南新郑李家楼出土，同时出土为一对，现分别藏于故宫博物院和河南博物院。壶通高 117 厘米，口长 30.5 厘米，宽 24.9 厘米。壶盖顶圆雕一只立鹤，展翅欲飞，使作品有鹤立鸡群之感。沿口向上圆雕双层莲瓣，下部沿口为浮雕花纹。壶体向下的长颈至鼓出的腹体，通体以浮雕蟠螭纹装饰。颈部两侧对称设圆雕龙，做顾盼回首状。在器腹底部四个转角处还各设一圆雕小兽，造型比颈部的龙小，姿态却十分相似，也做回首状。壶腹底向内收，雕走兽，其下由两只圆雕卷尾兽承托。壶顶立鹤与壶底蹲兽形成对比，衬托器物形象更为挺拔。龙及怪兽的衬托及莲瓣的装饰，不仅使作品有庄严的气势，同时赋予灵动、轻盈之感。

莲鹤铜方壶

夔纹白玉璜

夔纹白玉璜

春秋晚期，玉雕。扬州市邗江甘泉乡军庄东汉墓出土，扬州博物馆藏。璜是一种半壁形的玉。长 5.7 厘米，宽 2.9 厘米。单面片状，整体为夔龙造型，四周出脊，张口，舌上卷成开口的穿孔，用于佩挂。龙身刻饰卷云纹，其间饰有阴线钩云纹、几何纹，还附有磨铣出的碎点纹。作品色泽光润，质地细腻，造型精致。

玉玦

春秋晚期，玉雕。台北历史博物馆藏。玦是一种有豁口的环形玉佩饰，作随葬器的做法较为常见。这对玉玦（jué）上所雕纹饰一致且规整，雕刻技巧与艺术风格均有一定的代表性。玉玦高 1.9 厘米，径 2.2 厘米。为圆柱体，一边开口，中空。周身及上下两端满饰线刻变形的兽面纹，线刻流畅、造型圆润、手法简洁。

玉玦

淹城双兽铜三轮盘

春秋晚期，铜铸。1957年江苏武进出土，中国国家博物馆藏。通高15.8厘米，径26厘米。器形为浅腹的圆形盘，盘下设有三轮，每轮上均有六根辐条，三轮构成三角形托座，可拖行。其中一轮两侧铸有回首的双兽，兽首雕刻精细，兽首处饰鳞纹，兽身饰云纹。托盘腹部雕饰有一周几何纹。整体造型新颖，构思巧妙，具有浓郁的吴越地方特色。

淹城双兽铜三轮盘

凤凰嘴铜牺尊

春秋晚期，铜铸。1959年安徽舒城凤凰嘴出土，安徽博物院藏。器高27.5厘米，为一只形似山羊的三足怪兽形象。头顶生角，眼为绿松石镶嵌，眉以线刻表示。背部有盖，底部有三足，构成稳定性结构。腹前外突，为兽胸腹，腹部至周身一圈雕窃曲纹，双翼以螺旋圈表示。腹两侧向上有耳穿孔，后部有尾。作品造型简洁，风格朴实。

凤凰嘴铜牺尊

錞于

春秋晚期，铜铸。1984年江苏省丹徒县北山顶墓出土，南京博物院藏。通高46厘米，口径22厘米×15.4厘米。錞（chún），也叫錞于，是古代用于在战场上指挥军队的乐器，可以与鼓配合使用。这件錞出土时三件，这是其中的一件。通体略呈圆柱形，器形整体上大下小，器顶做承盘状，中间铸有一圆雕立虎纽，腹部微束。顶部、肩部和底口都饰有一圈云雷纹，隧部两侧各饰有由八条小龙组成的图案。錞于造型和纹饰都很简洁，风格古拙。

錞于

李家山祭祀铜扣饰

春秋晚期，铜铸。1972年云南江川李家山出土，云南省博物馆藏。通高6厘米，宽12厘米。这是一件人、兽组合扣饰。由五人、一牛、两蛇、一蛙组成。牛头部位有一人倒挂在牛角上，还有一人似乎被绑在柱上，正被牛践踏，在柱旁，牛腹和牛尾部的三人似乎在控制着牛。牛下部有两蛇，人与牛似乎立于蛇身上，蛇头蹲一只青蛙，蛇已吞噬了蛙足。人物形态、表情各异，有的在痛苦之中垂死挣扎，有的昂首扬臂，形象充满张力、雕刻生动。牛、蛇及蛙，各种动物互相连接。作品利用透雕、圆雕的手法使人物及动物的形象相互关联又主次突出，产生真实生动的画面感。作品以失蜡法铸成，表现的可能是古代滇族的祭祀场景。

李家山祭祀铜扣饰

五牛铜针线盒

漆绘木俑

春秋晚期至战国早期，木雕。河南信阳出土。高64厘米。以木材雕出木胎人身形，再在木雕表面漆画出人形及服装的形象。木胎遍体涂成黑色，面部与手被涂成红色，眉毛和眼睛以黑线画出。衣着腰部绘有带花纹的腰带，下半身前部作彩带、佩饰。人物面形圆润，姿态与表情均略显呆板。双手抬起拱于胸前，做侍立状。此为同墓出土的多件漆绘俑中的一件。

五牛铜针线盒

战国时期，铜铸。1972年云南江川李家山出土，云南省博物馆藏。通高31.2厘米。器形大体上是圆筒，斗形盖，颈部向下内收至器底成为抹角方形。通体线刻细密图案，顶盖饰盘蛇纹和竹节纹，腹体饰云纹、编织纹和竹节纹。顶盖圆雕五头立牛，形象突出。中间一头立牛较大，边上四头较小，造型基本一致，风格简约但较为写实，牛身以线刻云纹装饰。

漆绘木俑

雨台山漆绘鸳鸯木豆

战国早期，木雕。1976 年湖北江陵雨台山出土，荆州博物馆藏。高 25.5 厘米，盘径 18.2 厘米。豆是一种古代用于盛放腌菜等调味佐食的器皿。此木豆由上盖与底盘两部分组成，通过子母合扣，豆盖和盘被雕成一只伏卧状的鸳鸯。鸳鸯头、身、翅、脚和尾均雕出突出的形象，然后再在这些体块上以黑漆为底，用红、金、黄等颜色绘出五官及羽毛形象，造型生动。其中在鸳鸯的尾部还对称绘有两只孔雀，十分优美。豆底部为高脚杯式的托座，同样以黑漆为底，其上为红漆绘制的卷云纹。

雨台山漆绘鸳鸯木豆

曾侯乙漆绘木梅花鹿

战国早期，木雕。1978 年湖北随州擂鼓墩曾侯乙墓出土，湖北省博物馆藏。通高 86.8 厘米，长 50 厘米。从整体造型来看，鹿腿部有方孔，其上似插有物，是一件装饰性更强的作品。鹿为伏地昂首状，四肢蜷曲。鹿头略向上昂。鹿神态自若、温顺。鹿身通体以黑漆为底，绘以黄色点状纹饰。鹿顶双角是以真鹿角嵌饰，使形象更为逼真。

曾侯乙漆绘木梅花鹿

天星观漆绘镇墓兽

战国中期，木雕。1978 年湖北江陵天星观出土，荆州博物馆藏。通高 170 厘米，由上下两部分组成。略呈方形的基座上部为两个背向组合的 "S" 形蛇形兽。兽面并连，有长舌垂下顶部，饰鹿角，下立于方座上，方座四面和兽首两侧各饰一兽面辅首。墓兽通体涂黑漆，用红、黄、金三色彩绘兽面、夔纹、菱形纹等图案。

天星观漆绘镇墓兽

灰陶彩绘鸭形器

战国时期，陶塑。台北历史博物馆藏。长 36.5 厘米。鸭身为扁球形，背部有一盖；两翅平展呈 90° 折线形，短尾，下有两喇叭口足支撑，颈向上弯曲，做引颈长鸣状。器的两翼、尾均可拆卸。鸭形器造型生动，鸭身上为红底白点的条饰带装饰，纹饰与器形的风格均质朴古拙，也是战国陶塑代表作之一。

灰陶彩绘鸭形器

黑陶俑

战国时期，陶塑。故宫博物院藏。高 3~6 厘米。这是一组造型简洁、概括，姿态各不相同的俑群。其中，有跪坐行礼的、有站立作揖的，还有舞动长袖似跳舞姿势的。其中一个陶俑，体态丰盈，两手插于袖中，上着窄袖衣，下穿红色百褶裙，从其造型上来看应是歌伎。这组俑的造型各异，体形简朴、敦厚，虽无精雕细刻，却表现出了生动的俑者形象并且极具动态。

黑陶俑

黑陶马

战国时期，陶塑。故宫博物院藏。高 5.3~7.8 厘米。陶马昂首，竖耳，张嘴嘶鸣，表现出了昂扬的精神。陶马造型肥壮，腿稍显短粗，反映出了当时人们的审美特征。五匹小马造型写实，形象生动，线条简约，技法质朴，富有情趣。

黑陶马

母子鹿纹瓦当

战国时期，陶质。相传为陕西凤翔出土，故宫博物院藏。直径 14.5 厘米。圆形瓦面上阳刻一只奔跑中的母鹿，母鹿之下为一只奔跑着的幼鹿，鹿前立有一棵树，造型较为概括。作品着力刻画母鹿的形象，鹿头和鹿角造型优美，头向后扬的态势与处于行进中鹿的体形相对比。母鹿昂头抬后蹄与幼鹿较大的动作幅度，均加强了作品的动感。画面和谐，具有生动的情感表述性。

母子鹿纹瓦当

徐家湾豹纹瓦当

战国时期，陶质。1956 年陕西西安徐家湾出土，陕西历史博物馆藏。面径 13.7 厘米。瓦当面向内凹入，圆形表面饰一只回首翘尾的豹，全身圆点斑纹，口大张，长舌外露，身体呈"C"形，造型夸张。瓦当面后为圆筒瓦身，表面有拍打的印纹，保存较好。

徐家湾豹纹瓦当

祈年宫鹿纹瓦当

战国时期，陶质。1974 年陕西凤翔祈年宫遗址出土，陕西历史博物馆藏。面径 14.4 厘米。瓦当表面浮雕一只奔跑中的鹿，鹿前肢和后肢适应圆形瓦当面的形状特征设置。鹿的形象健壮，构图饱满。鹿取谐音"禄"，在古代是吉祥的象征，常用作装饰图案。作品塑造手法简洁，鹿角和身体的线条自然简练，展现出鹿的灵动姿态。

祈年宫鹿纹瓦当

燕下都双龙纹瓦当

战国时期，砖雕。1930年河北易县燕下都遗址出土，中国国家博物馆藏。底边长18.5厘米。瓦当为半圆形，正面饰有相对的两条龙，龙口大张，龙身弯曲，尾巴盘卷上扬，前龙爪相抵，后龙爪支地。两龙充满半圆形的空面，布局对称。

燕下都双龙纹瓦当

燕下都抵角兽陶砖

战国时期，砖雕。1958年河北易县燕下都遗址出土，中国国家博物馆藏。这块砖为某建筑构件上的栏砖，现已破损。推测原砖为对称式，两兽相抵的纹饰。作品采用浮雕的手法，运用圆形弧线与曲线形体相结合，展示了流畅、饱满的气势和较强的力量感。

燕下都抵角兽陶砖

二里冈彩绘陶鸭

战国时期，陶塑。1954年河南郑州二里岗出土，河南博物院藏。通高30厘米，灰褐陶，有两件。陶鸭由带头的躯干、两翼、双足和尾巴共同组装而成。鸭伸颈，嘴张开，身躯呈椭圆形，腹部中空，两翅为新月形，尾部平直。其中双翅、尾部及双足均有榫头，与腹部的卯眼连接，可自由拆卸。鸭嘴及下腹部，双足施红彩，黑白色绘羽毛，色彩丰富。鸭头部形象生动，身体却简洁、朴拙，富于趣味。

二里冈彩绘陶鸭

白玉龙形冲牙

战国时期，玉雕。出土时间、地点不详，故宫博物院藏。长 11.9 厘米，白色软玉雕制而成。作品为一龙凤组合玉佩，造型较为抽象。上端为龙，中间为凤，龙张口，凤勾喙。龙首有一圆形孔洞，形似龙眼，也作饰物的穿孔。冲牙与其他玉饰多组合佩戴。相撞可发出清脆悦耳的响声。此类玉佩，是古代帝王及富贵人家常见的饰物，在汉代之前都很流行，并且造型也较为统一，主要是一头粗壮，一头尖细，有浅弧形、半月形和"C"形。

镂雕双龙首璜

战国时期，玉刻。故宫博物院藏。高 7.4 厘米，宽 17.1 厘米。这是古代祭祀用的玉器，"半璧"的玉称为"璜"，这种双龙首样式的璜是当时流行的一种造型。璜体做薄片半月状，两面刻饰相同纹样。两端部雕成回首的龙形，身体蜷曲并饰勾连谷纹。下部廓外饰卷曲的云纹，也是当时流行的一种纹样。作品玉质呈青白色，局部有褐色沁斑。半璧中上部有一个小孔，作穿绳悬挂用。璜体的表面运用阴刻的手法饰细密纹样。璜是古人表示身份地位的随身装饰品，也多作随葬品。此器造型雅致，做工细腻，纹样清晰，具有较高的装饰作用和艺术价值。

玉螭凤云纹璧

战国时期，玉刻。故宫博物院藏。直径 11.5 厘米。"璧"是古时封建君主在祭祀或赏赐时用的玉器。这件璧为新疆和田白玉制成，璧料呈淡绿色，因埋藏久而产生褐色沁斑。璧较大，略薄，两面饰纹相同。圆形璧孔内镂空雕有一兽身、独角的螭龙，身侧好似有翼，长尾，饰绳纹，这种龙形花纹的做法在当时应为地位较高者订制的。在璧外轮廓的两侧各雕有一长身、头顶长翎、身下长尾卷垂的凤，凤的造型较为抽象。此玉璧螭龙、凤鸟造型生动，璧表面的纹饰规整，统一采用了勾云纹，在璧两面各饰有六周勾云纹样，勾云略凸起，其上再刻阴线。这样使其与螭龙、凤鸟的搭配更为主次分明。此壁是目前所见的战国玉璧中雕饰最为精致的一例。

黄玉龙螭纹佩

战国时期，玉雕。相传为安徽寿州出土，天津市艺术博物馆藏。长 11.4 厘米，宽 5.3 厘米。古代人们认为龙和螭属于同一类动物，因此以龙螭纹作为装饰纹样，在玉器中十分常见。这件龙螭纹佩为两龙相背而立，造型古朴，充满神秘气息。两龙身体弯曲，呈对称式。龙身上采用线刻纹饰，也都对称设置，显示出程式化风格特征。

镂雕双龙首璜

白玉龙形冲牙

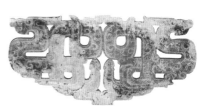

黄玉龙螭纹佩

玉螭凤云纹璧

十六节龙凤玉挂饰

战国时期，玉雕。1978 年湖北随州曾侯乙墓出土，湖北省博物馆藏。通长48 厘米，宽 8.3 厘米，厚 0.5 厘米。曾侯乙墓出土了大量的玉器，共有337 件，其中最为精美的是这件十六节龙凤玉挂饰，其整体为一条龙形，由 5 块玉料、3 个可以拆卸的玉环和一根玉销穿连而成，共 16 节。每节上均雕饰有龙、凤等纹饰，分别采用了透雕、浮雕、线刻等雕刻技法，共雕刻有 37 条龙、7 只凤和 10 条蛇。这件挂饰造型精美、雕刻精细、玉质温润细腻、风格华丽，堪称先秦玉器中的精品。

透雕龙纹玉璜

战国时期，玉雕。1978 年湖北随州曾侯乙墓出土，湖北省博物馆藏。长15.2 厘米，宽 4.6 厘米。通体以透雕的方式饰有四条造型概括抽象的、对称式的龙，龙体上有简洁的线刻纹样。除了主体龙纹之外，璜上还巧妙隐藏了 6 条蛇的形象。作品轮廓清晰，线条流畅自然，具有较强的视觉效果。

十六节龙凤玉挂饰

透雕龙纹玉璜

云纹玉梳

战国时期，玉雕。1978 年湖北随州曾侯乙墓出土，湖北省博物馆藏。长 9.6厘米，宽 6.5 厘米。玉梳呈青色，整体略呈梯形，上厚下薄。梳背平直，转角圆润，两面均阴刻有云纹，边缘部位饰以斜线纹，共有二十三齿。玉质温润圆滑，梳体造型精致，纹样简练，风格质朴古拙。

云纹玉梳

龙形玉佩

战国时期，玉雕。1966年湖北江陵望
山3号墓出土，湖北省博物馆藏。长
13.2厘米，宽6.4厘米。玉佩通体扁平，
轮廓清晰，两面阴刻卷云纹。龙体造
型优美，龙身呈"S"形造型，龙尾弯曲，
做盘旋游动状。并且龙足、卷尾又构
成若干小"S"形，造型富有动感。
古时玉佩与璧、璜等其他玉器组合佩
带，是贵族服饰的重要组成部分。

龙形玉佩

彩绘女俑

战国时期，木雕。湖南长沙出土，故
宫博物院藏。高37厘米。整体作品
利用削、切等手段，俑人外轮廓以直
线、斜线为主，使木俑造型充满几何
形变化，头部为半椭圆形，顶部平直，
上身为梯形和抹圆角长方形的组合，
下身为不规则的梯形。使人物造型抽
象，具有简洁、洗练的特征。通体饰
黑漆，以红漆绘纹饰突出了华美的服
装，简洁的造型与人物表情形成对比。
五官以黑线勾出，人物表情略带忧伤。

彩绘女俑

漆绘木雕小座屏

战国时期，木雕。1965年湖北江陵望山出土，湖北省博物馆藏。长51.8厘米，
高15厘米，屏宽3厘米，座宽12厘米。整件作品采用透雕、浮雕手法，框顶
以彩漆绘花纹装饰，两侧及底部雕饰蛇纹。框内对称刻有鹰、鹿、凤、蛙及蛇。
蟒蛇盘曲环绕，鹰头朝下，口中衔蛇；双鹿奔驰，与鹰对峙；其余四凤正忙
于捕蛇，禽兽共存，场面气势逼人。作品布局严谨、构图对称、彩绘细腻，反
映了当时匠师丰富的想象力与创造力，为战国时期木雕工艺中雕绘结合的佳作。

漆绘木雕小座屏

彩漆木雕盖豆

战国时期，木雕。1978 年湖北随州曾侯乙墓出土，湖北省博物馆藏。通高 24.3 厘米，口径 20.8 厘米。这件木雕盖豆是仿铜器制作而成。其盖与器身的盘、耳、柄、座分别由一整块木料雕刻而成，口为椭圆形，盖向上隆起，顶部浮雕螭龙纹样，腹盘较深，两侧有两方形大耳，为浮雕龙纹组成兽面形状，兽身上饰以云纹并以细致笔触表现了龙身上的鳞片。豆柄较长，上粗下细，底座平且大。器身通体以黑漆为底，上绘红色变形凤纹、菱形纹、曲线纹等，局部还加描金黄色。器身上以带状纹饰分层设置不同图案，疏密有度，使其整体形象丰富而不失稳重。

彩漆木雕鸳鸯盒

战国时期，木雕。1978 年湖北随县曾侯乙墓出土，湖北省博物馆藏。高 16.5 厘米，身长 20.1 厘米，宽 12.5 厘米。鸳鸯头颈与身体分开雕成，颈底有榫头安插于脖座上，可以自由转动。背上有浮雕龙纹方形小盖，腹空。足部设有底座，并绘饰成龙形。通体髹以黑漆，用红、黄色漆绘饰羽纹和其他纹饰，另外，在腹部两侧分别绘有以南方巫舞中撞钟与击鼓舞蹈为内容的图案纹样，为研究中国早期音乐、舞蹈、绘画艺术提供了宝贵的参考资料。

彩漆木雕盖豆

彩漆木雕鸳鸯盒

彩漆木雕双头镇墓兽

战国时期，木雕。1986 年湖北江陵雨台山 18 号墓出土，湖北省博物馆藏。除鹿角高 52 厘米。方形座上立身首背向的双兽，基座与兽身均有图案装饰。其中面部刻出凸眼、长舌、獠牙形象，造型怪诞、离奇。这种镇墓兽是楚墓中的典型器物，并按墓主人身份和地位高低的区别，在具体造型方面有所差异。巫术在楚文化中占有重要地位，因此用虎、鹿等现实动物与龙、凤等神兽相结合的镇墓兽，在各种楚墓中较为多见。

彩漆木雕双头镇墓兽

素漆酒具盒

战国时期，木雕。1978 年湖北荆门包山 2 号墓出土，湖北省博物馆藏。长 71.5
厘米，宽 25.6 厘米，高 19.6 厘米。酒具盒身、盒盖分别用整块木料雕制而成。
身与盒盖两端各有一柄，盒盖两端以浮雕的龙首作为装饰，盒身两侧雕饰云纹
龙足。盒内用隔板分为六格，可放置两件酒壶和两套耳杯。盒通体髹以素色漆料，
雕饰纹样简洁、风格素雅。这类酒盒目前仅在战国楚墓中有发现。

素漆酒具盒

彩绘漆瑟

战国时期，木雕。1978 年湖北省随县曾侯乙墓出土，湖北省博物馆藏。通长
167.3 厘米，宽 42.2 厘米，高 13.7 厘米。琴与瑟都是我国古代重要的乐器，琴
有五弦和七弦，瑟则一般为二十五弦。这件漆瑟由整木雕成，面板略呈弧形。
侧板绘以凤鸟纹、菱纹、云纹图案，尾部则是浮雕的蟠龙纹和饕餮纹。

彩绘漆瑟

十弦琴

战国时期，木雕。1978 年湖北随州曾侯乙墓出土，湖北省博物馆藏。通长 67 厘
米，高 11.4 厘米，宽 19 厘米。琴由琴身与活动的底板组成，通体髹以黑漆。琴
身内空为音箱，表面从遗留圆孔看应是十弦琴，琴面圆鼓，底板开有浅槽，尾
板是音箱面板的延伸。琴造型精巧，外轮廓线条圆润，风格雅致。

十弦琴

鄂君启金节

战国时期，铜铸。1957年安徽寿县邱家花园出土，安徽博物院藏。两件，一件长29.6厘米，宽7.3厘米；一件长31厘米，宽7.3厘米。以青铜铸成剖竹形，竹节突出，竹面以阴线刻出纹理，并在格框内设错金铭文。其中较长者刻163字，较短者刻146字。其中长者为舟节，是水路通行证；短者为车节，为陆路通行证。这两件物品是当年楚怀王颁给鄂君启运输货物的免税凭证，也可以理解为通行证。节上刻铭文为一次货运行驶的范围，内容包括今河南、安徽、湖北、湖南等地，各地关卡见节便查验货物并免税放行。这是研究中国古代商业、交通和符节制度的重要史料。

鄂君启金节

展翅攫蛇鹰

战国时期，铜铸。1933年安徽寿县朱家集楚王墓出土，安徽博物院藏。通高17厘米，长24.7厘米，宽25.9厘米。器物造型为一只飞鹰，鹰首前伸，双翅伸展，尾部后伸，使头、身、翅尾形成平面。鹰双腿矫健，爪下踩蛇，一副勇往直前、勇猛的气势，神态逼真。整个雕塑造型简略，唯鹰翅上作线刻花纹，其余均以圆雕呈现，风格明快、简洁。

展翅攫蛇鹰

楚王熊肯铊鼎

战国时期，铜铸。1933年安徽寿县朱家集出土，安徽博物院藏。通高38.5厘米，口径55.5厘米，流长12厘米，腹深14厘米，腹围174厘米。匜是古代人洗手时盛水用的器具，此鼎造型与匜接近，开有流口，或称铊鼎。这件器物造型如龟状，龟头为流口，腹部中空为龟身。腹外壁三足根部圆雕兽面，兽向下。作品造型简洁，形态庄重。器外壁近口处有铭文说明是楚王自用器。

楚王熊肯铊鼎

臧家庄鹰首铜壶

战国早期，铜铸。1970年山东诸城臧家庄出土，山东诸城市博物馆藏。通高56厘米，底径14.1厘米。盖顶与器口组合雕刻，圆雕鹰首生动写实。鹰喙与头上部为盖可以打开，下部为口，脑后有提梁用双环与壶盖相连。壶颈部及腹部通体刻饰瓦纹，腹中部突起一圈弦纹，外观造型充满韵律感和层次感，作品古朴、造型简洁。

臧家庄鹰首铜壶

分水岭立人铜器座

战国早期，铜铸。1972年山西长治分水岭出土，山西博物院藏。通高13.7厘米。同时出土为两件。圆雕人像比例头大身小，头顶发髻立榫，脸扁平，小眼睛，长鼻，高颧骨。身着窄袖长大衣，衣纹刻饰清晰。双脚赤裸，腿短粗。人体比例欠佳，但动作、神态却极为逼真，反映了当时人们在衣饰、风俗等方面的特征。

分水岭立人铜器座

立人擎盘铜牺

战国早期，铜铸。1972年山西长治分水岭出土，山西博物院藏。通高14.5厘米，长18厘米。作品为圆雕，低矮、敦实的兽背上塑一位身披长衣、头戴发饰的侍仆。侍仆双臂前举，双手扶着一根圆柱，柱顶一巨大的透雕蟠虺纹圆盘。盘体通透，纹饰精巧。兽双眼突出，双耳后扬并向上竖起，形体矫健，四肢粗壮。全身雕饰贝纹、鳞纹、卷云纹等图案。这种将兽、人和盘相组合的作品，集实用与观赏价值于一体。

立人擎盘铜牺

曾侯乙墓钟虡铜人像

战国早期，铜铸。1978 年湖北随州曾侯乙墓出土，湖北省博物馆藏。同时出土为六件，高 50~80 厘米，连座高约 117 厘米。钟虡（jù）是钟架下的立柱，曾侯乙编钟分三层，底部两层共设六尊人形钟柱，均为圆雕。铜人为武士装束，左侧腰间佩剑，着右衽长衣裙，腰间束带，衣饰彩绘朱红色条纹及花瓣纹。面部圆润，其双手上举做承托状，头顶有榫，与上部连接，头与手共同承托编钟的横梁。

曾侯乙墓钟虡铜人像

楚王双龙纽铜镈（局部）

战国早期，铜铸。1978 年湖北随州曾侯乙墓出土，湖北省博物馆藏。高 92.5 厘米。镈纽的上半部由一对圆雕蟠螭组成。螭口衔梁，向下接两只圆雕龙。龙首后扬，向上承接蟠螭。蟠螭、龙首均为"S"形造型，竖向"S"形与横向"S"形的组合，以及对称设置，增加了图案的庄重感。镈体刻蟠虺纹浮雕，正面有铭文，记作器者为楚惠王。

楚王双龙纽铜镈（局部）

鹿角铜立鹤

战国早期，铜铸。1978 年湖北随州曾侯乙墓出土，湖北省博物馆藏。通高 143.5 厘米。鹤身纤细，昂首挺立，头顶双角向上做拱月状。细长颈下鹤身圆润，双翅平展向外，与上部弯角相呼应。鹤身立于方形承座上，座面有几何化蟠螭纹浮雕图案。鹤与底座为八个部分组装而成，这种将多种动物形象集于一身的瑞兽，也是楚文化铜兽器的特征之一。

鹿角铜立鹤

狮子山乐人铜屋模型

战国早期，铜铸。1981年浙江绍兴狮子山出土，浙江省博物馆藏。高17厘米，面宽13厘米，进深11.5厘米，面宽、进深均为三开间形式。屋两侧墙壁为长方格形，镂空透光，后壁为实墙，前面立柱。屋顶四八角形柱，柱顶雕饰兽鸟。顶下三间连通，内塑六人分两排跪坐。其中前排有一人击鼓，两人唱歌，后排一人吹笙，两人抚琴。表现建筑的铜器作品在古代雕塑中极为少见，铜屋模型和屋内雕塑形象为古代建筑和音乐等方面的研究提供了参考。

狮子山乐人铜屋模型

虎噬鹿铜器座

战国中晚期，铜铸。1977年河北平山中山王墓出土，河北省文物研究所藏。高21.9厘米，长51厘米。这是一件屏风底座，为猛虎捕食幼鹿造型。虎身矫健，动作敏捷，身体向前，稍向右侧身。其后腿支地，身体扭曲之势相当明显。长尾后伸，尾尖向上圈曲，将虎身的动态之势表现得十分生动，充满张力。虎口中衔鹿，鹿仅露出下身及四足，被食的过程真实可见。虎鹿全以金银镶错，皮毛斑纹真实可见，外观形象富丽华美。虎颈及臀部各立一长方形銎，并以山羊头作装饰，以便屏风脚插入。虎腹下有铭文12字，记载器物雕作年代及作者名。

虎噬鹿铜器座

错银双翼铜神兽

战国中晚期，铜铸。1977年河北平山中山王墓出土，河北省文物研究所藏。高24.6厘米，长40.5厘米。同时出土为两件，造型相同。兽头高昂，扭向一侧，龇牙露齿，做观望状。双翼后扬，尾向上翘起，体形矫健、威猛。兽四足支地，身体呈倾卧状。兽通体错银花纹，兽身绘以卷毛纹，背部有对称的鸟纹与卷云纹，翼上饰长鳞状羽纹，尾部彩绘羽纹与长毛纹，整体造型精致生动。

错银双翼铜神兽

燕下都兽面铜辅首

战国中晚期，铜铸。1966 年河北易县燕下都遗址出土，河北省文物研究所藏。通高 74.5 厘米，宽 36.8 厘米。这是燕都宫门上的辅首，兽面衔环，均作雕饰，形象生动。兽面形似龙首驮鸟造型，顶部两侧出角，中间为鸟喙外突。鸟双爪抓蛇身，蛇身下为龙首，龙首两侧有盘龙穿绕。龙首向下口衔环柱，柱下悬挂门环，环面浮雕盘龙，整体造型与上部盘龙兽面相呼应，构图巧妙。作品外观各部分体表均饰以羽纹、鳞纹、点纹和勾云纹，并通过这些纹饰加强了辅首的动势。

燕下都兽面铜辅首

马首形错金银铜辕饰

战国中晚期，铜铸。1951 年河南辉县固围村出土，中国国家博物馆藏。通长 13.7 厘米，高 8.8 厘米。铜辕马首双耳，长圆形；嘴长，眼睛圆凸。兽面及头部以错金装饰，且花纹各不相同。鼻头为鳞纹，颈部、脸部分别绘以平行的眉纹和卷曲纹。马眼上方两道浓眉全为错金，因此眼部在整个面部便显得尤为突出。作品工艺精湛，外观形象流光溢彩，十分精美，具有较强的装饰性。

马首形错金银铜辕饰

杨朗村虎噬驴铜饰牌

战国中晚期，铜铸。1977 年宁夏固原杨朗村出土，宁夏博物馆藏。长 13.7 厘米，高 8.2 厘米。作品以浮雕、镂雕手法，展现了虎噬驴这一场景。虎昂首侧身，四肢粗壮，尾下垂，腰部拱起。与虎相对，驴首下垂，呈翻倒状，其弱势形态与虎的强势凶猛形成鲜明的对比。作品的表现明显侧重于对虎的塑造。虎全身浮雕凸条纹，形象写实，生动地表现了虎噬驴的动态过程。

杨朗村虎噬驴铜饰牌

羚羊铜饰件

战国中晚期，铜铸。1974 年内蒙古自治区准格尔旗出土，内蒙古博物院藏。羚羊多生活在草原地带，此物的出土，也说明了羚羊的生活习性。羚羊四肢并拢，站立在长方体基座上，羊全身处于紧张状态，头力挺向上昂起，做警觉状。头部略尖，双耳直竖，头顶双角作凹凸刻饰，风格简约，形象写实。

羚羊铜饰件

马山彩绘着衣女木俑

战国中晚期，木雕。1982 年湖北江陵马山出土，荆州博物馆藏。同时出土的有四件，造型相同。高 57.5~60.5 厘米，头长 10~11 厘米。人像耳、鼻、嘴均雕刻，眉目以黑色绘出，以朱红线绘出双唇，形态逼真，面目清秀。人像头部还配以乌发，脑后梳成水波形，有垂髻，双耳部分被掩盖在头发下，形象更为写实。此类着衣女俑的出土，对人们了解当时社会的服饰文化和相关生产工艺提供了重要参考。

马山彩绘着衣女木俑

错金银龙凤方案

战国中晚期，铜铸。河北平山中山王墓出土。高 36.2 厘米。作品整体为方形，底部圆足，足下为四鹿支承，足上塑四龙四凤，龙、凤造型极其复杂。龙昂首挺胸，各立一角，每两只龙后面塑一只凤鸟。龙翅尾交叉呈环状，翅向后围成圆球状，尾从凤头顶穿过，继续延伸并返向龙角。凤奋力展翅，欲挣脱龙的压制，尾向下垂，造型优美。龙头向下撑起案框，整体形成一种群兽抬案的样式，繁而不乱，表现力强。作品表面以错金银手法装饰，龙身饰错金银鳞纹，翅上有细羽纹；凤颈饰麻点纹，前胸饰卷毛纹，翅尖线饰错金翎羽纹，鹿身饰梅花圈点。纹饰清晰，动物形象逼真。作品铸造精细，具有相当高的制作难度。

错金银龙凤方案

中山王墓磨光黑陶鸭形尊

战国中晚期，陶塑。1977 年河北平山中山王墓出土，河北省文物研究所藏。通高 28 厘米，长 36.2 厘米。尊为鸭形，造型抽象。鸭首为流器，鸭尾扁长，与鸭首隔尊体相对。鸭双足扁平，上面支撑球形的尊腹为鸭身。顶部有盖，向上塑钮。尊体周身饰兽纹、卷云纹、折线纹，使外部形象更加逼真，是战国陶塑工艺水平进步的表现。

中山王墓磨光黑陶鸭形尊

虎头形陶水管

战国中、晚期，陶制。1958 年河北易县燕下都遗址出土，中国国家博物馆藏。通长 120 厘米，管头长 61.7 厘米，管身长 55.6 厘米。管头雕成伏虎造型，圆雕虎头，口大张，头顶双耳，双眼为棱形，额头刻有花纹。管两侧底部雕出前爪，可以起到固定管体的作用。另外，面颊和肘部的肌肉起伏凹凸，口的轮廓也十分形象。作品虽然只表现出伏虎的前半身，但通过后部的圆管的连接，使整体造型充满想象力，构思巧妙。

虎头形陶水管

雕龙六博石棋盘

战国中晚期，石刻。1974 年河北平山中山王陪葬墓出土，河北省文物研究所藏。长 44.9 厘米，宽 40.1 厘米。"六博"是古代一种十二棋游戏，分六白六黑，两人对弈。棋盘为长方形，由黄褐色石板拼合而成。盘面以涡纹雕饰四边，四角浮雕四虎，中间雕兽面，其余部分以不同造型的龙纹雕饰。整个棋盘表面被繁复的纹饰覆盖，布局规整对称，显得十分庄重。

雕龙六博石棋盘

琉璃阁狩猎纹铜壶（拓本）

战国时期，铜铸。1937年河南辉县琉璃阁出土。高42厘米，壶体满饰花纹，鼓腹、长颈、小口。由上至下共分七层，装饰图案分层处理。腹中为卷云纹分界，其余六层主要是以人、鸟、兽为主要内容构图，并以人兽搏斗为主要场景，反映了人、兽之间的对立关系及擒兽的方式。圈足饰一圈蟠螭纹。画面生动，图案清晰，布局对称，动物与人物造型既充满夸张与变形，又具有浓郁的生活气息。

琉璃阁狩猎纹铜壶（拓本）

执棍铜立俑

战国时期，铜铸。1949年前河南洛阳金村出土，美国波士顿艺术博物馆藏。通高28.5厘米。立俑像身着齐膝短裙，脚穿靴，梳两个发辫，腰束带，形似女童。昂头直立，双手向前伸出，手中各握举一木棍，棍顶各有一玉雕立鸟（鸟为后人加饰），俑抬头凝视。作品着力塑造持棍女童形象，其面目丰润饱满，颈饰贝纹，腰间有佩饰。其严肃的表情及程式化的动作使作品整体风格浑厚，庄重古朴，且充满生活气息。

执棍铜立俑

银首人形灯

战国时期，银、铜铸。河北平山中山王墓出土，河北省博物院藏。通高66.4厘米，重11.6千克。人俑站立于四方兽纹方形台座上，左手举螭向外卷曲，螭含长柄灯柱，端托一灯盘；右手握螭尾，螭头上翘，吻托灯盘。螭身下又有螭头尾交缠作柱体的支撑，其本身蜷曲成圆盘状，卧在圆盘内。螭顶灯盘内均是里外三圈，上下点燃，用于照明。作品细节处理很好，如左边高柄灯柱柱体上伏一只猴子，正向上攀，富有情趣。人俑头部为银铸，双眼镶黑宝石，衣着纹饰填漆，当灯点燃时，人面及其双目俱亮，富丽堂皇、光彩照人。作品造型及工艺都表现出了较高的创造性。

银首人形灯

铜武士俑

战国时期，铜铸。新疆伊犁出土。高40厘米，通体为橙红色，表面有青绿锈蚀。人像为蹲跪姿态，无论样貌还是服装，都体现出异域风格特色。武士头戴高筒武士帽，帽尖向前弯曲，造型特别，有少数民族特征。武士脸形略长，深目高鼻，表情严肃庄重。上身裸露，显示出强健的肌体；下身穿短裙，左腿支地，右腿后屈。双手握拳，手中原有物但已残损。作品生动写实，武士形象充满强烈的力量感，其造型风格与中原俑有差异，具有明显的地域特征。

铜武士俑

铜立鹿

战国时期，铜铸。1962 年内蒙古准格尔旗速机沟出土，内蒙古博物院藏。高16.5 厘米，长 13 厘米。鹿体表光滑，并无纹饰。鹿角大而美丽，头部较小，身体自然弯曲，身后有短尾。前肢较细，与后足相连支地。后臀及大腿部肌肉塑造得十分真实，作品造型精致、优美，写实风格较强。

铜立鹿

李家山二人猎鹿铜扣饰

战国时期，铜铸。1972 年云南江川李家山出土，云南省博物馆藏。高 12 厘米，宽 12.5 厘米。采用镂雕、圆雕手法，塑出人、鹿、马、犬、蛇形象。二人为猎手，头梳高髻。猎手骑在马背上，手持长矛，正刺向鹿身。双鹿受难，拼命挣扎，迎面一只犬张口狂吠，也向鹿扑来。自犬尾绕至鹿身至马尾横卧一蛇，蛇口大开，正咬向马尾。作品描绘的是狩猎时的情景，场面生动，结构的安排极其符合捕猎时的紧张气氛及动势，底部大蛇的设置使扣饰更加一体化，也更富于神话色彩。整件作品雕刻细腻，形态写实。作品情节复杂，充满张力。

李家山二人猎鹿铜扣饰

虎牛铜祭案

战国时期，铜铸。1972 年云南江川李家山出土，云南省博物馆藏。长 76 厘米，高 43 厘米。作品以二牛一虎的整体造型，使牛的形象增大，虎的形象缩小，与人们通常所认识的猛虎、憨牛的概念产生对比。牛宽厚的脊背作案面，双角向前直伸，充满力量感。牛尾部的虎，形体较小但动感十足，避免因一端牛头过大而产生的失衡之感。牛背下腹部，横塑一只小牛，似正在躲避虎的侵袭而受到大牛的保护。作品庄重，情节性强，具有明显的地域特征。

虎牛铜祭案

二人猎猪铜扣饰

战国时期，铜铸。云南江川出土，云南省
博物馆藏。高 6.5 厘米。作品刻画的是猎
人与野猪搏斗厮杀的场景，场面生动，情
景相融。野猪口中咬住一个猎人，猎人后
腿蹬空，前身用力拖住猎犬，处于挣扎状
态。野猪一副凶猛气势，又处于凶险状态，
身后一猎人右手抓猪臀，左手将短剑刺进
猪身，在猪的腹下，一只猎犬正在咬猪肚
子，情节紧张。作品在雕作上，着力塑造
野猪的形象。其体形巨大，全身毫毛坚硬，
刻画出野猪的力度感，其健壮的体态与猎
人和猎狗的形象形成对比。作品圆雕、浮
雕相结合，造型逼真，风格写实。

二人猎猪铜扣饰

彩绘兽纹铜镜

彩绘兽纹铜镜

战国晚期，铜铸。湖南长沙出土，湖南
省博物馆藏。直径 18.9 厘米。镜背面以
中部环形面为主刻饰花纹。以羽状纹为
底纹，用简洁的阳刻细线勾勒出四只怪
兽形象。怪兽形象十分概括，但动作幅
度大，其一足蹬镜纽，一爪向前抓住前
一只兽尾，兽身留白，与细密的底纹形
成对比，突显怪兽形象，整体结构完整，
极具战国时代特色。

十五枝连盏灯

战国时期，铜铸。河北平山中山王墓出
土，河北省博物院藏。通高 84.5 厘米，重
13.85 千克。灯托为镂空夔龙圆座，以三
虎为灯座足，上面接插大小八节灯柱，每
节的榫口方向各不相同，便于插接。灯的
支架为弓形，顶端置有 15 个灯盘。整个
灯架造型有如茂盛的大树，枝头铸有鸟和
猴子，猴子形态各异，做戏耍状。树下站
着两个家奴，正在逗引猴子，生动而富有
情趣。全灯造型玲珑，集实用性与观赏性
于一身。

十五枝连盏灯

宴乐渔猎攻战纹图壶

战国时期，铜铸。故宫博物院藏。高
31.6 厘米，口径 10.9 厘米，腹径 21.5
厘米。此壶为柔和的圆形壶，由红铜
铸成，通壶表面布满线刻图案。图案
分为上下两部分，壶的上半部绘有采
桑、射箭、狩猎、宴饮、奏乐等图案；
下半部为一幅水陆交战图，生动地反
映了当时社会生活与战争情形。作品
造型简洁，纹饰雕刻精细。

宴乐渔猎攻战纹图壶

车猎纹钫

战国时期，铜铸。台北"故宫博物院"
藏。高 45.3 厘米，口径 12 厘米，重 6.23
千克。"钫"（fāng）为方形的壶，
是古代青铜水器或酒器，在春秋战国
时期十分盛行。此壶腹部设有一对环
耳，以焊铸的方法附在壶体上。壶上
有两条带状纹饰，壶颈处为饮宴场景，
壶腹处为游猎场景，呈现出当时的生
活情景。

车猎纹钫

龙纹佩

战国时期，玉刻。台北"故宫博物院"
藏。长 9.74 厘米，宽 5.3 厘米，厚 0.6
厘米，重 43 克。玉佩为青白玉质。
龙身蜷曲成双"S"形，腹部中段有
圆形小孔，可穿绳佩挂。龙身布满浮
雕的谷纹和云纹。线条舒展自如，龙
体造型优美，刻工简洁，堪称精品。

龙纹佩

五牛枕

战国时期，铜铸。1972 年云南江川李家山出土，云南省博物馆藏。高 32.5 厘米，长 52 厘米，宽 13 厘米。整体造型为长方体，两端向上翘起，端部各有一牛。枕两侧的纹饰不一，一侧是以虎纹及双旋纹为底纹，线条疏密错落有致，上面又浮雕有三头牛，牛头为圆雕，牛身浮雕。另一面则素朴无纹饰。五牛枕造型别致，风格舒展大方。

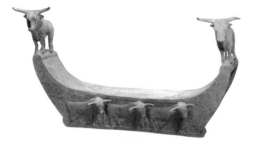

五牛枕

立牛葫芦笙

战国时期，铜铸。1972 年江川李家山出土，云南省博物馆藏。高 28.2 厘米。这件铜质作品整体仿葫芦形，柄部弯曲，上面铸一牛，背面有吹孔。下部为圆球形，上面有用于演奏的五个小孔。笙，是古滇人使用的一种吹奏乐器，其演奏方法与现代的笙相同。

立牛葫芦笙

猎头纹剑

战国时期，铜铸。1972 年江川李家山出土，云南省博物馆藏。长 28.2 厘米。剑柄及剑刃后端浮雕有人物图案，人物形象奇特、怪异。其中剑刃上的人物为高举双手做倒立跳跃状，剑柄上的人右手执剑，左手提人头。这种场面与巫师作祭祀活动的场景相似，因此推测此剑可能具有某种宗教意义。

猎头纹剑

臂甲

战国时期，铜铸。1972年江川李家山出土，云南省博物馆藏。高21.7厘米。臂甲是作战时的保护工具，套在手臂上用来防护外来侵袭。臂甲呈圆筒形，上粗下细，按照人的手臂设置。其背面有开口，口沿处有两列对称的穿孔，可以系绳，便于调节松紧。甲面满布线刻花纹，有虎、豹、熊、鹿、猪、鸡、蜈蚣、鱼、虾、蜜蜂等10多种动物昆虫图案，线条流畅，形象生动活泼，具有浓郁的大自然气息。

臂甲

鸟盖瓠壶

战国时期，铜铸。1967年陕西省绥德县出土，陕西历史博物馆藏。高37.5厘米。此器因其形似瓠子、盖为鸟形而得名。壶样式独特，为弓腰鸟形。壶颈无装饰，壶身饰有六圈用极小的盘曲形兽体组成的蟠螭纹，且各涡卷中心都有钉头饰，纹饰精细。鸟形壶盖双翅表现极为细致，鸟啄造型逼真。壶盖鸟尾下设环，通过铜链与底部带有简化双头龙纹装饰的壶把相接。作品造型优美，装饰细腻，充满丰富的想象力。

鸟盖瓠壶

阴阳青铜短剑

战国时期，铜铸。赤峰市宁城县南山根墓葬出土，内蒙古博物院藏。长32厘米，宽4.2厘米。双剑剑身均为双曲刃形式，并有三棱形的中脊。剑柄分别为圆雕的男、女裸体像，剑为一对。男性双手下垂置于小腹，女性两臂交叉于胸前，两像耳下部及肩部各有穿孔，用于穿挂佩带。作品造型写实，风格简约质朴。这对短剑为我国北方东胡文化遗产，从其整体造型来看，似是作为礼器或象征物用于宗教活动之中。

阴阳青铜短剑

蟠虺纹提梁铜盉

战国时期，铜铸。扬州市邗江甘泉乡巴家墩西汉墓出土，扬州博物馆藏。通高 20.4 厘米，腹径 21 厘米。盉口小、颈短、腹扁圆，上面有盖，下有兽蹄形的三短足，肩设有二纽圈，双龙衔环式提梁；壶嘴为口微张的凤鸟状，壶盖面和壶腹都有凸弦纹装饰，颈部饰一圈三角纹，内漆白色；肩、腹部饰有三圈蟠虺纹，并以四道凹弦纹分隔开来，内填以漆灰。铜壶造型精巧，虽然壶身纹饰细密，但被凸弦纹分隔有度，使装饰与结构相和谐。

蟠虺纹提梁铜盉

战国水陆攻战纹铜壶

战国时期，铜铸。1965 年四川省成都市百花潭中学 10 号墓出土，四川博物院藏。壶盖上饰三个凸起的鸭形纽，两肩又设兽面衔环。壶通体布满纹饰，自颈至腹部共分为四层，由上到下第一层的左边为习射图案，右边为采桑图案；第二层的左右两边分别为宴乐舞和弋射图案；第三层为水陆攻战图案；第四层为狩猎及双兽相背形图案一周。这些图像所反映的内容，对研究战国时期的生产、生活，以及战争、兵器、礼俗等，都有很重要的价值。铜壶造型简洁，纹样布局缜密。

战国水陆攻战纹铜壶

铜矛

战国时期，铜铸。1972 年四川省郫县独柏树出土，四川博物院藏。通长 21.8 厘米。矛是古代的一种长柄兵器。这件铜矛叶长，骹短。骹为矛根部中空筒，用于与底部的长柄相接，其两面均铸有特殊的"巴蜀符号"。据研究，这些巴蜀符号可能与原始巫术有关，并带有某种象征性，以护佑其主人平安或勇猛。铜矛造型简洁，线条舒展流畅，具有独特的巴蜀风格。

铜矛

虎纹铜戈

战国时期，铜铸。1972年四川省郫县独柏树出土，四川博物院藏。援长17.8厘米，内长7.5厘米，胡长8厘米。铜戈援直内方，戈底部设三个穿口，援与内并联处设虎纹，浮雕虎头在援底部，线刻虎身在内上，形象简洁概括。援上有脊，其一侧是水滴纹，另一侧铸有一行铭文，字体难辨。虎纹铜戈造型简练，纹饰清晰，风格古拙。

铜戈

战国时期，铜铸。1980年四川省新都县马家乡木椁墓出土，四川博物院藏。长29.4厘米。铜戈援部为三角形，有一条微凸的脊，援后部饰有兽面纹，并刻有族徽符号。内末端作双弧形凹槽，向上饰有一组方形图案，再向上有一椭圆形穿孔。整体造型简洁，但纹饰雕刻细致。

虎纹铜戈

铜戈

曲柄铜匕

战国时期，铜铸。1980年四川省新都县马家乡木椁墓出土，四川博物院藏。匕是古时人们用来盛取食物的用具，相当于现代的勺。匕身为心形，内底饰饕餮纹，柄扁平且微曲，上饰菱形纹；后端的内为方形，饰以蛙纹。造型精致，纹饰精细，出土时金黄闪亮，完好如新。

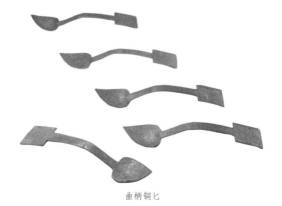

曲柄铜匕

错金嵌绿松石带钩

战国时期，铜铸。1977年河南新郑县烈江坡出土，河南博物院藏。残长25.5厘米，宽3.3厘米。带钩是用来结扎腰带的挂钩。带钩为弓形，首部现已残缺，钩面扁平，上面用错金工艺勾出几何花纹，并在其中镶嵌以绿松石，在色彩上金、绿搭配。带钩造型简洁，技法娴熟，风格华丽，极富艺术魅力，暗示出佩带者的尊贵地位。

错金嵌绿松石带钩

子禾子釜

战国时期齐国，铜铸。约清咸丰七年（1857）山东胶县灵山卫出土，中国国家博物馆藏。高38.5厘米，口径22.3厘米，底径19厘米，实测容量20460毫升。这件器物是齐国田氏用青铜铸造的标准量器。整件器物造型简洁，通体不作任何装饰。腹部铸有两环形耳，腹外壁铸有七行铭文，申明使用规定的标准量器，否则会予以处罚。这反映出当时对量器的管理有严格的规定。战国时各地诸侯颁布的量器各不相同，这些量器是研究我国度量衡史的重要资料。

子禾子釜

人形灯

战国时期齐国，铜铸。1957年山东诸城葛埠口村出土，中国国家博物馆藏。通高24.1厘米，盘径11.5厘米。灯器造型新颖，主体部位为人形，直立于底部镂空的飞龙座上，身穿短衣，系腰带，双臂向外伸，双手各持一弯曲的带叶枝杆，顶端各插一圆形的浅灯盘。曲枝和盘均可拆卸，盘中可盛放灯油和灯芯，供点燃照明用。此灯还附有一把加油用的长勺。作品设计十分巧妙，集实用性与装饰性于一身。对称的灯盘通过人手臂动作的不同而呈现出变化，避免了单调。

人形灯

蟠螭纹提链壶

战国时期魏国，铜铸。1951 年河南辉
县出土，中国国家博物馆藏。器物总
高为 37.8 厘米，口径 10.2 厘米，足
径 14.5 厘米。造型为直口束颈的饱满
壶形，矮圈足。四节链向下与腹耳相
衔。壶有盖，盖顶四周饰有四个辅首
衔环纽，中间位置有一圆鼻纽，上接
有二环套合，与弧形、两端饰以兽面
纹的提梁相接。壶身腹部以双弦纹分
出六行水平宽带，带间自上而下饰纹，
第一层与底部圈足为曲折的绳纹，其
余五层为变形的蟠螭纹。壶盖的纹饰
与器身相同，都为蟠螭纹。作品整体
为分段合铸而成，器身有明显接痕。

蟠螭纹提链壶

曾侯乙铜尊盘

战国时期，铜铸。1978 年湖北随州曾侯乙墓出土，湖北省博物馆藏。通高 41.6 厘米，
尊高 30.1 厘米，口径 25 厘米，盘高 23.5 厘米，口径 58 厘米。尊和盘是两件不
同的容器，器物出土时尊置于盘内，纹饰主要以蟠龙和蟠螭为主。尊为敞口，折沿，
上面饰以细密繁缛的透空纹样。颈部饰蕉叶形纹，内饰蟠螭纹，蕉叶向上舒展，
与颈顶微微外张的弧线相和谐。尊腹圆雕四条豹形兽，伏在尊腹，做向上攀爬
状。尊高足，亦饰有繁密的蟠螭纹。尊下的盘为直壁平底，下饰四足，为马蹄
形，四足上方各有一圆雕的蟠龙。盘与尊风格一致，在口沿上装饰的四只方耳，
均以蟠螭纹透空雕饰。四耳下又各铸有两条扁镂空、首下垂的夔龙。这件尊盘
采用当时较为先进的失蜡工艺制作而成，推测是分段造成后再接合到一起，同
时将分铸、焊接、浮雕、圆雕、透雕等技术融为一体。造型精美，纹饰繁缛，
整器共计有蟠龙和蟠螭 164 条，是古代青铜器珍品。

曾侯乙铜尊盘

建鼓铜座

战国时期，铜铸。1978年湖北随州曾侯乙墓出土，湖北省博物馆藏。通高54厘米，底径80厘米。由青铜铸就而成，座上饰有十六条大龙和数十条纠结缠绕的小龙围绕一空筒式柱座。龙身嵌绿松石，座底向上翻折，折面对称铸有四个圆形环纽。铜座造型别致，尤以盘绕的大小龙而突显气势。全器鼓座出土时还保留有鼓腔、贯柱。装饰繁复，刀法简洁明快，雕凿流畅，汇集了浮雕、圆雕和线刻三种表现手法，并通过分铸、焊接、镶嵌等工艺表现，是迄今为止所发现的最为精美的一件先秦建鼓座。

建鼓铜座

曾侯乙铜鉴缶

战国时期，铜铸。1978年湖北随州曾侯乙墓出土，湖北省博物馆藏。通高63.3厘米，边长62.85厘米。这是古时用来冰酒的器具，由鉴和缶两部分组成。鉴的外部轮廓为方形，里面置有一方尊缶，缶里盛酒，鉴与尊之间的空隙用来盛冰水。鉴四矮足为圆雕兽形，腹部铸有八条龙，龙首朝下，身体弯曲成半环形。铜鉴上有带方形孔的镂空盖，正好可将铜缶的顶盖露出，以便用长勺取酒。

曾侯乙铜鉴缶

曾侯乙联禁双壶

战国时期，铜铸。1978年湖北随州曾侯乙墓出土，湖北省博物馆藏。壶高99厘米，盖径53厘米，铜禁长117.5厘米，宽53.4厘米，高13.2厘米。两壶大小、形制相同，均有镂刻精细的盖罩。壶颈较长，两侧各铸一龙形耳。壶腹由凸棱分隔成田字格，格内饰蕉叶纹，内填蟠螭纹。壶为平底、圈足。两壶并置在方形禁上的两个中空的圆圈内。禁为短足长方案形式，禁下有四个雕成兽形的矮足。禁与壶造型新颖，设计精巧，虽有纹饰，但整体形象质朴、庄重。

曾侯乙联禁双壶

错银龙凤纹铜尊

战国时期，铜铸。1966年江陵望山
2号墓出土，湖北省博物馆藏。通高
17.1厘米，口径24.4厘米。这座铜尊
平面呈圆柱体形式，壁体向下微缩，
有盖，下设三足。盖面上有四组凤纹，
每组九只，共三十六只，且在盖缘部
对称铸有四个龙形圆纽。尊身装饰六
组龙纹，每组四只，共二十四只。尊
体与尊盖满饰龙凤纹，纹饰又错银，
使得器物通体呈银色，而又不乱纹线，
显示出较高的工艺水平。

错银龙凤纹铜尊

人擎铜灯

战国时期，铜铸。1987年湖北荆门包
山2号墓出土，湖北省博物馆藏。灯
盘口径8.8厘米，通高16.3厘米。这
盏铜灯由灯盘和铜人共同组成。铜人
头束发髻，着宽袖长袍，五官清晰，
比例匀称，神态祥和地立于方形板座
上。手持灯杆，内有锥形灯插，可
盛油或插烛，用来照明。铜人形象
写实、比例匀称、五官清晰，从其
发式、服饰的塑造上可以看出当时的
发式与衣式特征。

人擎铜灯

镂孔纽龙纹铜镜

战国时期，铜铸。1953年湖南长沙出
土，湖南省博物馆藏。直径16.5厘米。
镜为圆形，正中铸有一个镂空的蟠龙
形纽，纽外围以云纹为底，上饰有三
条相互缠绕的龙纹围绕在纽四周的镜
面上。主要的龙纹与底纹主次分明，
图案与造型相和谐。

镂孔纽龙纹铜镜

菱花纹铜镜

战国时期，铜铸。1954 年湖南长沙出土，湖南省博物馆藏。直径 11.8 厘米。通体以云纹为底，上面用曲尺纹组成菱形纹将镜面分成九块，在每个框内浮雕有一朵盛开的四叶花。菱花纹中心有一圆形纽。整体图案显得规整、美观，具有较高的观赏价值。

菱花纹铜镜

云纹豆

战国时期，铜铸。1965 年湖南湘乡出土，湖南省博物馆藏。通高 23.6 厘米，口径 17.5 厘米。豆有深盖，上有捏手，倒立放置可另为一盛器。豆腹较深，平底，喇叭形矮圈足。豆通体满饰云纹。盖顶为几何云纹，盖面、腹部均饰有勾连云纹，纹内原嵌有其他质地的填充料，现已脱落。造型简洁、纹样清晰。

云纹豆

四山纹铜镜

战国时期，铜铸。1954 年湖南长沙出土，湖南省博物馆藏。直径 17.2 厘米。山字纹是战国铜镜的特色纹饰。这面铜镜通体以羽状纹为底，中央铸弦纽，纽座为方形。纽座四边对称各伸出两片桃形叶子，组成一个八瓣花朵的图案，外围均匀分布有四个统一倾斜的"山"字，在山字右上侧靠近镜缘处又各饰一桃形叶子纹样。

四山纹铜镜

铜鼎形灯

战国时期，铜铸。1974 年甘肃平凉庙庄出土，甘肃省博物馆藏。灯盖可收放，支起时高 30.2 厘米，收起时高 16.7 厘米。三足鼎形，有提梁，顶部为灯，将灯盘放置鼎上，为鼎盖，盖上饰两个鸭首，实为扣键。鼎为圆口，腹深且鼓，两侧有耳，各有一键。将鼎盖压紧而且闭锁于鸭首内，盖口严密扣合，可保证鼎内油脂不外溢。灯盏使用时，支起两键，将鼎盖反转即成为灯盘。铜鼎形灯造型精致，铸造精细，其顶盖扣合后能保证液体不外泄，体现出较高的工艺水平。

铜鼎形灯

龙首金轭饰

战国中晚期，金铸。1978 年河北平山中山王墓出土，河北省文物研究所藏。通长 10.9 厘米，重 299 克。造型如马首，长脸、短耳、大眼。眼珠原是用玉石或琉璃镶嵌。鼻梁上有平行线刻。嘴扁长，头后有长颈。作品通体闪光，为贵重的装饰物品。

龙首金轭（è）饰

匈奴王金冠饰

战国时期，金铸。1972 年内蒙古杭锦旗阿鲁柴登出土，内蒙古博物院藏。鹰高 6.7 厘米，冠径 16.5~16.8 厘米。冠饰由上下两部分组成，下部是一个用黄金铸成的额冠，上部的鹰也是用黄金打造而成。半球体表面为四只狼和四只羊咬斗场面的浮雕。球体上圆雕一只立鹰，鹰双翅伸展，头向内弯，塑造了雄鹰观看狼袭羊的场面。鹰头和颈部镶嵌绿松石，造型精巧、华贵。

匈奴王金冠饰

郢称

战国时期楚国，金铸。1979年安徽寿县出土，中国国家博物馆藏。长7.3厘米，宽7厘米，重258.925克。郢称是战国时期楚国流通的一种黄金货币，也是我国最早的以黄金铸造而成的货币。郢称多铸成板状或饼状，用模压法将其表面压成若干个小方块并刻上印文"郢称"二字，其中"郢"是地名，"称"表明货币的使用方法。在使用时需切割下来，称量使用。

郢称

金盏、漏匕

战国时期，金铸。1978年湖北随州曾侯乙墓出土，湖北省博物馆藏。盏通高10.7厘米，口径15.1厘米，重2156克，匕长13厘米，重56.45克。为仿铜器的金制容器。有盖，盖略大于盏口，盖顶铸一圆形捉手，由四短柱支撑。腹上部铸有两个对称的环形耳，盏下设三个凤首形矮足。盏腹只在上部设一圈带状蟠螭纹。盏盖从内到外分饰蟠螭纹、绳纹各一周，勾连云纹两周。此外在圆环捉手上也有一圈云纹。漏匕圆形，饰镂空变形的龙纹。这是目前所见先秦金器中最大最重的一件。

金盏、漏匕

虎纹金牌饰

战国时期，金铸。1977年新疆乌鲁木齐南山阿拉沟30号墓出土，新疆维吾尔自治区博物馆藏。直径5.4厘米。金牌为圆形，由厚约0.1厘米的金箔压制而成。表面为一虎形，为适应圆形构图而使虎身呈"V"形并随圆牌蜷曲，纹样凸起显现浮雕效果，因为图案为金片压制而成，因此以粗轮廓线条为主，而无细致纹饰。同时出土有同样的金牌饰共有八件，且推测应是某种物件上的嵌饰物。

虎纹金牌饰

虎牛咬斗纹金饰牌

战国时期，金铸。1972 年内蒙古杭锦旗阿鲁柴登出土，内蒙古博物院藏。同时出土为两件，长 12.7 厘米，宽 7.4 厘米，分别重 238 克和 204 克。两件饰牌的正面均为龙虎咬斗的图案。牛居中间，四肢平伸，四只猛虎两两相对，咬住牛颈和腹部，牛做顽强反抗状。由于虎身被表现为扭动的波纹，因此整个画面极具动感。两件饰牌的造型、尺度和图案完全一样，其中一只在牛头部位有一穿孔，此外在金牌四角也都设小穿孔，以便穿绳佩带或作挂饰使用。

虎牛咬斗纹金饰牌

猿形银带钩

战国时期，银质。山东曲阜出土，山东博物馆藏。高 16.7 厘米，银身贴金，猿眼中嵌蓝装饰为睛。饰物造型以长臂猿为原型，表现了一只伸臂回首的猿猴，其双臂与蹲腿的造型极具动态。

猿形银带钩

银虎

战国晚期，银质。陕西神木匈奴墓葬出土。虎头前伸，嘴大张，表情凶猛。颈部短粗。腰向上弓，臀部略向上翘起，粗尾自然下垂，身体浑圆健壮。虎头部五官，前肢及后足下部饰波纹线，尾部饰弧线，造型优美。银虎为浇铸而成，纹饰简洁，风格朴实，带有明显的地域特色。

银虎

包金嵌玉兽首银带钩

战国时期，魏国，银托底。1951年河南辉县固围村出土，中国国家博物馆藏。长18.7厘米，宽4.9厘米。带钩为琵琶形，底为银制。带钩表面为包金浮雕兽面纹，两侧附饰缠绕两夔龙纹，龙体至钩端，合为一体，钩头为青玉质地，又用线刻出眼、鼻等，并刻有角。另一端为盘绕的两凤纹，尾端饰兽首。带钩脊背嵌饰三块表面带有谷粒纹的玉块，前后两块各嵌有黑底白边的蜻蜓眼状琉璃珠。带钩造型优美，玉石组合，色调和谐，展现了战国时期高超的工艺技巧。

包金嵌玉兽首银带钩

错金银重络壶

战国，铜铸。1982年江苏省盱眙县出土，南京博物院藏。通高24厘米。壶有三层立体镂空网格装饰，由相互盘曲的龙形纹和交错排列的数百只梅花钉套扣接组成，内错银，外错金，并用玉石镶嵌，展现了极高的工艺技巧。壶外腹上设置一道横箍，横箍上饰衔环辅首与立体共八只。三层镂空的网状壶体呈蓝色。作品的制作采用了浑铸、分铸、铸接、金银错、玉石镶嵌等技巧，展现出先秦时代金属铸造和装饰技术、镶嵌技术的高超水平。壶口内沿、圈足内侧和圈足外缘均刻有铭文，记录齐宣王五年（公元前315年），齐国兴兵征伐燕国，夺取其重器的史实。

错金银重络壶

第四章　秦汉

时间	兵俑	侍俑	坐俑	舞俑
西汉				
东汉				

时间	伎俑	厨师俑	家禽俑	牲畜俑
西汉				
东汉				

秦始皇陵跽坐俑

秦代，陶塑。1973 年陕西临潼秦始皇陵区出土，陕西历史博物馆藏。高 65 厘米。跽坐俑呈跪坐姿势，头顶中分，向后梳发髻，高眉骨，细眼睛，嘴扁平。身着交襟长衣，衣领高突。袖口处有卷曲折皱，显示出衣服的厚度。双手自然握拳，平放在大腿上。下身衣裙包裹在蜷曲的双腿上，人物形态拘谨而恭敬，神情温顺质朴，造型极为写实，形象被表现得十分文静。此类跽坐俑多出土于马厩坑，似为宫廷马匹等动物的饲养人员。

秦始皇陵跽坐俑

披甲武士俑

秦代，陶塑。1974 年陕西临潼秦始皇陵兵马俑坑出土，秦始皇兵马俑博物馆藏。高 1.83 米。头梳偏髻，为秦国传统装束，身披铠甲，脚踏长靴。右臂屈举胸侧做执器状。人物面相方圆，浓眉大眼，高鼻梁。此类披甲武士俑出土较多，在发式、头冠和足靴样式方面有较多变化。

披甲武士俑

将军俑

秦代，陶塑。1978 年陕西临潼秦始皇陵兵马俑坑出土，秦始皇兵马俑博物馆藏。也称高级军吏俑。头戴高冠，身着长襦，外披盔甲，脚穿翘头履，双手交叉置于腹前。这种高级军吏戴一种后部二支扭曲鸟尾形的鹖冠，这也是区分其与低等级士兵的依据。兵马俑坑中出土的将军俑神态威严肃穆，表情刚毅。作品雕刻疏密有致，头上发髻及面部五官均各具特色，对甲衣鱼鳞纹、胸前系带和面部表情等细节均表现细腻。

将军俑

戴冠军吏俑

秦代，陶塑。1978年陕西临潼秦始皇陵兵马俑坑出土，秦始皇兵马俑博物馆藏。中级军吏头戴双板卷尾长冠，两侧发髻向下隆起，面部神态谦恭。身着长襦，胸前有护甲，双臂自然下垂，右手握空拳做执兵器状。戴冠军吏俑也称中级军吏俑，在兵马俑中有汉服和胡服两类形象。

戴冠军吏俑

御手俑

秦代，陶塑，1978年陕西临潼秦始皇陵兵马俑坑出土，秦始皇兵马俑博物馆藏。这种站立的御手所驾为战车，因此立俑上半身均着铠甲保护。御手俑的造型比例准确，个个精神抖擞，健壮挺拔。御手俑头戴长冠，双臂向前，做执辔状。内着齐膝长襦，外披甲衣至腹下，并包裹双肩臂。

御手俑

金兽

战国晚期至西汉早期，金铸。1982年江苏省盱眙县出土，南京博物院藏。长17.5厘米，宽16厘米，高10.2厘米，重9千克。金兽为伏豹状，通体锤饰斑点纹。颈部有三层项圈，上面设环纽，底座刻有小篆"黄六"二字。作品造型写实，比例匀称，线条流畅，是目前我国出土古代黄金铸器中最重的一件。

金兽

跪射武士俑

秦代，陶塑。1978 年陕西临潼秦始皇陵兵马俑坑出土，秦始皇兵马俑博物馆藏。高 1.3 米。头顶斜发鬃系发带，脚穿条方形履，上身着长衣，下身着长裤，外披甲并带披膊。抬头挺胸，神情肃穆，左腿弯曲，右腿屈膝着地，左臂置左膝，抬至胸前，右臂向后弯曲，双手作持弓姿势。人物体形比例适中，细部雕刻及整体塑造和谐一致，无论是雕刻工艺还是把握人物形态上，制作者的艺术表现都十分成功。

跪射武士俑

袍俑头像

秦代，陶塑。1978 年陕西临潼秦始皇陵兵马俑坑出土，秦始皇兵马俑博物馆藏。头上裹头巾，挽成发髻，额头高挺，五官舒展明朗。眼睛细长上挑，颧骨突出，八字胡须两端上翘。面部表情丰富，形象和气质生动写实。

袍俑头像

双翼陶兽

秦代，陶塑。陕西西安出土，西安市文物管理委员会藏。高 29 厘米，长 28 厘米。这是一件器物的架座，为带翼飞兽形象。头生双角后扬，肩生双翅做欲飞状，后部有长尾上翘，造型充满轻盈感。兽面部五官以凹凸不平的块面显示，胸肌发达，双足丰满有力，做向前匍匐状，后足垫起，臀部上翘，整体造型充满动势。造型怪异，为随葬物品，有辟邪的用途。

双翼陶兽

秦始皇陵铜车马

秦代，铜铸。1980 年陕西临潼秦始皇陵西侧出土，秦始皇兵马俑博物馆藏。通高 1.04 米，长 3.28 米。这组铜铸车马为高车，即开道车，由一车、四架、一御手俑组成，整体尺度约为实物大小的一半。铜车雕造精致，单辕双轮，顶部有椭圆形穹庐状顶盖，车舆三面装有栏板，局部还装饰有各类花纹图案，造型美观。车上有铜御手俑，前面有四匹陶马，体魄健壮，比例匀称，佩戴齐全，马络头为金银制，更添铜马神采。作品造型逼真，结构和比例清晰、完整，铸造工艺精湛，深刻地反映出秦代车马舆服制度的完备以及秦代铜铸造技艺的高超水平，是我国雕塑艺术史上的珍贵作品。

秦始皇陵铜车马

秦始皇陵铜车马御手俑

秦代，铜铸。1980 年陕西临潼秦始皇陵西侧出土，秦始皇兵马俑博物馆藏。高 51 厘米。御手头梳高髻，戴长冠，身着高领长襦，腰束带，腰间插短剑。俑面庞丰润，身形壮硕，双臂前举，双手做握辔绳状，神情恭顺、严谨。

秦始皇陵铜车马御手俑

杜虎符

秦代，铜铸。1975年陕西西安郊区山门口出土，陕西历史博物馆藏。高4.4厘米，长9.5厘米。虎符即兵符，是古代君王调兵遣将的信物。虎符为左右两片组成，每片外壁面刻字式纹饰，内壁刻有合符用的三角形榫，将两块符相合后则构成一只完整的虎形，因此称为"虎符"。此虎符长尾，向外卷曲，四肢弯曲，头向前伸，造型写实。虎身上刻有铭文，这是秦国惠文君时代驻守"杜"地将军的兵符，是目前所发现秦代虎符中最早的实物。

杜虎符

长信宫灯

长信宫灯

西汉，铜铸。1968年河北满城中山靖王刘胜妻窦绾墓出土，河北省博物院藏。通高48厘米，重15.85千克，通体表面鎏金。宫女左手持灯座，右臂上举，袖口与灯相接，女像腹内中空，设计精巧，造型美观，可以使灯盘内空气流通，帮助燃烧，还可使烟导入侍女像体腔。灯盘上有短柄，可转动灯盘，灯屏可开合，调节灯光的照度和照射方向。宫女的头、身躯、右臂及灯座、灯盘和灯罩六个部位系分别铸后组合而成，各部位可自由拆卸，以方便清除燃烧后的烟灰。造型自然，结构严谨，是汉代灯具的代表作。

朱雀灯

西汉，铜铸。1968年河北满城中山靖王刘胜妻窦绾墓出土，河北省博物院藏。通高30厘米，盘径19厘米。朱雀双足踏蟠龙，伸颈翘尾，口衔灯盘。灯盘为圆环形，环内凹槽分三格，可同时点燃三支蜡烛。雀下蟠螭，盘曲卷绕，昂首上视。作品整体造型奇特、美观，制作精巧，既实用又兼顾观赏效果。朱雀在汉代是祥瑞的象征，作品寓吉祥之意。

朱雀灯

朱雀衔环杯

西汉，铜铸。1968 年河北满城中山靖王刘胜妻窦绾墓出土，河北省博物院藏。通高 11.2 厘米，宽 9.5 厘米。朱雀矗立于两个高足杯之间，双足踏在底部的兽背上，背兽两足分别站于两杯底盘面。朱雀、兽身和杯身采用鎏金与错金相结合的工艺形成丰富的纹饰。朱雀颈、腹和每一高足杯表面都镶嵌有圆形及心形的绿松石，造型醒目。根据杯中残留的红色痕迹，推测此杯为化妆用器。

朱雀衔环杯

滑稽铜人

西汉，铜铸。1968 年河北满城中山靖王刘胜妻窦绾墓出土，河北省博物院藏。铜人有两件，一件高 7.7 厘米，另一件高 7.8 厘米。两铜人衣饰、装束相类似，表情、动作各异。一人跪坐，右臂上举，左臂下垂扶膝上，似持佛祖手印；一人盘腿而坐，右臂自然弯曲，手搭在胯部，左臂向后拱起，头部呈前倾状。头戴圆帽，尖顶，披错金纹衣，袒右肩，装束颇似胡人。两铜人表情动态滑稽、传神，充满趣味性，应是汉代供贵族娱乐的倡优形象。俑人体形饱满，形象生动，富有生气。

滑稽铜人

鎏金铜马

西汉，铜铸。1981 年陕西兴平茂陵东侧无名冢出土，茂陵博物馆藏。通高 62 厘米，长 76 厘米。秦汉时期鎏金铜马仅此一件，且造型写实，是十分珍贵的文物遗存。马整体形象健硕，头部瘦而长，肌体圆浑、匀称，四肢修长而坚挺，充满力量又富有轻盈之感，应是这一时期战场上的精良骏马形象。马通体鎏金，外观与秦始皇陵中出土的战马形象十分接近，应属秦汉艺术过渡时期的作品。

鎏金铜马

窦绾镶玉铜枕

西汉，铜铸镶玉。1968 年河北满城
中山靖王刘胜妻窦绾墓出土，河北
省博物院藏。枕通高 20.2 厘米，宽
11~11.8 厘米，长 41 厘米。枕身横截
面呈上窄下宽的梯形，中空，内放花
椒。两端有兽首装饰，整体造型端庄，
又富有华丽气质。枕外表兽头与枕侧
外框为铜鎏金。兽昂首，头有双角，
前足分置两侧成为侧框。兽颈、额、
脑后都嵌有玉饰。枕面玉分别刻涡纹
和蒲纹，枕侧玉上刻兽面蒲纹。此镶
玉铜枕造型精美，做工精湛，其色彩
以玉的翠绿和金的亮黄为主要基调，
高贵典雅。

窦绾镶玉铜枕

铜羽人像

西汉，铜铸。1966 年陕西西安汉长安
城遗址出土，西安市文物管理委员会
藏。通高 15.3 厘米。羽人身形纤细、
长脸、细眼，高颧骨、尖鼻、翘嘴，
双耳直竖于脑后，造型奇特、夸张。
脑后有发辫上翘，与后背生起的翅羽
相和谐，形体轻盈、面带微笑。双肩
向前双手做环抱状，腰间束带，着裙，
屈膝跪坐于地上，羽毛纹裹住双腿，
与背部的羽翼相呼应。

铜羽人像

羊首形铜饰件

西汉，铜铸。1974 年内蒙古准格尔旗
出土，内蒙古博物院藏。高 11 厘米，
长 20.5 厘米，銎（安柄之孔）内径 5.8
厘米。作品取材于生长在北方草原上
的羊的形象，是对羊头部形象的特写。
羊头形象稍概略，但双角粗大，向前
盘曲，眼圆瞪，嘴微张，向前突出，
头略微向上抬。羊颈部为空筒状，推
测是设置在车辕端头的护套。

羊首形铜饰件

人面兽身铜饰牌

西汉，铜铸。内蒙古伊金霍洛旗陶亥
召出土，内蒙古博物院藏。牌饰略呈
椭圆形，高 4.9 厘米，宽 7 厘米。镂
空刻饰，由一具人面和弯曲的龙身盘
绕成椭圆形环状。人面宽鼻大嘴、高
额头，头生两角，两侧有螺旋纹连接
龙身，鱼形尾，下有一鼠。作品构思
巧妙，形象夸张。从其神秘的形象看，
这应是古代匈奴族神话传说中的怪兽
或氏族图腾崇拜的标志。

人面兽身铜饰牌

双牛铜饰牌

西汉，铜铸。1956 年辽宁西丰西岔沟出土，中国国家博物馆藏。长 14.7 厘米，
长方形。格形边框内为两只对称雕刻的牛，镂空刻饰。造型生动、概括。牛头
向下，双角弯曲向上，体形肥硕。内蒙古和宁夏等地多有出土此类长方形铜带饰，
是古匈奴族人皮带上的重要装饰物，多是以动物及狩猎题材为主的青铜作品。

双牛铜饰牌

铜马与铜俑

西汉，铜铸。1980 年广西贵县凤流岭
出土，广西文物考古研究所藏。马高
115.5 厘米，俑高 39 厘米。马头、双耳、
躯体、四肢、尾部，共九部分均独立
铸造，然后再拼装而成。铜马躯体饱
满，丰健有力，昂首抬足，嘴微张，
目视前方，做向前奔跃状，富于动态，
造型生动写实。与马的高大形成对比，
铜俑屈膝跪坐，着宽袖衣，神情肃穆，
双手前伸，呈握缰绳状。

铜马与铜俑

持伞跪坐男俑

西汉，铜铸。1956~1957年云南晋宁石寨山出土，中国国家博物馆藏。高49厘米，为一男子手握伞柄跪坐像，同墓出土还有相同造型的持伞跪坐女像，高度略低于男像。男俑头顶束髻，穿紧身上衣，戴护腕，腰间束带，腹前有圆牌饰。像面相清俊，双目有神，双手紧握伞柄，神情凝重，姿态恭敬。作品造型写实，再现了古时云南地区勤劳、健壮的青年劳动者的形象。

持伞跪坐男俑

女坐俑

西汉，银铸。出土时间、地点不详，故宫博物院藏。高22.6厘米。女俑为跽坐状，头发中分，脑后绾髻，身穿多层交领衣。双膝跪坐，双臂向前屈肘于胸前，手部残缺。人物面庞丰润，眉眼已模糊，鼻及嘴部清晰，姿态、神情谨慎、恭敬。其身前置有一圆形筒状物，似作插嵌之用，作品应是原器物的底座部分。

女坐俑

错金博山炉

西汉，铜铸。1968年河北满城陵山中山靖王刘胜墓出土，河北省博物院藏。通高26厘米，腹径15.5厘米，圈足径9.7厘米。这件作品分为炉盖、炉盘和高圈足的底座三部分，底座镂雕为三龙出水状，饰错金卷云纹，由三龙头托炉盘。底座通过铁钉与炉盘相连。炉盘上部与炉盖一起铸出"博山"（传说中的海上仙山）挺拔的山势。峰峦此起彼伏，虎豹出没，猎人持弓寻猎山间，生动地塑造了一幅山林场景。此炉在细部的处理，如人物、动物、山峰、树木等，又加以错金勾勒，使景色更加传神。其造型生动，线条流畅，富于动感，结构比例匀称。

错金博山炉

铜羊尊灯

西汉，铜铸。1968 年河北满城陵山中山
靖王刘胜墓出土，河北省博物院藏。通高
18.6 厘米，长 23 厘米，灯盘长 15.6 厘米。
灯造型为卧羊式。羊头高昂，双角卷曲，
四肢盘卧，身体肥硕圆滚。羊背部和躯体
分铸，可通过羊脖子后面的活钮将羊背向
上翻开，平放在羊头上作为灯盘。灯盘略
呈椭圆形，一端设有流嘴便于放置灯捻，
羊腹腔中空，可盛灯油。

铜羊尊灯

蟠龙纹壶

西汉，铜铸鎏金银。河北省博物院藏。通
高 59.5 厘米，口径 20.2 厘米，腹径 37 厘
米。此壶采用鎏金与鎏银相结合的纹饰作
装饰，较为特别。壶盖与壶颈采用金银图
案结合的方式装饰，壶腹则只有鎏金龙纹。
壶内壁还髹朱漆，整个器物色彩丰富，富
丽堂皇。从壶底刻有的铭文可以得知，此
壶为主司膳食的官用来盛酒的器物，原应
是楚元王刘交的家器，后转赐给刘胜。

蟠龙纹壶

鸟篆文壶

西汉，铜铸。河北省博物院藏。通高 44.2
厘米，口径 15.5 厘米，腹径 18.8 厘米。
此为一款盛酒器，器盖连同器体写满了一
种鸟形的篆书文字，鸟篆文也是最常被刻
于青铜器上的文字。此壶腹部两侧有鎏金
辅首，口、肩、腹部各有一圈微凸的宽带，
上面刻饰有兽纹和云雷纹，宽带将壶身分
为三段，上刻有鸟篆文三周，颈部有八字，
上腹部十字，下腹部十四字，在壶盖上也
有鸟篆文，壶盖上除有鸟篆文之外，还有
三个抽象的鸟形纽。壶上纹饰图案用金银
双线勾勒，以金线为主，银线为辅，连辅
首也用金银线勾画。这件铜壶上的鸟篆文
就是一种图案化的纹饰。东汉以后，错金
银工艺逐渐衰落。

鸟篆文壶

乳钉纹壶

西汉，铜铸。1968 年河北满城陵山中山靖
王刘胜墓出土，河北省博物院藏。通高 45
厘米，口径 14.2 厘米，腹径 28.9 厘米，圈
足径 17.9 厘米，实测重量为 11.205 千克。
壶束腰、鼓腹、圈足。壶盖上立有三个鎏
金卷云状纽，纽略呈"8"字形，并在上下
空白处嵌绿琉璃，盖面有方格纹，其中
也填充绿色琉璃并镶有银制乳钉。在壶颈
根部、壶腹、底部圈足以及壶盖的边缘部
位分饰有几圈鎏金的宽带纹；壶腹两侧有
鎏金辅首并衔环，壶通体由金带饰分割为
菱形纹，再在金带饰上镶银制乳钉，外观
装饰十分醒目。在壶盖、壶底、圈足内壁
有铭文，根据铭文内容可以了解，这件铜
壶曾一直是长乐宫的用器，后来赐予刘胜。

乳钉纹壶

镶玉鎏金辅首

西汉，铜铸。1968 年河北满城陵山中山
靖王刘胜墓出土，河北省博物院藏。通长
12.4 厘米，辅首宽 9.4 厘米。此辅首铜铸
部分全部鎏金，中间部分镶嵌有玉片，玉
片上浮雕有对称的卷云纹，组成具有象征
性的兽面。鎏金底座两边框为对称的双龙
纹，动感十足；辅首下方设勾衔圆环。

镶玉鎏金辅首

嘉量

新莽时期，铜铸。台北"故宫博物院"藏。
通高 25.6 厘米。"嘉量"是王莽篡汉后，
新颁行的标准量器，新莽嘉量一共有五个量，
包括龠（yuè）、合（gé）、升、斗、斛（hú）五
量。其之间的关系为，两龠为一合，十合
为一升，十升为一斗，十斗为一斛。图中
嘉量器的中央圆柱体上部为斛，下部为斗；
左耳为升，右耳上节为合，下节为龠。器
外铸铭文，详细说明了各部分容器的尺寸、
量值以及容积计算方法。新莽嘉量在我国
度量衡史上占有重要地位。

嘉量

执伞俑

西汉，铜铸。1956年云南晋宁石寨山出土，云南省博物馆藏。高43厘米。俑踞坐，束高髻，身披斗篷，着短裙，腰系带，带上有圆形扣饰。俑五官清晰，鼻子高挺，口微张。双手做持伞状，伞现已不存。作品造型写实，风格浑厚朴实，具有浓郁的生活气息。

执伞俑

三水鸟扣饰

西汉，铜铸。1956年云南晋宁石寨山出土，云南省博物馆藏。高11.5厘米，宽15.5厘米。该扣饰的主体为三只昂首并立的水鸟，其中一只是正面，做展翅欲飞状，左右两只相背而立，构图对称。水鸟足下为两条蛇，蛇首昂立，身子弯曲，相互缠绕，呈左右对称排列，也构成扣饰的底座。两尾鱼分列在中鸟底侧，鱼头和鱼尾将三只水鸟与蛇形底座相连。整体造型简洁，结构紧凑。

三水鸟扣饰

四牛骑士贮贝器

西汉，铜铸。1956年云南晋宁石寨山出土，云南省博物馆藏。通高50厘米，盖径25.3厘米。贮贝器是一种古代贮钱器，是财富的象征。器身呈圆柱状，中空，腰部微向内束，上大下小，底部有三矮足。腹部有对称的虎形耳，虎做向上攀爬状。器盖的正中铸有一立纽，上面铸一马，马形体较小。马背上铸一鎏金的挎剑骑士，形象威武。盖周围环绕四头圆雕的长角立牛，此器造型优美，构思独特。

四牛骑士贮贝器

杀人祭铜鼓贮贝器

西汉，铜铸。1956 年云南晋宁石寨山出土，云南省博物馆藏。高 30 厘米，盖径 32 厘米。此器身为废铜鼓改制而成，器盖上共雕有人物三十二个、五匹马、一头牛、一只犬。整个鼓面及其上的人物与动物以铜鼓的双耳为中线分成两个场景。左侧一组为祭祀场面。器盖正中央为重叠的三个铜鼓，作为祭祀的对象。鼓前面一人双手抱头，身向前倾，面对着被捆绑之人。被捆人的双臂和双足均用绳索紧缚。右侧一组十六人，有一人骑马开道，有农夫肩扛铜锄，后跟有一犬，还有二人抬一妇女，这一侧应为参观和主持祭祀者。这组人物、动物众多的场景写实性极强，人物形象塑造生动，分布错落，表现了独特的民族仪式场面。

杀人祭铜鼓贮贝器

战争贮贝器

西汉，铜铸。1956 年云南晋宁石寨山出土，云南省博物馆藏。通高 53.9 厘米，盖径 33 厘米。此贮贝器是由两个废铜鼓相叠而成。鼓面下共有两段束腰，鼓面与腰交接处分别铸有四耳。盖上共雕铸有人物二十二人、马五匹。器盖中央为一体形较大、戴盔著甲的骑士，应为主将，其左手控缰，右手持矛做下刺状。器表反映的是滇国将士和滇西地区昆明人的作战场面，其中各人物所执兵器及动作都表现得十分逼真。除器顶战争场面雕刻外，两鼓壁均有图案刻饰。

战争贮贝器

屋宇人物祭祀场面扣饰

西汉，铜铸。1956年云南晋宁石寨山出土，云南省博物馆藏。高11.2厘米，宽12.5厘米，此扣饰中央部位为一方形的平台，在平台正面的后边有一屋宇，是整座建筑的主体，屋宇为干栏式与井干式相结合的结构，屋顶为悬山式。在主建筑的左右两侧又各向外延伸，分别接出两座两坡屋顶的干栏式小屋，室内有妇女一个，男子三人呈料理食物状。平台的下层有牛马，马前立有三男子，其中一人吹葫芦笙，随后两人做舞蹈状。整个场景是以干栏式建筑为背景的，场面热闹，以圆雕和透雕相结合，立体感十分强烈。

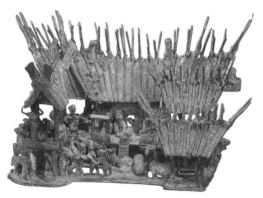

屋宇人物祭祀场面扣饰

屋宇扣饰

西汉，铜铸。1956年云南晋宁石寨山出土，云南省博物馆藏。高11.2厘米，宽17厘米。器物表现的是我国南方传统干栏式民居形式，屋宇分上下两层，屋顶为长脊短檐的典型模式，前后两面木构在屋脊处的交叉形象明显。屋宇前、左、右三壁各有墙板，为木柱简易楼阁。上层住人，下层是牲畜圈和杂物间。其中在前、右两面上还设有小窗，前墙窗内有一人正伸头外望。下层正中立有一架向上接屋顶的梯子，梯子上面铸有一蜿蜒而上的蛇。除表现建筑构造外，还有生动形象的人物、家畜雕刻。内容丰富，生活气息浓郁。

屋宇扣饰

双人盘舞鎏金铜饰

西汉，铜铸。1956~1957年云南晋宁石寨山出土，云南省博物馆藏。铜饰长19厘米，高12厘米，为佩戴饰物。铜铸两人身材高瘦，身穿紧身衣，着长裤，屈膝伸臂，翩翩起舞。二人四足均不在一个平面上，却由一条蜿蜒曲折的蛇将其连接在一起，舞姿的起伏跃动与蛇的曲线形象相呼应，作品整体和谐，场面生动而富有情节，外观造型优美，且充满律动感。作品构思巧妙，形象写实，具有浓郁的生活色彩。

双人盘舞鎏金铜饰

二虎噬猪铜扣饰

八人乐舞扣饰

西汉，铜铸。1956年云南晋宁石寨山出土，云南省博物馆藏。高9.5厘米，宽13厘米。外观造型为长方形，由八个铜人组成，分为上下两层。上层四人，皆头戴有长垂饰的高冠，双手上举做舞蹈状；下层四人，与上层四人衣饰装束相同，其中一人吹直柄葫芦笙，一人吹短管葫芦笙，一人吹管乐器，另一人敲击鼓形器。从作品结构和人物表演形态来看，上层应是舞台，下层是乐池。作品采用圆雕的手法，通体涂金，造型生动，外观华丽。

二虎噬猪铜扣饰

西汉，铜铸。1956~1957年云南晋宁石寨山出土，云南省博物馆藏。一头健壮肥硕的野猪，受到了两只老虎的侵袭。一虎背朝地，四肢朝上正与野猪奋力搏斗，其四肢抓向猪的腹部，张口咬住猪身。猪前肢按住虎身，口中还紧紧咬着虎尾，猪强虎弱已十分明显。而在猪的背后，另一只虎已扑向猪身，前爪抓住猪背，后腿正向上攀，使局面转败为胜。作品生动刻画了激烈紧张的搏斗场面，强烈的动感使整体形象更加生动、逼真。圆雕加线刻纹饰，立体感强，写实特点突出。

八人乐舞扣饰

掳掠扣饰

西汉，铜铸。1956 年云南晋宁石寨山出土，云南省博物馆藏。高 9 厘米，宽 15 厘米。此扣饰反映的是滇族武士的劫掠场景。两盔甲武士一前一后，中间为一妇女背一幼童以及一牛二羊。前面武士左手提头颅，右手牵绳依次拴着身背幼童的妇女以及一牛二羊。后面武士右手执斧，左手提人头，其下为一无头尸和一蛇。画面将掳掠者的强硬和凶悍与受掠者的无助形成对比，又以其下的蛇和无头尸作衬托，展现这一紧张场景。

掳掠扣饰

豹衔鼠戈

西汉，铜铸。1956 年云南晋宁石寨山出土，云南省博物馆藏。长 27 厘米。扁圆銎，銎上饰双旋纹与圆圈纹。銎（安柄之孔）背上铸有一豹，身细、长尾，口中衔一只鼠。作品构思精巧，装饰风格简约。

豹衔鼠戈

猴边圆形扣饰

西汉，铜铸。1956 年云南晋宁石寨山出土，云南省博物馆藏。直径 13.5 厘米。圆扣正中心部位嵌一颗红色玛瑙圆珠，向外分为三个环状圈，每圈内皆镶以绿色的孔雀石。中间为一圆盘，圆盘周围铸一圈圆雕鎏金的小猴，共 10 只，首尾相接，造型生动、活泼。

猴边圆形扣饰

蛙形矛

西汉，铜铸。1956年云南晋宁石寨山
出土，云南省博物馆藏。长17厘米。
矛头呈桃心形。刃部后端及銎部铸有
一浮雕蛙，前肢弯曲，成銎侧的两环
纽，后肢伏在刃上，以浮雕纹表现。
蛙身线刻涡旋纹和花式线纹，造型简
洁，纹饰精美。

蛙形矛

二狼噬鹿扣饰

西汉，铜铸。1956年云南晋宁石寨山
出土，云南省博物馆藏。高12.7厘米，
宽16.7厘米。一狼高立于鹿背，前爪
抓住鹿头及肩部，张口紧咬鹿耳；另
一只狼伏于鹿腹下，鹿前腿弯曲跪在
狼背上，后腿离地，被狼咬住后胯部。
最底部有一蛇，蛇由狼腿绕至鹿臀，
正咬向鹿尾。画面布局紧凑，构图严
谨。蛇的造型将三个动物组合在一起。
以浮雕和圆雕相结合的手法，将动物
各自的习性表现出来。整体形象与纹
饰均简朴粗犷，富于情趣。

二狼噬鹿扣饰

鎏金铜框玉盖杯

西汉，铜铸。广州象岗南越王墓出土，
西汉南越王博物馆藏。通高16厘米，
口径7.2厘米，座足径5.5厘米。通
体呈八棱圆筒形，由鎏金铜框围合而
成，各框内嵌八块薄玉片；杯座嵌有
五块心形薄玉片，平底。盖为圆形，
顶部嵌有一块雕螺形纹的整玉，出土
时有多层的丝织物包裹。作品通体鎏
金，但出土时大多已脱落。

鎏金铜框玉盖杯

铜钫

西汉，铜铸。广州象岗南越王墓出土，西汉南越王博物馆藏。钫是一种方口大腹的容器，可用来储粮食或酒。此铜钫通高55.5厘米，腹径30.4厘米，口径15厘米，为盛酒器。方形口、颈、大腹、有盖、方座足。腹部的四个面上均设有造型简洁的辅首衔环。盖呈覆斗形，有四枚卷云纹立组。盖面、方座足面以及器身腹部的四道宽带纹上均以浮雕装饰蟠虺纹或云纹，其中颈部饰一圈三角纹。

铜钫

铜烤炉

西汉，铜铸。广州象岗南越王墓出土，西汉南越王博物馆藏。长27.5厘米，宽27厘米，高11厘米，足高6厘米。铜制的烧烤用具。炉为方形，面中空，炉底四脚铸成站立的鸮形，四个侧面正中各设圆形辅首圆环，两侧壁铸有四只四脚朝天的小猪，中空，用以插放烤肉铁钎。另外，烤炉周缘向内的弧度是为了防止肉串向两侧滚动，设计合理。这件铜烤炉出土时与一件大烤炉相叠，位于墓室后藏室。同时出土的还有铁链挂锁和成捆的烧烤工具。

铜烤炉

铜提筒

西汉，铜铸。广州象岗南越王墓出土，西汉南越王博物馆藏。高40.7厘米，口径34~35.5厘米，底径33~33.5厘米。这种筒形器是古越族独特的盛酒器，圆筒形，上部微粗。筒身布满线刻的纹饰，四条首尾相连的战船纹，船上各有六个头戴羽冠、身着羽裙的执兵器武士，船舱内装满铜鼓，描绘了军队凯旋的画面。同墓出土提筒共八件，尺度不一。

铜提筒

四连体铜熏炉

西汉，铜铸。广州象岗南越王墓出土，西汉南越王博物馆藏。通高 16.4 厘米，炉体高 11.2 厘米，方形底座宽 9 厘米。作熏香器用，炉盖、炉体及炉座为分别铸制，四个炉体铸成后嵌入炉座的相应位置。炉体平面呈"田"字形，炉盖为盝顶形式的四个攒尖顶形式。顶盖上面各有一个半圆形纽，炉体上部和盖面均有镂空的折线形气孔，便于空气与香气的流通。炉座方形高足，造型雅致、精巧。

四连体铜熏炉

铜鉴

西汉，铜铸。广州象岗南越王墓出土，西汉南越王博物馆藏。高 15 厘米，口径 35 厘米，底径 21 厘米。盛水器。器腹部上嵌铸有两个半圆形的兽首环耳，整器应采用失蜡法铸成，这样才能形成两圈蜂窝状装饰，纹饰间以一圈连续的双层"S"纹分隔。器腹下部为三角形纹和三矮足。作品造型概括，铸工精细，装饰华美。

铜鉴

"蕃禺"铜鼎

西汉，铜铸。广州象岗南越王墓出土，西汉南越王博物馆藏。通高 21 厘米，口径 18 厘米，腹径 21.5 厘米，足高 6 厘米。为炊煮用器，圆盖、圆腹、三足。盖上铸三个环纽，盖顶部两侧铸有两个竖耳，为汉鼎样式。盖、身上均刻有铭文，其中所刻"蕃禺"是广州的古地名，为人们研究广州筑城历史提供了参考。鼎造型大方、素朴无饰、风格质朴。

"蕃禺"铜鼎

鎏金铜壶

西汉，铜铸。广州象岗南越王墓出土，西汉南越王博物馆藏。南越王墓出土了多件铜壶，规格尺度各不相同，主要用于盛酒或其他食物。右图为保存较好的一件鎏金铜壶。壶高 37 厘米，腹径 28.1 厘米，圈足径 17.5 厘米。敞口、长颈、溜肩、鼓腹、圈足。壶体不雕刻装饰，只是在器腹中部对称铸有带兽面的环形辅首一对，也通体鎏金。

鎏金铜壶

蟠龙屏风铜托座

西汉，铜铸。广州象岗南越王墓出土，西汉南越王博物馆藏。通高 33.5 厘米，通长 27.8 厘米。为屏风两翼屏障的托座。托座主体为一立姿的蟠龙，蟠龙四足踏在底部由两条蛇构成的支架上，两蛇各卷缠一只青蛙，青蛙前肢和头部暴露，做奋力挣脱状。蟠龙口大张，内蹲有一只青蛙，其头向前伸。龙形托座头顶铸有管状插座，作品构思精巧，造型别致。

人操蛇铜托座

西汉，铜铸。广州象岗南越王墓出土，西汉南越王博物馆藏。通高 31.5 厘米，横长 15.8 厘米。这件人操蛇屏风铜托座是一座漆木大屏风的构件之一。分为上下两部分，下半部的造型为力士托座，其造型为一跪坐力士同时抓住五条蛇，外连云纹以承托上部构件。上半部分为一直角筒活页。南越王墓的屏风是目前已知考古发掘中出土最早的实用围屏。

蟠龙屏风铜托座　　　　　　　　　人操蛇铜托座

六山纹铜镜

西汉，铜铸。广州象岗南越王墓出土，西汉南越王博物馆藏。直径 21 厘米。镜呈圆形，有三弦纽，为双重圆纽座。镜背以羽状纹为底，以其上的六个呈逆时针方向倾斜的山字纹为主纹。字体瘦削，山字中间的竖画比较长，直顶镜缘，每个山字的外框还有细边，在各个"山"字的右部均配饰有一花瓣，纽座外也伸出六片花瓣，共计十二枚，构图和谐，外观精美。南越王墓共出土三十九面铜镜。但这种六山纹镜较为少见。

六山纹铜镜

带托铜镜

西汉，铜铸。广州象岗南越王墓出土，西汉南越王博物馆藏。镜面直径 28.5 厘米，厚 0.3 厘米，背托直径 29.8 厘米。又称复合镜，镜面与镜托分别由铅、锡含量不同的铜打制而成后，再黏合在一起，以保证镜面获得较好反射效果的同时又不易碎。镜托的背面有复杂的图案装饰，分别用金、银、红铜、绿松石等嵌错而成。托面正中以一枚乳钉作中心点，四周对称铸有两圈共八枚乳钉，边沿处设三个环纽，环纽系三条绶带到中央，出土时丝绸绶带朽迹尚存。

带托铜镜

铜镜

西汉，铜铸。广州象岗南越王墓出土，西汉南越王博物馆藏。直径 26.6 厘米。铜镜为圆形，镜面边缘装饰一圈向内凹的十六连弧，之间用四叶纹分隔开来，把镜面纹饰分为内、外两个区域，分别装饰龙凤纹饰，布局严谨、对称，图案富有动感。在陕西扶风秦墓中有类似的铜镜，应是秦代物品，风格相类似。

铜镜

双面兽首屏风铜顶饰

西汉，铜铸。广州象岗南越王墓出土，西汉南越王博物馆藏。高 16.7 厘米，宽 56.3 厘米，厚 4 厘米。出土时共三件，分别装在屏风正中和两边的翼障顶上。饰件两面的造型一致，为双面兽形，自兽头向外伸出勾卷长发，发纹饰对称。发饰两尽端和头正中各伸出一根圆管形插座，在下颚两侧伸出榫头，以固定在屏顶横枋上。作品造型设计新颖，尤其兽面形象充满趣味性。

双面兽首屏风铜顶饰

诅盟场面铜贮贝器

西汉，铜铸。1957 年云南晋宁石寨山出土，中国国家博物馆藏。通高 51 厘米，盖径 32 厘米，底径 29.7 厘米。贮贝器是古时云南一带人们用来贮存贝币的器具。这件器具呈圆筒状，束腰，器腹两侧有对称的虎形双耳。双虎向上攀附状，底部三矮足为兽爪形。器盖上的祭祀场景，人物繁多，不计残损有一百二十七人。还有一间干栏式房屋，房屋由平台和"人"字形屋顶两部分组成。台上有一妇女垂足而坐，应为主祭人。台下众人形象各异，有屠宰牲畜、演奏、行刑等不同场景和人物。

诅盟场面铜贮贝器

嵌金铁匕首

西汉，铁铸。1968 年河北满城陵山中山靖王刘胜墓出土，河北省博物院藏。通长 36.7 厘米，身长 23 厘米，剑护手宽 6.4 厘米，柄宽 3.1 厘米。匕首扁平，有向上隆起的背脊，两侧嵌饰金片花纹带，一面作火焰纹，一面作云纹。匕首底部环首与护手用银基合金焊接而成。环首镂空，嵌有卷云纹状的金片，剑柄及护手也有金片的兽面纹。

嵌金铁匕首

盘角羊纹包金铁带扣

西汉，铁铸。内蒙古准格尔旗西沟畔
出土，内蒙古博物院藏。带扣高6厘米，
长 11.7 厘米，宽 7 厘米；带具长 9 厘
米，宽 5.3 厘米。这件带扣为长方形，
表面用金片锤敲出一只浮雕盘角羊，
周围饰以花草纹样。带具近似长方形，
有一长方形孔，用线条装饰成兽嘴形
象，与其周围的卷草纹样结合。面上
布满卷草纹样，与带孔作张开的兽嘴，
形成一兽面纹。这件带扣表面通体用
金片镶包，图案也为游牧主题，极具
地方特色。

盘角羊纹包金铁带扣

龙纹金带扣

西汉，金铸。1975 年新疆焉耆县博格
达沁古城出土，新疆维吾尔自治区博
物馆藏。长 9.8 厘米，宽 6 厘米，重
50 克。带扣为金质，由金箔压制成底
托。带扣表面再焊缀金丝、金粒，并
镶嵌红、绿宝石，今多已脱落。总体
形象为两条前后相逐的龙，周边又围
绕着若干条姿态各异的小龙，并有海
水涌动。带扣左侧有一弧形槽孔，以
供穿带。

龙纹金带扣

"文帝行玺"金印

西汉，金铸。广州象岗南越王墓出土，
西汉南越王博物馆藏。长 3.1 厘米，
宽 3 厘米，通高 1.8 厘米，重 148.5
克。这是考古目前发现的西汉金印中
最大的一件。印为方形，印组是与印
一同铸造的、体呈"S"形的立体游
龙。龙身铸成后又刻出龙爪和龙身上
的鳞。印面为田字方格，凿刻小篆"文
帝行玺"四字。印台壁面有划伤痕，
出土时，印面和台壁还粘有朱红色印
泥，应是日常所用之印。经测定，这
枚印的含金量不低于98%。

"文帝行玺"金印

银盒

西汉，银铸。广州象岗南越王墓出土，西汉南越王博物馆藏。通高 12.1 厘米，腹径 14.8 厘米，重 572.6 克。这件盒通体银制，盒盖、身主纹为蒜瓣纹状，盖顶三个银锭形凸榫，盒底部铜铸圆形圈足俱为后加。银盒的造型、纹样都与我国传统器皿做法不同，因此推测可能原是西亚作品，在传入中国后加盖加足改造而成，另外，还加刻了铭文。银盒造型精巧，设计新颖，具有极强的装饰性。

银盒

错金银立鸟壶

西汉，铜铸。1965 年江苏省涟水县三里墩西汉墓出土，南京博物院藏。通高 63 厘米，口径 19.9 厘米。此壶颈较高，鼓腹，两侧设有辅首双环耳，圈足下三只鸟支撑壶体。壶盖顶立有一只侧收两翅、昂首的飞鸟。盖边缘还立有三鸟，均昂首、翘尾，神态生动。壶体错金银，镶嵌绿松石并鎏金银，集多种装饰手法于一体，装饰华丽，是错金银铜器中的珍品。

错金银立鸟壶

西汉楚王墓玉豹

西汉，玉雕。江苏徐州出土，徐州博物馆藏。豹的肌肉及肢爪均以写实手法表现，体态丰满，显得有些柔和，四肢强健却并没有呈锋利之势，与温顺憨厚的表情相贴切。豹子颈戴项圈，侧卧状，昂首目圆睁，耳后背，神态较为平静。

西汉楚王墓玉豹

四神纹玉辅首

西汉，玉雕。陕西兴平茂陵出土，茂陵博物馆藏。高34.2厘米，宽35.6厘米，厚14.7厘米。圆目、卷鼻，两侧以对称但不完全相同的图案构成一幅兽面形象，兽面上实际上是青龙、白虎、朱雀、玄武四神像。辅首由蓝田玉雕成，重达10.6千克，器后有孔，推测原挂于宫殿门上。

四神纹玉辅首

透雕双龙谷纹玉璧

西汉，玉雕。1968年河北满城陵山中山靖王刘胜墓出土，河北省博物院藏。通高25.9厘米，璧外径13.4厘米，内径4.2厘米，厚0.6厘米。葬玉是中国古代玉崇拜的一种表现。圆形璧的两面布满排列有序的谷纹，璧周边有一圈凸起的棱。在璧的上端饰有透雕的双龙卷云纹样，双龙左右对称，昂首，尾部向内高卷，身体呈"S"形，在底部通过龙足与云纹同玉璧相接。龙形向上为对称的卷云纹，顶部有孔可穿挂。玉璧造型优美，雕工细腻，风格浑厚，极富装饰感。

透雕双龙谷纹玉璧

蝉形白玉琀

西汉，玉雕。1988年扬州市邗江县甘泉乡姚庄出土，扬州博物馆藏。长5.7厘米，宽2.9厘米。琀（hán）在古时是置于死者口中的葬玉。这件白玉琀为蝉形，用新疆和田玉雕琢而成。器身用刀刻纹饰，刻出蝉的形象，线条洗练。玉质晶莹、圆润，造型刚毅。作品用料为上乘白玉。

蝉形白玉琀

猪形青玉握

西汉，玉雕。1988年扬州市邗江县甘泉乡姚庄102号墓出土，扬州博物馆藏。长11.6厘米，高3厘米。玉握是死者手中握的葬玉。这件玉握呈立卧的猪的形象，猪身用线条雕琢出躯体的各个部位。猪的头部线条较细，身躯线条粗犷，只勾勒轮廓。整体造型概括抽象，又十分形象，风格素雅简练。

猪形青玉握

墓主组玉佩

西汉，玉刻。广州象岗南越王墓出土，西汉南越王博物馆藏。长60厘米。这组玉佩为墓主人自己佩带之物，整体由双凤涡纹璧、透雕龙凤涡纹璧、犀形璜、双龙蒲纹璜为主件，玉人、玉珠、玻璃珠、煤精珠和末端玉套环、金珠为配饰共三十二件造型各异的饰件组配而成。原来用丝线连缀，出土时已经腐朽，这是参照饰物上残留的组带痕迹复原而成的。玉饰配件造型精致，色彩斑斓，风格华丽，堪称玉饰中的精品。

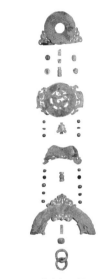

墓主组玉佩

龙凤纹重环玉佩

西汉，玉刻。广州象岗南越王墓出土，西汉南越王博物馆藏。直径10.6厘米，厚0.5厘米。玉佩为双面透雕的圆形。两环相套，内环饰有一透雕游龙，龙身蜷曲呈"S"形，前爪和后足向外抵在外圈壁上，外环顺势造雕一只凤凰，头部回眸与龙凝视。凤的高冠和长尾均成卷云纹，环绕外圈空间，填补了剩余的空间，共同完成圆满的构图。作品构思巧妙，构图和谐、完整。玉佩由青白玉雕成，因长期埋于土下，通体呈青黄色，边缘部位有黑色沁斑。

龙凤纹重环玉佩

玉璧

西汉，玉刻。广州象岗南越王墓出土，西汉南越王博物馆藏。直径33.4厘米，厚0.7~1.1厘米。玉璧通体为青色，两面雕饰纹样相同，璧环上又用绳索纹分三个同心环。内外两环刻双身龙纹，内环比外环区多用三组交叉"S"形纹作龙纹的间隔。中环区域饰有排列整齐的蒲格涡纹。玉璧造型精巧，纹饰细密，风格质朴。南越王墓玉璧是目前所见出土玉璧中最大者，有"璧王"之称。

玉璧

玉璧

西汉，玉刻。广州象岗南越王墓出土，西汉南越王博物馆藏。外径9.6厘米，厚0.6厘米。由青白玉制成，玉质坚硬细致。璧面镂空，形成内外两环。里环被三条双体龙纹等分成三份，同时以三龙首为两环的连接点，外环布满谷纹。玉璧圆润光滑，设计巧妙，整体造型隽永清秀。

玉璧

兽首衔璧

西汉，玉刻。广州象岗南越王墓出土，西汉南越王博物馆藏。通长16.7厘米，璧径8.8厘米，厚0.5厘米。这件玉璧为兽首方桥鼻，鼻上设有孔，圆璧可以通过孔上下翻动。兽面的一侧附雕一螭虎纹。整件作品通体呈青白色，兽面的局部有红色沁斑。雕法精湛，工艺细致，造型精巧。在构图布局上打破了传统的对称形式。而这种不对称的造型和纹饰，也是南越王墓玉器工艺的一大特色。

兽首衔璧

透雕龙螭纹环

西汉，玉器。广州象岗南越王墓出土，西汉南越王博物馆藏。直径 9 厘米，厚 0.4 厘米。青玉质，浅绿色。由透雕的两龙和两螭相互缠绕而成一圈，龙与螭两两相对，造型生动，作品玲珑剔透。其细部以浅浮雕和阴线加饰纹样，总体线条流畅，风格朴拙。

透雕龙螭纹环

龙虎合体玉带钩

西汉，玉刻。广州象岗南越王墓出土，西汉南越王博物馆藏。长 18.9 厘米，最宽处 6.2 厘米，环径 2.5 厘米。这件带钩为青白玉质，质感细腻，晶莹剔透。钩身为龙虎双体并列，虎头形钩首，龙首形钩尾，弯曲呈"S"状，构成龙虎合体戏环的优美造型。在两体间还镂刻有一断续线缝用来区别，钩底朴素无雕饰纹样，只有一扁圆形纽。这件玉饰把天上最具威力的龙和地上之王猛虎融为一体，用作服饰装饰，具有权力象征的寓意。

龙虎合体玉带钩

金钩玉龙

西汉，玉刻。广州象岗南越王墓出土，西汉南越王博物馆藏。玉龙长 11.5 厘米，厚 0.5 厘米，金钩长 5.9 厘米，宽 2.6 厘米，重 100 克。整体由透雕玉龙和金带钩组成。玉由于沁斑的原因，通体呈灰白色。玉龙体扁平，"S"形，两面饰纹。龙头向上回首，尾回卷，下半部有折断。断口的两边有三个小孔，作串线连缀。金带钩的钩首和钩尾均为虎头造型，虎头形成套口正套在玉龙断裂处。

金钩玉龙

右夫人A组玉佩

西汉，玉刻。广州象岗南越王墓出土，西汉南越王博物馆藏。南越王墓的东侧室殉葬有四位妃妾，各有玉佩饰随葬。其中以右夫人的两串玉饰最为精美，这组串饰是由九件玉饰、一颗玻璃珠、十颗金珠穿配而成。这是根据出土位置复原的。其中领头玉佩由玉璜加工而成，双面透雕两龙，龙首相向，纹样均衡对称。在两件玉环之后是一块谷纹玉璧，璧外有三凤鸟纹。玉璧之后通过玻璃珠过渡，为金珠断开的五片玉璜。秦汉时期，玉饰的组合形式比较简单，像南越王墓右夫人A组玉佩这样复杂、组件又如此繁多的十分少见。

右夫人A组玉佩

八节铁芯玉带钩

西汉，玉刻。广州象岗南越王墓出土，西汉南越王博物馆藏。长19.5厘米，虎头宽4厘米，龙头宽1.6厘米，体厚1.6厘米。带钩青白玉雕刻而成，由一根铁条穿连八块玉件组成，中间六节有圆孔贯通，两端为兽头，钩尾为虎头，钩首为龙头。虎头张目呲齿，龙头钩首，呈瘦长形，中部六块玉饰卷云纹以及鳞与鳍的形象。整体造型和谐、完整。铁芯的玉带钩，在战国和汉代都有发现，这是其中尤为精致的一件。

八节铁芯玉带钩

玉舞人

西汉，玉刻。广州象岗南越王墓出土，西汉南越王博物馆藏。高3.5厘米，宽3.5厘米，厚1厘米。作品为玉质圆雕人物形象，已钙化，通体呈黄白色。女舞者头发为右螺髻式，身穿长袖垂地衣裙，扭腰并膝呈跪姿，双臂挥舞长袖，翩翩起舞。袖口和裙边处线刻的卷云纹，整体雕工精细，姿态生动，为越女跳楚舞造型。舞女面相圆润，人物比例匀称。呈现优美、生动、和谐的节奏感。南越王墓出土了五件玉舞人圆雕作品。

玉舞人

玉角形杯

西汉，玉刻。广州象岗南越王墓出土，西汉南越王博物馆藏。高18.4厘米，口径5.8~6.7厘米，口缘厚0.2厘米。以一块整玉雕成犀角状，口沿处为椭圆形，腹中空。外部有优美纹饰采用浮雕与线刻相结合的手法，刻一尖嘴兽为主纹。青白色玉半透明状，局部有黄褐色斑。这个角杯造型精巧，雕刻细腻。器形仿犀角杯样式。

玉角形杯

承盘高足玉杯

西汉，玉刻。广州象岗南越王墓出土，西汉南越王博物馆藏。通高17厘米，玉杯高11.75厘米，口径4.15厘米。全器是由青玉杯、玉托座、铜托座、铜承盘、木垫五个部件组合而成。玉杯杯身和托座由两块玉分别雕琢而成，各钻一小孔，用一根木榫连接。玉杯呈圆柱形，上粗下细；玉托座为三花瓣形，承托玉杯；在铜托座上铸有三条张口吐舌的蛇，寓龙，三龙托杯有升天的寓意。高足杯全身由玉、金、银、铜、木五种材料制成，组合奇巧。出土时，与玉杯一起的还有大批五色药石，因此，推测这件高足玉杯可能是为墓主南越王生前用来服食药石以求长生的特殊用具。

承盘高足玉杯

玉剑格

西汉，玉刻。广州象岗南越王墓出土，西汉南越王博物馆藏。横宽 6 厘米，中高 1.6 厘米，中厚 1.95 厘米。玉剑格为剑上的装饰柄，通常包括剑首、剑格、剑鞘上带扣和鞘末饰四种。这件玉剑格整体略呈一长方形，中间有抹圆角长方形孔，格两面雕以不同的图案装饰，一面浅浮雕辅首纹，一面为高浮雕的一螭虎和一兽，虎做向前奔跑状，而兽紧随其后，抱住虎尾，形象生动，富有强烈动感。南越王墓出土大量玉剑饰，其雕饰主题以虎、螭等瑞兽为主。

玉剑格

玉剑珌

玉剑首

西汉，玉刻。广州象岗南越王墓出土，西汉南越王博物馆藏。面径 5.1 厘米，底径 4.9 厘米，边厚 0.6 厘米。圆形剑首的表面上被一 "S" 形卷纹分为两部分，并对称采用高浮雕的形式刻有一尖嘴兽和两螭虎，神态生动。玉饰通体呈青白色，局部有红色沁斑。造型精致，构图匀称，装饰图案立体感强。

龙纹玉璧

玉剑珌

西汉，玉刻。广州象岗南越王墓出土，西汉南越王博物馆藏。上宽 6.8 厘米，下宽 5.5 厘米，高 4 厘米，中厚 1.2~1.7 厘米。珌（bi）是刀、剑鞘下部的一种装饰物，这件玉刻作品呈不规则梯形，器身以浅浮雕纹为底，两面高浮雕通体青白色，但大部分面积上有朱红色沁斑。造型精美，雕刻精致。

玉剑首

龙纹玉璧

西汉，玉雕。1973 年湖北省光化县五座坟出土，湖北省博物馆藏。直径 19.5 厘米，内径 6.4 厘米。璧两面刻相同纹饰。一条双线凹纹将环形区域分为内外两圈，内圈刻谷纹，外圈为四角蜷曲的双身龙纹，对称分布。

女侍立俑

西汉初期，陶塑。出土时间、地点不详。
陕西历史博物馆藏。陶塑高 53 厘米。
立俑头部较大，发中分于脑后扎起，
束成绾髻后垂肩。内穿右衽长衣，外
着宽袖交领长袍。双臂下垂，向前弯
曲，双手半握置于腹前，姿态恭敬。
作品着力刻画人物的面目神态表情，
清秀俊美的脸庞，双目侧视，流露出
羞怯的心理，动作姿态大方而不张扬。
高度写实的雕塑风格以反映人物的内
心世界及性格特征为重点，为西汉初
期陶俑艺术的佳作。

女侍立俑

彩绘立射俑

西汉，陶塑。1950 年陕西咸阳韩家湾
狼家沟出土，陕西历史博物馆藏。高
51 厘米。俑身着右衽长袍，头戴软巾，
右臂屈起，左臂握拳上扬，做张弓欲
射状。人物造型写实，将张弓拉剑时
双臂的姿势及身体随力气的迸发而产
生的自然扭曲表现得十分到位。

彩绘立射俑

拂袖舞女俑

西汉，陶塑。1954 年陕西西安白家口
出土，中国国家博物馆藏。高 50 厘米。
舞女留长发，中分，后挽成扁平式发
髻。内穿交领长袖舞衣，外罩交领宽
袖长袍，身体正随音乐节奏摆动，右
手扬起，长袖搭在肩部，左臂后摆，
呈现出优美的姿态。人物面貌秀丽俊
美，神情恬静典雅，体态富于动感。
作品雕工圆润，以块面展示人物形象
及动作，造型生动。

拂袖舞女俑

阳陵彩绘裸体男立俑

西汉，陶塑。1989年于陕西咸阳张家湾阳陵出土，陕西省考古研究院藏。高约62厘米。阳陵是汉景帝及皇后的合葬陵，陵墓中出土大量彩绘人俑，其中最具特色的人俑身体为陶塑，双臂为木质可活动，外着丝织类的衣服，但出土时衣服与手臂多已不存。男俑通体彩绘，头发为墨色，体肤为红色，面貌形体比例适中，造型极为写实，神情刚毅，具有鲜明的个性特征。

阳陵彩绘裸体男立俑

彩绘跪坐俑

彩绘包头巾女立俑

西汉，陶塑。陕西西安汉长安城遗址出土，陕西历史博物馆藏。高31厘米。女俑头上裹类似风帽的头巾，着交领长裙，双手拢袖，姿态优雅庄重。作品形象简洁，通体不雕饰花纹，唯双臂及衣袖处有自然褶皱式的纹理，人物面部表情简略，椭圆形脸显眉清目秀。立俑塑造重点体现在腰部及下部裙摆，纤细的腰身与垂地的喇叭状裙摆形成强烈的对比，不仅使人物的体形显得更优美、婀娜，也使俑的底座更加稳固。作品展示了汉代妇女的典型形象，也反映这一时期人们以瘦为美的审美观。

彩绘跪坐俑

西汉，陶塑。1966年陕西西安姜村白鹿原汉文帝窦皇后从葬坑出土，陕西历史博物馆藏。高34厘米。两俑姿态、装束类似。皆穿交领衣，领口层次分明，双手拢于衣袖中。头顶发式皆为中分，梳于颈后挽髻，人物面部皆长眉细目，嘴小唇薄，神情恬静，面庞圆润柔和。双臂自然下垂，拢在衣袖内置于胸前，长衣覆足呈跪坐姿势。从相貌、体态、衣着的区别和特征可看出为一男一女俑。作品雕塑手法概括，除面部特写外，身体部位以表现整体效果的粗线条为主，线条自然流畅。

彩绘包头巾女立俑

立熊插座

西汉，陶塑。1976 年陕西兴平西吴乡北村出土，茂陵博物馆藏。高 16.7 厘米，宽 10.1 厘米。熊为站姿，头顶生双耳，穿孔，头扭向一侧，前肢与下足呈平行状态。腹部圆鼓，中空。雕塑手法稚拙，风格朴实，熊的憨态表露无遗。熊头顶有圆孔，为一插座。

立熊插座

陶鸭

陶鸭

西汉，陶塑。河南济源泗涧出土，河南博物院藏。鸭头高昂，眼睛突出，颈部圆润、丰满，胸部肌肉发达。双翼饱满，肥硕的体躯与细长的颈及头部形成对比，作品造型相当写实，躯体表现却简洁且略带夸张。塑工娴熟，造型饱满，具有较强的真实感。

陶马

西汉，陶塑。1958 年江苏徐州奎山乡小山子出土，徐州博物馆藏。残高 35 厘米。陶马四肢残缺，仅留上半身保存完好。马头部形象突出的瘦长，眼部造型突出，神态逼真。马口大张，做嘶叫状。整个雕塑重点集中于马头，对马身的表现较为简练。从残留的躯体也可以看出马的体格健壮。

陶马

女坐俑

西汉，陶塑。1979 年江苏铜山茅村乡洞山村出土，徐州博物馆藏。高 31.5 厘米。女俑呈跽坐姿势，头顶裹巾束成髻状，头略侧，面目清秀，脸庞圆润，身着折领宽袖长袍，内穿三重衣，衣领层次分明，褶皱自然。俑双肩下垂，双手拢在袖内置于腹前，姿态恭谨。俑头顶及两鬓残留有孔，似原插有饰物，通体施粉底后罩红色，作品写实，并且充满生活气息。

女坐俑

"长乐宫器" 陶瓮

西汉，陶塑。广州象岗南越王墓出土，西汉南越王博物馆藏。高 53 厘米，腹径 46.5 厘米，底径 23.5 厘米。这件陶器为典型的南越式印纹硬陶，采用泥条盘筑法制成。器身较高，上面拍打的格纹痕迹十分明显，肩部有一小块黑色的方形戳印，上面刻有"长乐宫器"四字。长乐宫是汉高祖在长安城建造的一座宫殿的名称，这表明南越宫署也模仿汉宫的制度制造各种用器。

"长乐宫器"陶瓮

陶响盒

西汉，陶塑。广州象岗南越王墓出土，西汉南越王博物馆藏。直径 8.8~9.5 厘米，厚 3.8~4.5 厘米。共七件，出土于墓室西耳室。扁圆形，内装有砂粒，摇晃时，砂粒撞击器壁发出声响，用于乐舞击拍使用。整体布满纹饰，排列整齐，制作精细。

陶响盒

陶匏壶

西汉，陶塑。广州象岗南越王墓出土，西汉南越王博物馆藏。高 17.3 厘米，口径 7.8 厘米，腹径 18.2 厘米，底径 13 厘米。敞口，高颈，有耳，匏瓜造型，由肩部到腹部相间排列饰有多个纹饰带，其间设篦纹和弯曲的波浪纹。匏壶本是一种葫芦形壶，这件陶壶则是直口径与底部鼓腹相结合，造型有别于葫芦形的匏壶。

陶匏壶

陶瓿

西汉，陶塑。广州象岗南越王墓出土，西汉南越王博物馆藏。通高 20.5 厘米，口径 9.8 厘米，腹径 24.5 厘米，底径 14.7 厘米，出土于墓室西耳室，共有四件。这件陶瓿是南越国时期墓中最常见的一种器型，腹部鼓起，底平，有盖。通体装饰简洁，只在腹部饰有简单纹样，风格质朴。这种带盖的深腹小瓮可用作储器、盛放粮食、草药等。

陶瓿

陶鱼形响器

西汉，陶塑。广州象岗南越王墓出土，西汉南越王博物馆藏。长 11.5~12.5 厘米，体厚 2.4 厘米。出土于墓室的后藏室中，共九件，大小相似。器由两片泥板捏合成鱼形，空心，里面装粗砂粒，用高温煅烧而成。摇动时会发出沙沙响声。为乐舞作击拍用的"沙镲"。

陶鱼形响器

绘彩神兽纹盖壶

西汉，陶塑。1958年河南洛阳市出土，河南博物院藏。通高49厘米，口径18.2厘米。壶为盘口，口上有盖，长颈，腹部鼓起，平底，肩部饰有辅首已毁。壶通体施黄色，然后用红、绿、黑等色在壶的不同部位分层绘出双线三角纹、宽带纹、云纹、神兽纹等不同的纹饰带，构成通体纹饰。其中以神兽纹为主纹饰，白虎、青龙、朱雀均为人首兽身。壶造型简洁，纹饰图案富有神话色彩。

绘彩神兽纹盖壶

红绿釉陶鸮壶

西汉，陶塑。1969年河南济源县出土，河南博物院藏。高17.5厘米。两壶形制、大小、釉色一致。头部与身体分塑而成，腹中空。壶整体为蹲坐的鸮状，竖耳、两眼圆睁，尖嘴，形体肥胖，以浅浮雕和线刻，表现丰满的羽翅。鸮头施以红釉，躯体施以褐绿釉，翅羽施以黄绿釉。作品造型生动，构思新颖。

红绿釉陶鸮壶

陶女俑

西汉，陶塑。故宫博物院藏。高53厘米。女俑身穿三重右衽衣，衣袖宽大，双手上举，一手掌平伸，一手卷握，衣裙垂地呈喇叭状。俑体瘦长，且至底部扩大的裙摆给人以挺拔、舒展之感，也可起到稳定的作用。女俑眉清目秀，鼻梁高挺，头发中分，向后缩，在发梢处打结，这是汉代通行的发式。神态平静祥和。

陶女俑

陶武士俑

西汉，陶塑。故宫博物院藏。高 42.7
厘米。此俑应为汉代的武士形象，人
物头上裹巾，着两重衣，显厚重。外
衣绿色，内套红色衣，衣长及膝，足
蹬齐头履。武士弓身向前，双手做握
武器状。作品造型准确，比例匀称，
人物面部及身体均未细加雕琢。

陶武士俑

陶马

西汉，陶塑。故宫博物院藏。高45厘米，
长 42.8 厘米。陶马呈站立状，前足略
向前倾，后足略弓蓄势待动。双眼直
视前方，双耳竖立，张嘴鼓鼻，神态
也极具动感。脖颈上刻有长鬃毛，蹄
腕坚实，马的躯体比例匀称、胸肌宽
厚，尤其是对马前胸、后胯及细部的
肌肉表现相当真实，制作技术高超。
西汉时期，因为战争的原因，对马的
需求远远超过以往的任何时候，因此，
美术作品对马的题材涉猎较多，对马
形象的塑造也更接近真实马的形象。

陶马

灰陶男侍俑

西汉，陶塑。1972 年扬州市西湖乡高
庄村出土，扬州博物馆藏。高 54.4 厘
米。泥质灰陶，体型修长，素身无装
饰。侍俑头裹高帻巾，低首垂目，略
带微笑，着宽袖长衫，双臂拱手于袖
间，神态虔诚而温顺。作品造型简洁，
外观质朴，仅以刀刻纹表现了侍者的
衣纹变化。

灰陶男侍俑

戴冠木俑（局部）

西汉，木雕。1972 年湖南长沙马王堆
出土，湖南省博物馆藏。湖南长沙马
王堆墓共出土 160 件俑，其中包括戴
冠男俑 2 件，侍女俑 10 件，另外还有
歌舞伎俑、彩绘乐俑、彩绘立俑及辟
邪木俑。戴冠男俑两件，一件高 84.5
厘米，另一件高 79 厘米，两件俑的
刻制及服饰基本相同。俑形体较大，
木质刻成，没有手部，着长衣，两袖
以竹条支撑置于腹前。头部雕刻细腻，
头顶斜冠，冠下系带用墨绘出，向下
于下颌系结，并置有小木条。脸形椭
圆，下巴稍尖，双目下视，神情肃穆，
一副恭敬的神态。其中一俑人鞋底上
刻有"冠人"，亦作"倌人"，是监
管众奴婢的头目。

戴冠木俑（局部）

博弈老叟木俑

西汉，木雕。1972 年甘肃武威磨嘴子
出土，甘肃省博物馆藏。高 29 厘米。
木雕两人跪坐博弈，相对无语，用眼
神交流。二俑之间摆放一块长方形棋
盘，一侧老者身体前倾，右臂伸出，
手中持方形棋子正欲放子。另一侧老
者头略侧，眼睛斜视，右手扶膝，左
手抬起，似在与对方交流，又似在独
自思考。神情生动逼真。作品生动刻
画了博弈时双方的动作和表情神态，
突出博弈主题，显示出较强的动态。
雕刻手法简洁，注重人物形象神态和
动态的表现，富于情节性。博弈老叟
衣饰彩绘，黑、白、灰色均匀，人物
形象更加写实。作品雕琢生动，充满
浓郁生活气息。

博弈老叟木俑

圆形三足石砚

西汉，石刻。1956年安徽太和县李阁
乡出土，安徽博物院藏。通高14厘米，
直径16.5厘米。青石质，圆形，由三
足底座与上盖组成。砚底三个三角形
柱，柱足浅浮雕熊首，造型敦实。砚
盖顶圆雕两只蟠螭，螭首向上昂，对
接成为顶盖的提梁，内顶正中有储墨
的圆窝，作品风格古朴，注重形体塑
造，整体造型朴实无华，却又不失典
雅庄重之美。

圆形三足石砚

牵牛像

西汉，石刻。位于陕西西安市长安区
常家庄村北。西汉武帝元狩三年（公
元前120年）在上林苑开凿昆明池，
并在昆明池两岸塑牵牛像、织女像，
并以"左牵牛右织女"的格局来显示
昆明池水的壮阔。牵牛用整块的花岗
岩雕刻而成，高约2.58米。头部较大，
顶有发际突起，脸形宽阔，隆鼻，嘴
部有胡须痕迹。右手上举胸前，左手
贴在腹前，做牵牛状。紧闭的双唇、
耸肩以及扭转的体态都表现出人物形
象正处于"用力"的情形之中。整尊
像线条简洁，人物形象敦厚，显示出
汉代雕塑粗犷、壮美的风格特征。

牵牛像

织女石像

西汉，石刻。陕西西安市长安区常家
村北发现，陕西长安斗门镇棉绒加工
厂内藏。花岗岩质。通高2.28米。方
圆形脸庞，鼻口部经后人修补，宽鼻，
浓眉大眼，表情忧郁。身着右衽长衣，
有短披肩。双肩下垂，双手拢袖中。
人物表情、姿态与传说中人物形象都
十分贴切。由于风化严重，其后背与
手臂损坏严重。整体雕塑风格稚拙，
材质较粗糙。

织女石像

马踏匈奴

西汉，石刻。霍去病墓前石像之一，茂陵博物馆藏。通高 1.68 米，长 1.9 米，花岗岩质。这是西汉名将霍去病墓前的大型石雕像，是汉代雕刻艺术珍品。"马踏匈奴"石雕像为一组人兽组合雕像。主像马昂首挺立，四肢健壮，一副英勇善战的战马形象；马下是一个手持弓箭、身体蜷缩着，仰面朝天的匈奴战士形象。马的上半身为圆雕，底部马腿、匈奴人则采用高浮雕与线刻相结合的手法，有主有次地表现出马的威武气势和匈奴人的惨败。

马踏匈奴

石跃马

西汉，石刻。霍去病墓前石像之一，茂陵博物馆藏。通高 1.5 米，长 2.4 米，花岗岩质。此马按照砾石天然形态进行雕刻，塑造出一匹腾空奔驰的战马形象。整个雕塑极为简练，只对马头作了细致刻画。身体肌块用突起的石块表示，头部与腿部之间的分隔以斧凿完成，身下并未凿空，总体以线刻表现马身体的各个部分。作品质朴粗犷，气势雄壮浑厚。

石跃马

石伏虎

西汉，石刻。霍去病墓前石像之一，茂陵博物馆藏。长 2 米，宽 0.84 米，花岗岩质。借助于石块本身起伏形态的变化加以刻塑，塑造出一只具有强大动势的虎的形象。虎头雕塑较为细致，眼睛、鼻子、胡须、嘴及面部纹路清晰，前肢伏地，似酣睡状。身体肌肉变化及肌理纹饰的表现，通过原始石块的天然形态，与线刻纹饰共同表现，造型自然逼真。尾梢搭在背部，巧妙的设计增加了伏虎欲跃的动势。作品雕刻手法质朴，造型浑厚稳重，静中有动。

石伏虎

石卧牛

西汉，石刻。霍去病墓前石像之一，茂陵博物馆藏。长2.6米，宽1.6米。牛神态安详，呈伏卧状。头略回望并向上抬，双眼远望，鼻翼扩张，双唇紧闭，面部肌块松弛，表现牛的驯良特征。牛四肢盘踞，明显呈卧姿。牛背上刻有鞍鞯和镫纹，显然这是一只刚刚卸下重货，结束工作正在休息的牛。

石卧牛

铜独角兽

东汉，铜铸。1956年甘肃酒泉下河清出土，甘肃省博物馆藏。长70.2厘米，高24.5厘米。兽身躯短小紧凑，四肢肌腱有力。铜铸通体布满纹饰，造型写实。兽颈部向上拱起，头下垂，眼部造型夸张。臀向上翘，尾粗大上扬。尤其是头颈向前伸出，四足弓形蹬地，蕴含强大的动势，整体形象富于一种由静到动的力量感。

铜独角兽

铜奔马

东汉，铜铸。1969年甘肃武威雷台出土，甘肃省博物馆藏。高34.5厘米，长45厘米。铜奔马也称"马踏飞燕"，由一只奔跑状铜马与一只飞翔状铜鸟共同构成。马儿三蹄凌空，只一足落在鸟背上，鸟的形象较马要简练得多，向外伸出的双翅与尾部都呈平面着地，增大了底座的受力面，也保证了整尊像的稳固性。马身体呈平行状，四肢腾空而起，相互交错，富于动感。马为写实形象，头部刻画生动，整体造型轻盈、干练。作品构思独特，工艺精湛，塑工质朴，表现手法也十分细腻。富于动感的外轮廓曲线与富于力量感的健硕的马体，塑造了一匹完美的千里马形象，作品反映了古代人对马的注重，并借助马的形象展现了汉代奋发向上的时代精神，是我国雕塑史上的杰出作品。

铜奔马

错银铜牛灯

东汉，铜铸。1980年江苏省邗江甘泉二号
墓出土，南京博物院藏。通高46.2厘米，
长36.7厘米。整个灯由灯座、灯盏、罩板
和罩盖四个部分组合而成。各部件可自由
拆合，使用清洗都十分方便。灯的造型为
一水牛背负灯盘，盘上有镂空栅栏门形象
的灯罩。牛头与颈相接处有弯管，上接器
顶并连接罩盖，用以将燃灯的废物吸入中
空的牛身中。铜牛及牛犄角包括罩盖表面
均饰错银卷草花纹，器物外观精美，牛的
神态自然生动，既实用又美观，是汉代灯
作品中的佳作。

错银铜牛灯

铜灯俑

东汉，铜铸。1989年云南个旧黑马井村出
土，高42厘米。铜人男俑呈跪坐状，体
形浑圆，裸体。双臂左右伸展，双手各举
一盏灯，头部还顶有一盏灯，姿态平稳，
神情镇定。作品构思巧妙，造型简洁概括，
只用线刻出人的眼眉和须发，用人的肢体
表现出的三盏灯的三角形造型给人以平
衡、稳定的视觉感受，两手由小臂均可拆
下，头部也可拆下。

铜灯俑

伍子胥画像铜镜

东汉，铜铸。出土时间、地点不详，上海
博物馆藏。直径20.7厘米。镜背面边缘由
圆弧形纹饰图案分饰，圈饰图案各不相同，
除最内圈刻有文字外，其余均以简洁的点、
线装饰。环饰的中心部位镶刻有珠子，中
间一颗最大，为宝珠，四周四颗大小均等，
并将其所在内环均匀分为四个场景。在以
四小珠为界分成的四格中，刻饰有不同人
物组成的场景，画面主题表现的是历史人
物伍子胥的故事。虽然铜镜可饰画面积有限，
但仍分为四个场景，每场景刻饰多人，且
画面情节丰富，人物形象生动，是古代画
像镜中的精品之作。

伍子胥画像铜镜

鎏金镶嵌兽形铜砚盒

东汉，铜铸。1969 年江苏徐水出土，
南京博物院藏。高约 10 厘米，长 25
厘米，宽 14.8 厘米。造型似蟾蜍，四
肢粗短做伏身下卧状，身躯扁形，椭
圆形轮廓。嘴大张，牙外露，头似龙
首，蛙形躯体，顶有长角附在背部，
形貌生动怪异。遍身镶嵌有大小不一、
形状各异的红珊瑚、绿松石和青金石。
兽下颌内侧有较深凹槽，可贮水。另
外，兽背中心设一桥形纽，可系绳提
盖。盒内另设有石砚和墨丸，供使用。

鎏金镶嵌兽形铜砚盒

瑞兽纹铜镜

东汉，铜铸。扬州市邗江区槐泗乡槐
泗村出土，扬州博物馆藏。直径 18.4
厘米，厚 0.7 厘米。这件圆镜正中央
有一大纽，纽座用圆形纹装饰。周围
四个乳钉之间的纹饰以动物纹样为
主，有虎、象、鹿等瑞兽，还间有花
草纹，以弥补过多的空白产生的空虚
感。镜圈外饰有一圈铭文带，镜的边
缘饰以踞齿纹和云气纹带。铜镜造型
精美、构图严谨，布局得当，线条起伏，
茂而不繁。

瑞兽纹铜镜

陶座铜钱树

东汉，铜铸。1972 年四川省彭山县双
江乡崖墓出土，四川博物院藏。树高
90 厘米，座高 45.3 厘米。上部为铜
钱树，铜质，下部为座，陶塑。树顶
部立有一只展翅朱雀，下面有五层枝
杆，其中上面的四层都是相同的镂雕
图案。树整体为高浮雕，上部为一只
浮雕的弯腰蹲状的独角兽，下部刻钱
纹绶带图案。枝叶雕刻细致精巧，整
体造型精致。作品构思巧妙，这种摇
钱树在四川东汉墓葬中为常见作品，
内容包括神话人物和自然动植物等。

陶座铜钱树

神人骑辟邪铜灯座

东汉晚期，铜铸。南京博物院藏。通高 19 厘米，辟邪长 19 厘米。也称神人骑辟邪铜灯。此器是一次浇铸而成，表面铜质因长期腐蚀已有锈痕，但造型仍十分清晰。作品主体是一个威猛的辟邪，辟邪背上驮一个戴高帽的方士。方士长脸，高鼻垂耳，头顶插一圆管形帽，帽顶端为插烛用的孔。"虎头狮身"辟邪双目圆瞪，张嘴嘶吼，肌肉饱满，四肢雄健，形象生动。辟邪是古时用来镇宅驱秽的一种吉祥物，从汉代起开始流行。方士是当时对道士的称呼。用方士来装饰辟邪，表明当时道教盛行，此类作品为研究中国宗教发展具有一定的参考价值。

神人骑辟邪铜灯座

骑马铜人

汉代，铜铸。出土时间、地点不详。故宫博物院藏。高 4.6 厘米。作品造型为一人骑马形象。骑士端坐于马背，双臂前举，其颈下以及腹部与马背之间各有一圆孔，上下对应，为坠饰串绳用。马四肢粗短，尾粗且长，造型有些怪异、夸张。作品整体形象较为简略，风格朴拙但富于趣味。整体造型生动，富有生气。

骑马铜人

马形铜饰牌

汉代，铜铸。1956 年陕西绥德出土，陕西历史博物馆藏。长 12 厘米，宽 8.5 厘米。以一匹马和一棵枝叶繁茂的大树为组合图案，整体采用镂空刻饰。马四肢粗壮，正俯首向下食草。其前方有一棵大树，枝叶向马身一侧伸出，并作镂雕，形象灵动，犹如一只展翅的凤凰。作品整体形象抽象，刻画简洁明朗，重点表现整体造型与灵动的线条，使作品充满神韵且具有较强的装饰效果。

马形铜饰牌

虎噬羊铜饰牌

汉代，铜铸。内蒙古乌兰察布市发现，内蒙古博物院藏。长 9.2 厘米，宽 5.1 厘米。牌饰主体刻一只虎，虎口中叼羊，羊身从虎颈垂下。虎头部造型夸张，其凶猛之气与羊垂死的哀状形成对比，突出画面主题，营造慑人气氛。作品造型概括，细部刻画以线条为主，物体的体态表现得十分形象。

虎噬羊铜饰牌

铜从马

汉代，铜铸。1969 年甘肃武威雷台东汉墓出土，甘肃省博物馆藏。高 37.1 厘米，长 34.5 厘米。马为站姿，头略向右扬，引颈做嘶鸣状，前左足离地，尾翘起，后左足略抬起，呈行进状。马躯体比例匀称，造型强壮健硕，无繁复雕饰，风格简约。

铜从马

十三盏铜连枝灯

汉代，铜铸。1969 年甘肃武威雷台东汉墓出土，甘肃省博物馆藏。通高 1.46 米。这盏灯通体由青铜制作而成，为树形，插于覆盆形座上，底座饰兽纹和云气纹。树主干分为三节套插而成，每节均饰有四片透雕的花纹叶，叶端分别插小灯盘，盘边饰有火焰纹装饰。树的顶端饰骑鹿仙人承露盘，盘中也可插烛，连同下面的灯盘共十三盏，象征墓主人在冥间的灯火长明不熄。灯盏造型精致，构思新颖，制作精细。

十三盏铜连枝灯

羽人骑马玉雕

西汉后期，玉雕。陕西咸阳出土，咸阳博物馆藏。羊脂玉雕，羽人骑天马像。羽人背部长羽翼，左手握缰绳，右手持灵芝，骑坐在马背上，注视前方。天马造型敦厚、健壮，头、尾造型突出，胸及臀部有线刻羽纹，三足着地，一足抬起，马下做流云托底，暗示马正飞驰前行。作品充满神秘气息，是当时人们崇仙思想的表现。玉色温润晶莹，雕刻精细。

羽人骑马玉雕

黄玉双螭谷纹璧

东汉，玉雕。天津市艺术博物馆藏。长17.5厘米，直径13.9厘米。谷纹璧、螭形佩都是东汉常见的作品，两者结合，构成螭谷相连的玉璧。璧身满布排列整齐的谷纹，璧端以镂雕的方式饰有双螭纹，双螭线条流畅造型精美，两首相对。双螭致雨，使谷物丰收，螭纹与谷纹组合的设置多半都具有祈祷风调雨顺的深刻寓意。作品精巧玲珑。玉质温润细腻，风格古朴雅致，富有简朴美。

黄玉双螭谷纹璧

涡纹青玉枕

东汉，玉雕。1959年河北省定县北庄汉墓出土，河北省博物院藏。长34.7厘米，宽11.8厘米，高13厘米，重约13.8千克。从出土的玉器可以看出，我国玉器在汉代时有了很大的发展和变化。这件青玉枕为东汉墓葬品，由一整块玉料琢而成。表面光洁圆润，除了底部和两侧面以外，其余部分均阴刻有双线勾勒的涡纹。枕面弧形隆起，中部内凹，为头枕部。据考证，这件玉枕出土于东汉中山简王刘焉夫妇墓。

涡纹青玉枕

双蟠螭首青玉璧

东汉，玉雕。1959年河北省定县北庄汉墓出土，河北省博物院藏。通高25.5厘米，宽19.9厘米，厚0.7厘米。璧为青玉质，质地细腻莹润。双螭佩玉璧组合，璧面布满谷纹，大小匀称，排列整齐，具有五谷丰登的象征意义。双蟠螭纹佩，线条流畅，形象生动，作品出土于东汉中山简王刘焉夫妇合葬墓。

双蟠螭首青玉璧

青玉猪

东汉，玉器。1959年河北省定县北庄汉墓出土，河北省博物院藏。长10.3厘米，宽2.3厘米，高2.1厘米。器为抽象的卧猪形，多设置于死者的双手中，称为玉握。总体略呈圆柱形，两端及底部为平面，用线刻出鼻和前后腿的形象，这种用线刻表现形象的做法在汉代玉雕中较为流行。猪的下颌与尾部顶端有圆孔，无过多烦琐雕饰，却能展现出猪的敦厚形态。

青玉猪

辟邪玉壶

东汉，玉雕。1984年扬州市邗江县甘泉老虎墩东汉墓出土，扬州博物馆藏。通高7.7厘米，净高6.8厘米，宽6厘米，厚4.5厘米。由新疆和田白玉制成，为一跪坐状辟邪。壶中空，头顶开一圆形壶口，口上盖有一个银质环纽盖。辟邪五官及身体各部位均以浮雕及线刻表现。辟邪体态饱满，身刻有羽纹、圈纹等纹饰，左手撑地，右手举一株植物于胸前，尤其面部表情丰富，造型生动，怪异。

辟邪玉壶

蟠龙纹青玉环

东汉，玉雕。1984 年扬州市邗江县甘泉老虎墩东汉砖室墓出土，扬州博物馆藏。外径 10 厘米，内径 4.7 厘米，厚 0.4 厘米。用新疆和田玉制作而成，为青白色。玉环主体为一首尾相连的龙，盘踞两圈，龙身上缠绕有小螭。作品构思巧妙使玉环造型独特，镂雕与线刻相结合的工艺精巧，造型优美。

蟠龙纹青玉环

"宜子孙"出廓青玉璧

东汉，玉雕。1984 年扬州市邗江县甘泉老虎墩东汉墓出土，扬州博物馆藏。高 9 厘米，直径 7 厘米，厚 0.4 厘米。玉璧为双面透雕，圆璧内的环形区域对称镂雕双螭，体态弯曲，做向上腾飞状。在二螭首尾相连处镂雕"子孙"两字。玉璧外附雕一只凤，凤首尾附于璧外环上，其腹下隐刻一个"宜"字，整体组合起来，具有护佑子孙绵长的美好寓意。玉璧造型新颖，雕刻精美，浑圆的结构和流畅的线条颇能体现汉代工艺之美。

"宜子孙"出廓青玉璧

双联人形玉佩

汉代，玉雕。出土时间、地点不详，天津市艺术博物馆藏。通高 5.7 厘米，宽 3.4 厘米。玉佩为两人并联而立，双臂交叉在胸侧，构成两个椭圆环，分别搭在腹部，玉人身体呈筒状，穿长盔甲，衣饰线刻花格纹，一侧玉人为方格纹，另一侧为交叉三角形纹，除此之外，两人形貌、服饰基本相同。依双人像左右两侧升出双鸟，鸟尾下垂于二人外侧，鸟头向上立于人头顶，鸟颈部相连，构成拱形。鸟羽、尾及冠部均作线刻，造型优美，形象生动。

双联人形玉佩

玉辟邪

汉代，玉雕。1979 年陕西宝鸡出土，宝鸡市博物馆藏。此辟邪腿部与背部以上有残损，高约 18.2 厘米，用青玉雕制而成，通体呈青色。圆雕辟邪昂首前视，张口、露齿，前半身下伏、翘臀，颔下有须，形体矫健。背上有圆筒式插座，脑顶部有方筒形插座，头及身上有阴刻圆圈纹，身体两侧有羽状纹，似为两翼。辟邪是古代神话中的动物，被称为是祥瑞之兽，大约在汉代开始出现并逐渐流行，同时期出现的还有墓前石辟邪雕刻，作品均能体现出汉代雕刻艺术的雄浑风格特征。

玉辟邪

玉鸠杖首

汉代，玉刻。台北"故宫博物院"藏。长 6 厘米。用和田白玉圆雕，是镶在手杖顶端的饰物。整体为一鸟形，坐状，在足跟部开一圆孔，与手杖连接。造型简洁，以阴刻头、翼、尾。古书记载，鸠是一种不噎之鸟，在手杖上装饰鸠，寓意老人进食不噎，可长寿。自汉代起就是重要的贺寿雕饰题材。玉质晶莹剔透，圆润光滑，极为写实。

玉鸠杖首

部曲俑

东汉，陶塑。四川新津出土，乐山汉崖墓博物馆藏。高 99 厘米。部曲在古代是一种军队编制单位，在汉朝时期则指地方豪强的私人军队，唐代时部曲是家仆的代称。人俑身材魁梧，体格健壮，头顶巾帻裹成高髻，内着高领衣，外穿交领短衣。右手拎箕，左手持一手柄，因其已断，具体用途未知。腰间佩挂长剑，一副威武、挺拔的姿态。作品雕塑生动，面部五官虽已残缺，却能感觉到人物坚定、忠诚的心态。人物衣饰及动作形态刻塑细腻，形象写实，形体比例匀称，作品充满朝气。

部曲俑

绿釉六博俑

东汉，陶塑。河南灵宝出土，河南博物院藏。
高 24 厘米，长 28 厘米，宽 19 厘米。六博，
也作陆博，是中国古代一种掷采行棋的博
戏类游戏，游戏以吃子为胜。这组陶俑由
单独烧制的底座和俑共同组成，博具与俑
均施绿釉。两俑对博，相对呈跪坐状，中
间摆放一长方形盘局，其一边摆六根箸，
一边为博局，博局两边分别是六枚方形棋
子，中间为两枚圆"鱼"。作品表现的是
两人对博的情景。其中一人双手摊开，而
另一俑人则双手高举，似在击掌。作品在
刻画人物形象上，注重动作的细致描绘。
俑人的衣着、坐姿基本相同，主要通过俑
人的动作来表现博弈的乐趣。作品造型简
洁，但俑人形象栩栩如生，具有情节性和
内容性。

绿釉六博俑

母子羊

东汉末年，陶塑。河南辉县出土，故宫博
物院藏。母羊高 12 厘米，长 17 厘米，体
态丰满，四肢健硕。小羊高 4.3 厘米，长 6.6
厘米，瘦弱娇小，步伐蹒跚。母羊头略微
向上抬起，口略张，一面向前观望，一面
照看紧跟在后的小羊。母羊体态粗壮，小
羊体态纤软。作品不仅通过不同的形象表
现出母羊与小羊各自的形体特征，还巧妙
运用对比的手法，使母子羊的形象对照鲜
明。作品真实感强，具有浓郁的生活气息。

母子羊

陶吠犬

东汉，陶塑。1951 年河南辉县百泉山出土，
故宫博物院藏。高 12.4 厘米。同时出土共
有四只陶吠犬，造型写实，姿态各不相同。
陶犬四肢立地，头向上昂，做吠叫状，后
尾翘起，与头部姿态呼应。犬整体细节多
忽略，但造型生动。

陶吠犬

杂技俑

东汉，陶塑。1965 年河南洛阳烧沟出土，河南博物院藏。杂技是汉代百戏的一种，此俑表现的就是一个正在进行表演的杂耍艺人。俑高 15.9 厘米。同时出土的共有数十件，为一组，都是男性，而且都赤裸上身。此俑双手摆开，头偏向一边，张口伸舌，正在表演。俑下身着长裤，腿部宽大，人物造型活泼有趣。作品着力刻画人物在表演时的动作及神态。因此，人物的面部及身材比例等较概括、简洁。

杂技俑

厨师俑

东汉，陶塑。山东高唐东固河出土，山东博物馆藏。高 29.3 厘米。厨师头戴高筒宽檐帽，身披斜肩长衣，双手揉面，端坐于案前。长眼细眉，长鼻大耳，额骨高突，嘴巴微微上翘。人物面部与动作刻画生动传神，形象滑稽、有趣，造型写实，充满浓郁的生活气息。

厨师俑

陶辟邪

东汉，陶塑。陕西咸阳出土，陕西历史博物馆藏。高 20 厘米，长 28 厘米。用简单线条表现的辟邪体态壮硕，面目狰狞，嘴向前突出，上生有双角，双耳向上竖起，双眼圆瞪。辟邪四肢伏地，身体各部分肌肉坚实有力，身侧双翼刻画清晰，整个身体各组成体块分明。作品风格明快利落，富于装饰特征。

陶辟邪

独角兽

东汉，陶塑。陕西勉县出土。高约 20
厘米。外形酷似犀牛，头顶生有一长
角，角向上直挺，尾巴上扬。独角兽
四肢粗短，身体呈前倾状，头向下，
抵角向前。尾部上翘的尾巴与头上的
尖角产生对应，使作品形象充满威猛、
强悍的气势，符合镇墓兽守护墓主、
驱赶邪恶的形象要求。

独角兽

哺婴俑

东汉，陶塑。四川鼓山出土，故宫博
物院藏。高 19.3 厘米，宽 13.7 厘米。
作品以整体造型及人物的姿态动作表
现为主。细腻柔和的线条表现出女性
的温柔与母性的慈爱。女俑头梳高髻，
鬓角突出，面目已经模糊。身着广袖
长衣，盘坐在地，手中抱一婴儿，左
手托婴儿，右手按乳，正在哺喂。作
品比例协调，人物造型圆润。

哺婴俑

佛像陶插座

东汉，陶塑。1942 年四川彭山出土，
南京博物院藏。通高 21.3 厘米，孔径
9 厘米，底径 19.3 厘米。上面是空心
圆柱，下面是柱础，圆柱上高浮雕三
人像，一佛二菩萨。佛居中间，高髻
着袈裟，衣饰线条突出，既表现出了
佛的丰腴体态，又塑造出袈裟的下垂
质感。菩萨分侍两侧。下为覆盆形柱
础，础柱表面浮雕双龙衔壁。这种以
佛教题材，特别是一佛二菩萨图案出
现的雕塑，在此之前不多见，这说明
在东汉时期就形成了一佛二菩萨像的
组合形式。这是目前我国发现的较早
期的佛教艺术品。

佛像陶插座

摇钱树陶插座

东汉，陶塑。1942 年四川彭山出土，南京博物院藏。高 60 厘米，泥质红陶制作。整体造型呈梯形。椭圆形底座，沿底边浮雕虎龙衔钱图案。底部较大，向上逐渐内收，座体两面还分别浮雕一株长满铜钱的摇钱树，树下有三人正在拾起落下的铜钱。座体上部雕一只威猛麒麟，麒麟骑在座体上，正低首嘶吼。其背上一只羊，羊安静祥和，羊头和羊身刻饰卷云纹，背上塑一圆柱形插座，插座上还雕有仙人童子图。作品构图丰富，从上至下分多层设置不同形象，但雕刻疏密有致，内容丰富多彩。

摇钱树陶插座

击鼓说唱俑

东汉，陶塑。1957 年四川成都天回山东汉墓出土，中国国家博物馆藏。高 56 厘米，灰陶制作。俑为一位击鼓说唱的老翁。左臂抱鼓环于肋间，右臂向前张开，手握鼓槌，右腿翘起，脚掌向外，左腿支地曲蹲，表情幽默风趣。作品以人物独特的形体动作和丰富的面部表情引人入胜，将一位沉浸于说唱情趣之中的老翁的形态刻画得淋漓尽致。此俑也称俳优俑，是古代以表演歌舞或说唱逗乐为主的艺人。风格质朴自然，雕塑技艺已达到相当高的水平，是极为珍贵的汉代陶塑作品。

击鼓说唱俑

舞女俑

东汉，陶塑。1957 年四川成都天回山出土，四川博物院藏。高 56.3 厘米，灰陶制作。俑为女像，头戴高冠并扎花，面目清秀，呈跌坐姿势。内着高领衣，外穿长袖衫，领口层叠明显。左臂上举，长袖下拂，右臂下垂，手置于膝前做打拍状。挺胸昂头，一副陶醉其中的神态。作品注重人物动作形体及面部表情的塑造，形体比例适中，肌体富于动感，形象婉丽可爱，风格简洁明快。

舞女俑

陶子母鸡

东汉，陶塑。1957年四川成都天回山
出土，四川博物院藏。高24.5厘米，
灰陶制作。母鸡呈蹲卧状，形体肥硕，
头冠结实，昂首，丰满肥厚的胸前伏
卧两只小鸡，并用双翅护持掩盖，母
鸡背上塑有一只小鸡，与母鸡倚背而
卧。画面温馨，充满生活气息。作品
风格简洁，除翅尾上有纹饰外，其他
部位均以块面表现。造型朴实、自然。

陶子母鸡

说唱陶俑

东汉，陶塑。1963年四川郫县宋家林
出土，四川博物院藏。高66.5厘米，
灰陶制作。左手握短棒，右手托圆鼓，
舌吐卷唇外，前额有数道深皱纹，面
部表情戏谑、诙谐。俑的上半身占据
作品的主要部分，双肩高耸，腹鼓臀
撅，身体做扭动状，正在表演。下半
身造型概括，有阔脚裤正要从臀上脱
落。作品感染力极强，风格淳朴、生动，
是东汉陶塑艺术的佳作。

说唱陶俑

吹笙俑

东汉，陶塑。1973年四川资阳出土，
四川博物院藏。高17厘米，灰陶制作。
俑双腿跪地，身体微微右侧，双手捧
笙，面部两腮圆鼓，做表演状。形象
自然质朴。

吹笙俑

执镜提鞋女俑

东汉，陶塑。四川新都区三河镇马家山崖墓群第22号墓出土，四川新都区文物管理所藏。女俑头挽高髻，裹帻巾，内着高领衣，外穿交领长裙，束腰，长裙曳地。面目清秀，满面微笑，平视前方，体态丰满。左手提鞋，置于左髋际，右手持镜置于胸前，双腿打开状，似正要服侍主人清早起床梳洗换衣。这一姿势也增加了立俑的稳定性。作品注重人物表情神韵的塑造，表现出亲切、可爱的生动形象。

执镜提鞋女俑

厨师俑

东汉，陶塑。1979年四川新都马家山出土，四川新都区文物管理所藏。高30厘米。裹头巾，成筒帽式样，身穿交领长衣，双袖上挽，露出双臂，低眉颔首，正坐在案台前认真工作。人物表情生动细腻，细眉上扬，高颧骨，嘴角上翘，笑容亲切。俑跪坐在地，腿部与案台形象概括，上半身雕刻细致，比例适中，衣袖纹饰清晰。是东汉陶塑艺术佳作之一。

厨师俑

庖厨俑

东汉，陶塑。1972年重庆望天堡出土，重庆市博物馆藏。高45厘米。女俑头梳高髻，戴精致发冠，俑席地而坐，内着高领衣，外穿交领长衫，方额圆脸，微笑。女俑坐于一个案台之后，案上摆放有各类待加工的食物。俑一手扶案，一手抬起，似做持刀状。作品造型写实，风格朴实，给人以想象空间。

庖厨俑

陶猪

东汉，陶塑。1957年辽宁大连营城子
镇出土，旅顺博物馆藏。高18.2厘米，
长25.7厘米。长嘴，有鼻孔，眼耳形小。
体形坚厚肥实，四肢短小有力。猪头
顶出鬃毛向上竖起，纹理清晰，显出
勇猛气势。身体整体略呈方形，尾短，
造型有些怪异，是我国早期驯养家猪
的形象。

陶猪

抚琴俑

东汉，陶塑。1987年贵州兴仁出土，
贵州省博物馆藏。通高36厘米。俑
头戴圆帽，身着交领广袖衣，呈跪坐
状。眉目上扬，隆鼻尖嘴，微微侧首，
面带笑容，双手搭在身前琴上，正在
全神贯注地演奏。作品具有强烈的艺
术感染力。塑工疏密有致，面目五官
生动，衣纹褶皱表现细腻，块面浑实、
圆润，形象丰富。

抚琴俑

陶船

东汉，陶塑。1954年广东广州东郊出土，中国国家博物馆藏。通高16厘米，长
54厘米。这件船形陶器上有矛和盾，似为汉代内河武装航船模型，船上塑有前、
中、后三个舱室，舱顶造型各不相同，其中后舱为舵楼。船上塑6个人，分立
各处，形态各异，似乎分别担负着不同的工作。船头还系吊有船锚，虽造型较小，
但船上设备表现齐全，结构复杂，且清晰完整。甲板、舱顶等细部都还表现得
十分生动逼真，是汉代陶塑珍品。

陶船

绿釉陶水亭

东汉，陶塑。陕西西安出土，中国国家博物馆藏。通高 54.5 厘米。陶盆中盛水为水池，池沿上圆塑人、马、鹅，造型逼真。水盆中心建一座水亭，构成水中亭阁的美好景致。水亭为两层，上层四周有栏杆相围，楼台上塑数人，人物姿态各异。有武士，有扬袖扭腰、翩翩起舞者，还有抚琴者，有人拍掌合唱，一派热闹、欢愉的场景。水亭造型小巧、写实，结构细致，是仿现实亭阁建筑而塑。亭中人物与动物形象生动，展现出汉代坞壁堡垒中的生活。

绿釉陶水亭

母子陶灯座

东汉，陶塑。出土时间、地点不详，现藏蚌埠博物馆。俑为半蹲姿势。身前坐一幼儿。为母子俑形象。母亲头部有筒状高冠，实为灯座。

母子陶灯座

舞蹈陶俑

东汉，陶塑。1971 年四川省遂宁县崖墓出土，四川博物院藏。高 35 厘米，泥质红陶。陶俑高束发髻，额部系巾，五官轮廓模糊，但能看出其面带笑意。身穿交领宽袖长袍，束腰。左手上举，右手提袍、右脚前迈，脚尖露出长袍外，似正欲向前跨步。流畅的衣纹，显现出舞者秀美的身段和衣袍细腻的质地，作品洋溢着明朗、欢快的气息。

舞蹈陶俑

观赏陶俑

东汉，陶塑。1957 年四川省成都市天回山 3 号崖墓出土，四川博物院藏。高 27.3 厘米。这件作品为泥质灰陶。俑头戴平顶圆帽，身穿交领的宽袖长袍，左手撑地斜坐，右手放于右膝上，双眼专注于前，似在观赏演出。

观赏陶俑

陶楼

东汉，陶塑。1971 年四川省遂宁县崖墓出土，四川博物院藏。高 63 厘米，长 46.5 厘米，宽 18 厘米。泥质褐陶。楼阁为上下两层，顶为庑殿式，屋顶瓦垄清晰，屋脊明显。檐枋下有两组斗拱承托。上层的阁楼，中间为一抚琴俑，栏板右边塑有一歌唱俑。楼下有走廊，正中立方柱，上承托一曲形一斗三升斗拱。柱右侧走廊上站一说唱俑，俑前有坡形台阶通向院落。这件陶楼应是供表演舞乐百戏的舞楼。造型写实，手法简洁，也展现了汉代建筑及建筑结构的样式与风格。

陶楼

执箕陶俑

东汉，陶塑。1957 年四川省新津县堡子山 1 号墓出土，四川博物院藏。高 85.5 厘米，泥质褐陶。俑人头戴平顶帽，身穿交领短袍，窄袖。右手执长锹，左手提箕，腰间佩短刀，脚穿草鞋。造型写实，神形逼真，刻工精细地将衣褶纹理表现了出来，线条流畅自如，真实、自然地表现了陶俑的形象特征。

执箕陶俑

绿釉陶望楼

东汉，陶塑。1972年河南灵宝县张湾汉墓出土，河南博物院藏。高130厘米，长38厘米，宽36厘米。望楼为三层，矗立于方形的水池之中，塘内有龟、鱼、鸭游玩嬉戏，岸上有吹奏、迎宾、执弩等九俑。望楼各层四周均设有平座和栏杆，具有围护作用。楼的每层都塑有俑像，第一层门内正中坐有一俑，似主人形象，头戴冠正向外眺望。在第二、三层平台上分别塑有五俑，俑组合形式相似，有一人居中，两侧对称设置二人，似一主四仆人形象。四阿式楼顶正中立有一展翅欲飞的雀鸟。各层楼都有斜撑支撑屋角，尤其是最底层明显为斗拱形象，为人们了解和研究汉代建筑结构提供了重要参考。

绿釉人形柱陶楼

东汉，陶塑。1954年河南淮阳县采集，河南博物院藏。高144厘米，面阔43厘米，进深47厘米。陶楼材质为红陶，造型为三层四阿式方形楼阁。三层均设有雕镂为云形的雀替和变形的斗拱。其中第二、三层的四角用裸体人形柱支撑。这在古代建筑类型雕塑中是不常见的。另外，每层楼顶的屋檐上均塑有伏卧的飞鸟。阁楼造型精致，人形柱的设置似乎带有某种宗教意味。

绿釉陶望楼

绿釉人形柱陶楼

彩绘收租图陶仓楼

东汉，陶塑。1963年河南密县后土郭汉墓出土，河南博物院藏。高70厘米，面阔52厘米，进深20厘米。泥质灰陶。陶楼由底部扁形楼体与上部两坡顶组成，其间有斗拱相连接。楼体四壁均饰以彩画，表现两层楼的内部构造和室内布局。正面图中绘四人，其中有两人正在收粮，一人撑口袋，一人往口袋里装粮。近处两人似为管家和地主形象。另外，还有粮堆、量具和绵羊等，一幅生动的收租图画面。旁边有一架梯子通向二层，二层用线描绘出窗、栏杆等形象。整体画面充满生活气息。汉墓出土的这些陶建筑明器较为完整地记录了中国古代民居建筑与日常生活。

彩绘收租图陶仓楼

刻花釉陶壶

东汉，陶瓷。1960年安徽合肥出土，安徽博物院藏。高25.1厘米，口径9.4厘米，腹径18.7厘米，足径11.8厘米。壶为盘口、长颈、球腹、矮圈足，肩部饰有四个桥形耳，耳上卷云纹饰，下坠一环。壶通体采用刻、划并用的方法，满饰纹样。口沿部至腹部分别饰有弦纹、水波纹、菱形纹及蕉叶纹。壶体釉质只施于壶腹中部，壶腹下部未施釉，并只有线刻纹装饰。作品集实用与美观于一体，造型简洁、端庄。

刻花釉陶壶

陶听琴俑

东汉，陶塑。故宫博物院藏。高53厘米，宽33厘米。陶俑为跪坐的女像，头戴花形冠，脸庞丰腴，虽因长期埋藏地下，五官已模糊，但仍十分精致。内穿高领衣，外穿交领长袍，左手抚耳，右手抚膝，面带微笑，似正享受音乐。作品形象写实，无精雕细琢，手法简练，神态惟妙惟肖。

陶听琴俑

陶舞俑

东汉，陶塑。故宫博物院藏。高 29.5
厘米，宽 18.6 厘米。俑身穿广袖舞衣，
头束高髻，额系巾，头微向上仰，面
带微笑，着衣袖宽大的舞衣。右手上
扬，左手提裙，露出抬起的左脚，正
在翩翩起舞。俑的面部表情和动态的
身姿，是重点表现的部分，这也是东
汉女俑所具有的一个突出特征。

陶舞俑

青瓦胎画彩男舞俑

东汉，陶塑。故宫博物院藏。高 11 厘米。
舞俑身体残缺省略了双臂，脸庞长圆
形，面部模糊。男俑正在舞蹈，其扭腰，
右腿支地，身穿长裙，下摆被抬起的
左腿抻拉，整体看来有些变形。作品
相对粗糙，造型抽象、概括。

青瓦胎画彩男舞俑

陶画彩俳优俑

东汉，陶塑。故宫博物院藏。高 14.8
厘米。这件俳优俑作品，构思奇巧，
其头、身体及双臂均分别制作，再经
组装而成。俳优俑头束单髻，眼大而
且向内凹，大鼻头，高颧骨，张嘴吐舌。
上身裸露，两臂弯曲，双手各握一圆
球，右腿跪地，左腿下蹲，大肚圆鼓
且下垂。俑的头部及肩部设置榫眼，
头和手臂均能活动。因此推测，这件
俑应是进行舞蹈表演的俳优俑。

陶画彩俳优俑

陶画彩俳优俑

东汉，陶塑。故宫博物院藏。高 23.3
厘米。俳优俑形体比例较真人有所不
同，上半身形象略显夸张，头梳髻，
脸长且圆，眉眼上挑，颧骨突出，嘴
角内收，略带笑意。俑上体强壮，裸体，
全身肌肉松弛，其乳头及肚脐处以圆
形孔表示。身体下蹲，双手作势捧着
下坠的腹部。造型设计夸张，充满风
趣、幽默的意味。

陶画彩俳优俑

陶鸭

陶鸭

东汉，陶塑。故宫博物院藏。高16厘米。
陶鸭造型简洁。鸭嘴扁平，眼睛小，
两翼及腿部分别以竖线和曲线刻饰，
胸、腹饱满、圆润形体肥硕。鸭腿弯曲，
尾部略向上翘起。作品采用写实与装
饰并用的手法，将鸭的形体准确生动
地表现出来，比例匀称。

陶鸡

东汉，陶塑。故宫博物院藏。高 5.5
厘米。陶鸡做伏卧状，嘴尖而锋利，
造型为引颈翘尾状。此陶塑作品写实，
手法质朴概括，鸡的神态惟妙惟肖。

陶鸡

红陶狗

红陶狗

东汉，陶塑。故宫博物院藏。高16厘米，
长30厘米。陶狗呈伏姿，尾巴呈扇形，
前足前伸，头侧向，两耳竖立，双目
圆瞪，张口，做吠叫状，露出牙齿，
神情警觉。造型以写实为主，形象简
洁，但生活气息浓重，形象栩栩如生。

陶猪

东汉，陶塑。故宫博物院藏。高 7.5
厘米，长 13 厘米。陶猪通体黑色，
肢体结构分明，比例得当。头向前，
双耳下垂，四肢短粗，身体肥硕。短尾，
腹部鼓起，靠后露出一对乳头，其慵
懒的神态表现尤为突出。塑造手法简
练，形象生动传神。

陶猪

陶狐

东汉，陶塑。河南辉县出土，故宫博
物院藏。高 2.7 厘米，长 7.8 厘米。
两汉时期的动物雕塑数量较多，尤以
家畜类居多，狐狸则较为少见。此陶
狐尖嘴前伸，两耳竖直，眼睛直视前
方，鼻子嗅向地面，四肢蹲伏前进，
好似在寻找猎物。这件陶塑手法简练，
省略了大部分细节，而以动作、形态
取胜。

陶狐

彩绘陶牛

汉代，陶塑。陕西咸阳张家湾阳陵出
土。高 70 厘米。牛直立，四肢粗壮。
躯体强健，肩、腹及臀等各部位雕塑
写实，较能反映出牛的真实体态。牛
头向前，牛角断落，留有孔洞，推测
牛角为独立构件，与牛头通过榫卯相
连。作品手法简洁，真实感强。

彩绘陶牛

陶马

陶马

汉代，陶塑。出土时间、地点不详，
现藏旅顺博物馆。通高 70 厘米，长
72 厘米。陶马体形健壮，四足支地，
呈直立状。马颈略向后挺，马头内收，
双目前视。头顶有鬃短平，尾部编成
卷状。马肌体健壮，整体体态匀称，
造型程式化，略显呆板。

咸阳杨家湾兵马俑

汉代，陶塑。陕西咸阳杨家湾出土，陕西历史博物馆藏。咸阳杨家湾出土了大量的汉兵马俑，这批俑群是当时军阵的真实写照。这件俑像是其中的一个，为骑兵俑，高68厘米。马呈站立状，体健，尾向上扬。背上负一士兵，士兵单塑出上半身，两腿与马腹合塑而成。士兵身穿对襟上衫，头戴黑帽，额系红巾，表情威严。塑造形象生动准确，手法简略洗练，造型朴拙。与秦兵马俑相比，杨家湾汉代兵马俑的规模较小，而且陶俑的造型也小很多。骑马俑的头部较大，人与马都不注重表现细节，而是以总体造型的表现为主。

咸阳杨家湾兵马俑

"单于天降"瓦当

汉代，泥陶。1954年包头市召湾出土，内蒙古博物院藏。直径17.1厘米。泥质灰陶。边缘较宽，瓦当面用十字线条分成四等份，每份上刻一字，为隶书"单于天降"。

"单于天降"瓦当

加彩大陶鼎

汉代，陶塑。出土时间、地点不详。台北历史博物馆藏。泥质灰陶，鼎上有盖，盖上饰三圆形环纽，口沿处塑两耳，腹部圆鼓，下设三矮足。外壁原绘有红、黑、褐色的涂料，但因时间已久，现已剥落。这件陶鼎的样式是战国中期以后至汉代最为流行的式样之一。手法简洁，风格简练，质朴古拙。鼎原来是作炊器，后来发展成祭器，这是汉代仿前期青铜鼎的样式制作的。

加彩大陶鼎

木猴

东汉，木雕。1957 年甘肃武威磨嘴子
出土，中国国家博物馆藏。高 11.5 厘
米。木猴坐跪姿，头略低，右肢前屈，
左肢向后，蜷曲而跪，上身略向下伏。
左臂垂直撑地，右臂上举至嘴部，似
在品尝食物，表情专注。木猴全身用
黑、红两色彩绘，削、切、抹、剔手
法并用，块面明显，刀法简洁，并未
有细节表现，而是以整体形象的表现
为主。作品注重形象和神似，没有细
致的雕琢，富于简洁、粗犷之美。

木猴

独角兽

汉代，木雕。1957 年甘肃武威磨嘴子
出土，甘肃省博物馆藏。长 57 厘米。
兽身体平行于地面，四肢向前呈跨越
状，俯首挺颈，独角锐利直挺，尾巴
上翘。尖尾与独角形成对应。整体造
型具有较强的动势，充满力量感。角、
尾及四肢均为单独雕刻，再与身体插
接在一起。作品手法简练，风格粗犷
明快，兽身上还饰有黑、红色彩绘。

独角兽

木马

汉代，木雕。甘肃武威磨嘴子汉墓出
土，甘肃省博物馆藏。高 81 厘米，
长 76 厘米，宽 19.5 厘米。马呈站姿，
张口嘶鸣，背上设有鞍鞯，四肢修长，
伫立状。马造型雄壮高大。口、鼻、
眼雕刻手法略显夸张，却十分精致。
雕刻工艺着重表现马的威武气质，风
格粗犷古拙。

木马

鸠杖

汉代，木雕。1959 年甘肃武威磨嘴子汉墓出土，甘肃省博物馆藏。通长196.6 厘米，鸠高 9.7 厘米，长 21.2厘米。这件鸠杖为松木雕制而成。杖端置有一立体圆雕的鸠鸟。鸠腹部有铆眼与杖相接。鸠雕刻简约，但形象逼真。通体施白底，以红、黑彩绘出羽毛，杖身素朴。以鸠鸟形象的杖赠给老人，是自秦代传承的做法，有祝福长寿之意。

鸠杖

木牛车

汉代，木雕。1972 年甘肃武威磨嘴子汉墓出土，甘肃省博物馆藏。牛长 28.3 厘米，高 19.3 厘米，车长 63.5 厘米，宽 32.5 厘米。牛通体黑色，眼鼻用线勾勒出来，四肢短粗，立地。牛车为松木质，车轮较大，以木板制作，车后栏较高，两侧栏略呈弧形。车板及四面栏均为木质，原色，自然纹理，轮色较深。车有长杆，向前搭拴在牛身上。雕刻手法简洁，尤其是牛的形象极为简单，但形象生动，生活气息浓郁。这种形式的车是专门为适应当地戈壁土壤的地域环境特点所准备的，车轮较大，以防止行进时陷落。

木牛车

石兽

东汉，石刻。1959 年陕西咸阳沈家村出土，西安碑林博物馆藏。高 1.05 米，共两只，一雌一雄。身体颀长，四肢强壮有力、富有动感。造型类似于辟邪，其形貌又与虎、狮相似。头顶双耳，口大张，颔下无须，长尾坠地。作品刀法雄健有力，在兽颈部密集地刻饰兽毛，身体则无纹饰，只以凹凸的体块表现石兽的雄壮。造型生动，富有气势。

石兽

石辟邪

东汉，石刻。1955年河南洛阳孙旗屯
出土，为一对，分别藏于中国国家博
物馆、洛阳古代艺术馆。高1.09米，
长1.66米，石灰岩质。头生双角并向
后背，嘴微张，齿牙外露，带凶猛之气。
腰细腹圆，臀部上翘，尾巴长并垂于
身后。前腿微屈，向前迈出，后腿蹬地，
昂首阔步、身姿矫健。作品整体作圆
雕，须、两翼、尾部以浮雕、线刻装饰。
在造型手法上风格粗犷，具有鲜明的
时代特征。

石辟邪

李冰像

李冰像

东汉，石刻。1979年四川都江堰出土，
都江堰市文物管理所伏龙观大殿藏。
高2.9米，重约4.5吨，白色大理石质，
用整块石头雕刻而成。李冰为秦时蜀
地郡守，这件石刻作品是为纪念李冰
修建都江堰、治理水患而雕造的，同
时还被作为观测水位的"水则"（标
尺）。像雕作于建宁元年（168年），
头戴冠，身穿交领广袖长袍，面带微
笑，双手拢于袖中并置胸前，形体高
大威武。像前襟和两袖上均刻有题字，
记录雕像时间及缘由。作品手法简约，
风格质朴，以雕塑的艺术手法塑造了
一位历史名人形象。

杨君墓石狮

东汉，石刻。原位于四川芦山石马坝，
现藏于芦山县东汉石刻馆。高1.67米，
火成岩砂石质。石狮昂首阔步，四肢
粗壮有力，胸部发达，造型富于力度。
作品无过多细部纹饰装饰，头部略加
刻饰，注重体形变化。通过大曲线轮
廓与石质的坚硬质感相中和，刻塑出
一只雄壮、充满活力的守墓狮形象，
充满豪迈气息。

杨君墓石狮

沈府君阙浮雕

东汉，石刻。位于四川渠县燕家村。沈府君阙约建于延光年间（122~125 年），阙为双阙，满布雕饰。东汉浮雕以平面浅雕见长，采用平面阳刻的手法，保留所刻物象的面，将其余部分刻去，阳刻轮廓较突出，形成画面立体感较强。浮雕朱雀扬颈昂首，双翅展开，尾上翘，颈部、胸部呈"S"形，尾部线条也和谐优美，双翅造型飘逸，整件作品形象舒展、造型优美，展现出凤鸟的优美曲线和动感姿态。朱雀是古代常见的装饰题材，与青龙、白虎、玄武组织成"四神"图案。沈府君阙雕刻中，除朱雀浮雕外，还有饕餮、青龙、白虎浮雕，阙上还满饰各种树木花草、牲畜鸟禽等纹饰，均以汉代社会生活场景为题材，画面充满浓郁生活气息。

沈府君阙浮雕

高颐墓石辟邪

彩绘骑马俑

东汉，石刻。1955 年河北望都出土，中国国家博物馆藏。高 78 厘米，长 77.2 厘米，宽 25 厘米，刻塑于光和五年（182 年）。作品雕刻一匹石马驮一仆人，马立在一块长方形石板上，马背上驮着一位石俑。俑头戴平帻，表明其社会地位并不高。石俑上身穿红底白色流云纹短褂，粉底红色流云纹宽腿裤，脚蹬黑靴，左手拎一扁壶，右臂挂两条鱼，右手扶马背，面带微笑，一副富足的精神状态，充满生活乐趣。石马形体肥硕，前胸圆挺，臀部滚圆，形态饱满，马和人的神态相吻合。

高颐墓石辟邪

东汉，石刻。位于四川雅安姚桥高颐墓前。高 1.1 米，长 1.9 米，用整块石料雕刻而成，共两只，雕刻于建安十四年（209 年）。辟邪形象为虎头狮身，背上长有双翅。前腿跨出，做前行状。石辟邪形体敦实厚重，风格浑厚古朴，其头、颈、胸呈"S"形造型，这也是汉代诸多大型名兽造型的共同特征，体现了汉代豪迈自信的时代精神。

彩绘骑马俑

镇墓俑

东汉，石刻。1953年四川芦山石马坝出土，芦山县文化馆藏。同时出土为两件，一件高1.29米，另一件高1.1米，均为红砂石质。镇墓俑头戴冠，耳宽大，五官夸张变形，长舌垂于胸前，面目狰狞，有驱鬼避邪之意。俑右手持斧，左手握蛇，双腿直立，犹如卫士形象，恰符合其镇守墓地的身份。另一俑头戴冠，身着长袍，一手持箕，一手拿铲，表情温和，为清扫墓俑，与镇墓俑的神化形象形成强烈对比。

镇墓俑

持锸俑

东汉，石刻。1977年四川峨眉双福乡出土，四川博物院藏。高66厘米，砂岩质。俑为一农夫形象，头戴圆形冠，下面用发带缠住，形成圆形冠的造型。身穿交领半长衫，衣饰纹理较粗。衣袖卷起，双手握锸，似正在田间劳作时站立歇息。人物面容宽厚、眉目慈祥、形象淳朴，作品雕刻手法粗犷。

持锸俑

蟾蜍摇钱树石插座

东汉，石刻。1952年四川广元出土，重庆市博物馆藏。高21.6厘米，长30.5厘米，红砂岩质。将摇钱树的底座雕刻成蟾蜍的形状，足以显示这一时期人们的装饰意识。蟾蜍形象写实，形体肥厚，其形体轮廓和纹饰都采用了曲线纹形式，使其姿态充满动感，背部圆形线刻装饰及眼部和嘴部的浅线阴刻十分简洁，风格质朴，显示东汉时期人们的审美情趣。

蟾蜍摇钱树石插座

俳优俑

东汉，石刻。1975年重庆鹅石堡出土，
重庆市博物馆藏。高31厘米，红砂
岩质。人物形象滑稽可笑，大胆采用
夸张手法，突出了作品诙谐戏谑的喜
剧效果。俳优俑形体肥胖、短小。头
戴平顶圆帽，袒胸裸腹，坐在鼓上，
两脚向外打开。双目外凸，张口吐舌，
脸圆鼓，全身肌肉下垂，显臃肿和厚
重之态。左手持物，右手掌向上，腿
部造型概括，双足底支地，脚抬起，
体形比例不协调。作品注重整体效果，
不拘泥于细节表现，通过面部表情及
上半身的形象表现人物特征，充满情
趣，又突出了艺人的形象，富于感
染力。

俳优俑

材官蹶张画像石（拓本）

东汉，石刻。1964年河南南阳出土，
南阳汉画馆藏。宽49厘米，高123
厘米。画像石是指刻画在礼堂或墓室
等建筑中，具有一定情节内容的装饰
壁画，汉代画像石十分精美，尤以东
汉最为突出。石刻表现技法有线刻和
平面阳刻两种。线刻指在磨平的石面
上阴刻出线条，来表现物象动态；阳
刻指保留物象的形或面，将空白的空
间剔除。汉代画像石作品多采用剔地
减地浮雕技法，在浮起的画像轮廓上
饰以简洁的刻线，以表现细部特征。
材官是古时低级武职的一种称呼。武
弁头戴长冠，身穿短袖衣，口中衔有
一矢，双脚踩在弓上，正在用双手向
上用力拉弓弦，两肩和大腿的动作充
满力量感，与弓和箭表现出的张力十
分和谐。作品生动，线条柔和，具有
较高的艺术性。

材官蹶张画像石（拓本）

嫦娥奔月画像石（拓本）

东汉，石刻。1964 年河南南阳西关出土，南阳汉画馆藏。宽 119 厘米，高 65 厘米。画面中的嫦娥人首蛇身，头束高髻，身穿宽袖襦衫，下身长有双肢，长尾弯曲及地，形象具有神秘气息。嫦娥前刻有一轮圆月，圆月中刻一只蟾蜍。嫦娥面向圆月，双臂前伸，做拱月状。主画面周围环绕刻有九星宿及祥云图案。整体画面疏密有致，构图圆满，情景生动。

嫦娥奔月画像石（拓本）

许阿瞿墓画像石（拓本）

东汉，石刻。1973 年河南南阳李相公庄出土，南阳汉画馆藏。画像石宽 112 厘米，高 70 厘米，是一组描绘墓主人观赏游戏的画面。画面上层最左端刻一人，身穿长襦，端坐在榻上，其右上方刻有"许阿瞿"三字，表明主人的身份。主人一侧有一仆人形象正在侍候，其前面是三个正在表演游戏的人；下层是乐舞百戏图，人物分别作不同表演，有扣盘击节者、作抛物者、长袖起舞者、吹箫鼓瑟者。画面构图疏朗，布局尺度合宜，人物造型生动。以人物不同的动作形象反映出不同的人物特征。画面充满动态的、喜庆的氛围。画面最左侧刻有墓志铭一百三十六字，记录墓主人许阿瞿于建元二年卒，当时年仅五岁。

许阿瞿墓画像石（拓本）

朱雀力士画像石（拓本）

东汉，石刻。1977 年河南方城东关出土，南阳汉画馆藏。宽 90 厘米，高 170 厘米。以剔地的手法刻画所要表现的物象轮廓形象，并以线刻勾勒出细部，底部刻以细纹，以更好衬托画面内容。上为朱雀昂首展翅，单足踏在辅首衔环上。下部刻一人，双腿叉开下蹲并回身，手中握斧，一副力士形象。作品通过剪影式的物像的身姿、体态表现出雀飞、人动的态势，运动中似乎酝酿着一种不安的骚动感，同时鸟的飞动与人的沉稳又形成了一种对比，作品表现出一种韵律美。

朱雀力士画像石（拓本）

朱雀白虎画像石（拓本）

东汉，石刻，1977 年河南方城东关出土，
南阳汉画馆藏。宽 90 厘米，高 170 厘米。
这幅作品与上幅为同一时间出土，规格尺
度及雕刻手法也相同，只是画面所刻形象
有所不同。上部也为朱雀衔环，下部有一
只虎，虎形体健壮，昂首阔步，龇牙咧嘴，
一副凶猛状。这件作品与前一件相比，画
面构图略显简洁，结构疏朗，线条的表现
十分突出，具有绘画的特征，线条柔和，
自由流畅，尤其是虎身姿的变化，显得极
有生命动感。

朱雀白虎画像石（拓本）

阉牛画像石（拓本）

东汉，石刻。1977 年河南方城东关出土，南阳汉画馆藏。宽 228 厘米，高 41 厘
米。画面有人、牛、熊和龙四种形象，而且将各自特征表现得十分生动。画面
一侧刻一牛，牛尾部有一人半跪坐状，欲阉割牛。牛头向前做拱地状，后腿抬
起正踢在人头上，牛圆瞪的双眼，及身体所散发出的张力，表现出场景的紧张
气氛。牛头前刻一熊一龙，同时四肢张扬，动感很强，对画面主题起到烘托作用，
另外还通过熊用前爪抓牛的姿势，使几组形象连接为一个整体。作品构图完整，
充满搏斗的气势，具有动感与力量感，冲突效果强烈。

阉牛画像石（拓本）

伏羲画像石（拓本）

东汉，石刻。河南南阳出土，南阳汉画馆藏。
宽 45 厘米，高 140 厘米。画面采用平面
减地的表现手法雕刻而成，形象粗犷饱满。
伏羲人首龙身，头戴冠，上身着交领衣，
自腹部化作龙形，长有双足，长尾卷垂，
为表现人首的形象，在与上身等齐高度的
位置又雕一华盖，构成双臂举华盖的形象，
更突出人的姿态特征，与下部龙身形成对
比，作品更具艺术性。画面线条流畅，富
于变化，形象充满变形与夸张。

伏羲画像石（拓本）

斗牛画像石（拓本）

东汉，石刻。河南南阳出土，南阳汉画馆藏。宽 102 厘米，高 42 厘米。画面刻一人张腿做半蹲状，右臂前伸立掌，左臂屈肘，手握匕首，其面向的一侧刻一头牛，牛四足做奔跑状，却又回首张望，似惊恐状。作品表现出了人与牛搏斗时，牛跑开又扭头，人跳开又转身的分开、合聚的生动场景，又加以四周云气纹，突出表现画面中人兽互斗，奋力相制的动态特征，作品充满勇猛酣战的激情氛围。

斗牛画像石（拓本）

鹿车升仙画像石（拓本）

东汉，石刻。河南南阳魏公桥出土，南阳汉画馆藏。宽 134 厘米，高 70 厘米。画面充满迷离气息，具有神话色彩。画面中部刻有一车，车中两人，前为御者，后为墓主人，车下没有车轮，却是四缕青烟。车前有两只鹿作飞奔姿势，带车前行，车后又有鹿追其后，另有手执不死树的羽人相伴。作品题材取自汉代流行乘鹿升仙的说法，作品在表现这一主题时，借助于对真实物象的变形，并利用云纹和羽人形象，烘托出升仙的氛围。鹿、羽人及云的形象均以流畅的线条表现，画面构图完整，以细而长的线条为主，富有立体感并充满前进的动感。鹿行动敏捷，古人认为鹿有腾云驾雾、翻山越岭的本领。

鹿车升仙画像石（拓本）

虎车画像石（拓本）

东汉，石刻。河南南阳英庄出土，南阳汉画馆藏。宽 147 厘米，高 79 厘米。画面中刻三只虎，虎的形象纤长、飘逸，有如虎头龙身，其中上下两只虎做回首状，中间一只举目前望。虎尾部自然凌空，姿态优美。三只虎并驾一辆车，车上竖立一架建鼓，并有华盖。车下车轮呈流云状，车内有两人。车轮如云气飘逸，灵气飞动，又给人以风驰电掣之感。虎是四神之一，也是升仙的祥瑞之物。作品手法简洁明快，雕刻流畅，整体画面充满动感。

虎车画像石（拓本）

武梁祠伏羲、女娲画像石（拓本）

东汉，石刻。位于山东嘉祥。伏羲和女娲是中国神话传说中人类的祖先，均为人首蛇身形象。这块画像石中的伏羲、女娲均为人首蛇身。伏羲头戴冠，手持矩，着宽袖衣，面向女娲；女娲头部有残，但仍可见其头顶发髻，面向伏羲。两人尾部均为蛇形，并在底部相交在一起，其上在两人中间刻一童婴形象，表明生殖与繁衍，是古人生殖崇拜的一种象征。另外，伏羲手持矩，有寓教化之意。此类题材画像石多伏羲执矩，女娲执规，以象征创造世间万物。

武梁祠伏羲、女娲画像石（拓本）

神农画像石（拓本）

东汉，石刻。山东嘉祥武梁祠画像石之一。神农氏是古代传说中的炎帝，也是教人们农业生产的农神。这块画像石中表现的是传统的神农氏形象。头戴帻巾，身着襦服，腰间系带，脚穿平底鞋，一副农者打扮。神农氏双手持耒，弯腰做劳作状。作品风格古朴，人物形象比例适中，动作协调，形象写实，充满生活气息。画面有榜题，左侧为："神农氏因宜教田，辟土种谷，以振万民"，右侧不太清晰。

神农画像石（拓本）

曾母投杼画像石（拓本）

东汉，石刻。山东嘉祥武梁祠画像石之一。这幅画像石表现的是曾子的母亲因听信传言，误信曾子杀人，怒而掷杼的情景。这种教育意义的画像石，表现了人们当时的价值观。画面中是曾子拱手跪地谢罪，其母坐于织机前，侧身将杼掷在地面上，人物形象概括，但却十分生动。画面下方有"谗言三至，慈母投杼"的铭文。山东嘉祥县是曾子的故里，因此这个故事比其他地方流传得更为广泛。

曾母投杼画像石（拓本）

要离刺庆忌画像石（拓本）

东汉，石刻。山东嘉祥武梁祠画像石之一。画面表现的是《吴越春秋·阖闾内传》中记载的故事，春秋时吴王阖闾派刺客要离杀吴王的儿子庆忌。画中表现的是要离与庆忌共同渡江驶向吴地时，要离刺庆忌失败，被庆忌按在水里的画面。船头船尾是庆忌的随从，均持矛。要离被溺水三次，庆忌感叹他的勇气却没有杀他。庆忌曰"此是天下勇士。岂可一日而杀天下勇士二人哉？"庆忌死了，后来要离回国后伏剑而死。画面表现的正是庆忌将要离浸入水中的场景，构图生动，人物动态逼真，富有层次感。

要离刺庆忌画像石（拓本）

武荣祠高渐离击筑画像石（拓本）

东汉，石刻。山东嘉祥武荣祠画像石之一。高渐离为战国时燕国人，荆轲的好友，高渐离在荆轲刺秦王失败身亡后，以击筑见秦王，欲刺杀秦王，结果未遂，被杀。画面中部身着冠服，右手执剑者为秦王，旁边俯首抚筑，做出节状者为高渐离，在其周围为侍卫和随从人员，其中秦王身后一人手持弓箭侍立，表明秦王的警惕心理。画面人物众多，场景生动、逼真。主要人物形象分明，周围侍从均为动态，更加烘托出这一场景的紧张气氛。

孔子见老子画像石（拓本）

东汉，石刻。山东嘉祥武荣祠画像石之一。宽190厘米，高37厘米。据记载，这块画像石于乾隆五十一年（1786年）在钱塘黄易发现，后移至济宁州学（即今山东济宁铁塔寺东院内）。孔子见老子，历来被视为儒家与道家的结合，并被世人传为佳话。画面为横长形，中部左侧手执雉者为孔子，右侧拄曲足杖者为老子。两人均高冠长袍，正躬身施礼。两人身后画面构图完整，疏朗分明，人物及各物象形象清晰流畅。画面中有"老子""孔子也"等标记，左侧还有隶书题"孔子见老子画像"及其他刻记。作品完整，具有浓郁的文学色彩。

武荣祠高渐离击筑画像石（拓本）

孔子见老子画像石（拓本）

武班祠泗水捞鼎画像石（拓本）

东汉，石刻。山东嘉祥武班祠画像石之一。
画面表现的是众人于泗水捞鼎的情景，故
事于《史记·秦始皇本纪》和《水经注·泗
水》均有记载。传说中禹铸九鼎以镇水，
后来成为权力的象征之后鼎落入泗水。秦
始皇帝命千人下泗水捞鼎。画面中表现的
即是潜水捞鼎的场面。画面雕刻采取分割
构图处理，上下分三层，上层岸上一排人
物为俯身观看者，其中堤岸两旁似有两人
为指挥者，中层是河岸的人们用绳索拉鼎，
下层水中有船上的人用竿抵着鼎底，眼见
鼎快要被打捞出来，突然鼎里冒出一龙，
将蝇索咬断，人们惊慌失措，画面生动地
表现了"绳断鼎落"时的场面。有惊飞的
鸟，乱窜的鱼，捞鼎者握绳仰跌，观看的
人惋惜焦急，烘托渲染了这一紧张的场景。
整幅石刻情节性较强，画面丰富，布局清
晰，为嘉祥武班祠中画像石刻极为精彩的
一幅。

武班祠泗水捞鼎画像石（拓本）

二桃杀三士画像石（拓本）

东汉，石刻。山东嘉祥武班祠画像石之一。
这是一组表现古时战将有勇无谋，骄横自
恃，最终相残而死的故事，故事记载于《晏
子春秋》。齐景公时，有公孙捷、古冶子、
田开疆三将，自称"齐邦三杰"。自恃功高，
不可一世，晏子施计，请人送两个桃子给
三人，并曰："三子何不计功而食桃"。
于是三人争先抢桃，结果相继而死，作品
揭示三士自傲恶死的同时，也表现了晏子
的聪明才智。画面中部三个身材魁梧，手
持剑者为三士，中间立一高足豆，豆中装
有两个桃，三人正做争执状，中部矮者为
晏子。高者为齐王和使者。另外，这个故
事也反映了一种政治手段，比喻借刀杀人。
画面构图虚实对比，以高大人物形象反衬
矮小人物的重要。人物形象生动，作品意
义深刻。

二桃杀三士画像石（拓本）

攻战图画像石（局部拓本）

东汉，石刻。1954 年山东沂南北寨村石刻。作品画面为横长形，内容表现墓主人生前战绩。画面中间为一拱桥，交战双方各据桥的一端。此局部为战败的一方。胜方已占据半部桥面，虽然后有主将乘车前来督战，但桥上步兵手持戟、剑正迈步前行。主战车后又有骑兵尾随，攻战全面爆发。除了桥上步兵队伍和骑兵还有桥下急速滑船，明显是惨败逃跑的兵士。作品充满对比性，画面人物众多却繁而不乱，刻画形象生动。

攻战图画像石（局部拓本）

动物流云纹画像石

东汉，石刻。1957 年陕西绥德五里店出土，西安碑林博物馆藏。宽 114 厘米，高 132 厘米。这块画像石纯以纹饰为主，两侧以花草边饰突出主区域，石面上以动物纹饰及植物花草花穿插组成图案，画面生动，富有动感。以简约、形象的构图，突出纹样的轮廓。简单的动植物纹样同变形、流畅的线条设计，突显出浓郁的华美气质。作品雕刻技法为减地平面雕，不饰地纹，也没有再作阴线雕饰，画面流动自然，是画像石作品中的佳作。

墓门画像石

东汉，石刻。1971 年陕西米脂出土，西安碑林博物馆藏。宽 2 米，高 1.81 米。采用减地平面雕的手法，先在打磨光的石面上勾勒出物象的轮廓，再将物象轮廓外的石面剔去以突出雕刻图像，以阴线在物象内刻出物象的细部，使形象更生动逼真，作品细致精美，显出华丽的特色。在这件墓门画像石中，尤以门扇上细刻的朱雀衔环图最为突出。朱雀下有辅首衔环，最下端为独角兽，两门扇对称，图案相同。门楣及门框上分别刻蔓草花纹、动物、人首蛇身仙人及狩猎武士、衣着长袍的官吏，画面内容丰富，图案不同而又对称设置。这是陕北一带东汉墓门石刻的典型形式。

动物流云纹画像石

墓门画像石

狩猎、出行彩绘画像石

东汉，石刻。1993年陕西神木大保当乡出土，陕西省考古研究院藏。宽196厘米，高40厘米。画面分上下两层，上层为狩猎图，下层为车马出行图。上层画面前端刻有鹿正向前四散奔跑，后方一骑马猎人正在追赶，画面充满骚动与不安的动态，骑马人拉弓射箭向一虎，更表现出场景的紧张及混乱氛围；下层车马行图，画面表现出运动的状况，但速度与力量感与上层相比较弱。车马行进，有前有后，显得整齐而稳定，富有韵律与节奏感。两幅图组合，相互衬托，因内容的不同而动态节奏表现各异。作品以减地法雕成，在重要部分饰以重彩，突出物体形象，作品造型古朴，构图饱满，视觉效果及艺术性较强。

狩猎、出行彩绘画像石

勒马画像石

东汉，石刻。四川乐山麻浩崖墓画像石。宽140厘米，高51厘米。作品采用高浮雕手法，一侧雕一人，其一腿前伸，一腿屈膝呈蹲踞状。双臂前伸，手握缰绳，整个人呈向后倾倒趋势，富有张力。缰绳的另一端紧勒一马。马形体剽悍，四足着地，头向前昂，身体向后倾，做努力向前状。马前似有一人，正奋力将马向后推。作品造型生动准确，雕刻质朴简约，风格古朴，整体蓄含较强的力量感。

勒马画像石

双人像

东汉，石刻。1942年四川彭山寨子山崖墓出土，故宫博物院藏。高51.5厘米，宽43厘米。双人像互相环抱，并做亲吻状。以一方形石块作背景，采用高浮雕手法雕出一男一女，双手相互攀绕，两手深情相扶，面部紧挨，为拥吻状。作品着力刻画人物的上身，手部及头部姿势动作最为突出。画面描绘的是汉代贵族夫妻生活的情景，作品风格质朴，纯情，不注重形象，追求意境，是我国古代高浮雕佳作。

双人像

曾家包墓门画像石

东汉，石刻。四川成都西郊曾家包出土，成都博物馆藏。曾家包墓包括两个墓葬，共出土画像石十三块，刻有画像十一幅。编号为 2 号的墓门石刻，门楣上刻朱雀，门扇上部对称刻卧鹿，其中一门扇上刻两侍者拱腰站立，双手拱起，面带笑容，姿态恭敬；另一门扇上有一人双膝跪下，手托书卷，站在身后的侍女，梳高髻，持笑意。人物表情丰富，洋溢着喜庆、愉悦之情。雕刻手法简洁，浮雕形象写实，画面极富情节感，具有高度的装饰艺术色彩。

曾家包墓门画像石

农耕画像石

东汉，石刻。1950 年江苏睢宁双沟镇出土，徐州博物馆藏。宽 1.84 米，高 1.06 米。上部磨损，下部保存完整，整体画面分上下三层。上层刻仙人驾鹿车；中层一侧是一排侍者，最前方是主人，与主人相对的是来访的宾客，正在施拜见之礼，为宾主会见的场面；最下一层所刻是农耕图，画面中包括双轮车、挑担者、锄草者、播种者、扶犁者及拉犁的牛，画面中仅以几枝生长的禾苗以及耕作者的劳动的场景，反映出了画面的背景，描绘出农村耕作的景象，作品充满生活气息及生命色彩。其中双轮车、右侧趴在地上的一条狗与耕作者及跨足前行的牛形成动与静的对比，画面丰富，内容精彩，富有层次和韵律感，构图严谨，场景写实。

农耕画像石

石羊

东汉，石刻。山东临沂石羊岭出土，故宫博物院藏。刻制于永和五年（140年），高99厘米，长100厘米，为一对。胸前分别刻有"孝子徐侯""永和五年""孙仲乔所作羊"等字样。用整块石头圆雕而成，整体为蜷卧造型，羊角侧卷成"C"形，羊头上昂，颈直伸，以较弱的线刻表示唇部，神态温和平静。羊的躯体以方形的石块表示，显得十分稳重。石块底部浮雕有腿的形象以及象征皮毛的旋涡花纹，腿跪卧。造型逼真，并带有夸张、装饰的因素，手法简洁洗练，朴实生动并富有抽象意味。石羊在两汉时是官员墓所用之物，在这里暗示出墓主的社会地位较高，而且"祥"与"羊"通用，因此，刻石羊又有求吉祥之意。

石羊

抚琴俑

东汉，石刻。四川峨眉山市出土，四川博物院藏。高55厘米。石俑头戴圆顶帽，内穿高领衣，外穿交领袍，双手抚在琴弦上。人俑面部丰满，圆眼上翻，大鼻头，小嘴巴，满面笑容，头略微歪向一侧，一副沉浸在美妙音乐之中的动人之态。作品表面布满刀刻纹饰，刀工犀利，形象丰满。

抚琴俑

双龙纽盖三足石砚

东汉，石刻。1955年河北省沧县四庄村汉墓出土，河北省博物院藏。通盖高15.5厘米，底高5.3厘米，砚石高2厘米。此砚通体由青石制成，砚面呈圆形，底有三短足，上有盖，砚盖内面平坦，周围略高，正中央内凹，锥形研石内置其中；砚盖外表面呈斜坡状，其上雕有立体的双龙。砚底正好扣合。盖面和龙身外都阴刻有锯齿纹及斜纹，足上均刻有兽面纹饰。造型大气，通体青黑色，风格简约。

双龙纽盖三足石砚

浮雕石棺盖（拓本）

东汉，石刻。1973 年四川省郫县新胜乡出土，四川博物院藏。长 227 厘米，宽 69 厘米。这件棺盖画面为一幅浮雕的龙虎戏璧图。龙虎均长有翼，并且都伸爪抓住位于中间的玉璧。龙虎皆身体弯曲，拱胸翘臀，张口吐舌，做游戏状。玉璧下方有一人双手撑地，背部向上承托玉璧。玉璧上方为牵牛图，附近是织女拿杼。这一场景与底部龙虎戏璧图反方向雕刻，并通过尺度大小的对比突出了两组纹饰的主次关系。画像构图紧凑，线条流畅简练，图像呈飞动姿势，造型优美自然。以斜线纹为底，更显各种形象生动。

浮雕石棺盖（拓本）

浮雕石棺（两侧拓片）

东汉，石刻。1972 年四川省郫县新胜乡出土，四川博物院藏。长 237 厘米，宽 72 厘米。这件石棺各面均有雕刻。图示为棺左右两侧的雕刻纹饰，左侧刻宴饮场景，右侧刻歌舞嬉戏。左侧石棺板上分几个场景，其中包括两人坐于榻上，一人抚琴，包括杂技、舞蹈助兴，庖厨备宴，车马临门；右侧画面分上下两层，上层七人戴面具，做舞蹈状，姿态各异，下层一人击鼓，四人弯腰，五人舞蹈，一人撑伞，旁边是水嬉的情景，形象生动有趣。画面布局严谨，内容丰富，情景写实，是汉代贵族丰富的社会生活场景的写照。

浮雕石棺（两侧拓片）

力士石础

汉代，石刻。1954 年四川雅安点将台出土，四川博物院藏。通高 24.5 厘米。力士赤裸伏地，腹部及下身与一块方形石板融合雕刻。脸上昂，面作微笑。力士表情生动，面部刻画细腻。身体肌肉丰满圆润。细部采用线刻，整体和谐，刚中带柔，塑造一生动、乐观的力士形象，其敦实的形象也使柱础给人以坚实感。

力士石础

辟邪石插座

汉代，石刻。1954年四川雅安点将台出土，四川博物院藏。青砂石质，通高26厘米。辟邪形体壮硕，四肢矫健，浑身肌肉发达。辟邪身体两侧刻有翼纹，线刻眉毛及胡须生动逼真，龇牙咧嘴，正昂首嘶叫。从侧面看，辟邪的表情愉悦、欢快，充满了情趣，作品极富生命力。辟邪背部有一圆孔，直径约4厘米，用于插木柱，既实用，又极具装饰效果。

辟邪石插座

蟠螭纹盖三足石砚

汉代，石刻。甘肃天水出土，甘肃省博物馆藏。通高12.5厘米，径13.4厘米。石砚为圆形，上有砚盖，下有三足。砚盖呈锥形，向上隆起，上面雕饰相互缠绕的两螭，四周阴刻饰有斜平行纹及虎纹。螭颈下镂空有洞，两侧也有洞孔。可作串绳提起。盖内沿凸起一圈，与砚周边的凹槽正好相扣合。砚台下三足饰有熊首纹样。石砚造型浑厚，雕刻手法粗犷，整体庄重但又不失生动，风格古拙。

蟠螭纹盖三足石砚

龙纹画像砖

秦代，砖雕。陕西西安东郊出土，西安市文物管理委员会藏。砖宽118厘米，高37厘米，厚19厘米。空心砖，模印。其中正面、上侧和右侧都有浮雕纹饰。正面和上面各刻龙穿璧纹，上下两面另附有灵芝和凤鸟纹装饰。画面显示的是砖的右侧图像。以高浮雕的手法表现一条奔跃状的龙。前肢雀跃上扬，后肢以足立地，曲颈扬尾，龙身布满鳞纹，形体弯曲优美，画面充满动感。

龙纹画像砖

朱雀画像砖

西汉，砖雕。1973 年陕西兴平茂陵附近出土，陕西历史博物馆藏。残宽 87 厘米，高 37.8 厘米。朱雀为我国古代传说中四神之一，被视为祥瑞之鸟，是雕刻、绘画等多种传统艺术装饰形式的常用题材。朱雀造型优美，以雀跃前行、昂首扬尾的姿势呈现出朱雀轻盈、优雅的姿态。画面充满形态美和飘逸感。浮雕和凸线刻相结合，使形象饱满、欢快，给人以灵动之感。为汉代砖雕佳作之一。

朱雀画像砖

四灵瓦当

西汉，砖雕。陕西西安汉长安城遗址出土，陕西历史博物馆藏。"四神纹"瓦当雕刻也称"四灵"瓦当。四个圆形瓦当直径均约为 19 厘米，分别雕刻青龙、白虎、朱雀、玄武四纹样。青龙、白虎、朱雀、玄武这四种形象分别代表东、西、南、北四个方位，因此，称"四神"，也称"四灵"。四件瓦当均采用浮雕手法，将图像印置在圆形的瓦面上，外沿形成一圈轮廓，瓦面图案极富有立体感，形象十分生动，线条流畅，造型美观，雕刻技巧娴熟，为西汉瓦当雕刻的代表作品。

四灵瓦当

跪射画像砖（拓本）

西汉，砖雕。河南洛阳出土，河南博物院藏。砖高 24.5 厘米，宽 18.5 厘米。画面中刻画一位形体矫健、姿势熟练的射手。身着短裤，紧袖衫，头顶束发，戴帻。单膝跪地，回身作拉弓张箭姿势。只见他一手张弓，一手拉箭，单膝跪地，做欲射状。画面用线朴素，构图简单，但人物形象传神。西汉时期的洛阳画像砖大都是空心大砖，除砖面刻画像外，在砖的周边大多都有一条以密集的几何图案组成的装饰带，使画像砖画面结构更完整、统一。

跪射画像砖（拓本）

天马画像砖（拓本）

西汉，砖雕。河南洛阳出土。宽 23 厘米，高 24 厘米。马在古代社会，尤其是战争时期，占据着重要的地位，因此常可以在早期画像砖中发现各种马的形象，而且尤以这种带双翼的天马形象为代表。画面中的马形体硕大，生双翼，故为天马。马头部刻画生动，眼睛炯炯有神，形体壮硕，形象充满灵性，因此也更富有飞马的特征，是理想中的马的形象，作品充满神话色彩。画面构图简洁，线条流畅，风格粗犷、豪爽。

天马画像砖（拓本）

挽虎画像砖（拓本）

西汉，砖雕。河南洛阳出土。宽 47 厘米，高 50 厘米。画面以树为界，一边是挽虎的猎人，一边是奋力挣脱的猛虎。挽虎人的袖口与裤腿都向上挽，两手拽长绳，双腿支地后蹬，身体呈 "S" 形。虎身奋力前奔，脖颈因受到拉力而扭首回望，猎人与虎四目相对，形成一种富有张力的紧张气氛。画面前景，位居中间的是一株枝叶繁茂的树，树干挺拔，枝丫弯曲，形态静谧，与猎人和虎之间的张力形成对比。而边角的朱雀似乎以一位观者的身份注视着眼前这一生动情节，寓动于静，呈现力量之美，渲染画面气氛。作品线条柔和，刻画形象生动，柔中带刚，富有情节性。

挽虎画像砖（拓本）

山林狩猎画像砖（拓本）

西汉晚期至东汉前期，砖雕。河南郑州出土。宽 15.5 厘米，高 7 厘米。画面以山峦形象占据主体，以人物和猎物形象为辅，以突出山林狩猎的场景。以小见大，强调画面主题。画面正中间是一座高山，山峰两侧分别蹲坐一位猎手，与其相对的两侧山峰上为攀爬的猎物，猎人举弩欲射，猎物昂首奔逃，动作形态形成对比，使画面物象之间产生联系。山下另有一人执弩，分散视者的注意力，构成多视点组合图案，突出表现猎人在高山丛林中狩猎的真实情景。造型抽象，画面结构清晰，风格简练质朴。

山林狩猎画像砖（拓本）

猎虎画像砖（拓本）

西汉晚期至东汉前期，砖雕。河南禹州市出土。宽 23 厘米，高 5.5 厘米。画面为长方形，中间刻一猛虎，斑斓虎纹，形象生动。虎四足奔驰前行，嘴部中箭。射箭者正骑骏马疾驰，虎已十分接近马尾，但骑士毫不畏惧，仍回头向虎射箭。虎与马之间近在咫尺，双方却又都在行进之中，充分表现了狩猎场面的紧张。画面的另一侧有两人已翻倒在地，远处还有一人正在惊慌逃走，这些似与狩猎无关的表现却更加渲染出猎虎场景的惊险与慌乱气氛。猎虎人的衣摆、马尾及缰绳都向后飘起，表明行进中的速度感。作品结构紧凑，主题突出，刀法自然。

猎虎画像砖（拓本）

伏虎画像砖（拓本）

西汉晚期至东汉前期，砖雕。河南郑州出土。宽 7.5 厘米，高 5.5 厘米。画面为矩形，刻一猎人和一虎，表现为虎被驯服的场景。猎人身穿短袍，头顶束发，戴帻。两腿分立，一手持斧下垂，一手扶虎头，张口，似正在对虎呵斥。虎头及前肢受力伏地，后肢还在挣扎，长尾上翘，虽头向下，但口大张，仍在咆哮，其伏头向下的形象及猎人的沉稳镇定，显现出已被伏的状态。作品手法巧妙，刻工质朴，极富生气。

伏虎画像砖（拓本）

斗鸡画像砖（拓本）

西汉晚期至东汉前期，砖雕。河南郑州出土。宽 9.5 厘米，高 7.5 厘米。画面正中为两只正在格斗的雄鸡。翅羽张扬，冠顶突起，引颈缠斗在一起。两斗鸡身后各站一人，正位于画面两侧，戴冠，身着长衣，正在观看斗鸡表演，并挥臂做助威状，表现出了观看者的极大兴趣。作品风格粗犷朴拙，内容极富生活情趣。河南郑州画像砖多以贵族生活和神话传说为题材，向人们展现了古时贵族的生活。

斗鸡画像砖（拓本）

比武画像砖（拓本）

西汉晚期至东汉前期。砖雕。河南郑
州出土。宽 19.2 厘米，高 9 厘米。画
面表现人物形象抽象。主体为比武的
两人，一人双手执长矛，一人一手挥
剑、一手执盾挡护，两人相对搏斗。
上身前倾，下身向后，形体呈拉伸状
态，表现较为抽象、夸张。人物均挽
髻，着袍，动作轻松、缓和，形态飘逸。
画面两侧分别有侍立的侍者，同时作
为观战者。人物采用简洁的浮雕表现，
不只突显其动态的变化，更突出画面
的生动和比武时的紧张气氛。

比武画像砖（拓本）

骑马射鹿画像砖（拓本）

西汉晚期至东汉前期，砖雕。河南郑
州出土。宽 17 厘米，高 10 厘米。画
面正中为一猎人骑马飞奔，手中持箭，
正开弓射向前面的鹿。鹿明显是受惊
后奋力向前奔跑，四肢飞跃状，并回
首向猎人。马与鹿的身体与四肢分别
向前后伸展成直线，表现出很强的速
度感与力度感。猎人与马的形象都较
为抽象。另外，在猎人与鹿之间有两
只惊飞的鸟，渲染烘托了紧张、不安
的画面。作品手法简洁，山坡以自然
弯曲的斜线表示，并顺势向马与鹿的
方向延伸，加强了画面的动感。作品
构图紧凑，气氛活跃，富有生气。

骑马射鹿画像砖（拓本）

建鼓舞画像砖（拓本）

西汉晚期至东汉前期，砖雕。河南郑
州出土。宽 15.5 厘米，高 8.8 厘米。
画面中正立一圆盘，盘顶托一圆鼓，
鼓上立竿，竿顶有飘带装饰，这是古
时的一种礼器，其端头多饰鸟的羽毛，
称为羽葆。鼓两侧各有一人，手持鼓
槌，击向鼓面，扬臂侧身，形象生动、
姿态优美。画面线条流畅自然，充满
飘逸动感。

建鼓舞画像砖（拓本）

庭院画像砖（拓本）

西汉晚期至东汉前期，砖雕。河南郑州出土。宽40厘米，高126厘米。作品采用阴刻与阳线相结合的手法，画面上各种不同的装饰图案是用刻有各种不同花纹的小印模在空心砖坯上压印而成。内容包括厅堂、庭院、门阙及通道。一条宽阔的通道将建筑与环境前后串联，路上有数骑正欲进门，中间穿插树木、花园，连接自然，向人们展示了汉代较大型住宅庭院的布局及组群形态。其中最前方为宽敞的门阙，路两边是整齐的树，阙周围有高墙环绕。通过门阙进入庭院，是一座四阿顶建筑，一侧开门，可通向后院，后院设厅堂。这为研究汉代民居形式及民居组群布局提供了珍贵资料。

庭院画像砖（拓本）

西王母画像砖（拓本）

西汉晚期至东汉前期，砖雕。河南郑州出土。宽17厘米，高8.5厘米。西王母是中国古代传说中的神话人物，多为人形，戴横长冠，身穿长衣形象。画面中的西王母拱手趺坐在山峰的顶端，山峦蜿蜒起伏，犹如长龙，气势盎然，王母形象高贵、庄严。在西王母的周围环绕有各种神鸟、神兽，均是祥瑞的象征。画面内容丰富，造型各异，神话气息浓郁。以浅浮雕形式雕刻出的各种形象概括，刀法简洁质朴，画面内容清晰。

西王母画像砖（拓本）

兽斗画像砖（拓本）

东汉后期，砖雕。河南新野出土。宽73厘米，高19厘米。画面以三个物象为主题：熊、虎、牛。熊居正中，四肢张扬，回首顾盼，其向前正与一只猛虎搏斗，身后还要防御牛的侵袭。虎前爪举起，张口瞪目，正朝熊扑过去。熊以一只前爪迎战虎的进攻，以另一只爪按向牛角。牛高高跃起，俯首以双角刺向熊。牛的进发、虎的凶猛与熊的左右不及形成对比。场面生动激烈，似乎输赢已定，画面充满动感。雕刻手法简洁明快，物象特征准确、生动。

兽斗画像砖（拓本）

盐场画像砖

东汉，砖雕。1953年四川成都扬子山汉墓出土，成都博物馆藏。宽48厘米，高40厘米。画面中刻重叠的山峦、树木，以及在山上、林间劳作的人们。最前方一侧是盐场。画面表现了搭在盐井上的高架，高架上安置滑车，其中有四人站在架上用辘轳从井中取盐水，画面简洁生动。盐井不远处，画面显示在炉灶上置有一排盐锅，旁边还有人正在烧火，表现出制盐的过程。在盐场的后面，有狩猎者、砍柴人及山林中的各类飞鸟与野兽。作品不仅向人们展示了捞盐、制盐的过程，也描绘出了一幅生动丰富的山林劳作画面。作品画面以平面浮雕表现出纵深的空间效果，巧妙运用重叠、累加，增强透视，这是中国山水画题材艺术表现的常见形式。

盐场画像砖

丸剑、宴舞画像砖（拓本）

东汉，砖雕。1953年四川成都扬子山汉墓出土，成都博物馆藏。宽48厘米，高40厘米。画面略呈方形，按田字格式布局，分别安排四组人物。右上方刻两人，赤裸上身，一人作抛球杂耍，一人持剑表演，动作神态充满动感，栩栩如生；右下方一男一女，男者击鼓，女者长袖飘逸、宽脚裤，正在翩翩起舞。左侧下部一对吹箫人并排跽坐，正全神贯注地表演。表演者人物形态有动有静，表演十分尽兴，动作形象都刻画得生动逼真。与丸剑、宴舞人形成对比的是画面左上方，一人身着长袖衣席地而坐，旁边一高髻女子，二人正在观看热闹的表演。画面场面生动，人物形象优美自然，所刻乐舞形象是此时期砖刻作品常见的题材。

丸剑、宴舞画像砖（拓本）

弋射收获画像砖

东汉，砖雕。1953 年四川成都扬子山汉墓出土，四川博物院藏。长约 49 厘米，高 40 厘米，厚 5.2 厘米。画面分上下两层，上层为弋射图，下层为收获图。弋射是古代以射雁为主的一种狩猎活动。在箭上系绳，然后将射中的猎物取回。砖雕画面上层又分为左右两部分，一为岸上一为水池。岸上描绘的是弋射的场面。画面左侧一人斜向弯弓，射向雁群，一个直指头上的惊雁，两人的姿态优美，动作生动有趣，造型十分写实。另一侧莲池中有荷花、莲蓬、游鱼，营造出生机蓬勃的自然环境。下层收获场面中描绘的是农家收割的景象。画面中有人挥镰收割，有人俯身收稻，有的挑担，场面繁忙而有序，刻画生动。两幅画面上下形成对比，上层弋射图群鸟飞奔，是一种紧张的动感，下层收割人动作协调、稳定，是一种平和的动感，两者对比，产生画面的韵律感。弋射收获画像砖，具有浓厚的生活气息，歌颂了劳动人民，为汉画像砖中的代表作品。

弋射收获画像砖

习射画像砖

东汉，砖雕。1953 年四川德阳出土，四川博物院藏。宽 39 厘米，高 24 厘米。画面中两人均头戴冠，着长袍，腰束带，装束为富家或贵族子弟模样。一人手持弓箭，腰间矢箙内插有三支箭，正拱身向下，似已做好射箭的准备，面向另一人。另一人右手执弓，左手拿箭，正在做准备。人物形象简略，但其衣饰的领口、腰带及裙摆采用凹线、凸线与浮雕相结合，表现了轻盈、飘逸的服饰特征，更显人物动态之美。其雕刻手法灵活，造型写实，充满优美的气质。

习射画像砖

四骑吏画像砖

东汉，砖雕。1953年四川德阳出土，四川
博物院藏。宽34厘米，高24厘米。在有
限的面积内上下左右对称设置四人骑马的
形象，四骑行进方向相同，而形象又各有
不同。画面中四匹疾驰的马，马上四骑士
皆戴冠，腰束带，手持棨戟，一副官吏模样。
作品着力表现行进中马各不相同的姿态，
或昂首引颈，张口嘶鸣；或一边向前奔跑，
一边回首顾盼，表现出不同的行进状态。
以相同的题材借助于不同的动态使得画面
生动且富于变化，和谐中产生对比，颇富
情趣。

四骑吏画像砖

骆驼载乐画像砖

东汉，砖雕。1978年四川新都马家山出土，
四川博物院藏。宽42厘米，高32.8厘米。
骆驼形体硕大，几乎占据整个画面。驼背
上配有鞍，向上带有羽葆鼓，并作流苏装
饰。驼峰上跪坐一人，挥长袖做击鼓状。
"鼓吹"是古时军中作乐的方式，东汉时
较大型的军队才会设鼓吹者。以骆驼为前
驱仪仗，而且还在驼峰上置鼓，并作装饰，
这在汉画像砖中十分少见。

骆驼载乐画像砖

乐舞百戏画像砖

东汉，砖雕。1956年四川彭县出土，四川
博物院藏。宽48厘米，高28厘米。乐舞
百戏是汉画像砖及其他艺术形式中的常见
题材，以表现丰富多彩的汉文化生活为主
题。画面左端有十二案重叠放置，一女伎
头梳双髻，双臂支于案上，反身倒立，类
似现代的柔术表演；右侧着交领袍的杂耍
艺人，正在做接抛球表演，动作神态自然。
中间一女伎着长袍，双脚踏在鼓面上，周
围地上覆置六盘，女伎身体摆动，挥巾而
舞，姿态优美。盘舞是两汉和魏晋时期一
种很流行的乐舞，舞蹈时通常有歌乐伴奏。

乐舞百戏画像砖

戏鹿画像砖

东汉，砖雕。四川彭州市出土，成都市新都区文物保护所藏。宽45厘米，高25厘米。画面中鹿的形象最为突出，头上生角，尖嘴，长口，对应前方戏鹿人。鹿通体浑圆，体形健硕，四肢弯曲，似正准备跳起，体态优美，动感强烈。鹿背上的人形象较为模糊，似戴冠着长袍。前面戏鹿人着广袖长衣，手中持物，做戏鹿状，动作形态颇具情趣。作品取材古时"仙人骑白鹿"的传说，刻工细腻，主次分明，造型饱满，动态逼真。

戏鹿画像砖

渔筏画像砖

东汉，砖雕。四川广汉女儿坟出土，四川博物院藏。宽44厘米，高26厘米。画面中部是一竹筏，竹筏上一人正伏身蹲下，做欲捕鱼状；后面一人站在筏上正持竿撑筏，形态逼真，借助人的动态特征显现出竹筏在大江之中顺流而下的情景，烘托了画面的动势。画面左侧一人，正静坐垂钓，悠然的形态与竹筏上行动的人形成对比。此外，画面下端有起伏的山峦，展翅的鸟和游动的鱼，以各种生活在不同环境中的物象烘托出画面场景的丰富，增强透视，扩大空间意境。作品充满生活气息与浓郁的自然情调，是汉画像砖中的佳作。

渔筏画像砖

斧车画像砖

东汉，砖雕。1940年四川省成都市郊出土，四川博物院藏。高40厘米，宽47厘米。画面主题为一疾驰飞跃的骏马拉车出行图。马车上有两人并行而坐，车左右有两个步兵紧随追赶。车两侧有棨戟，车上树斧钺，因此，这种车被称为"斧车"，是重要使者出行时的导引车辆。

斧车画像砖

凤阙画像砖

东汉，砖雕。1972年四川省大邑县
安仁镇出土，四川博物院藏。高38
厘米，宽44厘米。画面中的阙构造
复杂，形态优美。主阙为重檐式顶，
左右两边各设有子阙，两阙之间用
屋相连接，构成门楣，在门楣之上立
有一只凤鸟，做展翅欲飞状。作品为
模制，但表面深浅不同的平面浮雕，
使阙的形象及细部刻画都十分具有立
体感。楼脊、屋檐及斗拱、阙墙都十
分形象，层次分明。门楼和双阙搭配
比例适中。这种阙形画像砖多置于汉
墓室入口处，是一种身份的象征。

凤阙画像砖

虎纹砖雕

汉代，砖雕。1974年陕西兴平道常村出土，茂陵博物馆藏。长45厘米，宽13厘米。
虎纹砖雕虎身为侧面，身形细长，双目望向前方，做行进状。虎身刻细叶形纹斑，
臀部有凹入。尾巴上翘，形体矫健，形象威猛。作品风格粗犷，刀法刚劲有力，
立体感强。

虎纹砖雕

第五章　魏晋南北朝

佛像	阿弥陀如来像结跏坐像	安坐于莲花座上的佛陀	白伞盖佛顶	胜佛顶
	释迦牟尼佛	释迦如来涅槃像	释迦如来像倚像	铜佛坐像
观音菩萨	白处尊菩萨	白身观自在菩萨	不空绢索观音	大吉祥变菩萨
	大吉祥变菩萨	大势至菩萨	多罗菩萨	丰财菩萨
	观世音菩萨	观世音菩萨铜像	观世音菩萨像	十一面观世音菩萨像
	手持莲花的观世音菩萨	水吉祥观音	文殊菩萨	

明	不动明王坐像	降三世明王	降三世明王	孔雀明王
王	四臂不动明王	四臂不动明王		
手 持 莲 花 像				
手 印 像	说法印	与愿印	禅定印	降魔印
	施无畏印	半跏趺坐	结跏趺坐	

飞鸟人物堆塑罐

三国吴，陶塑。1955 年江苏南京赵土岗出土，南京博物院藏。堆塑罐，又叫"魂瓶"或"谷仓"，是流行于东吴至西晋这一段时期的一种造型独特的明器。主要分布在长江中下游的江浙和江西边缘一带。这件堆塑罐为红陶质，高约 34.3 厘米，腹径 23.8 厘米。整体有罐体和盖两部分组成。器为椭圆形罐体，罐体上部有构造复杂的堆塑，顶部为圆盖。罐腹部周圈塑出九个辅首衔环，以条纹间隔有鸟兽装饰。这圈装饰向上为圆盘，盘中正面塑出双阙，阙两侧共塑十二人，均面朝外，围合成一圈。阙上檐处有群鸟，另有四个盂提供鸟食。鸟雀形态各异，造型活泼生动，人物形象栩栩如生。阙的造型也十分逼真。作品采用捏制、模印、堆贴及刻画等工艺，体量小，但内容丰富，反映出较高的工艺制作水平。这种造型特殊的堆塑罐，是一种专门制作的、具有特殊寓意的明器。

飞鸟人物堆塑罐

甘露元年青瓷熊灯

三国吴，陶瓷。1958 年江苏南京出土，中国国家博物馆藏。高 11.5 厘米，口径 9.7 厘米，底径 4.5 厘米。灯盏造型优美，其灯柱为一只蹲坐着的熊，熊身体肥壮，双臂上举，爪捂于两耳处。头顶灯盘，蹲坐于底盘正中，灯盘为钵形，外壁仅饰三道弦纹。在灯底盘外底刻有"甘露元年五月造"七字，甘露元年是公元 265 年，说明了这盏灯制造的时间。这盏灯可作为青瓷断代研究的重要标准器物。

甘露元年青瓷熊灯

永安三年青釉谷仓

三国，陶塑。1939 年浙江绍兴出土，故宫博物院藏。通高 46.4 厘米，底径 13.5 厘米，口径 11.3 厘米。堆塑罐的造型常见的主要有四种形式，一种楼台亭阁式，一种"谷仓式"，一种"庙宇式"，一种"丧葬礼仪式"。这件"堆塑罐"的罐顶塑有双阙和三层崇楼。门前有两犬守护，三层崇楼口有老鼠探头窥视。在崇楼周围塑乐工八人，背相环绕演奏。楼顶分塑五个小罐，罐口沿处围满麻雀。在楼阁的正前方，罐腹部，塑"龟趺驮"碑，碑刻显示罐塑于永安三年，永安是吴景帝的年号，永安三年即公元 260 年。全罐形象繁复多样，密而不乱。罐体有塑痕，风格质朴，精细。内容丰富的堆塑罐，是这一时期民俗和思想意识的反映。

永安三年青釉谷仓

青釉人物井

青瓷狮形烛台

西晋，陶瓷。1971 年湖北鄂城武黄公路出土，湖北省博物馆藏。高 8.6 厘米，长 15.1 厘米。烛台为一蹲伏状的狮子，其鬃毛至肩，两耳竖立，双目圆睁，直视前方，四肢呈贴身凸起的圆环状，狮子形象健壮。狮尾上端成圆股状，下端散开贴臀，脊背狮毛左右分梳整齐，通体施青釉，釉色青灰润泽，背部圆形插烛孔。设计新颖，端庄稳重，具有观赏价值。整体造型可爱温顺。狮形烛台是西晋流行的式样，这可能与佛教活动的兴盛有关。这种狮形烛台造型各异，多采用模印法制作而成。

青釉人物井

三国，陶瓷。1956 年湖北武昌钵盂山 303 号墓出土，湖北省博物馆藏。高 28.8 厘米，井口径 10.1 厘米。井身为筒形，上设有一间四柱的井亭遮盖井口，亭顶瓦、脊造型真实。井沿塑有一人，造型抽象，正做拽绳打水状，旁边有绳搭在井沿处。器身通体施一层薄薄的青釉，略泛黄色。造型写实，塑工简洁概括，风格质朴，生活气息浓郁。

青瓷狮形烛台

青瓷香熏炉

西晋,陶瓷。湖北省博物馆藏。高15.5厘米,盘径13.7厘米。香熏炉呈球形,上部满饰镂空菱形及三角形熏孔的半球形盖,可打开。下部饰三圈绳纹的凸棱,向下束腰,底部有一圆形托盘。通体施釉,釉色青黄,造型精巧,无精雕细琢,风格简洁明快。

青瓷香熏炉

陶男俑

陶男俑

西晋,陶塑。故宫博物院藏。高22厘米,宽8厘米。俑像头发上绾,戴平顶帽,双目圆睁,着右衽衣,左手持一圆状物,右手持锸,双腿直立。陶俑为分模合塑,体腔内空,双腿仅表现出两侧面,这是西晋陶俑的特色。人物比例匀称,无精雕细琢、质朴自然。

陶男俑

西晋,陶塑。故宫博物院藏。高32厘米,宽12厘米。俑头梳螺旋状高髻,颧骨突出,眉眼上提,面带微笑,颏下有须,腹部隆起,上身着紧身袍使腹部略下垂,左手前抬,右手上举,双腿一前一后,做行走状。造型写实,风格古拙,刀法简洁。

陶男俑

武士俑

武士俑

西晋,陶塑。故宫博物院藏。高57厘米。俑像呈站立状,两腿分立为倒"V"字形,发梳成高耸的螺旋状。五官刻画略显夸张,颧骨突出,双目圆瞪,眼角上翘,张嘴露齿。左手前屈于胸前,右手后举,表情威武,神态怪异。

坐俑

西晋，瓷塑。南京出土，南京博物院
藏。塑于西晋太安元年（302年）。
像高29.5厘米。头顶圆形帽，额头略
向外凸，眼内凹，蒜头鼻，有八字胡
须，身着右衽长衣，衣巾边缘及袖口
处有装饰。人物双手笼于袖内，跪坐像，
头部及上身是刻画的重点，下身概括。
造像手法简洁、细腻，作品形象单纯，
并表现出了人物的性格特征。

坐俑

陶马

西晋，陶塑。故宫博物院藏。高33.3
厘米。马呈站立状，体肥身健，神态
自然，马尾短粗，下垂，背上置有马鞍。
陶马体态匀称，造型简洁，塑造手法
粗犷简练，风格古拙质朴。

陶马

女立俑

南朝宋，陶塑。1960年江苏南京西善
桥出土，南京博物院藏。高37.5厘米。
女俑头绾高大的双环髻，造型略显夸
张，身着交领长裙，微露足尖，袖口
呈喇叭状。女俑扬眉大眼，面庞清秀，
其嘴角上翘，面带微笑。颈长，身材
高挑，双手交置于腹前，仪态端庄大
方，展现了六朝时期贵族妇女的衣饰
装束及形象特征。作品造型简约，略
显夸张，人物形象洗练、大方，透出
人物温婉、美丽的气质。

女立俑

男立俑

南朝,陶塑。1957年江苏南京中央门外小红山出土,南京博物院藏。高34.6厘米。塑像为黑陶质,头部戴平顶圆帽,着交领衣,收腰,下身较宽,坠地覆足。人物五官端正,眉目清秀,鼻梁直挺,脸椭圆形,面庞丰满圆润,双手交叠置于腹前,姿态恭敬。作品手法简洁,形象塑造生动传神,堪称佳作。

男立俑

寿州窑青釉贴花罐

南朝,陶瓷。1982年安徽寿县出土,安徽博物院藏。高22.3厘米,口径10.9厘米,腹径21.8厘米,足径9.5厘米。罐胎体坚硬,呈灰白色,外表施淡青色釉,其中积釉处接近黑色。器形直口,颈部短小,平底,器口外一圈相交排列四个泥条耳和四个桥形耳。通体饰纹样,罐身用两道凸弦纹分隔成三层,上层是莲蓬和团花纹,中间饰以奔跑的幼虎和团花,下层堆贴菩提树叶等植物纹饰。外观装饰采用模印贴花的手法,使纹饰的立体感较强。作品造型饱满,装饰丰富。

寿州窑青釉贴花罐

青瓷莲花尊

南朝,陶瓷。1956年湖北武昌钵盂山392号墓出土,湖北省博物馆藏。通高43.7厘米,口径12厘米,腹径27.3厘米。施青色釉,整体主要由堆塑的莲瓣装饰。盖顶边沿塑成锯齿状,中间是堆塑莲瓣,形成一个莲台造型的盖子。尊腹和腰部浮雕仰覆莲瓣,并以菩提叶装饰。颈部有飞天浮雕,塑环形纹,底部刻菩提叶,平底。作品中的莲瓣、菩提叶都是佛教艺术常见的装饰题材,说明当时佛教的兴盛。据推测,类似的装饰烦琐和造型厚重的莲花尊,在南朝时是用作礼佛的陈设器,而不是实用器具。

青瓷莲花尊

莫高窟第275窟弥勒菩萨像

北凉，彩塑。莫高窟石窟造像之一。石窟
造像是随着佛教传入而兴起的，石窟及造
像艺术也取得了较高的艺术成就。敦煌石
窟位于今甘肃鸣沙山东麓，其开凿时间约
从东晋永和九年（353年）开始，至元代
结束。此窟洞呈纵长方形，窟顶为盝顶形
式。弥勒菩萨像位于西壁正中，高约315
厘米，宽125厘米，厚35厘米。身旁立
天兽高104厘米，宽47厘米，长97厘米。
菩萨像是莫高窟早期大型彩塑作品的代表
作。虽后经宋代重修，仍保持原作风貌。
菩萨双脚交叉倚坐于方形金刚座上，头戴
化佛宝冠，颈饰项圈与璎珞，袒胸露臂。
右手残缺，左手持"与愿印"。腰系羊肠
裙，衣着贴体，衣纹褶皱以贴泥条和阴刻
线相结合的方式表现，纹路平直，线条优
美。塑像面目方圆，体形适中，呈现温和、
端庄之态。塑作技法还带有印度与古希腊
风格的痕迹。天兽昂首虎视、张口欲吼的
形象，使整体塑像充满生气。菩萨背后有
背光和倒三角形靠背绘饰，两侧壁绘供养
菩萨，北侧上部有宋代补绘的飞天，整个
洞窟雕塑内容丰富，形象优美。

莫高窟第275窟弥勒菩萨像

莫高窟第268窟交脚佛

北凉，彩塑。莫高窟石窟造像之一。窟龛
高93厘米，宽67厘米，深20厘米。佛
高75厘米，宽30厘米，厚10厘米。窟
龛平面为长方形，龛顶有浮雕叠涩平棋天
花，天花内绘有莲花、火焰纹，周围还饰
有飞天像，佛教气息浓郁。窟西壁龛内塑
交脚倚坐佛，头部为宋代补塑。像右臂袒
露，右臂和左手已残，左臂披裂裟，绕至
左腹向下将双腿裹住，两腿交叉盘坐于方
形台座上。佛像形体略显清瘦，上身比例
略大于下身，阴刻线衣纹较平整。龛壁绘
饰佛光，两侧分饰彩绘供养菩萨像。龛的
外沿饰有火焰纹、龛楣和柱头。

莫高窟第268窟交脚佛

莫高窟第275窟北壁天宫菩萨

北凉，彩塑。莫高窟第275窟造像之一。
龛高97厘米，宽78厘米，深17厘米。
龛中塑交脚倚坐菩萨像高80厘米，
宽32厘米，厚10厘米。此窟南北壁
上各开三龛，象征佛国天界，龛内的
菩萨像称为天宫菩萨。除手印各异外，
南北壁龛形及龛内菩萨塑像的造型、
姿态及衣饰大致相同，并对称设置。
北壁西端阙形龛内的菩萨像，双脚交
叉倚坐于金刚座上，施与愿印。头戴
三珠冠，项饰璎珞，披风帔，着长裙，
以阴刻线表示衣纹，菩萨造型优美，
神态端庄，面相饱满，具有这一时期
莫高窟菩萨塑像的典型特征。

莫高窟第275窟北壁天宫菩萨

莫高窟第275窟南壁天宫菩萨

北凉，彩塑。莫高窟第275窟造像之
一。窟龛高97厘米，宽86厘米，深
18厘米。菩萨高83厘米，宽32厘米，
厚10厘米。窟南壁上部凿三龛，浮
雕龛楣、龛柱。这是位于中间汉式阙
形龛内的交脚菩萨像。菩萨像倚坐在
金刚座上，头戴三珠冠，手施法轮印，
俯首闭目，姿态舒展，神情安详。项
饰璎珞，披风帔，着长裙，衣饰特征
与北壁菩萨像相类似，手印、装束略
有差别。佛像身后龛壁绘有背光和倒
三角形靠背，靠背上两侧各绘一男子
形象胁侍供养者。

莫高窟第275窟南壁天宫菩萨

骑马吹角俑

北魏，陶塑。1953年陕西西安草场坡出土，
陕西历史博物馆藏。灰陶质，通高39厘米。
这是一组名为"马上乐"的骑士俑中的一
件。俑头戴圆形高帽，上身穿窄袖紧身衣，
下身着宽腿裤，双手托长角，正作吹角姿
势。马造型较为简略，刻塑手法质朴，尤
其以马头部形象较为写实。作品整体结构
完整，能较真实地反映北朝早期北方民族
的社会生活状况，向人们展示了当时的民
俗风情和生活风貌。

骑马吹角俑

司马金龙墓绿釉女坐俑

北魏，陶塑。1966年山西大同石家寨司马
金龙墓出土，大同博物馆藏。俑高21厘米，
为席地跪坐状。其头戴高冠，身着无领交
襟长袍，双手屈举于胸前，似正在与人交
谈，并以手势作示范加以说明。右手清晰，
左手已残。人物面庞与身体俱丰满，形象
敦实大方，淳朴自然。工艺质朴，注重神韵。

司马金龙墓绿釉女坐俑

元邵墓彩绘瞌睡俑

北魏，陶塑。1965年河南洛阳老城盘龙冢
元邵墓出土，上海博物馆藏。元邵是北魏
孝文帝的孙子，曾任卫将军、河南尹等官
职，死于武泰元年（528年）。从其墓中
出土陶俑达一百多件，其中以这尊瞌睡俑
最具代表性。俑高9.6厘米。以蜷缩蹲坐、
俯首呈瞌睡状而得名，也称昆仑奴坐俑。
其头顶卷发，身穿红色衣裤，腰间束带，
足穿靴。一手抱头，一手横放在膝头上，
头埋于胸前，做瞌睡状，姿态逼真，造型
写实。作品注重形象与动作姿态的刻画。
身形概括，身材比例适中，除头上的卷发
与长靴进行细部刻饰外，均以大块面体现，
手法简洁，构思独特。从穿着和形体特征
来看，俑人为少数民族形象。以雕塑手法
为主，结合彩绘，更突出人物的形象特征。

元邵墓彩绘瞌睡俑

镇墓俑

北魏，陶塑。1957年内蒙古呼和浩特出土，内蒙古博物院藏。高39.5厘米。其头顶戴兜鍪盔，身着圆领衣，衣略宽，下及膝，似甲衣。双腿略张开，立地，双手硕大，左右展开，握拳，中空似做拉弓射击状。俑面部表情凝重。眉目上翘，双眼圆瞪，鼻头大而向上翘，嘴咧开，并有獠牙外露，面目狰狞。作品未经装饰，手法简洁，略带夸张，造型粗犷。表现出我国北方少数民族的审美情趣。俑的头、手及身躯各部分是分别制作再经组合而成的。

镇墓俑

持盾武士俑

北魏，陶塑。河南洛阳出土，洛阳博物馆藏。高30.5厘米。俑头大，无颈，宽肩，高大魁梧。头戴盔，身着甲，腰间束带，下着裤，造型威武。其双眉紧锁，双目圆瞪，嘴角下撇，挺胸，右臂下垂，做握器械状；左臂前曲，手扶盾牌，高大的盾牌也衬托出武士勇武、高大的气质。作品的细部刻画，突出了人物的身份和性格特征。通体施朱涂粉，多处已剥落。整体造型庄重，风格粗犷、质朴，充满豪迈气息。

持盾武士俑

供养人头像

北魏，泥塑。河南洛阳永宁寺出土，中国社会科学院考古研究所藏。高7.8厘米。塑像出土时身体已失，仅保留头部。其头顶戴高冠，面部椭圆，丰润饱满，眉目清秀，具有南方秀骨清像的风格。端庄娴淑，气质优雅，令人神往。供养人是佛教题材的雕塑像，但这件作品却充满世俗气息，具有这一时期墓俑人的风格特征。作品富于神秘色彩，有宗教题材造像的形象特征。

供养人头像

莫高窟第259窟禅定佛像

北魏，彩塑。莫高窟造像之一。洞窟最初开凿于北魏，后经宋代重修。窟下层东侧龛内塑佛像。龛高106厘米，宽107厘米，深47厘米。佛像高约80厘米，宽38厘米，厚13厘米。佛高肉髻，面目方圆。耳大下垂、鼻、嘴皆较小，眉目清秀，神态悠然。身着圆领通肩袈裟，双手持禅定印，结跏趺坐在金刚座上。塑像衣褶均饰以阴刻线表示，线条流畅，质感柔软。整体塑工娴熟，手法简洁、明朗，塑像形态典雅，形神俱佳。

莫高窟第248窟苦修佛

北魏，彩塑。莫高窟造像之一。第248窟主室前部为人字坡顶，后部为平棋顶，并设中心塔柱，塔柱四面各开一龛。西面圆券形龛高108厘米，宽72厘米，深18厘米。龛内塑跏坐禅定苦修佛，佛高80厘米，宽43厘米，厚12厘米。其面部表情严肃，头略向下，容貌枯槁。内着络腋，外披通肩袈裟，形体枯瘦。肉髻及衣纹以线刻表现，颈部及胸部将苦行僧人瘦骨嶙峋的形象表现得十分逼真，雕塑手法写实。面目端庄、坚定，反映出执着的精神面貌，展现出人物所具有的性格特征。

莫高窟第437窟影塑飞天

北魏，彩塑。莫高窟第437窟造像。飞天高27厘米，宽10厘米，厚3厘米。莫高窟第437窟洞壁主室中心塔柱东向圆券龛。主塑像为一立佛二菩萨像，两侧对称影塑供养菩萨和飞天。其中现存有供养菩萨一身，飞天十六身，多数已残缺。佛与菩萨像头部均残，飞天相对完整。众飞天的衣饰、形貌相类似。头顶绾髻，上身着对襟衫，下身着长裙，姿态优美。飞天均呈侧身跪坐飞行姿态，颇具动感。飞天形象圆润秀丽，线条流畅自然。塑像充满神秘气息并且极具生气。

莫高窟第257窟思维菩萨坐像

北魏，彩塑。莫高窟第257窟造像之一。位于第257窟中心柱南向面上层龛内。第257窟前半部分为人字坡顶，后半部分为中心塔柱式、平棋顶的形式，中心塔柱南向面的壁龛中是思维菩萨像。像为半跏趺坐像，右腿抬起平放至左腿，以右手一指支颐，双目微闭，上身略向前倾，做沉思状。塑像头披巾，戴高冠，形体丰满，面相圆润，五官清秀，神情庄严肃静，表现出菩萨进入冥想境界时的状态。作品展现出敦煌早期造型艺术受西域影响明显的艺术风格特征。

莫高窟第259窟禅定佛像

莫高窟第248窟苦修佛

莫高窟第437窟影塑飞天

莫高窟第257窟思维菩萨坐像

永宁寺比丘头像

北魏，泥塑。1979 年河南洛阳东郊汉
魏故城遗址内永宁寺塔基出土。出土
的大量泥塑人像身份多样，其中包括
菩萨、弟子、飞天、供养人及文武官员、
男仆、女侍和比丘等。其中比丘像有
大约四十尊左右，皆造型圆润、丰满，
头颅略呈圆球形，各人物形象表情有
所不同。图示比丘像耳长、目下垂，
微眯，嘴小略翘，面带笑意。面貌清秀，
神情悠然恬静。塑像为手工捏制而成，
工艺精细，手法简洁，形象生动，神
形俱佳。

永宁寺比丘头像

麦积山石窟第133窟飞天

北魏，泥塑。麦积山石窟造像之一。
麦积山石窟位于今甘肃天水秦岭山脉
西端的麦积山，因山形遥望如堆积的
麦垛而得名。洞窟开凿在陡峭的崖壁
上，始凿于十六国后秦（386~417 年）。
现存有 194 窟（东崖 54 窟，西崖 140
窟），造像 7200 多尊，壁画 900 多
平方米。历经十六国晚期、北魏、西
魏、北周、隋、唐、宋、元、明、清
等各时期开凿。绝大部分造像为泥塑，
其中包括圆塑、浮塑和影塑等。尤以
北魏、西魏、北周及宋作品最具特色。
此窟洞位于麦积山西崖中部，又称石
佛洞。北魏晚期开凿，宽约 15 米，
高 6 米，是麦积山石窟群中造像数量
最多、内容最丰富的大型石窟。其中
有泥塑飞天像，造型姿态优美。飞天
像高 20 厘米，束高髻，戴菩萨宝冠，
着长袍，披帔帛，形象优美，造型飘
逸。修眉细目，面目清秀，面带笑容。
双手相叠置于胸前，两腿弯曲，下身
隐在衣裙之中。飘带飞在身后，并用
线饰衣纹，突出轻灵的飞翔感。作品
塑工富有技巧，虽是影塑，却具有圆
雕的效果，体积感强。

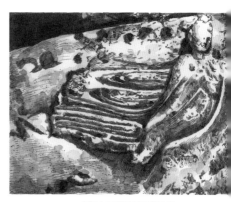

麦积山石窟第133窟飞天

麦积山石窟第127窟菩萨像（局部）

北魏，泥塑。麦积山石窟造像之一。这是麦积山西崖三大窟中最小的一个洞窟，窟内塑像、石刻、壁画较为完整。窟左壁龛右侧菩萨像高1.42米。头绾高髻、戴冠。脸方，两颊圆润发髻前突，长眉细目，抿嘴带笑。此时佛、菩萨像的塑造风格较为朴素，无论头饰、颈饰还是人物本身形象的表现，都很简约，尤其面部多注重体现人物清秀的形象特征。作品塑工明朗，繁简适中，衣纹自然流畅，作品整体富于生命感与艺术气息。

麦积山石窟第127窟菩萨像（局部）

麦积山石窟第85窟造像

北魏，泥塑。麦积山石窟造像之一。麦积山第85窟开凿于北魏时期，窟洞呈方形，洞顶为平顶，窟内正壁塑一佛二菩萨。主尊坐佛，结跏趺坐于方形台座上，背后为火焰纹背光，整尊塑像显得十分完整。主尊左、右立胁侍菩萨各一身，菩萨手中持物，衣饰飘动，姿态优美。两菩萨背壁分别饰有火焰纹，与主尊佛相呼应。菩萨修眉秀目，形貌清丽，面向主佛，拱手做赤诚状。此时的菩萨像相较前期模式化的僵直形象已有所变化，人物略弯曲的身体正好抵消了众多配饰与衣物的繁缀感，也使人物形象更生动。窟右壁右侧原菩萨背光内刻有"天福四年四月八日佃应院僧"。

麦积山石窟第85窟造像

麦积山石窟第142窟造像

北魏晚期，泥塑。麦积山石窟造像之
一。窟室平面为方形，平顶，正壁塑
一佛二菩萨。菩萨像高1.6米，双脚
交叉而坐，故称弥勒交脚佛。头戴宝
冠，颈饰项圈，璎珞下垂至腿间，装
饰华贵优美。菩萨面相清秀，修眉细
目，眼嘴微笑，神态安详。塑像斜襟
袈裟向下垂至座下，双脚露出做交叉
状，人物身体消瘦，胳膊与双腿均修
长。衣摆线条浮雕与线刻相结合表现，
刻饰自然，颇有"秀骨清像""褒衣
博带"的风格。

麦积山石窟第142窟造像

麦积山石窟第133窟罗睺罗受戒像（部分）

北魏晚期，泥塑。麦积山石窟造像之
一。位于麦积山西崖中部，窟洞由前
后两部分组成，前为横长方形，后呈
竖长方形，两进后室。这是位于窟室
前部的罗睺罗受戒中的罗睺罗像。据
佛经记载，罗睺罗是佛陀十大弟子之
一，也是释迦牟尼佛的亲生儿子，又
名罗护罗、罗怙罗。像头顶肉髻，呈
螺旋状，面相丰圆，曲眉秀目，眉间
长白毫，眼睛下视，表现出佛弟子受
戒时的虚心和专注的神情。身体微向
前倾，双手合十，表现出对佛的虔诚
和崇敬。身披袈裟，右胸赤裸，袒露
右臂，似乎正在沐浴佛光。袈衣下垂，
绕至左臂，自然流畅的衣纹表现了衣
质的下垂感和轻柔感。作品手法简洁、
比例匀称，人物造型饱满、写实。

麦积山石窟第133窟罗睺罗受戒像（部分）

麦积山石窟第114窟左壁造像

北魏，泥塑。麦积山石窟造像之一。窟洞
为方形，平顶，正壁塑坐佛，左、右壁前
部开龛有塑像。在洞窟左壁的前部开圆券
形龛，龛内塑禅定佛，佛的一侧是胁侍菩
萨。佛像面容圆润，束高髻，着薄衣，一
脸镇静安详，佛背后有背光，龛壁有壁画
飞天。佛双手交叉置于腹前，造型如一位
屈膝而坐的长者。衣饰纹理尤其细腻优美。
龛右侧菩萨立像，高约1米，像后有圆形
背光。头戴宝冠，颈戴项圈，着长裙，衣
带潇洒，造型优美。菩萨一手持物，一手
携衣带，身体略向右倾，动作自然又极富
生活化，具有写实风格。

麦积山石窟第114窟左壁造像

麦积山石窟第121窟比丘尼与菩萨造像

北魏，泥塑。麦积山石窟造像之一。第121
窟开凿于北魏时期，后于宋代重修，洞窟
平面呈方形，覆斗顶，窟后、左、右壁各
开一龛，各龛内均塑有坐佛一身，左、右
壁龛佛为宋代重塑。其中在三壁龛之间有
比丘、比丘尼和菩萨组合塑像，是这一窟
造型的精彩之处。在正壁与右壁龛之间塑
有菩萨和比丘，正壁和左壁龛之间塑比丘
尼和菩萨。比丘尼头束螺旋髻，长耳，身
体略向旁边的菩萨倾斜，头略低，面带微笑，
双手合十，神态恭敬而虔诚。与比丘尼相比，
菩萨像更具女性的神情和姿态。头束花冠
髻，面容清秀，内着交领长裙，外披帛巾，
衣带下垂、飘逸，形象庄严而不失活泼，
虔诚中显妩媚。两塑像上身均向内倾，微
靠在一起，形态婉转动人，极富情趣，表
现出亲切、和谐之感。作品刻塑手法圆润，
风格自然、简洁，刻饰细腻，部分彩绘更
显人物特性，于静态中表现人物心理。与
同期的石窟造像相比，显示出对表现人物
性格与心理状态的重视。第121窟中的这
对造像，有学者推断是北魏以后西魏时期
的作品。塑像的造型、服饰及形态上都表
现出了独特的民族与时代特征。

麦积山石窟第121窟比丘尼与菩萨造像

麦积山石窟第115窟左壁菩萨

北魏，泥塑。麦积山石窟造像之一。洞窟为方形平顶窟。窟正壁塑一坐佛，左、右壁各塑胁侍菩萨一身，左壁上两侧有影塑坐佛二身。右壁右侧上部影塑坐佛二身。正壁及左、右壁有飞天、火焰纹佛、菩萨背光，因缘故事及供养比丘画像，窟顶画盘龙、飞天。这一窟中的菩萨像，是贴着墙壁塑造而成，造型形象十分突出。菩萨的头饰花冠，发辫披于双肩，衣带绕左臂，飘逸自然；下身长裙垂至足踝，脚面露出。塑像裙带上的衣纹采用浮雕与线刻相结合的手法表现，柔软贴切。菩萨人物形象头部与颈部较大，身体细部表现简略，动作与身体造型的表现手法稚拙，但已初具此后"秀骨清像"造型的典型特征，是麦积山石窟北魏中期的代表作品。

麦积山石窟第115窟左壁菩萨

舞乐陶俑（八件）

北魏，陶塑。1975年呼和浩特市北魏墓出土，内蒙古博物院藏。高15.5~19.8厘米。这组陶俑共有八件，为组舞乐俑。俑人七件呈跪坐状，身穿窄袖长袍，头戴风帽。其中一件为舞者形象，站立，身穿长袖舞衣，面带微笑、双臂上扬，正翩翩起舞，姿势优美。其余七人以各种姿势表现出吹、拉、弹、唱的造型。造型活泼生动，较形象地向人们展示了这一时期舞乐技艺的表演情形及人们的社会娱乐生活状况。八俑像造型写实、塑工质朴，只用简单线刻和彩绘表现人物的衣饰，虽无精雕细琢，但极富生活气息。

舞乐陶俑（八件）

陶画彩击鼓骑马俑

北魏，陶塑。故宫博物院藏。高23
厘米，长21.4厘米。作品塑一体肥身
健的马，四肢站立于方形陶板上。背
上骑有一人，头戴风帽，身着广袖长
袍，左手持一圆形扁鼓，右手持棒做
击打状。塑像表现的应是鼓吹仪仗中
的一个俑，袖口及衣摆处有垂感。马
造型写实，通体施以红彩，比例匀称。
人物与马的形象刻画细腻。作品整体
感强，充满时代气息。

陶画彩击鼓骑马俑

陶男俑

北魏，陶塑。故宫博物院藏。高37厘米，
宽10厘米。人俑戴椭圆形冠饰，面宽，
大耳，小口，眉上翘，略带笑意。身
穿对襟宽袖上衣，双手交于胸前；下
着喇叭形长裤，仅露脚尖，虽为男俑，
但给人秀骨清像之感，具有南方文化
的特征。衣饰质感薄而软，线条自然。
造型写实，身体比例匀称，塑工简练，
风格质朴古拙。

陶男俑

陶马

北朝，陶塑。故宫博物院藏。高20.9
厘米，长22厘米。马佩戴鞍鞯，颈、
胸及臀部均有装饰，由此可以看出，
战乱时期对马的重视。马形体瘦长，
头及前部略尖，突出表现马强壮的身
体与四肢。马头部及笼套、马鞍等装
饰刻画细致，尤其是马鞍下的泥障，
有精细、优美的图案刻饰，为马增添
了威武、尊贵的气质。作品设计巧妙，
突出精美的鞍饰等装饰重点。

陶马

陶驴

北魏，陶塑。故宫博物院藏。长 19.5
厘米。这一时期的陶驴形象俑，相对
于马、骆驼以及其他家畜而言，数量
较少。驴俑背驮重物，四肢站立于一
长方形陶板上，左后腿微弯，前行状。
头部较小，颈部较粗，躯体较长。塑
像造型同此时马塑像的风格接近，头
部较小，身体健硕，头部刻塑细致，
肌体饱满。

陶驴

灰陶画彩载物卧驼

北魏，陶塑。据推测出土于洛阳一带，
故宫博物院藏。长 27 厘米。卧驼为
跪姿，头部较小，耳直竖，眼睛内凹，
目视前方。鼻部向上隆起，嘴微张，
牙齿外露。四肢分别跪坐在前后板上。
驼两峰间负有鞍架，架上搭有丝织一
类的物品。骆驼造型逼真，尤其面部
表情生动。骆驼塑像的出现，说明了
北魏时期，中原同西域的交流已经开
始频繁。

灰陶画彩载物卧驼

茹茹公主墓彩绘萨满巫师俑

东魏，陶塑。1979 年河北磁县茹茹
公主墓出土，磁县文物管理所藏。高
29.8 厘米。巫师头戴尖顶帽，身穿红
色长袍，手持法器，口略张，似正在
作法。俑面部刻画生动，浓眉长须，
面带笑容。双腿分立，右臂后摆，左
臂伸出，造型自然，姿态生动。作品
注重形体和神态的刻画，所塑人物形
神兼备，富有动感，具有情节性。人
物形象雕塑技艺娴熟。

茹茹公主墓彩绘萨满巫师俑

娄睿墓骑俑

北齐，陶塑。1979 年山西太原娄睿墓出土，太原市博物馆藏。这件骑马俑人头戴扁平形帽，帽顶有三道凹棱，帽身披在脑后。颈中围巾，上身着紧身短外衣，脚蹬靴，一手扶马背，一手握缰绳。马身形健硕，四肢高直有力。马背有马鞍，胸前佩戴装饰，形体矫健。作品整体结构完整，造型写实，马及骑马俑人的面部表情都塑得十分传神，整体效果俱佳。娄睿墓建于 570 年，后曾遭多次破坏，墓室中有许多精彩的壁画，出土陶俑有六百多件。其中包括镇墓武士俑、文吏俑、女侍俑、役夫俑、骑马乐俑及牛俑、猪俑、牛俑等，种类丰富，造型各异，而且这些俑的头部与躯体大多都是分别模制，然后再插合在一起的。俑表面施以彩绘，造型更生动，也更具观赏性。

娄睿墓骑俑

张肃墓彩绘骆驼俑

北齐，陶塑。1955 年山西太原张肃墓出土，中国国家博物馆藏。俑高 29.1 厘米。为模制后加以彩绘完成。骆驼身躯壮硕，四肢略细且短，驼峰与驼颈形象突出，驼峰负有重物，衬托出驼的力量感。驼颈部弯曲自然，头上扬，姿态优美。骆驼的形体塑造在比例上有些失调，表现手法富有装饰效果，作品风格独特。据墓志记载，张肃为代郡平人（今山西大同人，卒于天保十年，公元 560 年），墓中出土有陶俑、陶器约四十多件。

张肃墓彩绘骆驼俑

陶牛

北齐，陶塑。山西太原娄睿墓出土，山西博物院藏。高 35 厘米。牛头上昂，长角竖起，缩颈挺胸，肩高耸，腰背浑圆，膘肥体壮，四肢劲健有力。牛脸及牛背分别系有球形装饰物。饰物整齐对称排列，给牛增添了优美而神秘的气息。牛的整体结构比例严谨，身体外轮廓线变化自然，充满动势。表现手法写实，造型生动，具有较高的雕塑水平。

陶牛

文吏俑

北齐，陶塑。河北磁县湾漳大墓出土。通高 142.5 厘米。人物形象高大，身材笔挺。其头部束发戴冠，身穿长衣，宽袖一直拖至腿部。外佩及膝甲衫，双足着方头鞋。俑人脸形方正，眉头紧锁，似在思考，嘴微张，又似正在说什么，双手向前，携衣袖合拱于胸前。造型端庄，气质雍容。作品对面部的表现尤为精细，体现了古代严谨的文吏官形象。

陶持盾武士俑

北齐，陶塑。故宫博物院藏。高43厘米。俑像头戴盔帽，帽前正中向前凸出。俑人方脸，浓眉大眼，宽鼻，嘴微闭，嘴角下垂。身穿铠甲，右手握拳，左手扶盾，立于方板上。盾中间起脊，正面中央有一兽面，面目狰狞，形象威猛。武士的铠甲造型独特，其颈部有项圈，肩部有护甲，胸部有弧形突起的圆护，闪亮发光，因此得名明光铠。这种铠甲的形式在佛教护法神的雕塑中也有出现。作品整体造型写实，风格简约，无过多细部表现，突显出武士威武雄壮的气势。

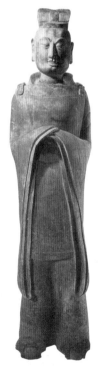

文吏俑

陶持盾武士俑

黄釉舞乐扁壶

北齐，武平六年（575年），陶瓷。1971年河南安阳县范粹墓出土，河南博物院藏。高20厘米，宽16.5厘米，口径6厘米。壶为圆口，形体扁圆，皮囊状，颈束腰，腹圆。壶身两面均有相同的胡人乐舞图案，为模印制。画面中共刻五人，为乐舞者形象，其装束、形貌明显为胡人特征。壶为白色胎体，通体施褐黄色釉，光亮可鉴，造型别致、饱满，装饰图案的形象写实生动，作品整体充满优美、雅致的气质。这种扁圆器形的壶直接模仿自胡人的皮囊样式，是汉胡两地交流日益频繁的证明。此造型扁壶在此后的隋唐时期也很流行。

莫高窟第285窟禅僧

西魏，彩塑。莫高窟造像之一。窟室位于莫高窟南区中段二层，为方形覆斗形顶石窟，窟南、北壁各开四个禅室龛。主室西壁主龛两侧各开一小型龛，南侧龛高140厘米，宽88厘米，深47厘米。龛内塑禅僧像，像高78厘米，宽39厘米，厚14厘米。塑像面容饱满，嘴唇紧闭，眉上挑，目光下垂，面容清秀，表情凝重，表现出禅定时专注、入神的状态。僧头部覆巾，着通肩田相纹袈裟，双臂与跏趺双腿都裹在袈裟下，肌体的变化塑造得准确而自然。人物衣饰以红、黑、绿三色彩绘。壁绘项光和倒三角靠背及飞天、比丘像，以红、白、黑三色为主。其头部经后代重新修绘。

黄釉舞乐扁壶

莫高窟第285窟禅僧

麦积山石窟第123窟左壁造像

西魏，泥塑。麦积山石窟造像之一。第
123窟开凿于西魏时期，窟形平面方形、
平顶，窟内正壁及左、右两壁各开一龛，
正壁龛内塑一尊坐佛，胁侍菩萨各一身，
立于龛外两侧。左壁龛内塑维摩诘，右
壁龛内为文殊菩萨，两龛外分别侍立有
弟子、童子像。左壁龛右为阿难，左侧
为童男；右壁龛左为迦叶，右侧为童女。
男童高1.1米，头戴钵形帽，颈戴粗大
的项圈，身着窄袖长袍，垂至膝下。下
身穿长裤只露裤角，脚蹬毡靴，眉目清
秀，文静稚气，一副少年的模样。主像
维摩诘束发，头顶圆髻，身穿宽袖长袍，
坐于高台上。诸像身体瘦长，原有彩绘，
现已剥落。整组造像没有多余的雕饰，
没有场景的渲染，但人物表情生动，让
人感受到了浓郁的生活气息。从塑像的
神态和造型上看，都似有现实生活中文
人雅士的风范。俊秀的面庞，生动的神
态，显示出世俗雕塑风格。

麦积山石窟第123窟左壁造像

莫高窟第297窟羽人像

北周，彩塑。莫高窟第297窟造像之一。
羽人是中国古代神话中可乘龙升仙的仙
人。北朝石窟中有羽人塑像和壁画，这
种将道教人物置于佛像龛中的做法是中
国传统的神仙思想与佛教相互影响的结
果。窟室建于北周，经五代重修。位于
主室西壁龛龛楣，浮雕蛟龙和羽人像。
羽人高48厘米，宽15厘米，厚8厘米。
羽人头生双角，颈戴项圈，肩生翼，袒
胸露腹，身着短裤，身体浑圆。其整体
形象具有兽类的特征与凶猛之气。羽人
手足均为利爪，怒目下视，做腾空飞跃
状。其衣饰细部均饰彩，上侧还彩绘有
流云鲜花及千佛图案，更加烘托出羽人
的生动与凶猛气势。

莫高窟第297窟羽人像

莫高窟第428窟中心塔柱式雕塑

北周，彩塑。莫高窟第 428 窟造像。窟室位于莫高窟入口上方三层，是莫高窟早期最大的中心塔柱式窟。宽 10.8 米，进深 13.75 米。窟室的前部为"人字坡"屋顶，窟皆仿木构建筑形象，绘制梁枋等。室的中心立塔柱，四面各开券龛，龛内皆塑结跏趺坐佛，及二弟子像，龛外塑二菩萨，龛壁绘饰菩萨像，均经后代重新绘。龛楣及龛沿有诸多装饰，龛外壁为土红色，整体色调绚丽鲜艳。窟室梁檩用土红色绘出，椽间绘有忍冬纹与莲花图案，中心塔柱四周顶部画平棋图案天花，并装饰有对虎、飞天等各类图案，十分华丽。窟南北壁上层影塑千佛，中层绘佛经故事图案，下层绘供养人。整个窟室满饰各种形象的彩绘，为北周时期莫高窟建筑、雕塑、绘画艺术的代表。

莫高窟第428窟中心塔柱式雕塑

麦积山石窟第62窟菩萨造像

麦积山石窟第62窟菩萨造像

北周，泥塑。麦积山石窟造像之一。洞窟平面方形、攒尖顶形式，正、左、右三壁各开一龛，三龛塑像布置相同，都是龛内塑坐佛，龛外两侧胁侍菩萨各一身，前壁门的两侧各塑一弟子像，窟外壁左侧还塑有一力士像，全窟共塑塑像十二身。图示为窟正壁和左壁的胁侍菩萨像。其中正壁左侧菩萨头戴高冠，冠顶有花饰，上身披帔巾，下身着长裙。颈部戴项圈，胸前饰璎珞，下垂至小腿，与衣裙互相映衬，富有质感，飘带更具飘逸气质。重要的变化是佛像臀部略翘起，身体已经略呈"S"形。左壁右侧菩萨像头戴冠，有项圈，体形饱满，下垂的裙带与健壮的体格形成对比。两身塑像的面部都较为丰满，表现出恬淡、愉悦的神态特征，既表现出虔诚恭敬的姿态，眉目之间又透露出一种世俗气息。另外，塑像在表现装饰的特点上也显得较为世俗化和艺术化。菩萨像的宝冠、颈饰、臂钏、手镯等各类饰物不仅造型考究，而且配置得当。人物服装采用浮雕与线刻手法相结合，尤其对衣纹与褶皱表现细致。配饰的实在感与衣服的飘逸感形成对比，使人物形象更真实。

麦积山石窟第4窟廊正壁浮雕壁画

北周，泥塑。麦积山石窟造像之一。
七佛龛与两侧墙壁之间塑有浮雕像，
这些浮雕像虽经后世整修但仍不失原
味，根据浮雕组合形象，民间将其称
为"天龙八部"。除此之外，七世佛
佛龛所在廊的屋顶上均有仿平棋式的
壁画装饰。佛龛外壁的护法像采用浮
塑手法，人物突出墙面的幅度虽然不
大，但因线条深刻，因此人物形象都
十分鲜明。这些人物或赤裸上身，或
身着盔甲，面部多怒目圆睁，嘴角下
撇，呈愤怒状，尤其对面部和身体肌
肉的表现最为逼真。

麦积山石窟第4窟廊正壁浮雕壁画

麦积山石窟第13窟造像

北周和隋代。位于麦积山东崖崖壁的
中心，为第13窟摩崖造像。龛内塑
石胎泥塑倚坐大佛像一尊，高15米多，
造像十分高大，虽然形体略嫌扁平，
但整体造型却充满厚重感。大佛像左
右各塑一尊胁侍菩萨像，菩萨身材比
例较短，从高度和体量来看，中间大
佛明显是主体，但三尊塑像所表现出
的造型特征和形体面貌极具隋代造像
结实敦厚、简洁明快、手法朴实的风
格特点。摩崖造像的周围有许多凌空
架起的栈道将各个窟洞相连，而有一
些较高的位置还设置了悬空的木梯，
据说为当年开凿窟龛时营建的。

麦积山石窟第13窟造像

犍陀罗风格造像

南北朝，佛造像之一。犍陀罗原是古印度王国之一，1世纪中期时成为贵霜帝国的中心地区，此处文化艺术很兴盛，而犍陀罗艺术主要就是指贵霜时期的佛教艺术风格。犍陀罗艺术最早在吸收古希腊、罗马艺术风格的基础上创造出释迦牟尼佛的新形象，形成新的风格。佛像脸型多方圆，高鼻深目，头发呈波浪形，但身体略显僵直，这些都明显受西方造像的影响。着通肩或右袒式长衣，衣褶作平行线，富有质感。这种风格独特的犍陀罗造像风格，后来向东传，自中亚传到中国。对早期的中国石窟，如新疆、敦煌、云冈等地的佛教造像形象有一定的影响。

犍陀罗风格造像

笈多风格造像

笈多王朝是继孔雀王朝之后，于4世纪初到6世纪印度人在印度本土建立的一个统一的王国。此时也是印度佛教艺术发展的鼎盛时代，笈多时代的佛像雕刻是在继承了贵霜时代的犍陀罗等传统艺术风格的基础上，形成的一种纯印度式的造像风格。这一时期的造像逐渐摆脱了早期犍陀罗造像古拙的面貌，佛像脸形椭圆，眉细长，眼半睁，眼帘比犍陀罗佛像垂得更低，带有沉思的神情。嘴唇宽厚，下巴圆润，颈部有明显的三道折痕。螺发右旋，头后背光已从犍陀罗时的朴素的平板改成带有华丽繁复图案装饰的圆形浮雕形式。身着薄衣贴体，有"湿衣"效果，细密的衣纹下突出身体的变化，使佛像更具有真实感。此时佛像多身材颀长匀称，神情宁静内敛。笈多风格对中国佛教造像有很大影响，不仅对南北朝时期的石窟造像，包括隋、唐等时期的各种材质的佛造像都有重要的影响。

笈多风格造像

彩绘男立俑

南北朝，陶塑。出土时间、地点不详。旅顺博物馆藏。高40.5厘米。彩绘男立俑如力士形象，头戴冠，上衣长至膝，下身穿灯笼形裤，腰间系带，外披巾，装束讲究，整体形象显得十分威武。其双眼直瞪，眉头紧锁，嘴咧开，面部表情凝重。双手紧握至胸前，姿态神情中充满恭敬，似正在等待命令。作品细部刻画较细腻，造型生动，尤其是面部及衣饰方面，具有北方地区鲜卑人的形象特征。

彩绘男立俑

陶画彩披风衣武士俑

北朝，陶塑。故宫博物院藏。高18厘米，宽5.5厘米。俑士的姿态似表明其身份为仪仗俑。头束髻，戴小冠，面额较宽，两眼圆睁，耳大，鼻挺，口张，内穿及膝长衫，下穿长裤，外披风衣，双手紧握置胸前，掌心中空，可能原来握有武器或仪杖，现已丢失。雕刻技法娴熟，整体与局部比例和谐，刻工简洁洗练。

青瓷仰覆莲花尊

北朝北齐，陶瓷。1948年河北景县封氏墓出土，中国国家博物馆藏。通高63.6厘米，口径19.4厘米，底径20.3厘米。尊是一种陶瓷容器的统称，在先秦时为酒器，也可用于祭祀。莲花尊圆口，束颈，溜肩，鼓腹，颈肩部塑有环耳，腹宽，向下收，高圈足。尊顶盖塑成莲台形象，上腹和下腹为仰覆莲造型，其间有菩提叶装饰。整尊运用了刻画、浮雕、贴塑等工艺，饰有宝相花、蟠螭、莲瓣纹等，塑工精致，装饰华丽，外观造型奇特，有端庄、典雅的气质，为六朝青瓷作品中的佳品。

青瓷仰覆莲花尊

陶画彩披风衣武士俑

陶画彩武士面具

北朝，陶塑。故宫博物院藏。高9厘米，宽5.9厘米。面具神态怪异，头发向上竖起，呈尖状，两耳略向上，络腮胡须，双眉竖立，眼睛内凹圆睁，鼻子高挺，牙齿外露，紧咬下唇，表情凶狠。武士面具形象略带夸张，塑工粗犷，雕刻入微，具有神秘色彩。

陶画彩武士面具

陶母子狗

北朝，陶塑。故宫博物院藏。高9厘米，长17厘米。母狗呈蹲卧状，头微向上抬，双眼圆睁，直视前方，两耳下垂。小狗卧于母狗胸前，头部上扬，前爪抱母狗颈部，母狗则顺势用前爪抚摸小狗尾部。陶母子狗造型别致，母狗体态丰盈，小狗娇态稚气，母子浑然一体，散发温暖、和谐气息。塑造风格简约质朴，充满浓郁的生活情趣。

陶卧羊

北朝，陶塑。故宫博物院藏。高9.5厘米。作品塑造了一只卧羊的形象。卧羊躯体敦实厚重，造型轮廓清晰，体态丰满。羊角向内卷曲，羊头平抬，羊头、背、尾部组成的弧线轮廓自然优美。羊四足跪卧，姿态自然，神情安详。整体以大面块雕琢出形体，以白底彩绘，今多已脱落。体内中空，手法粗犷，表现出羊的温顺性格。

陶母子狗

陶卧羊

陶羊

北朝，陶塑。故宫博物院藏。高15厘米。
陶羊呈站立状，作者采用抽象与具象
相结合的手法表现羊的形象。羊首采
用具象的手法，对角、眼、口、鼻等
五官刻画细腻准确。腹部微鼓，四肢
采用抽象的手法简化成一对竖板。形
象有简有繁，形成鲜明的对比，造型
有趣、重点突出，表明了艺人对艺术
表现的掌控能力。

陶羊

狮子山文吏俑

北朝，陶塑。江苏徐州狮子山北齐墓
出土，徐州博物馆藏。俑人身体瘦长，
头部较小，肩宽。头戴平顶冠，头微侧，
目下视，眉目清秀，神态温顺。内着
长袍，外披宽斗篷，身前置一带鞘刀
或剑，也呈细长柱状，人物双手相叠
置于柱顶，姿态恭敬、优雅。作品整
体形象概括，四肢及体形皆有衣服包
裹，无过多细节表现，但突显出人物
的高大、挺拔。注重神韵和整体塑造，
风格简洁、大方。

狮子山文吏俑

武士俑

北朝，陶塑。宁夏固原北周李贤墓出
土，宁夏固原博物馆藏。高18.2厘米。
头戴兜鍪，身穿铠甲，造型威武。眼
圆瞪，嘴咧开，一副受惊吓的样子，
人物表情奇特，而且耸肩，双腿紧闭，
给人以紧张感。甲衣通体以朱线勾出
鳞状甲片，边缘处还饰以加粗的线作
为衬托，其鼓腹、扭动的形态使人物
造型更加生动。作品塑造手法粗犷稚
拙，人物形象夸张，表现出这一时期
宁夏地区的独特艺术风貌。

武士俑

克孜尔石窟供养天头像

南北朝，约4~8世纪，泥塑。克孜尔石窟又称克孜尔千佛洞和赫色尔石窟，位于新疆拜城县克孜尔镇，属于龟兹古国的疆域范围，是龟兹石窟艺术的发祥地之一。克孜尔石窟开凿在克孜尔镇明屋塔格山的悬崖上，是新疆最大的一处石窟。可惜破坏严重，目前留存有几十个洞窟壁画和极少数的塑像。这件泥塑头像原位于新疆克孜尔石窟第77窟，目前已流失海外。头像完整，造型特殊，卷发中分，头顶缩髻，高额宽颊，眉目细长，嘴唇微闭，嘴角微收；下巴宽厚，面容饱满而丰润，表情平和宁静，具有犍陀罗和希腊的艺术气质，代表西域佛教造像的风格和技艺水平。

克孜尔石窟供养天头像

炳灵寺石窟第169窟一佛二菩萨造像

十六国西秦，位于甘肃永靖西南小积石山大寺沟西侧崖壁山，亦称炳灵寺石窟。石窟创始于西秦建弘元年（420年），后经北魏、北周、隋、唐、西夏、元、明各代相继开凿与修缮，现存窟龛180多个，造像700多身，其中包括少量的泥塑与石胎泥塑外，大部分为石刻作品。其中第169窟造像开始于西秦，是炳灵寺石窟群中最早开凿且规模最大的洞窟。窟进深19米，宽约27米。窟西、南、北壁面均开凿佛龛，以北壁造像最为精彩。其中层第6龛内塑有一佛二菩萨像，塑像均为泥塑彩绘。中间为主尊无量寿佛，高1.23米，两侧为观世音和大势至菩萨，高分别为1.16米和1.1米。主尊佛结跏趺坐在莲座上，高肉髻，内着僧祇支，外披袈裟，持手印，姿势端庄，神情庄重。左右两侧菩萨尺度相对减小，形貌、服饰大致相同。束发高髻，着右袒长裙，佩戴项圈、臂钏，并有帔帛环绕臂间，皮肤涂白，衣饰以红、绿两色为主。虽然造像年代较早，但从人物面部形象上可以看出，已经摆脱早期西域风格的影响，本土风格十分鲜明。

炳灵寺石窟第169窟一佛二菩萨造像

炳灵寺第169窟佛头像

西秦、北魏。泥塑。炳灵寺石窟第169窟造像之一。此为炳灵寺第169窟主佛像的头部。中尊无量寿佛高为1.23米，其头部造型突出，为造像的重点。脸略呈方形，宽额，眉目细长，鼻略隆，嘴微闭且嘴角略向内收，长耳及肩，表情庄重，充满慈善之态，既具佛教神秘气息又具有明显的世俗特征。其中面部白毫、眉、眼及嘴部均用墨线勾勒，造型突出，唇上短髭使形象更加逼真，具有写实特征。展示了这一时期佛教造像汉化的一些特征。

炳灵寺第169窟佛头像

炳灵寺第169窟佛立像

西秦。泥塑。炳灵寺石窟第169窟造像之一。佛像高约2.5米，头顶高肉髻，额平，面相方圆，眉目细长且弯，鼻子直挺，嘴角微上翘，厚唇，面容丰满、略带笑意。身穿通肩袈裟，衣纹线条流畅，造型优美自然。袈裟下垂至脚踝，贴体，形体变化清晰可见。双臂下的衣饰边缘做了特别表现，为塑像增添飘逸气质。像背光中绘多座小型坐佛，两侧有飞天像。这件作品明显受到西方佛教艺术的影响，高鼻深目的面部特征是犍陀罗艺术气质风格的体现，贴体的衣饰又具有笈多时代的造像特征。作品集中糅合西域与汉文化的双重风格。

炳灵寺第169窟佛立像

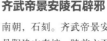

梁萧景墓石麒麟

南朝，石刻。位于江苏南京。南朝陵墓地面神道两侧常见的多为一对石兽、一对神道石柱、一对石碑。石兽形象多双角或独角，也有无角的，各有称谓，说法不一，待考证。陵墓建筑中最常出现的是一角的天禄与二角的辟邪。但在后期，此类墓兽多塑成一角形象。石兽体形庞大，兽身修长，胸部突出，四肢迈开，跨度较大，身体扭成"S"形，四肢矫健，姿态生动。石兽头、翼、胸及臀部雕刻有花纹。尾下垂，卷于足后地面上。足为狮爪形象。作品采用圆雕、浮雕及线雕相结合的手法，使石兽形象更具艺术表现力。

齐武帝景安陵石辟邪

南朝，石刻。齐武帝景安陵位于江苏丹阳建山春塘。陵前立石辟邪，共一对。这是位于东侧的辟邪，西侧辟邪已残毁。辟邪长 3.15 米，高 2.8 米。辟邪昂首阔步，胸部与臀部丰硕饱满，四肢粗壮，形体强健。辟邪头部、胸前及翅翼纹饰均采用较细致的线刻纹，使石兽形象生动逼真，并增添辟邪的优美气质。辟邪造型中大量运用曲线，其颈向后，胸向前，腰内凹，臀上翘，身体弧度使辟邪形象更加饱满，动作神态充满动感。

梁萧景墓石麒麟

齐武帝景安陵石辟邪

释迦牟尼佛造像（残像）

南朝，梁，石刻。1954 年四川省成都市万佛寺遗址出土，四川博物院藏。高 35.8 厘米，宽 30.3 厘米，佛像背光部分残损。根据像上所刻碑记可知，此群像龛成于梁普通四年（523 年）。这件佛像组群作品中，主尊释迦牟尼佛为正面圆雕，立于覆莲瓣的圆座上。其左右两侧立四菩萨、其后是四弟子，前两侧为二力士像，左力士赤足，右力士持杵着靴，脚下有地神负莲座。最下层有六伎乐。造像面相方正，衣带宽松，衣褶层叠，飘逸流畅，雕刻精细，形象丰满。像背后浮雕背光上有飞天与佛传人物故事。

释迦牟尼佛造像（残像）

大夏石马

十六国，石刻。原在汉长安城遗址查家寨村，西安碑林博物馆藏。为十六国大夏遗物。马高2米，长2.25米。站立状，头部较长，四肢粗短，筋骨刚健。前腿直立，后腿微屈，昂首挺立，双眼有神，好像待命而发。石马气势雄壮，石质较为粗犷，但表面光洁度相对较高，造型概括洗练。马身体为圆雕，两前腿与后腿各自为高浮雕，与厚石相连，石上还刻有山水云气纹。马前腿屏壁刻有铭文："大夏真兴六年岁在甲子夏五月辛酉""大将军"等字。

大夏石马

观音立像龛

高善穆石造像塔

北凉承玄元年（428年），石刻。1969年甘肃酒泉市出土，甘肃省博物馆藏。高44.6厘米，直径14.7厘米。石塔略呈圆锥形，为印度佛塔的样式。自下而上分别由基座、经幢、覆钵、相轮、宝顶五部分组成。基座八面分别阴线刻有"天人"像和八卦卦象，用来代表塔的八个方位，是最早出现八卦的实物资料之一。基座上的经幢周圈满刻"增一阿含经"，由经文可知其刻于北凉承玄元年（428年），为一名高善穆的人为其父母所造。覆钵周身开有八个圆拱龛，七个龛内各雕一尊佛像，另一龛内刻交脚弥勒像。塔顶部为七重逐渐缩小的相轮，最顶端宝顶上刻北斗七星。石塔雕刻细腻，技法纯熟，是现今存世少数有确切纪年的早期佛塔雕塑。

观音立像龛

南朝，石刻。四川省成都市万佛寺遗址出土，四川博物院藏。高44厘米。龛中主像为一观音立像，头戴宝冠，褒衣博带，面部饱满圆润，项饰璎珞，施无畏、与愿印。赤足立于方座上。身后及两旁分别是四菩萨、四弟子，前有二力士和二狮子，座前有伎乐八人。力士脚踏象，神情威武，八乐人手持不同乐器，正在演奏。此时期出土有多座相同人物、相同构图的组群像，只有人物造型和次要组成人物等方面有所差别，因此推测这可能是当时的一种流行样式。

高善穆石造像塔

司马金龙墓石柱础

北魏，石刻。山西大同出土，大同博
物馆藏。高 16.5 厘米，方形底座边长
32 厘米。柱础由下部方形台座和上部
鼓状覆盆形装饰组成。方形台座四周
浅浮雕忍冬花纹装饰，花团内间雕有
伎乐童子。方座向上的四角各有一圆
雕伎乐童子，均手持乐器正在演奏，
台座上下相互呼应。圆雕四童子中间
的覆盆状座体中心，两圈均为盛开的
莲花造型，内圈采用浅浮雕、线刻，
外圈采用高浮雕莲瓣，再向下是一圈
雕饰蟠龙，蜿蜒曲折，首尾相连，姿
态生动，增添柱础的力量与气势。作
品构图饱满有力，纹饰雕刻内容丰富，
运用高浮雕、浅浮雕、线刻多种表现
手法，使雕刻图案富有变化又层次分
明。作品整体庄重而不失细腻，风格
明快、富丽。

司马金龙墓石柱础

石造佛塔

北魏，石刻。甘肃庄浪县出土，甘肃
省博物馆藏。高 2.06 米。塔身为五块
大小不一的石雕刻，按由下到上依次
减小的顺序叠加起来，形成上窄下宽
的塔造型。各面石雕画面采用不同幅
度的浮雕手法，雕刻出释迦牟尼佛、
弥勒佛、思维菩萨、弥勒菩萨、弟
子、供养人等形象，还包括"释迦涅
槃""释迦认子""车匿还宫""阿
私陀占相""九龙灌顶"等佛传故事
场景。题材广泛、内容丰富。刀法熟练，
对佛像、菩萨等人物形象表现细腻，
尤其是对丰润的肌体和飘逸的衣纹的
表现，是这一时期雕刻水平的体现。

石造佛塔

九层石塔

北魏，石刻。台北历史博物馆藏。通
高1.53米。砂岩质。塔身九层，第一
层四周各刻一大方柱，柱身浮刻小坐
佛。由此向上，每层塔依次缩小，底
层四面壁面中间设佛龛，龛内分别刻
坐佛，前后分别为释迦牟尼和多宝佛
并坐、交脚弥勒佛，两侧均为释迦牟
尼禅座像。由第二层向上，塔面均浮
雕坐佛，佛像成排雕刻。塔每层檐均
仿木结构，檐顶及檐下斗拱形象突出。
这件石塔雕刻时间与云冈石窟初期开
凿的时间相同，塔底层四角设方柱的
做法也在云冈石窟的石塔中出现过，
是早期佛塔的代表。

九层石塔

弥勒倚坐像

北魏，石质。台湾石愚山房藏。高57
厘米。造像头部已残，肩饰帔帛，呈
端坐姿势，右手施无畏印，左手抚膝，
身着褒衣博带式大衣，从服饰上来看，
似菩萨像。造像彩绘完好，施有红、蓝、
白等色，坐像左右两侧的胁侍亦为彩
绘。作品造型简洁洗练，雕工娴熟，
采用彩绘与雕刻相结合的手法，使造
像形象看起来更为真实。

弥勒倚坐像

炳灵寺第125窟佛像

北魏，石刻。炳灵寺石窟造像之一。
位于炳灵寺第125窟。窟中开龛，龛
高1.6米。龛内塑二佛像对坐，故称
二佛并坐龛或释迦多宝佛龛。龛内二
佛对坐，均为高肉髻，内着僧祇支，
外穿开襟袈裟。右边佛持无畏、与愿
印，左边佛手残。二佛持不同手印，
身体与头部均向内侧，似正在交谈。
佛两侧分侍菩萨与力士，整龛造像结
构完整，塑像造型生动。

炳灵寺第125窟佛像

炳灵寺第125窟佛造像

北魏，石刻。炳灵寺石窟造像第125窟造像
之一。第125窟为二佛并坐龛，其中一侧
佛像保存相对完好。佛身向其身左内侧偏
转，头随身体也向内偏。佛头顶靡光高髻，
耳下垂，颈宽且扁平。额平、弯眉、细目，
眼角长，眼睛微闭。鼻隆直，唇薄，嘴小，
颔首微笑。褒衣博带式袈裟，衣袖下垂，形
体自然、优美，塑像形象颇具北魏造像"秀
骨清像"的风格。雕工娴熟，刀法简洁明快，
多处采用平直刀法，本身的直线条与衣饰的
曲线相配合，使佛像呈现雍容典雅的气质，
具有北魏后期造像的艺术风格特征。

炳灵寺第125窟佛造像

云冈石窟第6窟后室中心塔柱南面 下层佛龛造像

北魏，石刻。云冈石窟造像之一。云冈石窟
位于今山西大同武周山（又名云冈）南麓。
石窟依山开凿，东西绵延1公里，现存50
多个洞窟及许多个窟龛，计1000多小龛，
造像达50000多尊。石窟开凿约始于北魏文
成帝和平元年（460年），以北魏时期开凿
的石窟、佛龛及造像为主，大致可分为三个
时期，第一期开凿昙曜五窟。第二期约自五
窟开凿后至孝文帝迁都洛阳（494）前，主
要分为五组，1、2窟为一组，5、6窟为一
组，7、8窟为一组，9、10窟为一组，以上
四组都是双窟形式，第11、12、13窟为第
五组。第三期是孝文帝迁都洛阳以后至孝
明帝正光年间（520~524年）。第6窟与第
5窟为一组双窟，约开凿于470~493年，窟
前建有五间四层的楼阁，为清初所建，窟平
面略呈正方形，每边长13米，后室正中雕
直通窟顶的二层方形塔柱，因此又得名"塔
庙窟"。塔柱高15米。上层四面雕立佛，
四角雕塔；下层四面开大龛，龛内塑佛。
南面为坐佛，西面雕倚坐佛，北面为释迦、
多宝二佛对坐，东面是交脚弥勒佛。每尊
佛像都是褒衣博带，面相圆润，形貌端庄，
神情静穆，具有早期佛教造像的风格
特征。佛龛内外和窟内东、南、西壁
及明窗两侧，浮雕三十三幅释迦牟尼
从诞生到成道的佛传故事画面。这一
洞窟造像内容丰富，雕饰富丽，为云
冈石窟造像的代表性洞窟。

云冈石窟第6窟后室中心塔柱南面
下层佛龛造像

云冈石窟第6窟后室西壁伎乐天与供养天像

北魏，石刻。第6窟洞窟之所以在云冈石窟中是较为突出的一窟，除了窟内双层塔的形制特别外，富有观赏性的还有方塔四周大龛的两侧雕凿的很多小佛龛，窟东、西、南三壁上的大小佛龛，浮雕飞天、供养天及佛传故事等。比如第6窟西壁上层中部的供养伎乐天群像，是云冈石窟伎乐天雕刻中最辉煌精彩的代表作之一。伎乐天头梳高髻，手执各种乐器，正在演奏，姿态神情充满动感。手持排箫者，一副全神贯注的表情；腰间挎鼓者，正敲击鼓状，动作形象生动；吹笛者将身体侧向一边，面带微笑。这些手持不同乐器的仙人形象，是当时社会乐工的真实写照，因此为人们研究我国早期乐器的发展状况提供了重要参考。伎乐天下面是供养人，头梳高髻，披巾着裙，双手合十，做礼佛供养状，神情恭敬虔诚。虽然在有限的壁面上设置诸多人物，但各人物表情、动作等都有所差异。

云冈石窟第6窟后室西壁伎乐天与供养天像

云冈石窟第9、10窟立面（局部）

北魏，石刻。第9窟与第10窟被合称为"双窟"，两窟相邻，约开凿于470～494年，属于皇室主持开凿的石窟项目。窟形结构与规模大致相同，窟内布局极相似，都是"前殿后堂"式。前殿有两根通顶石柱，八角形柱体各面刻满佛龛，上下共10层。柱下为须弥座，座底柱础为圆雕大象，颇具印度佛教风范。两窟各由二柱将立面分为三开间的形式，虽然两窟之间有隔墙，但从立面上看仍是五柱殿堂的形式，其前柱与内窟壁之间形成敞廊，顶有仿平棋式天花，周围壁面有密集的仿木构雕刻，再加上色彩丰富的彩绘，因此显得十分华丽。壁上所雕佛像仍受印度风格的影响，是北朝早期样式的代表。

云冈石窟第9、10窟立面（局部）

云冈石窟第9窟前室北壁（局部）

北魏，石刻。云冈石窟造像之一。约开
凿于孝文帝太和八年（484年），历时
13年完成。第9窟前后分两室。前室北
壁与东、西两壁的布局相似，都以连续
纹饰带将整个壁面分为上中下三部分，
并在各部分分别设置主佛龛和其他附属
小佛。北壁正中部分仿木构建筑样式只
分上下两部分，即上层明窗和下层带木
构门楼形象的方形门洞。

云冈石窟第9窟前室北壁（局部）

云冈石窟第9窟交脚菩萨（局部）

北魏，石刻。云冈石窟造像之一。第9
窟前室北壁第两层西侧雕一盝形帷幕龛，
龛内塑交脚菩萨。菩萨头戴化佛宝冠，
右手举至胸前，左手置于膝上，上身手
臂上戴臂钏和手镯，披帔巾，胸前挂璎珞，
下身着长裙，赤脚交叉坐在束腰须弥座
上，形神端庄、虔诚。菩萨背后有火焰
纹背光，背光火焰纹内饰坐佛。须弥座立
面雕饰花纹，左右两侧各雕一狮子。龛两
侧立柱，柱三面雕饰，有绳纹与缠枝忍冬
纹，柱头饰以漩涡纹。龛内菩萨后有背光，
背光上雕飞天，巾带飘逸，姿态优美。现
龛像均经后世贴金施彩。

云冈石窟第9窟交脚菩萨（局部）

云冈石窟第10窟造像

北魏，石刻。云冈石窟造像之一。第10
窟前室北壁第三层东侧佛龛。第三层东西
两侧各开一圆拱形龛，内雕释迦、多宝二
佛并坐。须弥座，雕忍冬花纹。火焰纹背
光内塑坐佛。龛楣上下沿由飞天区隔，且
在上下龛沿之间雕九尊小坐佛。龛尾雕金
翅鸟栖息于莲花座上，其下侧各雕一弟子。
佛像及整个佛龛均经后世彩绘。

云冈石窟第10窟造像

云冈石窟第10窟后室东壁第三层佛像龛造像

北魏，石刻。云冈石窟第10窟造像。后室东壁第三层南侧为一盝形顶佛龛，龛内雕坐佛，周围有飞天童子像环绕，这是一处表现因缘故事场景的雕塑，名为"妇女压欲出家缘"。据《杂宝藏经》记载，一位美丽的姑娘年轻时生下一男儿，待儿子长大后身体十分虚弱，当母亲得知原来是因为儿子对自己的母亲产生了爱恋而引起的病痛时，便决定顺从儿子的心愿，因此遭到佛的惩罚。图中的情景便是儿子即将落入地狱被抓住头发的一瞬间。主尊佛身披印度式袈裟，结跏趺坐于须弥座上，背后佛光有忍冬纹装饰。飞天像均呈跪或半跪状，双手合十放置胸前，表现出对佛的虔诚。通过人物的动作表现出场景的庄重气氛。佛身下须弥座造型、装饰精美，因为彩绘为明、清时补绘，因此其形象颇具明、清建筑基座的造型风格特征。

云冈石窟第10窟后室东壁第三层佛像龛造像

云冈石窟第11窟西壁七世佛造像

北魏，石刻。云冈石窟造像之一。第11窟的窟洞是一个标准形的"塔庙"窟，窟中心有方塔式中心柱，而且四面窟壁上的雕刻布局全不对称，构图相当自由。第11窟的西壁主体雕大佛龛，龛楣仿木构建筑雕出檐，使龛形成一个"堂"的形式，龛内雕出"七世佛"，七尊佛像高约2.5米，个个"褒衣博带"，具有南朝传统服饰的特征，呈现出汉化的造像特点。目前靠北侧两尊佛风蚀严重，因此形象并不完整，从保存较好的其他五尊佛像来看，各尊佛像均神态表情逼真，富有生命气息，造型上充满现实感。

云冈石窟第11窟西壁七世佛造像

云冈石窟第11窟东壁上层菩萨造像

北魏，石刻。云冈石窟造像之一。第11窟壁面上还出现了一处小佛龛，佛龛小巧玲珑，在其他石窟中极为少见。精巧的小佛龛的龛楣上有飞天和化佛组成的横檐，横檐为拱形，檐下还立有六根独立的小柱子，形成廊柱的形式。此外，这些廊柱还将这个小佛龛分成三间殿堂的形式，中心一间雕有一佛二菩萨，两侧间各雕一尊思维菩萨像，菩萨一腿着地，一腿叠起放置在另一膝上，神情专注，做深思状。而在龛两柱的脚下还另雕一个形体特别小的侍立供养像，不仅精巧，而且神态十分生动。

云冈石窟第11窟东壁上层菩萨造像

云冈石窟第11窟南壁东侧佛塔

北魏，石刻。云冈石窟造像之一。第11窟南壁第四层东侧雕佛塔。南壁中央上部开明窗，下凿窟门。佛塔高1.34米，高浮雕形式，塔身三层，每层雕龛。第一层为扁圆拱龛，龛内高浮雕二佛并坐，两侧有胁侍菩萨；第二层龛位居中央，为盝形顶龛，龛内雕交脚菩萨，两侧对称雕圆形龛，龛内雕坐佛；第三层并列三个圆形龛，龛内均雕坐佛。塔顶为须弥座，须弥座上有两片向上生长的蕉叶，叶中坐一童子；塔刹高耸，两侧有长幡飘动。佛塔的两侧各浅浮雕一供养菩萨像，塔基部分中央雕博山炉，炉两侧分别雕着身穿胡服且一字排开的供养人，都面朝中央的博山炉。整体布局紧凑，通过高浮雕突出主体，又结合浅浮雕和线刻获得了丰富的整体效果。

云冈石窟第11窟南壁东侧佛塔

云冈石窟第12窟前室东壁造像

北魏，石刻。第12窟东、西两壁的
布局基本对称。第12窟前室东壁雕
刻分上、中、下三层。上层佛龛雕刻
以佛传故事为主，中层雕屋形龛，形
制与西壁中层的屋形龛基本一致，为
梭形方柱分隔的三开间殿堂形式，中
间为交脚菩萨像，两边为思维菩萨像。
龛顶部明确地表现了叉手与斗拱的结
构及用法，不仅表现了北魏建筑形式，
此佛龛也是早期建筑的一个缩影。东
壁最底层以二佛对坐龛为主，在其周
围设置供养天，靠南部入口处的雕像
被风侵蚀，损坏较为严重。

云冈石窟第12窟前室东壁造像

云冈石窟第12窟前室北壁伎乐天像

北魏，石刻。第12窟前室北壁最上层雕刻了两条飞天饰带作为底部雕刻面与屋
顶平棋天花的过渡，底层为舞伎天，在其上层雕刻有一排14个伎乐天，他们分
别手持不同乐器，正在演奏，场面十分壮观。各乐伎均雕在一尖拱形龛内，龛
下均雕出栏杆，与下层的舞乐天区隔开来栏杆作围栏，看上去乐伎们犹如站在
围栏内进行表演，使雕塑画面充满立体感，而这种乐伎与舞伎的组合，也使整
个场景形象更加生动逼真。

云冈石窟第12窟前室北壁伎乐天像

云冈石窟第13窟北壁交脚菩萨造像（局部）

北魏，石刻。第13窟主佛为交脚弥勒菩萨，像高13.5米，占据窟内主要空间。头戴宝冠，右手抬起，掌向前，在手掌根部与腿之间设有一位力士以承托手的重量，造型独特，手法新颖。菩萨面部与胸前均敷泥、彩绘，臂上有臂钏和手镯，体态匀称，造型雄伟，但风化较为严重，塑像外观已不完整。力士身生四臂，两臂向上与头部一起承托菩萨手腕，两臂向下，充满力量感。力士上身斜披巾，下身着半裙，裙子上的衣褶优美生动，与佛的高大与庄重气势形成对比。窟内四壁开多种形式的佛龛，其中南壁上层七佛立像，东壁下层有供养天人，都是精彩的雕刻作品。

云冈石窟第13窟北壁交脚菩萨造像（局部）

云冈石窟第13窟东壁造像

北魏，石刻。云冈石窟第13窟东壁由许多小型龛组成，有圆券龛，有盝形顶帷幕式龛，也有屋形龛，龛内有一身结跏趺坐佛，也有两身对坐佛，并有两胁侍菩萨及飞天、供养人，龛虽小，却内容充实，雕刻精致。全壁造像大致可分为七层，其中东壁第三层中部有一较大的盝形顶龛构成，龛为盝形帷幕式，多层龛楣上雕双手合十的小佛像和飞天，姿态逼真、优美。帷幕龛内坐一尊交脚佛，宝冠璎珞，体态丰腴，双脚交叉坐于狮子座上。龛外两侧有两胁侍菩萨，龛下为一排头戴风帽，一身北魏衣着打扮的供养人，供养人分两组，均面向中心，双手合十，态度虔诚。云冈第11、12、13窟，三窟为一组。这一座石窟都建

云冈石窟第13窟东壁造像

造于北魏中期，但样式各不相同，其中第 11 窟为带中心柱的塔庙窟，第 12 窟为平面长方形的前后室窟，第 13 窟为平面椭圆形的单室窟。虽然空间结构不同，但三窟在造像数量，装饰华美程度上都可称得上是云冈石窟之冠，众多屋形龛的式样为后人研究早期木构建筑的发展提供了重要参考。

云冈石窟第18窟北壁立佛造像（局部）

北魏，石刻。云冈石窟中的"昙曜五窟"，也就是第 16 ~ 20 窟，是云冈石窟早期开凿的石窟。其中第 18 窟位于昙曜五窟的中央，平面略呈椭圆形，穹隆顶。窟北壁中央塑一释迦佛立像，据说是按北魏太武帝的形象塑造的。第 18 窟是云冈昙曜五窟中造像较多的一个洞窟，除了主尊立佛之外还另有胁侍菩萨的立像或头像，以及一些在窟上开龛或直接雕刻的佛像。主像高达 15.5 米，形体高大，面目慈祥，鼻翼隆起，仍有印度佛像的特点。佛像身披千佛袈裟，构思巧妙，以千佛的小衬托主佛的大，又以千佛的多，显示出主佛的尊贵。塑像左手抚胸的动作具有人的真实形态特征，又显现出佛的高大与神秘感，作品雕刻手法较写实。佛手部雕刻细腻丰满，加强了造像的真实感。

云冈石窟第18窟北壁立佛造像（局部）

云冈石窟第18窟北壁东侧浮雕

北魏，石刻。云冈石窟第 18 窟造像。
第 18 窟除主尊佛像外，其四壁均剥蚀
严重，壁面所刻胁侍菩萨和弟子群像，
只有部分保留完整。北壁主佛两侧各
有胁侍菩萨一尊，而且东西两壁与南
壁相交的拐角处也各设一胁侍佛。
除此之外，在东西壁上还各雕刻有五
尊佛弟子像，这些弟子像头部圆雕，
身体为浮雕，但目前各像均有较大程
度的损坏。

云冈石窟第18窟北壁东侧浮雕

云冈石窟第19窟主佛造像

北魏，石刻。云冈石窟造像之一。第
19 窟是云冈"昙曜五窟"中规模最大
的洞窟，其形制组合也较为特殊，有
三个石窟洞窟组成，且每个洞窟中均塑
佛像。其中位于中部的洞窟是主洞，
主洞平面呈椭圆形，窟内雕塑高 16.8
米的释迦牟尼佛坐像，造像顶天立地，
充满了整个窟内空间，是昙曜五窟第
一大佛，也是云冈石窟中第二高的石
刻佛像。造像面相长圆，双目直视前
方，神态庄严，其面部深目高鼻而且
嘴唇较薄，具有异域人物的形象特征，
是北魏早期造型的独特特征。主佛周
围的壁面刻千佛，均有不同程度损毁。

云冈石窟第19窟主佛造像

云冈石窟第19窟西壁倚坐佛

北魏，石刻。云冈石窟第 19 窟造像之一。第 19 窟主佛两边的胁侍分窟雕凿，胁侍佛所在的小窟设置在主佛窟的两侧，塑像位于云冈石窟第 19 窟窟外西壁，离地约 5 米，东、西壁上分别凿耳洞，洞中坐佛高约 8 米，身体背靠一侧，面略对向洞窟口，为胁侍佛形象。佛高髻，面相方圆，神态慈祥，略带笑意。左手扶膝，右臂抬起。着褒衣博带通肩袈裟，身体比例上身较大，浅浮雕的衣纹线条流畅优美。身后雕火焰背光与圆形头光，主要为千佛与飞天形象。

云冈石窟第19窟西壁倚坐佛

云冈石窟第20窟北壁坐佛

北魏，石刻。云冈石窟造像之一。第 20 窟南壁及窟顶崩塌。佛像露天，北壁立佛全高 13.7 米，结跏趺坐式，身着袒右肩大衣，内着僧衹支，面相方圆，肉髻光滑平整，高鼻梁，薄嘴唇，双眉垂肩，嘴角上翘，唇上有须，面容带笑，造型雄伟。窟东、西壁各雕一立佛，西壁立佛已崩塌不存。露天大佛和立佛像均显示出北魏佛像昂扬的气势，是云冈石窟雕像的代表作品之一。

云冈石窟第20窟北壁坐佛

云冈石窟菩萨头像

北魏，石刻。云冈石窟造像之一。头像原位于云冈石窟第 30 窟内，现藏于美国纽约大都会艺术博物馆。菩萨头戴花冠，额前发际中分，形象优美。长眉秀目，鼻梁直挺，嘴小略内收，脸形圆润，神情宁静，做沉思状，造型饱满，富有生命气息。雕刻手法洗练，刚柔结合，块面表现人物特征准确、生动。作品造型富有整体感，但仅存头部。

云冈石窟菩萨头像

龙门石窟古阳洞主尊

北魏，石刻。龙门石窟造像兴盛于北
魏孝文帝迁都洛阳（494年）之后的
一段时间，此后的另一修造高潮则出
现在唐代。现存北魏、东魏、西魏、
北齐、北周、隋、唐、五代、北宋营
建的窟龛造像分布在东、西两山的崖
壁上。窟龛共有两千多个，造像十万
余身，题记碑碣三千六百多块。其中
北魏洞窟集中在西山，约占总数的三
分之一，其中古阳洞、宾阳洞、莲花洞、
魏字洞等是北魏重要洞窟。西山中型
窟洞则是东魏开凿。北齐至隋造像较
少，药方洞和宾阳南洞的主要造像，
具有北齐和隋代的特点。古阳洞位于
龙门西山南部，是龙门石窟中开凿最
早的洞窟，有"龙门造像"第一窟之称。
洞窟进深约1.5米，高约11米，宽6.9
米，穹隆顶。洞内主尊释迦牟尼佛，
通高约7.8米，佛像高约6.1米，方
台座原高约1.7米。头顶高肉髻，面
相长圆，像宽肩、细颈、长耳，总体
上看人物形象呈现出早期"秀骨清像"
的特征。内着僧祇支，外披褒衣博带
式袈裟，衣纹直平采用浅浮雕和线刻
表现。施禅定印，结跏趺坐于方形高
台座上。两侧胁侍菩萨保存较完好。

龙门石窟古阳洞主尊

龙门石窟古阳洞左胁侍菩萨

北魏，石刻。位于龙门石窟古阳洞主
尊左侧。像高3.7米。像头饰宝冠，
祖上身，下身着百褶长裙、项饰璎珞，
腕佩环钏，帔巾从两肩斜下，收束于
腹前玉璧中。造像面相方圆，眉、眼
做微笑状，鼻梁直挺，脸部肌肉略有
起伏，面部较为饱满。右臂举至胸前，
手部已残；左臂自然下垂，手捂净瓶，
形象优美，塑工流畅，大方。尤其是
对面部及手部的细腻表现最为突出。

龙门石窟古阳洞左胁侍菩萨

龙门石窟古阳洞北壁列龛浮雕

北魏，石刻。龙门石窟造像之一。古阳洞中刻塑有大小不等、数以百计的精美佛龛造像。北壁列龛，纵向长 7.3 米，横向 10.5 米。以三层大龛为主，在各大龛中间列有各种小龛造像。古阳洞南北两壁各层造像龛的修造时间都不相同，但主要是北魏皇族在不同时期雕造的。北壁最早期造像龛为最上层大龛，最后期造像为最底层大龛，甚至还未完成。中层以五座交脚菩萨龛为主体。上层大龛五个，分别为杨大眼、魏灵藏、比丘慧成等的造像龛。龛的形式多变，有尖楣圆拱龛、尖楣盝拱龛、盝拱帷幕龛、尖拱帷幕龛等。第一、二层之间为礼佛图，刻造于孝明帝时期。画面高 21 厘米，宽 53 厘米，画面表现的是在比丘尼的引导下，众贵族妇女在礼佛中徐徐前进的情景，人物形态虔诚而肃穆，身材修长，具有南朝"秀骨清像"式风格的典型特征。造像龛旁多有题记，这些题记不仅提供了雕作年代等信息，也是珍贵的书法艺术遗迹，而且大面积题记的雕刻在石窟雕刻中也不很常见。古阳洞的佛龛雕刻反映的是北魏雕刻艺术在不同历史时期的风格变化。龛内佛像、题记等，则是对当时艺术和社会各方面发展状况的综合反映。

龙门石窟古阳洞北壁列龛浮雕

龙门石窟宾阳中洞主佛造像

北魏，石刻。龙门石窟造像之一。建于景明元年（500 年）至正光四年（523年）。最初开凿了三窟，中间一窟即"宾阳中洞"，两侧列宾阳北洞和宾阳南洞未及建成，现为唐代造像。洞窟门两侧，各一高浮雕力士，造型雄浑有力。窟深 9.8 米，宽约 11 米，高 9.3米，窟内正壁造像五尊，一佛二弟子二菩萨，主像释迦牟尼，结跏趺坐于须弥座上，面部略长，高肉髻，长耳，双眼略弯，与上翘的嘴角相配合，使佛像微露笑意，两肩较薄，属南朝"秀骨清像"风格。佛坐双狮束腰式方座，背光和头光均有细密的雕刻纹饰，使佛像更具世俗的尊贵形象。而且佛像身着褒衣博带式袈裟也具有汉式服装的特点，这是当时佛教艺术进一步民族化的表现。

龙门石窟宾阳中洞主佛造像

龙门石窟莲花洞莲花藻井

北魏后期，石刻。龙门石窟造像之一。雕作于北魏孝昌年间（525～527年）。洞窟高约6.1米，深9.6米，宽约6米，平面长方形，内部空间开阔。洞窟顶部镶刻一朵高浮雕巨型莲花，为洞顶的藻井，四周有飞天环绕，此窟因此而得名。莲花藻井采用高浮雕的雕刻手法，将一个完整的莲花分三层进行雕刻。中心的莲蓬带有齿轮装饰，中间有成熟的莲子，颗粒饱满，生动形象；第二层莲瓣交错设置两层，丰润、细腻的表面，形象十分逼真；最外层是忍冬纹饰雕刻，作品充满了异域情调。藻井四周的飞天造型优美飘逸，飞天身长达1.6米，手中托果盘，围绕在莲花周围，衣饰向上飘起，而且采用浅浮雕手法，使高浮雕莲花与飞天相互映衬，构图主次分明，搭配有致，作品具有较高的审美价值。

龙门石窟莲花洞莲花藻井

龙门石窟莲花洞佛传故事雕刻

北魏后期，石刻。龙门石窟造像之一。高31厘米，宽36厘米。浮雕图像位于莲花洞南壁下层龛内。画面中浮雕悉达多太子与众人会面的情景，身体略瘦，五官清晰，头戴冠，上身袒裸，下身着裙，左手拱起支在膝头，手指指向鼻子。身后有树、花株。对面一人头戴冠，身着褒衣博带式冕服，一幅帝王形象，正手捧香炉，恭敬面向悉达多太子。帝王身后有三位侍者，手举华盖、羽扇、斧钺。画面人物造型生动，服饰头冠显现人物身份。雕刻技法特征是在浮雕人像上加线刻纹表现衣纹等细节，加强了人物形象的立体感。

龙门石窟莲花洞佛传故事雕刻

龙门石窟六狮洞护法狮子像

北魏后期，石刻。龙门石窟造像之一。
位于古阳洞外北侧。六狮洞主像是三
世佛，三尊佛像座下左右两侧对称各
有一只浮雕护法蹲狮。狮子约高41
厘米。孝明帝时期（516～528年）造。
狮子头较小，重点表现的是头部鬃毛。
狮子一爪举起，后肢蹲坐，尾巴直竖，
前身呈反向"S"形，后身及尾部也
都是流畅的曲线，作品造型夸张，形
象灵动而不失威严，是同类题材雕刻
中的精品。

龙门石窟六狮洞护法狮子像

巩县石窟第5窟藻井飞天浮雕

北魏，石刻。巩县石窟造像之一。位
于今河南省巩义市伊洛河北岸大力山
下。石窟创建于北魏时期，原名希玄
寺，唐代改名净土寺，清初更名为石
窟寺，是我国重要的石窟寺之一。现
有五窟、三尊摩崖大像、一千多座佛
龛，以及摩崖造像龛和佛造像等，规
模虽然不大，但题材内容完备，雕刻
十分精巧，佛造像优美。石窟第5窟
窟形平面略呈方形，长约3.2米，高
3米。窟顶藻井雕刻盛开的莲花，莲
花周围绕以飞天、化佛及忍冬纹图案
浮雕。飞天头绾高髻，帔帛，其面部
仍保留高鼻深目的异域特征。飞天帔
帛等衣饰被有意凸出来，但线条略显
僵直。作品构图完整，雕刻精致，为
石窟艺术中的精彩作品。

巩县石窟第5窟藻井飞天浮雕

巩县石窟第1窟维摩诘像

北魏至东魏，石刻。据佛经记载，维
摩诘是一位自修得道的高僧，也是一
位在家修行的居士。他对佛法有着深
刻的见解，曾故意称病而有机会与以
智慧见长的文殊菩萨进行了一场关于
大乘佛理的激烈辩论，被称作是"文
殊问疾"，历代佛窟都有表现这一场
景的作品。巩县石窟第1窟东壁北侧
第一龛，有"文殊问疾"的画面。维
摩诘眉目舒展，眼略微下视，左手置
腹前，右手扬起，食指上翘，手持麈
尾。一幅胸有成竹的神态。内着僧祇
支，外披褒衣博带式外衣。双腿蜷坐，
为游戏坐式。作品形象生动，通过放
松的坐姿和人物平静、优雅的动作与
神态，表现了智慧的人物形象。维摩
诘的居士形象对汉族士人有很大吸引
力，因此在佛教石窟寺中出现维摩诘
像，是人们对其形象倾仰的反映。

巩县石窟第1窟维摩诘像

甘肃庆阳北石窟寺第165窟菩萨像

北魏，石刻。甘肃庆阳北石窟寺造像
之一。北石窟是一个规模较大的石窟
群落，位于甘肃陇东董志塬西侧寺沟
川。石窟寺自北魏创建以来，经西魏、
北周、隋、唐、宋各朝均有开凿。第
165窟是北石窟最大的洞窟，内部主
体为七佛，均高8米，另有胁侍菩萨、
弥勒菩萨和护法像。图示为胁侍菩萨，
高4米，高浮雕加彩绘。菩萨头顶梳
高髻，戴花冠，脸形方圆，面部五官
结构写实，表情、神态积极、乐观。
长耳阔大，颈部略短，衣着帔帛，纹
饰优美，肌体浑圆，人物形象丰满，
富有生命动感。

甘肃庆阳北石窟寺第165窟菩萨像

麦积山石窟第133窟一号造像碑

北魏。石刻。麦积山石窟造像之一。
第133窟中现存造像碑18通，内容丰
富，技艺高超，采用浅浮雕、高浮雕
和阴刻线相结合的手法，形成丰富的
层次效果，是古代艺术匠师创造才能
的体现。第一号造像碑通高205厘米，
宽59厘米，厚13厘米。碑首为山形，
正面雕刻佛龛，龛内雕一佛二菩萨像，
龛外两侧有二弟子，龛顶刻小坐佛；
背面龛相对简单，龛内刻一佛二菩萨，
龛外两侧有弟子，碑两侧面雕成山峦
状，并有猛虎形象。碑身正反两面通
体雕刻坐佛，形成千佛形象，排列整
齐有序，千佛虽然尺度较小，但刻工
精致，具有较高的观赏性。

麦积山石窟第133窟一号造像碑

麦积山石窟第133窟十号造像碑

北魏。石刻。麦积山石窟造像之一。
十号造像碑通高136厘米，宽73厘
米，以佛本生故事为主题，以高浮雕
形式为主要手法雕刻而成。碑面纵横
都采用三段式构图，纵向以中间三个
大佛龛为轴将碑面分为上、中、下三
层，每层又在大像龛两侧各分设两层
小龛，形成不同场景的画面，各小龛
有不同主题，有释迦牟尼成佛前树下
思维、阿育王施土、燃灯受记、梦日
入怀、乘象入胎、树下诞生、寻龙灌
顶、深山说法、降魔成道、初次说法、
进入涅槃、文殊问疾等情节为题材，
雕刻内容繁复，人物众多，场景生动，
组成一幅完整的佛传故事连环画。整
个造像碑共雕刻100多个人物，从3、
4厘米到20厘米不等，其间穿插花草
树木、飞禽走兽，在有限的碑面上布
局构图疏密得体。

麦积山石窟第133窟十号造像碑

麦积山石窟第133窟十六号造像碑

北魏，石刻。麦积山石窟造像之一。第133窟第十六号造像碑，高192厘米，宽89厘米，厚13厘米。碑正面小佛龛带与成排的坐佛带相间而设。造像碑的正面，大小不同的佛龛相互组合，各龛内主佛或坐或站，造型优美，手法简洁，细部处理精细，尤其是下垂的裙褶层叠富有质感，呈现出自然飘逸的动态美。整个碑面构图整齐，人物场景较多，但通过较为统一的背光样式增强了整体感。

麦积山石窟第133窟十六号造像碑

交脚菩萨像

北魏，石刻。作品属云冈石窟北魏时期作品，像高1.46米，原位于云冈第16窟，现藏于美国纽约大都会艺术博物馆。菩萨像头戴宝冠，身披帔帛，绕胸前垂至腿部，下身着裙。左手抚膝，右臂抬起，手部残缺，双腿交叉呈交脚坐式。面部与身体修长、饱满，眉目清秀，双耳下垂，神态安详、愉悦。作品刻工自然，人物面部表情及衣裙纹饰写实生动，整体造型与敦煌等地北魏时期的交脚菩萨像相比，更添雍容华贵的气息，是北魏时期交脚菩萨的典型作品。

交脚菩萨像

田延和造像

北魏，石刻。1974年河南淇县出土，河南博物院藏。通高96厘米，宽43.5厘米。造像碑是用青灰色石材雕刻而成，碑阳面雕阿弥陀佛、观世音菩萨和大势至菩萨，即西方三圣组像。佛赤足站立于正中，施无畏、与愿印。面庞方正，五官清晰，双目微闭，两耳下垂，嘴角上扬，微笑状，神态温雅。佛上身披宽袖大衣，下着长裙，垂至足面。衣饰纹理自然生动，既飘逸又富于垂质感。菩萨站于莲座上，皆头戴花冠，长衣，长裙，帔帛在胸前束于玉璧中。菩萨皆微笑状，眉弯目细，面容恭谨，容貌、衣饰相似。造像背后为尖券形背光，以浮雕加线刻的方法刻火焰纹、芭蕉叶和荷叶。在火焰纹的正中刻有一面目狰狞的兽面纹，兽面下方为主佛雕饰莲花纹和缠枝牡丹纹的圆形背光。造像碑阴面为本尊佛像，两侧各为弟子，像下面刻三层，共34个供养人像，都有题名，字体为典型的魏碑体。

田延和造像

佛立像

北魏，石刻。推测为云冈石窟北魏时期作品，法国国立吉美亚洲艺术博物馆藏。像施无畏、与愿印，高肉髻，面部长圆，眉目清秀、削肩，符合早期较瘦的造像特征。像头饰巾，后披，着通肩裂裟，腰间系带，腰际前呈三角形。衣褶纹饰优美，但身前衣纹的阶梯状略显程式化。作品造型完整，人物形象略显厚重，风格流畅、大方，颇能显示佛的大度与宽容。

佛立像

思维菩萨像

东魏，石刻。雕造于兴和二年（540年）。1954年河北省曲阳修德寺出土，故宫博物院藏。高59厘米。像头戴冠，冠缯飘竖，头后有圆光，浮雕冠带和一枝含苞待放的莲蕾。上身袒露，脖饰颈圈，胸前饰璎珞，下着羊肠裙，半结跏趺坐于墩座上，下为覆莲座。左臂部分遗失，手抚右足，右臂弯曲，肘部支于盘起的右膝上，以手托腮，是典型的"思维菩萨"形象。风格简洁、严谨，衣褶线条简练有序，质朴大方。石像背面刻有造像题记，说明系造像主邸广寿为纪念亡父所造。

思维菩萨像

彩绘佛立像

北魏，石刻。山东省青州市龙兴寺遗址出土，青州博物馆藏。残高121.5厘米。作品中主像头束高肉髻，脸庞五官清晰，面带微笑，神态慈祥，体现出当时鲜明的"秀骨清像"的雕塑风格。佛像手部可能是单独制作后安装到身体上的，目前不存。佛后部有尖券形背光，顶部外围对称浮雕六位飞天，正中托有一宝塔。作品表面施有彩绘，通体有金、红、白等色，色彩明艳。作品结构完整而严谨，手法简练，工艺精湛，具有地域风格特征，从佛像的服饰可以看出同时受南朝文化的影响，属同类作品中的精品。

彩绘佛立像

石彩绘观音像

东魏，石刻。故宫博物院藏。残高46.5厘米。此像由白石雕刻而成，菩萨帔帛搭在两臂，大衣正面的衣纹细密层叠。菩萨身段苗条，立于莲花台座上，体态生动，造型优美，衣纹柔和飘逸。虽后部的背光已破损，但并不影响作品整体的艺术效果。造像背面还有彩绘的思维菩萨像。

石彩绘观音像

兴国寺造像

东魏，石刻。位于山东博兴寨高村。据记载兴国寺始建于东魏天平元年（534年），今寺院已毁，仅留石像。像高5米，俗称八丈佛。佛头高髻，方脸、长耳、面相敦厚，神情肃穆、庄严。佛颈长，肩平，身披袈裟，内着僧祇支，其外衣堆叠了较多的衣饰褶纹，但雕刻手法高超，使佛的衣裙富有飘逸感。佛一手掌面向上施无畏印，一手掌面向下施与愿印，赤足站于莲台上。莲花座高1.35米，宽2.8米，长2.19米。上端为双层履莲，中部正立面雕一人以手托博山炉，左右雕六供养人及一比丘像。作品造型庄重，尤其是对衣裙下摆的表现繁而不缀，手法细腻完整。

兴国寺造像

南响堂山石窟1窟造像

北响堂山石窟7窟造像

北齐，石刻。北响堂山石窟造像之一。因山上有常乐寺，所以也名常乐寺石窟。石窟自北齐至清代均有开凿，2、4、7窟均为北齐开凿。其中以7窟开凿最早，也是三窟中规模最大的洞窟。7窟立中心方柱，为中心柱窟。柱三面开龛。其中正面塑弥勒像半跏趺坐佛；左面塑一佛二胁侍，右侧胁侍已失；右面为半跏趺坐像和二菩萨像，可惜两侧菩萨头部已失。正面主尊佛身披袈裟，衣纹刻饰呈阶梯状，面方、丰润饱满。佛身后有佛光，为后世增塑彩绘，刻饰蔓草、莲枝花纹，外圈有火焰纹，中间雕有七龙，造型生动。

南响堂山石窟1窟造像

北齐，石刻。南响堂山石窟造像之一。第1窟是中心柱窟。中心柱正壁开龛，龛中塑一佛四弟子二菩萨像，其中一尊已毁，现存六尊。主尊佛半结跏趺坐，身下是莲花须弥台座，身披袈裟，左手施与愿印，右手施金刚拳，造型端庄，人物形象饱满。头后有佛光，刻饰忍冬纹并在忍冬纹之间加饰七身小型坐佛，周围有浮雕飞天。主尊佛身后有弟子侍立，右侧弟子头部已残。整龛造像风格一致，手法凝重，线刻流畅，是这一时期石窟雕塑的代表作品。

北响堂山石窟7窟造像

麦积山石窟第135窟造像

西魏，石刻。麦积山石窟造像之一。
第135窟窟室中央的左侧，置立像一
佛二菩萨，为石雕作品。佛高2.2米，
头顶肉髻较高，饰水波纹，面形方圆，
形宽体大，内穿僧祇支，外披长衣，
赤脚站于莲座上。两侧菩萨形制相仿，
系由宋代补塑。由于是采用石质雕塑，
这一组塑像所体现的立体感和厚重感
更为强烈，而且塑像造型也显得更为
沉稳和优美。尤其是塑像的衣纹，层
层叠落，质感强，坚硬的石材质，很
适合雕刻层叠、优美的线条，表现出
衣物柔软的质地和垂落感。

麦积山石窟第135窟造像

皇泽寺27窟弥勒佛像

西魏，石刻。皇泽寺摩崖造像之一。
该石窟造像位于四川广元。27窟整个
窟龛以弥勒佛造像为主，像高91厘米。
佛头顶高螺髻，面相方圆，丰润饱满。
眉宇清晰，鼻直挺，唇部突显，五官
立体感强，表情肃穆沉静。佛颈中三
道佛光深厚，佛像造型更加庄重、丰
满，这种较北魏时期更为宽厚、丰满
的造像风格，也是西魏造像最重要的
特征。

皇泽寺27窟弥勒佛像

佛立像

南朝，石刻。1937年四川成都万佛寺
遗址出土，四川博物院藏。佛像呈立
姿，头部和手部已残。着通肩袈裟，
并通过层层雕刻线条表现出袈裟质地
的轻薄，颇有"曹衣出水"之风。造
像比例匀称，躯体在衣纹下显现，丰
满、浑圆。衣饰线条流畅，刀法纯熟，
堆叠的衣纹仍受印度芨多时期造像风
格的影响。

佛立像

佛头像

南朝，石刻。1937年四川成都万佛寺
遗址出土，四川博物院藏。头像为释
迦牟尼佛头像。螺发，高肉髻，长方
脸，眉宇舒展，双眼微闭，鼻子高挺，
嘴角上扬，略带微笑。佛像神态慈祥，
表情端庄。作品刻工简约，线条转折
自然流畅，刀法娴熟，对面部肌肉变
化表现得相当真实，因此使佛像更为
感人。

佛头像

释慧影造佛像

南朝梁代，石刻。上海博物馆藏。像背面刻铭文，
记为梁武帝中大同元年（546年）比丘释慧影造。
高34.2厘米。主佛坐像，两侧胁侍菩萨为站像。
主佛与菩萨之间的内侧背光上线刻两弟子像，上
部线刻坐佛和众弟子像，表现的是释迦牟尼初转
法轮时的情景。佛结跏趺坐，螺发，高髻，面容
饱满，丰颐。神态安详、端庄。褒衣博带，衣摆
下垂须弥座，衣褶呈水波纹状。菩萨戴圆毡帽状
冠饰，一尊双手合十，一尊手握在胸前，腹部皆
圆鼓袒露，下身着裙，赤脚站于莲座上。须弥座
下方两侧雕两狮相对，中间为博山炉。造像原通
体饰金，现有残余。雕刻手法简洁，制作工艺精细，
人物形态已从早期的清秀逐渐向饱满风格转变。

释慧影造佛像

宋德兴造佛坐像

北魏，石刻。太安元年（455年）造，
日本藏。高41.5厘米。砂岩。佛像结
跏趺坐，螺发，束高髻，圆脸。身着
袒右肩大衣，衣下裹体，双手作禅定
印，神态淡定。佛身后背光部分损坏，
上刻坐佛和飞天，下部两侧刻菩萨。
佛像背光后浮雕佛教故事为题材的场
景画。佛身下须弥座刻狮子和供养人
像。作品发式和衣饰具有北魏初期佛
像的特征。雕刻精细，造型概括，线
条转折洒脱流畅。

宋德兴造佛坐像

冯受受造佛坐像

北魏，石刻。天安元年（466年）造，日本大阪市立美术馆藏。高28.7厘米。造像为典型的北魏初期佛像的样式。佛像身着袒右肩大衣，衣褶线条流畅自然，左手持大衣一角，右手施无畏印，头略向下低垂，双眼微闭，做沉思状。在坐像的背面同时浮雕有佛坐像，底部方形基座上有"天安元年四月八日冯受受敬造供养时"的刻字。

冯受受造佛坐像

皇兴四年弥勒造像碑

北魏，石刻。陕西咸阳兴平出土，西安碑林博物馆藏。高86.9厘米，宽55厘米。碑题记显示为北魏皇兴四年（470年）所造。造像碑主像为弥勒佛，双腿交叉坐于两层台座上，双手合十。佛像面部较为饱满，嘴角上翘，呈微笑状。头戴宝冠，身着圆领袈裟。佛像后有莲瓣形背光，其上对称浮雕飞天、坐佛和火焰纹装饰。佛身下台座四周雕刻伎乐天和供养人，在佛双脚交叉的中间雕一菩萨像。造像碑的背面雕满各种表现佛传故事的图像，题材多样。作品造型概括简练，雕刻精细，尤其佛像的面部极具个性，颧骨突出，具有较强的世俗象征性。

皇兴四年弥勒造像碑

延兴二年弥勒菩萨造像碑

北魏，石刻。美国纽约陈哲敬收藏。高45厘米。据题记，为延兴二年（472年）所造。石碑正面刻交腿而坐的弥勒佛。佛面相方圆，大眼但双目微闭，双唇紧闭，做沉思状。大耳垂肩，两手捧物于胸前。后部背光外缘刻有火焰纹，内部刻花纹，因石质风化，佛像表面和背光刻饰均已模糊。碑背面刻有释迦成道、本生、舍身饲虎等佛传故事图，风格粗犷，也因风化已模糊不清。作品刀法简练，各种图饰雕刻细致，风格质朴。

延兴二年弥勒菩萨造像碑

魏裕造佛碑像

北魏，石刻。日本大原美术馆藏。砂岩，高42厘米，据题记，为神龟三年（520年）造。碑为圭首形，上部雕饰两条相互缠嬉戏的龙。龙首相对，中间镶龙珠。碑下部正中为跏趺坐的释迦牟尼像，四周浮雕饰小千佛，紧贴佛两侧为两站姿佛。佛像衣饰纹理相同。石碑上的龙和佛像衣饰上的图案纹样用平行刻线密集排列的形式，而这种形式在陕西富县（原名鄜县）出土较多，因此有学者便将其称为鄜县式佛像，具有地方特色。这件石雕佛碑像作品造型简洁，刀法简练，但刻饰线条整齐，程式化特色明显。

魏裕造佛碑像

王阿善造像

北魏，石刻。中国国家博物馆藏。石刻上有铭文，为隆绪元年（527年）造，是一尊道教造像。高27.8厘米，宽27.5厘米。题记显示为女信徒王阿善捐造。作品两面均有雕饰，正面刻两位并排而坐的神像，相貌、服饰、姿态相似。均头戴道冠，身着通肩广袖道袍，双手做说法状。二像面相饱满，头微低垂，有长髯，双眼微闭，沉思状。佛像身后背光浮雕三侍女像，皆头戴冠，着广袖长袍，双手拢于胸前。风格自然流畅，刀法洗练，人物形象柔和。造像背面刻浮雕图像，分上下两层，上层刻童子驱牛，后跟一妇女；下层刻一人骑马，后有侍者举伞。造像石刻侧面铭文标明造像时间、造像人姓名以及祷词。

王阿善造像

龙形龛佛坐像

北魏，石刻。美国纽约大都会艺术博物馆藏。石灰岩质，高112厘米，宽37厘米，厚28厘米。约永熙二年（533年）造。龛顶部两侧雕饰巨龙，两端均作龙首，形成拱门，拱门龛内雕刻坐佛。佛像结跏趺坐，身着袈裟，高肉髻。双手拱于腹前，面相方圆，神态端庄、祥和。佛袈裟衣纹雕饰概括，为北魏盛期雕刻样式。佛头后浮雕有一圆形莲花形背光。底部的台座上线刻两排手捧香炉的供养人像及侍者、随从等人物形象。石碑左右两侧还刻有供养人，碑侧线刻菩萨，有铭文，已磨损。这件石雕作品造型庄重，雕刻细致，刀法简练，弥足珍贵。

龙形龛佛坐像

佛立像

北魏，石刻。美国华盛顿弗利尔美术馆藏。高95.1厘米，永熙三年（534年）造。主尊佛像为释迦牟尼像，头束发髻，为波状纹，面相圆润，眉眼细长，嘴唇微闭，面带微笑，神情端庄慈祥。内着僧祇支，外披裟裟，赤足。手施与愿无畏印。佛像左右两侧各立一胁侍菩萨，与佛像稍斜向设置均头戴宝冠，袒露的上身饰璎珞，下着羊肠长裙，赤足立于莲座上。三像整体造型浑厚敦实，佛背光及衣饰阴线刻饰，是北魏清秀之风向东魏丰满的造像风格过渡的表现。

佛立像

赵照金造释迦坐像

北魏，石刻。1954年山西平遥显庆寺出土。高54厘米。永熙三年（534年）造。佛像面庞丰颐，长眉细目，鼻子高挺，嘴角上扬，面露微笑。跏趺坐于方形台座上，双手施无畏、与愿印。衣饰自然下垂呈波浪纹，极富装饰性，雕刻手法已相对程式化。背后有尖券形背光，火焰纹装饰。整体造型风格写实，雕刻工艺精细，为北魏晚期代表性作品。

尹受国造石佛坐像

北魏，石刻。美国纳尔逊艺术博物馆藏。通高54厘米。作品中主造像为跏坐的释迦牟尼佛，佛像高肉髻，两大耳下垂至肩部，弯眉细目，双眼微向下垂，做沉思状。身着袒右肩式袈裟，右手施无畏印，左手持袈裟一角。佛像身后为宽大的背光，边缘部分满饰浮雕的火焰纹，内圈刻小坐佛，再向内圈又为火焰纹，最内层中心为盛开的莲花，下端两侧浮雕胁侍菩萨，赤足立于莲座上。底部的台座为束腰形式，束腰处满饰蔓草纹，四端各雕一蹲狮，中间为镂雕的博山炉，炉两侧各立一供养人。作品造型整体布局合理，构图严谨，富有层次感。雕刻线条流畅，呈现出雕刻精细的外观。

赵照金造释迦坐像

尹受国造石佛坐像

双层龛弥勒释迦造像碑

北魏，石刻。西安碑林博物馆藏。高119
厘米，宽58厘米。造像碑正面分为上下
两层，龛楣雕饰精美，两神龛内各雕一佛
二菩萨像，以及佛弟子、供养人、力士像等。
上层神龛龛楣雕成帷幕，帷幕上面雕有若
干化佛。下层龛楣镂雕忍冬花纹，四周围
有化佛数身，龛内佛着袈裟坐于有水波纹
状装饰的高台座上。佛底下雕护法的狮、
象和力士。碑最下层为一排供养人。整个
造像碑四面均开龛雕像，并普遍采用透雕
手法，使碑身形像精致华丽，为北朝较高
技艺水准的造像碑。

双层龛弥勒释迦造像碑

薛安颢造交脚菩萨像

东魏，石刻。日本京都藤井有邻馆藏。
高66.5厘米。据刻记铭文显示造于元
象元年（538年）。交脚弥勒佛像身
着袈裟，袒右胸，双手作说法印。佛
像上方为释迦与多宝并坐，周围簇拥
有飞天，左右两侧为胁侍菩萨和弟子，
底部为负重的狮子和托举台座的力士
形象。整尊像的各种人物形象和纹饰
均较为突出，但人物衣饰却用浅浮雕，
而且人物形象与衣服样式仍带有浓郁
的印度风格。

薛安颢造交脚菩萨像

戎爱洛造思维菩萨像

东魏，石刻。日本东京书道博物院藏。高
54厘米。武定二年（544年）造。菩萨像
半倚坐，左手抚膝，右手托脸，右手肘撑
右膝。头戴宝冠，面相清秀，头微向下低垂，
五官刻画清晰，双眼微闭，做沉思状。上
身袒露，饰璎珞，下着束腰长裙，长裙垂
至台座。莲台下方置方形座，立面上浮雕
饰有双狮形象。桃形背光上浮雕有卷草纹，
作品佛像部分雕刻细致，背光与台座的风
格洗练，主次分明。

戎爱洛造思维菩萨像

半跏趺坐思维弥勒菩萨像

东魏，石刻。美国纽约大都会艺术博物馆藏。雪花石质，通高55厘米，宽31.5厘米。弥勒菩萨为半跏趺思维状，神态慈祥平和，体貌清秀柔美，身着袈裟，施无畏印。左右两侧各有一立于莲座上的罗汉、菩萨像，造像底部采用高浮雕的手法饰有一对相向的卧狮，两狮之间雕有一力士，力士双手上举，头顶香炉。作品雕刻手法简洁明快，造型突出，线条生动有力。

半跏趺坐思维弥勒菩萨像

佛像残碑

东魏，石刻。美国纽约大都会艺术博物馆藏。石灰岩质，高3.08米。佛像碑四面均雕刻，其中背面雕千佛，正面采用分层式构图，把碑体分为上、中、下三部分，上层以一坐佛和两边的胁侍为主佛，因碑损不详，但在主佛像龛下饰有金刚力士、博山炉、双狮等形象；中层饰维摩诘、文殊说法图；下层雕刻有二十位供养弟子。其他还雕八神王像等。碑体各面雕刻内容丰富，布局合理得当，雕刻精细，采用线刻与"剔底"相结合的做法，碑面雕刻线条转折流畅，自然舒展。

佛像残碑

僧悦造佛碑像

西魏，石刻。日本东京书道博物馆藏。黄花石质，高71厘米。大统十三年（547年）造。碑正面、背面均有雕刻。碑首正、背面相似，都是二龙背向的形式。正面碑首双龙之下是一条五座佛的饰带，再向下为正龛。龛正中为释迦牟尼说法像，佛像束高肉髻，身着通肩袈裟，面庞饱满，五官清秀，两侧各立有菩萨、弟子像。碑像背面上方为交脚弥勒佛龛，下方并排雕二龛坐佛像。雕刻手法采用浮雕与线刻相结合的手法，构图较满，雕琢精细。在碑侧有铭文，记录造碑时间、祷文和造像的像主名为僧悦。

僧悦造佛碑像

薛氏造佛碑像

西魏，石刻。美国波士顿美术博物馆藏。石灰岩质，高215厘米，宽80厘米，厚73厘米。恭帝元年（554年）造。碑像较高，顶部有残损，但根据残留部分推测，第一层图案应为文殊、维摩诘对坐论道图。第二层为并坐的释迦、多宝二佛。第三层是释迦佛说法像，两侧雕有金刚和力士，同时还饰有胁侍菩萨像。最下层为王侯贵族仪仗的供养人。铭文造像通体采用浮雕和线刻相结合的手法，层次丰富，具有较强的立体感。由碑底铭文可知，碑是由薛山及同乡二百人募化所刻，因此叫作薛氏造佛碑像。

薛氏造佛碑像

赵氏造弥勒佛坐像

北齐，石刻。日本大原美术馆藏。大理石质，高70.9厘米。铭文显示为赵氏三人所造，造像日期为天保三年（552年）。弥勒佛双腿下垂呈倚坐状，双手施无畏与愿印，身着袈裟，右胸袒露，头微向上昂，双眼微闭，做沉思状，神情静穆。两侧侍立有二菩萨、二弟子均光脚立于莲台上。背石镂空，拱券上面雕有飞天及莲花座塔。下部的台座正面浮雕饰有供养人和水瓶，背面及两侧雕有八位神王。作品整体构图比例适度，雕刻技艺娴熟。

赵氏造弥勒佛坐像

张睒鬼造碑像

北齐，石刻。1957年河南襄城孙庄出土，河南博物院藏。碑高108厘米，宽57厘米，厚8厘米。天保十年（559年）造。正面碑首刻一小神龛，龛中塑一菩萨和二胁侍菩萨。龛外两侧雕成相互缠绕嬉戏的游龙。碑中部开一大龛，龛内雕本尊释迦佛，施说法印，坐于台座上。左右各列一弟子、一菩萨、一罗汉、一天王，站于莲台座上。龛上部雕维摩诘经变，底部中间雕一力士，头顶香炉，两侧各有一供养人和一狮子。碑背面主要分两部分，上部为佛传故事场景，下部为铭文。正反两面碑身均采用浮雕加线刻的手法，使图饰主次突出。

张睒鬼造碑像

天保元年佛立像

北齐，石刻。德国法兰克福奥曼工艺美术馆藏。黑石灰岩质，高 1.64 米。佛赤脚呈站姿，头高黑髻，面庞清秀，弯眉细目，隆鼻薄唇，双眸下垂，做沉思状。立佛身穿褒衣博带式大衣，衣服自然下垂，多层堆叠，造型优美。后部背光以线刻的手法装饰，顶部刻弥勒佛跏趺坐，两侧二菩萨。背光两侧满饰云气纹、火焰纹以及飞舞的飞天等，十分繁丽。作品雕刻精细，流露出虔诚的宗教气息，是北齐时期的造像精品。

天保元年佛立像

坐佛九尊造像碑（局部）

北齐，石刻。美国宾夕法尼亚大学博物馆藏。石灰岩质，高 98 厘米。碑首为一火焰形券，券楣上有胡人乐舞形象，龛内雕文殊与维摩诘说法图，中层为九佛造像，最底层雕有博山炉和二狮形象。整体构图紧凑，刀法娴熟，形神兼备，极具北齐时期的雕造艺术风格。

坐佛九尊造像碑（局部）

坐佛七尊像碑

北齐，石刻。瑞士瑞特保格博物馆藏。石灰岩质，高 1.5 米。全碑上下共分为四层，上部体量较大，雕刻内容丰富，构图较为密集，但不显繁乱。下部构图相对较为疏松。从上至下分别为，碑首及中心龛的思维主像，其下为佛弟子分开的维摩诘与文殊菩萨说法，再下为释迦佛及众菩萨、弟子，最下层是力士、狮子和莲池的场景。此种构图模式与佛造像主题的搭配已成为一种定式，尤其在北齐时期的造像碑中最为常见。

坐佛七尊像碑

释迦坐像

北齐，石刻。上海博物馆藏。石质，高162厘米，宽62厘米。主佛结跏趺于双层覆莲束腰式须弥座上，双手已残。头有肉髻，垂耳，头略低垂，双目微闭，面带微笑，容貌温润秀丽。双手已残，身着褒衣博带袈裟，衣饰阴刻线，纹理清晰。佛身后舟形背光，雕饰十分华丽。外层饰火焰纹，内有五尊莲花座坐佛。主佛头光为双层，外饰一圈卷草纹，内饰莲瓣，纹饰刻工细腻、装饰优美。与早期佛造像相比，佛体格趋于饱满、面容丰腴，服饰呈现汉化趋势，注意外在形体特征外，主要强调佛内在精神的刻画。

释迦坐像

释迦立像

北齐，石刻。1952年山西太原开化寺出土。高90厘米。释迦为立像，舟形背光覆盖整个背后，背光外圈饰火焰纹，头光外圈饰宝相花纹，内圈饰环纹，刻线细腻。佛着通肩大衣，领口处自然下垂，内穿僧祇支，胸前束结。双手残。大衣下垂，浅阴线刻饰衣纹，下摆处浮雕衣褶富有层次感。刻工清圆秀朗，体格饱满。风格上与山东青州一带的北齐石佛像相类似。

释迦立像

菩萨残立像

北齐，石刻。1957年山西沁县南涅水村出土，山西博物院藏。高95厘米。造像头及双臂已残，仅留躯干。佛像内着右衽衲衣，交领，于胸下束带，颇显女性特征。长衣覆足，外披袒右袈裟，衣纹做水波状凸起，且随形体变化，有修身效果，显示出柔软的质感和轻薄材质。造像身躯修长，体态优美，身体已经出现曲线变化，衣纹的处理颇具希腊雕塑的风范。

菩萨残立像

佛头像

北齐，石刻。美国纽约大都会艺术博物馆藏。石灰岩质，高38厘米。头顶布满排列整齐的螺髻。面部方圆，宽额，弯眉细目，挺鼻薄唇，双眸微闭，似做沉思状，神态祥和庄重。像仅留头部，但突显雕刻特征和造像风格。刻工细致明快，线条流畅。造型风格与北响堂山石窟造像相似，应为北齐代表作品。

佛头像

佛手

佛手

北齐，石刻。美国旧金山亚洲艺术博物馆藏。石灰岩质，高63.5厘米。佛手保存完好，比例真实，对关节与肌肉变化的表现生动。佛手拈天衣，作说法印。刻工精细，刀法简练，其形象富有活力，为北齐石刻佳作。

胁侍菩萨像

北齐，石刻。山东省青州龙兴寺遗址出土，青州博物馆藏。残高36厘米。菩萨头戴花冠，发髻已残，有发带向两侧垂落于双耳上。低眉颔首，眉眼细长，脸庞圆润，面目清秀，面带微笑。饰项圈、璎珞，衣带飘落两臂，小臂及双手已残。菩萨形貌端庄秀丽，佩饰华丽。作品雕刻工艺精良，装饰精美、华丽，体现出了日趋丰满的造像特征。

胁侍菩萨像

佛立像

北齐，石刻。山东省青州出土，台湾静雅堂藏。高98厘米。佛头顶排列整齐的螺发，肉髻低平，宽额，脸庞圆润，眉眼细长，双眼微闭，做沉思状。鼻高挺，嘴角略向上扬，两大耳下垂，面貌清秀。袈裟轻薄贴体，身形起伏隐约可见，衣饰褶皱采用直接在佛身上阴线刻的手法表现，整体风格十分简洁。佛立像并无太多细节和纹饰的雕刻，而注重表现内在的精神，给人以圣洁崇高之感。

佛立像

菩萨立像

东魏，石刻。山东省青州出土，台湾静雅堂藏。高70厘米。菩萨头戴宝冠，两侧冠带自然下垂，冠上线刻花纹。上披帔帛，下着长裙，腰束宽带，胸饰璎珞，交叉于腹前。面相略方，弯眉细目，隆鼻薄唇，略带笑意，目光祥和，神情温婉、优美。像双手及脚残缺，身体比例和谐，充满生命气息。衣裙褶皱明显，富有立体感。像全身衣饰雕刻繁复，工艺高超，颇具观赏价值与审美价值。

菩萨立像

卢舍那法界人中像

北齐，石刻。山东青州出土，青州博物馆藏。高1.18米。雕像头部及左臂残缺，身着通肩袈裟，轻薄贴体，十分平滑，通体块面少有雕刻装饰，仅在袖口和裙底部有线刻纹痕。袈裟表面绘有小格，格内有彩绘，使雕像色彩更为丰富，宗教气息浓郁。佛像身体比例匀称，姿态自然放松，风格独特。

卢舍那法界人中像

佛立像

北齐，石刻。山东青州出土，台湾静雅堂藏。高1.16米。佛头部饱满，头顶无明显肉髻，只是螺发突出，顶部略凸。五官精细，身着袈裟，袒右肩，衣饰线刻突出，从肩部到脚部线条由密渐疏，随形体变化，富有节奏感。佛面相略方，长眉秀目，垂眸做沉思状，神态安详。双手施无畏、与愿印，双手皆有残损。躯体刻画结实丰润，整体较为简约，风格朴素，极具感染力。

佛立像

菩萨像（局部）

北齐，石刻。山东青州出土，青州博物馆藏。高1.36米。菩萨头像戴有宝冠，有残缺，冠饰精美。面部丰颐，弯眉细目，鼻挺，两唇紧闭，双眼下垂，做沉思状。五官刻画立体感强，表情庄重，雕工极为精细。面部皮肤表现细腻圆润，富有真实的质感。菩萨项饰项圈，有装饰，上披帔巾，下穿长裙，裙垂至脚面。颈上覆长串璎珞。腰系带，两侧各垂珠串饰，背面也有长串璎珞交于背间。整体雕刻丰富细腻，给人以华丽之感。

菩萨像（局部）

佛立像

北齐，石刻。山东青州出土，青州博物馆藏。高97厘米。头束螺髻，宽额圆脸，面相清秀，神态端庄。嘴角上扬，面带笑意，施无畏、与愿印，赤足站于莲台座上。身着通肩大衣，质地轻薄，贴身下垂至足踝，可隐约看出躯体身形的起伏变化。佛像彩绘至今保存，外露的脸、颈、手、足等部分有金粉痕迹，袈裟绘成绿格红底并饰有金丝，螺发为蓝色。整体造型生动写实，手法概括简练。

佛立像

拉梢寺摩崖造像

北周，石刻。位于甘肃武山东北鲁班峡响河沟北岸，又名大佛崖，是武山水帘洞石窟群之一。这一窟造像开凿在高约60多米上的悬崖峭壁处，共包括大小窟龛11个。一佛二菩萨摩崖造像为其中规模最大者，均为石胎泥塑浮雕像，主佛高约40米，据铭文记载营造于北周武成元年（559年）。大佛像为释迦牟尼，高约36米，整体以线刻浮雕加彩塑而成。肉髻低平，圆脸胖身，背负圆光，通肩裟裟，双手施禅定印，结跏趺坐于莲台座上。两侧菩萨眉清目秀，脸形丰润，面含笑意，神情和蔼，体态饱满。两菩萨均戴宝冠，半披裟裟，着长裙，颈饰项圈，手托莲花站立于主佛左右，姿态优美，与主佛风格一致。佛身下莲座高达20多米，分层雕饰。最上层为仰莲，下面一层浮雕六狮，中层刻九鹿，最下层为九象，动物形象均做伏卧状，似有承驮佛身之意。各层动物之间均以一层莲瓣分隔，中间向上还设龛并雕一菩萨立像。除北周这三尊摩崖造像之外，在其周围还有宋代造小型佛龛以及唐代至元代所补的彩绘。

拉梢寺摩崖造像

须弥山石窟佛坐像

须弥山石窟佛坐像

北周，石刻。须弥山石窟造像之一。须弥山第51窟。须弥山石窟位于宁夏固原市城西北约60公里的六盘山支脉上。石窟始建于北魏，北周、隋、唐相继有开凿，以北周最为兴盛，现存共一百五十多个窟洞。窟内原塑有一佛二菩萨像，右侧菩萨已损毁，仅主尊佛与左侧菩萨相对完整。主尊佛高约6.2米，头顶有扁平肉髻，脸形方圆饱满。肩部宽大，形体壮实，衣着通肩裟裟，衣口自然下垂，线刻纹饰自然，残留有明代增饰的彩绘。佛结跏趺坐，表情庄重，面部形象写实，表现手法简洁，人物形象与北魏早期"秀骨清像"的风格有明显的差别，佛的形象更趋向于世俗化，对隋唐时期的佛教造像有一定的影响。

石狮

北周，石刻。1955 年陕西西安出土，西安碑林博物馆藏。通高 25.3 厘米，白石质。石狮为圆雕，呈蹲坐状。两眼圆睁，直视前方，张口露齿，表情狰狞。颈部螺卷，装饰鲜明。体态浑圆、壮硕，富有气势。前足支地，后足蜷曲，姿态勇猛。作品造型浑厚庄重，刀法简练，狮子的整体形象较接近于真狮，还未像后期造像那样夸张。

石狮

佛头像

北朝，石刻。1937 年四川成都万佛寺遗址出土，四川博物院藏。作品为释迦牟尼头像，高肉髻，脸庞较方，五官刻画精细，神情和悦，面带微笑，各部位比例匀称协调，对面部肌肉变化表现真实，雕刻工艺精湛，风格洗练。

佛头像

彩绘木马

东晋十六国，木雕。1964 年吐鲁番阿斯塔那 22 号墓出土，新疆维吾尔自治区博物馆藏。长 40 厘米，高 25 厘米。木马呈站立状，马的头、颈、四肢、躯体、尾、鬃毛都分别制作，再用榫卯与胶粘法组合而成。马通体饰以红色，鬃毛、尾部、四蹄与障泥为黑色，马鞍为白色与绿色，障泥上面留出余白作为马镫。造型略显夸张，颈部较长，四肢较短，雕刻风格古拙粗犷。

彩绘木马

竹林七贤画像砖

南朝。砖雕。1960 年江苏南京西善桥出土，南京博物院藏。为模印砖画，由二百余块模印墓砖组成，分别砌于墓室两壁。画面表现的是魏晋竹林七贤，即阮籍、山涛、向秀、刘伶、王戎、嵇康、阮咸的画像，又增加了战国隐士荣启期。画面中八人席地而坐，中间以松、柳等树相隔，组成画面丰富，背景简单，相互连接而又分隔的一幅长卷。人物形象清秀洒脱，各具神态。八个人的形象依次为荣启期盘坐抚琴；阮咸手弹四弦琵琶；刘伶手执耳杯，把其嗜酒如命的形象刻画得淋漓尽致；向秀倚树而坐，双目微闭，做苦思冥想状；嵇康抚琴，神态平和；阮籍侧身而坐，身旁置有酒器，引吭长啸；山涛手执酒杯，做豪饮状；王戎手舞如意，悠然自得。画面里人物刻画笔法简洁，主要表现出不同人物的不同性格特征。衣饰与树形象用线自然流畅，画面具有立体感，青松、垂柳等植物形象的变化使画面富有情趣，更突出出山林隐士主题。

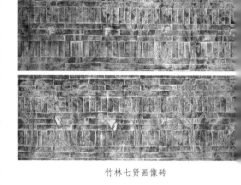

竹林七贤画像砖

乐队画像砖

南朝。砖雕。1975 年河南邓县学庄墓出土，墓为砖砌，全长 9.8 米。墓内装饰大量画像砖，砖面模印纹饰，加绘彩色。砖雕题材主要分三类，包括出行、孝子以及与佛教相关的祥瑞图案。画像砖长 38 厘米，宽 19 厘米，厚 6 厘米。画面中雕饰有四人，全部戴黑色翘沿高帽，着对襟宽袖上衫和紧腿喇叭形长裤。腰系带，于身后打结。前两人持长角，做演奏状，后两人腰挂圆鼓，做击鼓状。四人动感十足。人物服饰刻画精细，动作自然，风格写实，具有浓郁的生活气息。

乐队画像砖

青龙画像砖

南朝，砖雕。邓县学庄墓画像砖之一，长38厘米，宽19厘米，厚6厘米。画像砖正中浮雕一条张牙舞爪的青龙，四肢分立做行走状，四周饰流云纹。画面施以彩绘，龙身为粉绿色，朱舌、白须，色彩丰富，造型极富生气，但整体比例略显夸张。装饰色彩十分浓厚。

青龙画像砖

白虎画像砖

南朝，砖雕。邓县学庄墓画像砖之一。长约38厘米，宽19厘米，厚6厘米。白虎是古时神话传说中的西方之神，常与象征东方的青龙对应设置。画面中的白虎四肢强健，前俯身，后腿斜撑，做腾跃状。虎身与青龙相似，都被拉长，并且头部较小，部分画面色彩已脱落，隐约可见白、黄相间的虎身和虎口中的白齿、朱舌。

白虎画像砖

玄武画像砖

南朝，砖雕。邓县学庄墓画像砖之一。长38厘米，宽19厘米，厚6厘米。玄武是古代神话中的北方之神，是蛇、龟的合体，与青龙、白虎、朱雀合称四神。画面中刻有一向前行走的龟，龟身上缠一条长蛇，龟蛇二首对望，口中均衔一颗宝珠。画像砖通体以白、朱、绿三色为主，色彩鲜艳。

玄武画像砖

凤凰画像砖

南朝，砖雕。邓县学庄墓画像砖之一。长 38 厘米，宽 19 厘米，厚 6 厘米。画像砖的色彩现已脱落。凤凰是古代传说中的神鸟，是鸟中之尊。画面中凤凰造型独特，二翅上扬，昂首挺胸。凤凰四周雕饰有多种不同的鸟。砖的边缘装饰华美异常。作品纹样清晰，层次丰富，风格简洁明快。

飞仙画像砖

南朝，砖雕。邓县学庄墓画像砖之一。长 38 厘米，宽 19 厘米，厚 6 厘米。砖边缘饰有一圈精美的卷草花卉纹样，正中以一个插有花卉的花瓶为轴，两侧对称设置二位相向的飞仙，一位身着紫红长裙，系有红、绿相间的飘带，一位着粉绿色长裙，披朱红色飘带。裙带随风飞动，造型优美，线条刻画流畅自如，整体风格华丽，具有很强的动感。

牵牛画像砖

南朝，砖雕。邓县学庄墓画像砖之一。为墓封门砖。长 38 厘米，宽 19 厘米，厚 6 厘米。这块画像砖正中浮雕有一头躯体强健的牛，俯首弓背，四蹄跃起，做奋力向前奔跑状。牛造型写实，比例匀称，刻画简洁生动，表现重点集中在牛头部。一人手执牛绳跟在牛后，头束发髻，上身着对襟短衫，腰系带，下着喇叭裤，造型概括简练，富有浓郁的生活气息。

战马画像砖

南朝，砖雕。邓县学庄墓画像砖之一。长 38 厘米，宽 19 厘米，厚 6 厘米。这块画像砖位于墓内东壁第一柱，画面中前后两马童各牵一马，前面黑色战马着白色铠甲，做行进状，后马紫红色，扬前蹄，两匹马均体格强健。画面构图均衡，但图案富有变化，又极具写实性。

郭巨埋儿画像砖

南朝，砖雕。1958 年河南邓县学庄墓出土，河南博物院藏。长 38 厘米，宽 19 厘米，厚 6 厘米。画像砖整体雕刻郭巨夫妻为母埋儿而得金的故事图案。画像砖是以苍茂的林木花草为背景图案，周边饰以忍冬纹。画面一侧郭巨头罩巾，上身穿窄袖袍衣，下着长裤，腰系带，手持铁锹做挖土状；另一侧郭巨的妻子怀抱幼儿，二人中间夹置一盛满金饼的圆釜。砖上还刻有"郭巨""妻子""金壹釜"七字以点明主题场景。雕刻造型写实，布局严谨，疏密适度，纹样清晰，极具立体感。

武士牵马画像砖

南朝，砖雕。1958 年河南邓县学庄墓出土，河南博物院藏。长 38 厘米，宽 19 厘米，厚 6 厘米。画面为一武士牵马前进，另一武士跟于马后左侧。马背上有鞍，驮有行李，做飞奔状，前后二人腿分立，也做疾驰状。雕刻造型写实，比例匀称，线条流畅自然，神态生动而极富动感。

凤凰画像砖

战马画像砖

飞仙画像砖

郭巨埋儿画像砖

牵牛画像砖

武士牵马画像砖

佛坐像

十六国时期，铜铸。据传为河北石家庄出土，是已发现的我国年代最早的金铜佛像之一，佛像面部八字胡和衣纹样式，均是受外来风格影响的早期造像的特征。美国哈佛大学福格艺术馆藏。高 32.9 厘米。佛结跏趺坐于方形台座上，施禅定印。头顶束高肉髻，发纹线刻细密，长眉细目，眉间有白毫，嘴唇紧闭，蓄八字须。身着通肩大衣，衣纹刻饰清晰，左右两肩部各饰四个火焰形装饰。佛身下台座正立面刻花纹，两侧各刻一狮，为高浮雕蹲狮。佛像造型庄重浑厚，身体各部位比例适度，块面转折洒脱自如。佛像上半身的火焰纹装饰谓"焰肩"，出自《佛本行经》记载释迦在降伏外道时，身上出火，身下出水。这种造型的佛造像在我国较为罕见。

佛坐像

建武四年铜佛坐像

建武四年铜佛坐像

十六国时期，铜铸。铭记为后赵建武四年（338 年）造，美国旧金山亚洲艺术博物馆藏。高 39.7 厘米。佛像为跏趺坐式，双手作禅定印。束高肉髻，面相方圆，长眉秀目，微俯首，双眼低垂，做沉思状。身着通肩大衣，胸部衣纹为"U"字形平行纹线排列。外形饱满温润，姿态自然，刻工简约，线条转折自如，表现出雕工的高超技艺。

龟纽金印和鎏金铜印

十六国（北燕），金铸、铜铸。辽宁省北票市西官营子北燕冯素弗墓出土，辽宁省博物馆藏。印共有四枚，一枚金印和三枚铜制鎏金，均为龟纽方座。四枚中，金印形制最小，但至今保存最为完好。龟纽金印通高 1.98 厘米，印面宽 2.27 厘米。龟纽形象写实，四肢站立，头部外伸，龟背上的纹路清晰可见，印阴刻篆书"范阳公章"四字。其余三枚铜印的龟纽形象概括简练，外表的鎏金已脱落。印文均为单刀细画，阳文篆书，分别为"车骑大将军章""辽西公章""大司马章"。

龟纽金印和鎏金铜印

鸭形玻璃器

十六国（东晋）。辽宁省北票市西官营子北燕冯素弗墓出土，辽宁省博物馆藏。长20.5厘米，口径5.2厘米。器物通体透明，隐约可以看到有银绿色的锈浸。形体横长如鸭身，流似鸭嘴，长颈，鼓腹，后托一条细长的尾巴。器腹部饰有一对三角形的羽翅，腹底部贴有一饼状的圆形玻璃托座。器物的重心在前，因此只有在腹内充半壶水才可以保持平稳。作品造型为抽象化的鸭形，其体身借助充实其中的液体保持平衡的做法设计巧妙，整器线条流畅自然，集实用与装饰于一身，风格雅致。

鸭形玻璃器

鎏金菩萨铜立像

鎏金铜佛坐像

南朝宋，铜铸。日本东京永青文库藏。通高29.2厘米。佛结跏趺坐于束腰须弥座上，双臂屈肘于腹前，两手相叠作禅定印。脸庞长圆，五官清秀，双耳垂至肩部，两眼低垂，做沉思状，神态温和。衣褶呈阶梯状，顺身体走势流畅、均匀地分布。身后圆形背光上饰火焰纹，纹样深刻、明晰。整体造型简练，刻工起伏转折自如，具有江南地区的造像风格。佛像上铭文记为元嘉十四年（437年）韩谦为父母兄弟等所造，是南朝有纪年的较早的造像，十分珍贵。

鎏金菩萨铜立像

东晋，铜铸。故宫博物院藏。高17.5厘米，宽8.2厘米。菩萨头发中分，自颈后披肩。面相饱满，五官清秀，唇上有须双目微闭，略含笑意。左手持瓶，瓶已不存，右手施无畏印。上身裸露，下着束腰长裙，胸佩璎珞。造像形体比例略夸张，头部与手部较大，身躯较短，脚部佚失。全像无精细刻线，造型敦实，造像手法简练，风格质朴大方。

鎏金铜佛坐像

比丘法恩造鎏金铜佛坐像

北魏，铜铸。现藏于日本东京国立博物馆。通高47.1厘米。造像身穿袈裟，袒右胸，结跏趺坐于束腰宣字形台座上，台座上雕刻有卷草及供养人纹饰。佛右手作说法印，左手携大衣一角。身后莲瓣形背光满饰火焰纹，线条苍劲有力。造型凝重浑厚，又十分华丽，其铭文显示为比丘法恩为亡父母造于太和元年（477年）。

比丘法恩造鎏金铜佛坐像

李日光造鎏金弥勒佛像

太和八年鎏金铜佛像

北魏，铜铸。内蒙古托克托县古城出土，内蒙古博物院藏。通高28.5厘米。释迦佛结跏趺坐于束腰四足方形座上，台座上雕有两狮，底座有四高足，前两足立面上各浮雕有一供养人。坐佛面部方圆，五官刻画清晰，嘴角略带笑意，双耳下垂至肩部。身着袒右肩式袈裟，边沿部位向外隆起，上面褶皱线条流畅自然。造像造型凝重洗练，细部处理精细，其上所刻铭文显示为比丘僧安造于太和八年（484年）。是此时期铜佛像的代表作。

李日光造鎏金弥勒佛像

北魏，铜铸。太和八年（484年）造，日本东京出光美术馆藏。高24.4厘米。佛呈站姿，立于四足台座上，上身袒露，下着束腰长裙，左手持大衣一角，右手施无畏印，背后舟形背光饰以火焰纹。这种立佛与舟形或莲瓣形背光的组合模式，是已发现的多座太和时期造像的共同特征。

太和八年鎏金铜佛像

韩氏造鎏金观音铜立像

北魏，铜铸。铭文记述佛像造于正始
元年（504年），日本东京出光美术
馆藏。作品为双面雕刻，正面浮雕观
音像头戴宝冠，肩搭帔帛，胸饰璎珞，
下着裙，左手持莲花，右手握帔帛一
角，直立于四足莲座之上。莲台下方
为四足方座，在舟形背光的后部也有
浅浮雕观音像及铭文，记录韩姓造像
人的信息及祷词。作品整体造型庄重
洗练，线条概括，两面观音的形象都
较为简略。

韩氏造鎏金观音铜立像

铜佛立像

北魏，铜铸。美国纽约大都会艺术博
物馆藏。高1.415米。佛像高肉髻，
面相饱满，弯眉细目，隆鼻薄唇，双
目微闭，两耳下垂，神态慈祥。身着
通肩广袖大衣，质地轻薄贴体，两臂
屈肘向外，手掌平展，赤足立于莲花
台上。造像整体形象细腻，这种长衣
覆体和水波纹式衣褶的做法，是早期
受笈多造像风格影响的结果，也是此
时期突出的造像特征。这尊像是迄今
为止，古代金铜雕像中形体最大的作
品，具有极高的艺术研究与收藏价值。

铜佛立像

佛立像

北魏，铜铸。日本大阪私人收藏。高
53.5厘米。造于北魏太平真君四年（443
年），相传是现存北魏纪年最早的造
像。佛高肉髻，着通肩袈裟，赤足立
于覆莲座上。脸庞较方且饱满，服饰
贴体，质地轻盈，是早期常见的贴体
水波纹表现模式。立佛造型概括简练，
用线流畅，刀法遒劲有力。

佛立像

金铜二佛并坐像

北魏，铜铸。法国国立吉美亚洲艺术博物馆藏。高 26 厘米。据铭文可知此像为比丘昙任、道密兄弟二人为父母造于熙平三年（518 年）。二佛面容和身体都十分消瘦，发式、衣饰、姿态相类似。均束高髻，着袈裟，施无畏、与愿印，双目微闭，做沉思状，神态平静祥和。二佛身后均各饰有一个舟形背光，上面饰以火焰纹。作品制作精良，其造型是北魏时期最为流行的佛教雕刻题材，人物形象均瘦骨嶙峋，衣饰的形象极为细致，具有鲜明的时代特征。

金铜二佛并坐像

弥勒佛铜立像

东魏，铜铸。铭文显示立像于天平三年（536 年）由定州中山上曲阳县乐氏家族造，美国宾夕法尼亚大学博物馆藏。高 61.5 厘米。佛呈站姿，头束高髻，面相清瘦，长眉、细目、隆鼻、薄唇，垂眸做沉思状。身体修长，着褒衣博带式大衣，手施无畏、与愿印，赤足立于两层仰覆莲台上。莲座下为四足方座。背光外缘处饰火焰纹，内刻卷草纹，头光刻饰一圈莲瓣。整体人物造型清瘦，衣服宽大飘逸，仍沿袭前期"秀骨清像"的特征。

弥勒佛铜立像

鎏金弥勒佛坐像

东魏，铜铸鎏金。台北鸿禧美术馆藏。高 28 厘米。佛像为坐姿，神态祥和。右手施无畏印，左手已损，衣褶流畅自然，坐姿为双足自然下垂的倚坐状。神像后头光为镂雕，外侧有一圈火焰纹。佛像造型写实，头部所占全身比例略大，通体鎏金，色彩鲜艳，雕铸精细，技法娴熟，华贵精美。

鎏金弥勒佛坐像

铜龟

魏晋，铜铸。1987 年甘肃敦煌一里墩出土，甘肃省博物馆藏。长 30 厘米，重 15 千克。铜龟作引颈向前爬行，口微张。前后足伸出支撑地面，后足向后蹬地，尾短小，向后平伸，使整只龟呈现向前爬行的动态。龟背甲上饰有长方形和多角形回纹。铜龟形体较大，造型浑厚敦实，神态生动，栩栩如生。以龟为形象的青铜制品在魏晋时期并不多见，此作品具有很高的研究与收藏价值。

铜龟

神兽纹包金铁带饰

北魏，铁铸。呼和浩特市土默特左旗出土，内蒙古博物院藏。钩长 9.2 厘米，扣长 5.9 厘米，宽 7.1 厘米，饰牌长 4.2 厘米，宽 2.2 厘米。鲜卑民族十分崇拜自然神，因此多将神兽等作为装饰，以求保佑。此带饰由弧头的带扣、带钩和四个长方形带牌组成，上面的装饰图案均为兽纹。带钩与带扣均以云纹为底，带钩上饰有一只展翅行走的神兽，带牌上的云纹呈山形排列，造型美观、别致。带饰造型精美，雕刻细腻，纹理清晰。整个带饰为铁铸，表面通体包金，富贵华丽。

神兽纹包金铁带饰

魏归义氐侯、晋归义氐侯、晋归义羌侯金印

魏晋，金铸。甘肃西和县出土，甘肃省博物馆藏。高 2.5 厘米，印面边长 2.25 ~
2.3 厘米。曹魏统治时间短，颁赐的印章十分罕见。这三枚印章是当时魏晋中央
政府颁赐给西和地区氐、羌首领的爵印。三枚印章均为方座，上铸有兽形纽，
形象概括。纽底部正中有一圆形穿孔，可供穿绳提挂。通体金铸，威严华丽。
金印造型简洁，风格洗练。

魏归义氐侯、晋归义氐侯、晋归义羌侯金印

鹿角金步摇冠饰

北朝，金铸。包头市达尔罕茂明安联合旗西河子出土，内蒙古博物院藏。高
18.5 ~ 19.5 厘米，宽 12 ~ 14.5 厘米。步摇是一种头饰，人走动时会发出悦耳
声音，非常受北方鲜卑慕容部落的喜爱。此金步摇分别为牛头鹿角和马头鹿角
两种形象，轮廓清晰。牛头和马头形的基部分别用鱼子纹进行勾勒，并分别嵌
有白、蓝、绿等宝石。在牛头和马头的两耳之上有鹿角形枝杈，枝杈向上再分
出数枝小叉，每个小枝杈的顶部均有一金环，上面挂有一片桃形的金叶，均可
摇动。戴金质步摇冠在当时不仅是时尚的代表，也是身份地位的象征。步摇造
型生动，风格华丽，制作精湛，技艺娴熟，通体金制。

鹿角金步摇冠饰

第六章　隋　唐

时间	陶女立俑	陶侍女俑	陶捧物女俑	陶舞女俑
隋				
唐				

时间	陶女仆侍俑	陶女伎俑	陶女伎俑群	陶武士俑
隋				
唐				

时间	陶男侍俑			
隋				
唐				

隋	酱釉女舞俑	酱釉捧物女俑	黄绿釉捧物女俑	陶黄釉女骑马俑
唐	黄釉箜篌女坐俑	黄釉持琵琶女俑	黄釉持钹女俑	三彩骑马狩猎俑
隋	陶画彩女俑	陶画彩女伎俑	陶画彩坐俑	
唐	灰陶画彩女俑	陶画彩女射猎俑	陶画彩男坐俑	

唐三彩	三彩天王俑	三彩武士俑	三彩武官俑	三彩文官俑
	三彩女立俑	三彩女坐俑	三彩胡人俑	三彩骑马狩猎俑
	三彩骆驼俑	三彩马俑		

彩绘女立俑

隋代，陶塑。1952 年陕西西安出土，陕西历史博物馆藏。同时出土有两件，一件高 33 厘米，一件高 34.5 厘米。二俑均梳高髻，一人单髻，一人双髻。服饰、姿态都大致相同。俑头略向下低垂，身着长裙，裙尾曳地，覆足。披巾，于胸前交叉绾（wǎn 旋绕打结）结，双臂置于胸前，双手隐于结中。女俑做徐徐前行状，身材修长，身体略有弯度，但面部已显丰满，既承继了早期清秀的造像风格，又流露出唐代丰腴造像风格的先声。

彩绘女立俑

张盛墓胡俑

隋代，白陶。1959 年河南安阳张盛墓出土，河南博物院藏。高 15 厘米。胡俑高鼻深目，卷发，浓胡须。身着翻领袍，束腰带，下着宽裤，足蹬软靴。左臂下垂，手扶带，右臂屈肘置于胸前。身体微侧，头向右扭，站于长方形踏板上。俑像风格概括简练，除头部外无精雕细琢，重在整体形貌。作品为胡人形象，是隋代各族人民交流往来的象征。

张盛墓胡俑

女侍俑

隋代，陶塑。安徽合肥杏花村五里岗出土，安徽博物院藏。高 23.7 厘米。女俑脸庞较长，头顶双发髻，眉目清秀，神情喜悦。身着覆足长裙，外套圆领及膝上衣，腰中系带。左肩搭一袋，双手抓袋头。女俑体态丰满，明显鼓腹，身体略向侧倾。体形敦厚，形貌朴实、自然。作品塑造手法较为写实，塑造手法洗练，风格质朴大方。

女侍俑

捧罐女俑

隋代，陶塑。上海博物馆藏。高 26.5
厘米。女俑呈站姿，颈细长，面形略圆，
身材修长。头上于右侧盘一花瓣状发
髻，五官刻画清秀。身着长裙曳地，
腰中系带。双手捧一个尖顶圆形罐，
置胸前。女俑像通体施釉，釉色略泛
青。这类俑是陪葬墓俑中的生活类俑，
隋代女俑中，较多的是乐俑。此俑造
型优美，体态纤巧、生动，独具清丽
的风韵。

捧罐女俑

哀思女俑

隋代，红陶。河南出土，河南博物院藏。
俑高 18 厘米。女俑呈坐姿，身着托
地长裙，盘左腿，竖右腿，席地而坐。
左臂自然下垂，右臂弯曲置于膝上，
手托腮。女俑束偏头髻，头略向右扭，
两眼微眯，似为休息状，神情略显忧
愁，故名"哀思女俑"。作品轮廓清晰，
塑造手法简洁概括，衣裙纹饰简洁，
但突显出飘逸的质感，注重对人物内
在气质的表现，写实性极强，富有浓
郁的生活气息。

哀思女俑

持杖老人俑

隋代，陶塑。湖南长沙出土，湖南省
博物馆藏。高 37.5 厘米。俑像为站姿，
头戴冠，身着对襟广袖大衣，有宽带
系于胸部，脚穿草鞋。人物面相略圆，
浓眉大眼，眼角刻有细长的鱼尾纹，
隆鼻阔嘴，络腮胡须浓密。双手于胸
前拄杖而立。作品突出对人物头部刻
画，形象生动，造型写实。把老人历
经沧桑的年龄感与坚毅的性格特征表
现得淋漓尽致，具有很强的表现力。

持杖老人俑

麦积山石窟第60窟胁侍菩萨像

隋代，泥塑。麦积山石窟造像之一。位于麦积山第60窟内。菩萨像高104厘米，头戴花冠，面部不再像之前人像面部那样呈长圆形，而是明显略方，五官清秀，略带笑意。头略向上侧扬。颈饰项圈，肩披帔帛，下身着长裙，腰间系带。衣饰线条自然、优美，形象写实。其胸部平坦，腹部略鼓，左手自然下垂，托宝珠，右手抬起至胸前，手握莲蕾，姿态优美，形象典雅。人物造型生动，气质高雅，又朴实无华，雕塑手法大方、明朗。

麦积山石窟第60窟胁侍菩萨像

麦积山石窟第14窟力士像

隋代，泥塑。麦积山石窟造像之一。位于麦积山第14窟。力士双臂已残，赤双脚。人物塑造较高的技艺水平体现在对面部表情、肌体形态以及拱腰而站的身姿的表现方面。头侧向一边，双眼炯炯有神，狮鼻、厚嘴唇且嘴紧绷，神情刚正勇武，体现出暗含的力量感。上身赤裸，戴项圈，下身着战裙，衣饰线纹生动、自然。颈部与腿部的肌肉块面起伏写实。力士像拱腰站立，身体的重心落在了右腿，造型形态对这一姿态表现得十分明显，受力点准确，形象生动，手法明朗，作品富于动感。

麦积山石窟第14窟力士像

莫高窟第419窟造像

隋代，彩塑。莫高窟造像之一。莫高窟现存隋洞窟81个，彩塑287身，窟龛中造像多为一佛、二弟子、二菩萨、二天王和二力士组合，个别洞窟中有十大弟子群像和三世佛群像等不同形式组合。莫高窟第419窟内西壁开龛，龛高244厘米，宽208厘米，深98厘米。龛内塑一佛、二弟子、二菩萨像。佛高133厘米，宽77厘米，厚25厘米。整铺造像全为圆塑，整体为组合群像。佛为跏趺坐像，施与愿印，穿圆领通肩袈裟，左右弟子、菩萨像造型生动，刻塑精细，人物造型趋向写实。龛壁满饰忍冬纹、火焰纹等各类宗教题材的图案。其中龛楣塑两条龙，龙身彩绘缠绕在龛梁上，龙头圆雕，单足站在有莲花环绕的莲蓬柱头，回首向佛。

莫高窟第419窟造像

莫高窟第419窟迦叶和菩萨造像

隋代，彩塑。莫高窟第419窟造像。迦叶高152厘米，宽40厘米，厚14厘米；菩萨高174厘米，宽43厘米，厚15厘米。龛主尊佛左侧为弟子迦叶和胁侍菩萨。迦叶在历代造像中均以苦行僧的形象出现。这里的迦叶像为一个体态瘦弱、精神矍铄的老人，额头及脸布满皱纹，锁骨及胸骨突出，两眼深陷，牙齿残缺。迦叶一手持钵，一手放在胸前，穿红色袈裟，足穿毡靴，显现出一位饱经沧桑的高僧形象。其造型形象与对面年轻且充满朝气的阿难形成鲜明对比。菩萨端庄丰腴，眉清目秀，身穿深蓝色羊肠裙，披帔巾，突出了深沉的形象，同时展露出几分世俗女性的柔美。不同人物通过衣饰、面貌的差别，突出人物的性格和身份特征。

莫高窟第302窟中心塔柱

隋代，莫高窟第302窟造像。窟室为前后室形式，主室前部为人字坡顶，后部平顶。后室设中心塔柱。室内三壁各开一龛。塔柱整体为须弥山状。上部呈螺旋形七级倒塔，下部有二级金刚座。塔柱上六级原有彩塑千佛，基部圆柱环绕一周雕仰莲，彩塑四龙。金刚座上层四面各开一圆券龛，东、南向龛内均塑一佛二菩萨像，西、北向龛内均塑一佛二弟子，各面龛外两侧均塑一菩萨像。龛内外塑像均已残损。

莫高窟第419窟迦叶和菩萨造像

莫高窟第302窟中心塔柱

莫高窟第420窟西壁内龛菩萨像

隋代，彩塑。莫高窟第 420 窟造像之一。窟室为前后室形式，主室为覆斗形顶，室西、南、北三壁各开一龛。西壁龛为复式方形龛。龛内层高 320厘米，宽 330 厘米，深 160 厘米，外层高 340 厘米，宽 450 厘米，深 78 厘米，内龛塑一佛、二弟子、二菩萨像，外龛左右两侧各塑菩萨一身。内龛菩萨高 225 厘米，宽 60 厘米，厚 26 厘米，头饰冠，上半身赤裸披巾，佩戴项圈及臂钏。下身着长裙，腰间束带，左臂下垂，右臂放置胸前，手执拳。扬眉细目，唇上有胡须，面貌趋于男性，身材略显女性特征，由此可以看出菩萨塑像在由男性形象转为女性形象过渡时期的造型特征。人物造型圆润，头光残损。

莫高窟第420窟西壁外龛菩萨像

隋代，彩塑。莫高窟第 420 窟造像之一。菩萨像高 232 厘米，宽 60 厘米，厚27 厘米。造型与内龛菩萨相像，面相饱满，唇上有八字胡，下巴上有胡须，男性化特征明显，但身材则女性化特征明显，尤其腰、腹部，形体修长，姿态优雅。头饰宝冠，帔巾长裙，造型完整，身材比例适宜，衣饰绚丽。

莫高窟第420窟西壁内龛菩萨像

莫高窟第420窟西壁外龛菩萨像

麦积山石窟牛儿堂第5窟踏牛天王像

隋代，彩塑。麦积山石窟造像之一。位于上七佛阁西侧，为5号窟。隋代开凿，唐初完工。龛形为仿木结构崖阁式。龛前开三间柱廊，后壁凿有三龛。其正中为大龛，塑一佛二弟子四菩萨像。中龛前廊左右对称设置踏牛天王像，今右侧像已不存，左侧像高450厘米。此像为摩醯首罗天像，头戴宝冠，脸庞方圆，浓眉大眼，高鼻直挺，嘴唇上八字须，颏下为络腮胡，神情威武。内着长衣，外穿明光甲，屈肘于胸前做握拳状，手中原似握有武器。天王脚踏在牛背上，牛昂首，做欲跃状。因天王踏牛，故这里又称牛儿堂。隋代造像人物形体修长，还不似唐代那样丰腴，虽经明代重妆，但原塑风貌不失。

麦积山石窟牛儿堂第5窟踏牛天王像

白釉龙柄象首壶

隋开皇十五年（595年），瓷塑。1959年河南安阳张盛墓出土，河南博物院藏。高15厘米，腹围29厘米，足径4.8厘米。壶口为突起的管状，丰肩，腹部下收，平底，实圈足。壶柄造型为龙形，向上俯首紧衔壶沿，颈身弯曲。与壶相对的另一边设象首形流嘴，象口微张，长鼻上卷，两侧有牙外露。柄和流之间的壶肩部饰双泥条环四对。壶通体施白釉，造型精巧，构思新颖，装饰独具匠心，通体无精细装饰，既实用又兼具装饰作用。

白釉龙柄象首壶

白釉黑彩人面镇墓兽

隋开皇十五年（595年），瓷塑。
1959年河南安阳张盛墓出土，河南博
物院藏。高49厘米。镇墓兽是古时
人们设置在墓中可驱邪的神兽，其形
象通常为现实和人们臆想中凶猛人物
与动物的组合体，多面目狰狞。这件
镇墓兽为人面兽身，昂首挺胸，呈蹲
坐状。人面大耳，浓眉，双眼圆瞪，
目视前方，表情狰狞。兽背插有一戟，
肩部刻画有花翼，腹部刻简单的纹饰，
四足为兽蹄，蹲坐在方形平板上。通
体施以白釉，在头部间施黑彩，造型
夸张。塑造手法较为简略，但整体形
象十分鲜明，形神兼备。

白釉黑彩人面镇墓兽

白釉黑彩侍吏俑

隋开皇十五年（595年），瓷塑。
1959年河南安阳张盛墓出土，河南博
物院藏。高72厘米。俑像束发戴冠，
内着敞领广袖长衫，外着裲裆（古代
的一种背心），脚蹬靴，挂剑直立在
莲座上。体形高大，面庞丰颐，五官
清晰，浓眉圆眼，蓄短须，目微下视，
神态谦恭。冠、肩、袖口、鞋面、剑身、
眉、须处均施黑釉，其余通体施以白釉。
色彩对比强烈，塑制手法细腻。

白釉黑彩侍吏俑

白釉围棋盘

隋开皇十五年（595年），陶瓷。
1959年河南安阳张盛墓出土，河南博
物院藏。高4厘米，边长10厘米。
棋盘为方形，上面纵横各刻19道直线，
构成361个交叉点。在盘面四角和中
心点各有一小孔。盘面及四壁均施以
白釉。这是迄今为止发现年代最早的
19道围棋盘。棋盘造型写实，无精雕
细琢装饰，手法概括，质朴大方。

白釉围棋盘

彩绘陶房

隋代，陶塑。约 1931 年河南洛阳市出
土，河南博物院藏。高 76 厘米，面阔
53.3 厘米，进深 65.3 厘米。这座陶房
为殿堂型建筑，其突出表现在九脊歇
山式屋顶和开敞的前立面两方面。屋
顶正脊两端置有鸱尾，垂脊、戗脊饰
以虎头。殿面阔和进深均为三开间。
正面明间设门，两侧开间封闭，墙面
各刻一直棂窗，窗上部刻一株菩提树，
一佛坐于树上。其他三面均设实榻门，
门上塑有门钉、辅首和鱼形拉手。陶
房采用写实手法塑造，其上的檐柱、
角柱、斗拱等结构，造型逼真，是研
究隋代建筑极其珍贵的实物资料。

彩绘陶房

彩绘女仆侍俑群

隋开皇十五年（595 年），陶塑。1959 年河南安阳张盛墓出土，河南博物院藏。
高 22~23 厘米。九位女仆俑均为站姿，手中各持有不同器物，有瓶、盘、勺、果盘、
盆、巾等，持姿各异，形态生动。有双手捧于胸前，或单手托于肩部，或挟于腋下，
每人姿态各不相同。女俑服饰与发式相对统一，俑者都头梳平髻，脑后插梳，
五官端正，面相丰满且略带微笑。身穿窄袖长裙，裙尾曳地，覆足，胸前系带，
双带下垂。衣裙多着绿、红、黄、褐色，色彩鲜艳。人物造型写实，神态栩栩如生，
展现了隋代侍女的服饰特征，是研究隋代陶塑艺术、女侍形象及葬仪习俗的珍
贵资料。

彩绘女仆侍俑群

彩绘坐部伎乐俑

隋开皇十五年（595 年），陶塑。1959 年河南安阳张盛墓出土，河南博物院藏。高 17~19.5 厘米。群俑呈坐姿，手持不同乐器，有琵琶、钹、排箫、笛等，分别作吹、拉、弹、拍等各种演奏姿势。俑像头梳发髻，神情专注。服饰与发式均与同墓出土的女仆俑形象相似。俑人造型写实，手持乐器刻画逼真，表演姿态各异，作品重在传神，无过多的细节刻画，风格质朴自然。这套坐部伎乐俑是研究隋代乐伎艺术的珍贵实料。

彩绘坐部伎乐俑

白瓷鸡首壶

隋代，陶瓷。1957 年陕西西安隋李静训墓出土，中国国家博物馆藏。高 27.4 厘米，口径 7.1 厘米，底径 7 厘米。壶口为盘状，细颈、深腹，腹下部内敛，底部微向外撇，平底。肩部塑有一鸡头为流口，颈根部粗向上渐细，至端头成鸡首样式。壶柄上部塑成龙头状，龙身向下垂至肩部，龙首衔壶口。壶体无精雕细琢，仅在颈、肩、腹部饰以凸、凹弦纹。壶体表面可见细小的冰裂纹，体表施白釉，质感润滑。鸡首壶造型别致，构思巧妙。这种鸡首壶是早期的流行样式，唐代之后逐渐消失不用。

白瓷鸡首壶

守门按盾武士俑

隋代，陶塑。1973 年安徽合肥郊区隋墓出土，安徽博物院藏。高 50 厘米，身宽 18 厘米。秦、汉至唐代贵族墓中，作为随葬品的陶俑十分流行。陶俑分为很多类，武士俑是其中的一种。这件武士俑头戴盔帽，身穿盔甲，腰束宽带，外披风衣，脚蹬圆头靴。俑像面庞丰腴，五官清晰，双目圆睁，张口露齿，神态威武。左手握拳，拳中空，可能手中原握有兵器，今已不存，右手拄长条形盾牌。俑像表面原施以彩绘，但因长期埋于地下，彩绘多已剥落。俑造型写实，表情生动、传神。

守门按盾武士俑

白釉双龙柄联腹瓶

隋代，陶瓷。天津市艺术博物馆藏。高 18.5 厘米，口径 5.2 厘米，底径 2.5 厘米。瓶为单颈、双腹联体结构。两腹部顶端各出一柄，柄首为龙头，衔于瓶口，形态生动，造型奇巧。瓶通体施以白釉，釉面白润，瓶底刻有"此传瓶有并"铭字，说明这类形式的瓶子称为"传瓶"。作品整体玲珑，是隋代出现的新形制。

白釉双龙柄联腹瓶

陶酱釉女舞俑

隋代，陶塑。故宫博物院藏。高 18 厘米。女俑上绾头髻，左右分梳。上着窄袖上衣，下穿长裙盖住脚面。脸庞清瘦，五官精致，面带微笑，腰肢扭动，稍向左倾，双手缩于衣袖内，向前抬起，正做舞蹈状，姿态生动有趣。作品造型写实，塑工简约。

陶酱釉女舞俑

陶打腰鼓女俑

隋代，陶塑。故宫博物院藏。高21厘米。
女俑像呈站立状，头发盘平髻，五官
刻画准确，面带微笑，神态怡然。着
齐胸长裙，外套短披肩。左臂腋下夹
鼓，右手搭在鼓边。女俑形象写实，
整体造型概括，衣饰线条流畅自然，
风格质朴粗犷。

陶打腰鼓女俑

陶酱釉捧物女俑

隋代，陶塑。故宫博物院藏。高19厘米。
俑像站姿端庄，头盘髻，脸庞丰腴，
五官紧凑，略带笑意。双手捧物于胸
前，着窄袖上衣和曳地长裙，裙褶线
条明显自然。造型写实，刀法简洁洗
练，把侍女恭谨小心的神态刻画得淋
漓尽致。

陶酱釉捧物女俑

陶黄绿釉捧物女俑

陶黄绿釉捧物女俑

隋代，陶塑。故宫博物院藏。高27厘米。
女俑像齐头帘，其上头发分梳，上盘
两髻，面庞圆润，五官精致，着齐胸
束腰长裙，外置短衫，裙纹细密，线
条刻画流畅。女俑像双手持物，捧于胸
前。俑像身材修长，形貌婉丽，神态
温雅恬静。塑工技艺娴熟。

陶画彩击鼓女俑

隋代，陶塑。故宫博物院藏。高 24.2
厘米。头盘低发髻，面庞清瘦，双目
微垂，穿齐胸长裙，外着窄袖短衫，
双手持扁鼓，做演奏状，神情专注。
俑像造型优美，身体修长，体态端庄。
主要突出人物的衣冠和表演姿态。塑
工简约，是典型的隋代乐伎形象。同
时出土多件女乐俑，其发式与服饰相
似，只手持乐器与动作各有不同。

陶画彩击鼓女俑

陶画彩女俑

隋代，陶塑。故宫博物院藏。高 22 厘米。
女俑为隋代侍女形象，头盘低发髻，
呈坡面状，瓜子脸，面庞清瘦，五官
清秀，着襦衫和齐胸长裙，垂至足面，
仅露出履头部分，裙上端系有锦带，
长而下垂。身体保持肃立，双目向下
微闭，神情自然，双臂向前弯曲，手
部残损。造型略显僵直，塑工疏爽，
手法质朴粗犷。

陶画彩女俑

陶画彩吹排箫女俑

隋代，陶塑。故宫博物院藏。高 24 厘米。
排箫是一种管乐器，由长短不一的竹
管组合而成，管底有封与不封两种形
式。女俑短衣长裙，胸系双带，两脚
站立，脚穿方头履，裙衣裹体，覆足。
头盘髻，扬眉细目，双手持排箫置于
嘴前，做表演状。

陶画彩吹排箫女俑

陶黄釉女骑马俑

隋代，陶塑。故宫博物院藏。高28.7厘米。骏马身躯强健，马头低垂，四肢健硕，直立于长方形陶板上，做缓慢行进状。马背上塑有一女骑俑，梳高髻，面庞丰颐，形貌端庄。身穿长袖衣裙，右手自然下垂，左手置于腹前。双腿夹马腹，足蹬马镫。女俑骑马像在前代雕塑中还十分少见，此俑为侍女形象，暗示出社会风尚的改变。通体施以黄釉，造型写实，手法简练，线条圆润流畅。

陶黄釉女骑马俑

白陶文官俑

隋代，陶塑。故宫博物院藏。高58.4厘米，宽18厘米。像呈站姿，直立于一圆形基座上。头戴冠，眉粗，眼小，蒜头鼻，蓄八字胡，下颌络腮胡浓密，头微向下垂，双眼微闭。着圆领宽袖上衫，下着裳，双手拱于胸前，神态恭谨。造型写实，塑工细腻，刻画生动，尤其是人物面部肌肉起伏圆润自然。通体施以白釉，表面光洁，大面积的服饰只用几条线刻表现褶皱，简洁且写实，表明当时的陶塑工艺已达到了一定的水平。

白陶文官俑

陶武士俑

隋代，陶塑。故宫博物院藏。高48厘米。武士头戴盔帽，身穿盔甲，下着长裤。五官刻画入微，双眉略蹙，双眼下垂，蒜头鼻，八字须，颌下浓须卷曲，表情沉静。左手抬于胸前，右手置于腰侧，似握武器状，站姿威武。形象塑造偏重于上半身，刻工简练，造型写实，尤其盔甲表现较为逼真，为研究隋代武士形象提供了珍贵的实物资料。

陶武士俑

陶画彩坐俑

隋代,陶塑。故宫博物院藏。高13厘米。
像为坐姿,盘腿,双手于胸前抱小型
平案。头戴黑色幞头,身着窄袖长袍,
涂红色。脚穿靴。脸庞清瘦,额、面
颊有皱纹,连同眉目、胡须刻画细致,
嘴角上扬,面露微笑。人物面部表情
生动,整体洋溢着喜悦之情。刻塑手
法粗犷自然,风格质朴,形神兼具。
俑头部的黑色幞头,也称"襆头",
隋唐时期皇室贵族、官吏文人、平民
百姓,不分男女均有戴者,是隋唐时
的一种流行头饰。

陶画彩坐俑

陶母子猪

隋代,陶塑。故宫博物院藏。高10.5
厘米。母猪侧卧平躺状,腹前卧有九
只猪崽,正挤在一起吃奶,其中一只
被挤到上面,踩在其他小猪身上争着
吃奶,场面真实,生动有趣。作品造
型写实,形象概括,以块面、弧线表
现物象及各部位特征。作品匠心独具,
有浓郁的生活气息。这件陶器为模具
压制而成,可见在当时的陵墓中设置
陶塑家畜、家禽明器的做法十分风行。
这件陶母子猪为母猪养子形象,这种
题材内容的作品在北朝晚期至唐朝初
期较为常见。

陶母子猪

陶淡黄釉卧牛

隋代,陶塑。故宫博物院藏。高9.5
厘米,长22厘米。牛为卧状,体肥身健,
四肢刻画简省,头向上抬起,两角稍
向外弯,大眼圆睁,口微张。通体施
淡黄色釉,釉色光洁。造型写实,手
法粗犷,风格简洁明快,把牛憨厚温
顺的性格表现得十分到位。

陶淡黄釉卧牛

陶黄釉牛

隋代，陶塑。故宫博物院藏。高19厘米。
牛在我国古代是一种重要的动物，在祭祀
和社会生产、生活方面，都有着十分重要
的地位。因此，在陵墓的随葬品中，常常
会出现牛形象的陶塑作品。这件作品牛为
站姿，牛头高昂，双角竖立，两耳向后，
双眼圆睁，圆鼻孔，口微张，腹部微鼓，
四肢粗壮有力，尾巴下垂。全身施以黄釉，
另绘有红色笼套，头部与尾部塑有花饰，
从其姿势和装饰上来看，应为驾车之牛。
整体造型生动，手法洗练，准确地表现出
了牛躯体的肌肉变化，表现出了牛温驯、
健壮的特征，反映出了艺人高超的技艺。

陶黄釉牛

陶酱黄釉牛车

隋代，陶塑。故宫博物院藏。全长53
厘米，通高41.5厘米。牛车为分塑底
座、牛、车轮、车篷后再粘在一起而成。
牛造型简洁概括，四肢短小，躯体肥
硕，昂首挺立，头背有花形装饰，做
前进状。车身造型写实，车顶为弧形，
前后两端均出挑，遮阳避雨。车轮巨
大。酱黄釉牛车塑造真实，手法细腻，
刻工精巧。乘坐牛车是魏晋南北朝时
延至隋唐的风尚，墓室中置牛车，是
墓主人生前生活的写照，表现了当时
的习俗。

陶酱黄釉牛车

陶绿釉牛车

隋代，陶塑。故宫博物院藏。全长44厘米，
通高27厘米，牛高17.5厘米。车厢后开门，
前部开一方形小窗。车顶为卷棚式，前后
两端伸出较长。两侧车轮塑造精美，轮轴
外设葫芦形害，向外浮雕有连珠纹、同心
圆、莲瓣花纹及十四根辐条。车前的塑牛，
形体敦实，牛身为分模合制，头、腿为分
别捏塑，再组装黏合而成。牛和车身施绿
釉，车轮施黄釉，风格古拙。

陶绿釉牛车

陶黄釉骑马鼓吹仪仗男俑

唐代，陶塑。故宫博物院藏。高32厘米，长24厘米。仪仗用马与平时狩猎、打仗使用的战马不同，通常情况下为小马，没有笼套等佩戴物和装饰物，方便演奏。仪仗马通体素朴无饰，马头向下低垂，两耳前竖，眼睛圆睁，嘴微张，身材比例较骑行人要小，也应为小马。马背上骑一男俑，头戴风帽，双足穿靴，蹬踏马镫，为胡人形象。俑人双手上举，为执物状。俑人前方，在马的颈部塑有一支架，应为架鼓用，现鼓已失。作品造型写实，人与马的形象均饱满圆润，轮廓清晰。这种鼓吹俑多成组。鼓吹仪仗为社会上层所使用，因此在唐代高官和皇家陵墓中都有设置。

陶黄釉骑马鼓吹仪仗男俑

陶画彩牛车

隋至唐贞观年间，陶塑。故宫博物院藏。全长45厘米，通高28厘米，牛高19厘米。牛车的车身、车轮和牛为单独制成。牛全身比例准确，躯体塑造重点突出强健的体魄。肩部突起，腹圆鼓，四肢粗壮劲健，显出力量感。车身四周用红色绘出直棂格纹，前后挡板高出拱形，上面墨绘图案。左右两侧的车轮塑造十分精细，作品塑造手法简洁明快，造型风格写实，质朴自然。

陶画彩牛车

麦积山石窟第4窟造像

隋代泥胎，宋代重修或重塑，明代妆彩贴金，泥塑。麦积山石窟造像之一。窟洞位于麦积山东崖最上层，是这一区域石窟群中最为宏伟的洞窟。窟离地面约50米，高16米，横长约31米，窟前立有方形的立柱八根，由列柱在窟前组成的前廊甚是壮观，廊顶有脊梁，两端饰鸱兽，檐下设斗拱以承檐额。廊顶部还雕有平棋天花装饰，为北周时期仿木构建筑凿造。窟前廊深为4米，廊子向里为窟洞，内开龛，共为七间，每个龛内均塑佛像一身，合起来为"七世佛"，七佛加上洞窟的楼阁形式，正好是这一洞窟"七佛阁"名称的来历。窟洞七佛龛内除主佛陀像外，均有胁侍菩萨及弟子造像，菩萨体形匀称，体态适中，颇有俗世女子的形象与气韵，面部流露出的微笑让人产生亲切感。

麦积山石窟第4窟造像

莫高窟第328窟跏趺坐佛造像

初唐，彩塑。莫高窟第328窟建于初唐时期，龛高275厘米，宽395厘米，深205厘米，整个窟龛造像包括一佛、二弟子、二菩萨和四供养菩萨，其中南侧一供养菩萨已失窃，现藏美国哈佛大学赛克勒博物馆。龛正中为主尊佛，高130厘米，宽71厘米，厚28厘米。主佛结跏趺坐于台座上，高绾髻，面庞丰满，面形略方，唇上有须，袒胸，内着僧祇支，外穿袈裟，质地轻柔，衣褶线条自然流畅。佛施无畏印，表情庄重肃穆。整件雕塑刀法简洁，衣纹处理细腻，是唐初佛陀造像的代表作品。龛内浮塑佛光，内绘饰莲花、忍冬、火焰纹。佛两侧分别是迦叶和阿难，再向外有两尊呈半跏趺坐式的菩萨像。龛内顶部及四壁彩绘为西夏重绘。

莫高窟第328窟跏趺坐佛造像

莫高窟第328窟北侧菩萨像

初唐，彩塑。莫高窟第 328 窟造像。
菩萨像高 160 厘米，宽 50 厘米，厚
21 厘米。菩萨体量较大，坐于束腰莲
台座上。表情庄重，面庞丰润，神态
自然。菩萨像上半身裸露，璎珞从两
肩下垂至前腹，戴双臂钏，下着长裙
覆盖腿面，右腿自然下垂，脚踏于莲
坐上，左腿蜷起盘于台座上。右手置
于膝头，左手抬起，施手印，姿态悠然。
菩萨衣饰华丽，绘饰彩纹丰富，线条
流畅，极富质感，整体造型端庄、华贵。

莫高窟第328窟北侧菩萨像

莫高窟第328窟南侧菩萨和阿难像

初唐，彩塑。莫高窟第 328 窟造像。
菩萨像高 160 厘米，宽 50 厘米，厚
20 厘米；阿难像高 161 厘米，宽 44
厘米，厚 19 厘米。这是窟龛内主尊
佛右胁侍弟子阿难和胁侍菩萨像。与
北侧胁侍菩萨和迦叶相对。两胁侍菩
萨像大小、造型基本一致，所施手印
及衣饰略有不同。菩萨坐于束腰莲台
高座，右腿盘起，左腿垂下作半倚坐
式。面庞丰润，高髻，体态饱满丰腴。
上身赤裸，饰项链臂钏和腕镯，下身
裙衣彩饰华丽。阿难与迦叶相对，以
聪明清秀的童子形象最为常见。阿难
姿态洒脱，腰部微扭，头略向外侧，
表情庄重。阿难衣饰以红绿两色为主，
其上彩绘绚丽。两尊塑像均为莫高窟
初唐彩塑的代表作品。

莫高窟第328窟南侧菩萨和阿难像

莫高窟第328窟供养菩萨像

初唐，彩塑。莫高窟第 328 窟造像。
这一窟龛内外共塑有六尊菩萨，其中
龛内南侧龛菩萨于 1924 年初被窃往美
国，现存美国博物馆。龛内北侧龛菩
萨通高约 1 米。头绾花形髻，上身赤裸，
颈上佩璎珞，戴臂钏，披长巾绕于双
肩。下身着薄裙，紧贴身。菩萨右手
托物状，左手在侧，双手均有残损，
单膝跪坐。塑像腿部衣纹褶皱十分细
腻，既显衣饰柔软质感，又衬托人物
的美感，为同题材作品中的佳作。

莫高窟第328窟供养菩萨像

莫高窟第328窟迦叶像

初唐，彩塑。莫高窟第 328 窟造像。
迦叶高 161 厘米，宽 44 厘米，厚 19
厘米。身着圆领通肩袈裟，臂腕戴护
臂，足穿靴，双手合十，站立于莲台
上。迦叶是整组造像中表情最丰富的
尊像，他皱眉、半睁双眼，咧嘴，脖
颈处青筋外露。宽大的披肩袈裟使其
看上去更加瘦弱，流露出其"苦行僧"
的形象。迦叶是佛教初创时期的一位
真实人物，与阿难一起成为释迦牟尼
佛的左右胁侍，也是释迦牟尼的首座
大弟子，而且在众多弟子中，他以"苦
修第一"而著称，其塑像的形象与对
面的阿难相比，明显也突出了年高、
消瘦的特征，在人物形象的塑造上，
创作者利用对比的手法来衬托人物的
形象，如宽松、整齐的袈衣及披巾尤
其显出瘦弱的体格。

莫高窟第328窟迦叶像

莫高窟第386窟菩萨像

初唐造像，清代涂彩。莫高窟第386窟造像。窟主室西壁开斜顶敞口龛，龛内塑一佛二弟子四菩萨像。此为佛右侧胁侍，高170厘米，宽40厘米，厚20厘米。两尊菩萨像，造型、姿态及衣饰大致相同。均梳花式高髻，赤裸上身，饰璎珞，佩臂钏，下身着长裙，质地轻盈贴体。衣带飘逸、优美，人物造型为拱腰侧立，姿态随意，神情悠然、轻松，富于形象美感。两尊菩萨虽经过清代涂彩，但初唐风格依存。

莫高窟第386窟菩萨像

莫高窟第384窟菩萨像

盛唐，彩塑。莫高窟第384窟造像之一。窟为前后室，主室为覆斗形顶，室南壁平顶敞口龛内塑一佛二菩萨像。这是主尊佛西侧的胁侍菩萨像。高156厘米，宽39厘米，厚17厘米。头绾高髻，上身赤裸，饰璎珞，腰束巾，下身着长裙。面相丰润、饱满、扬眉、细眼，长耳下垂。右臂自然下垂，左臂抬起至胸前，手持物状，物已失。腹圆鼓，肌体圆润、丰满。菩萨眼略向下视，姿态、神情略显高傲、冷漠，颇有民间贵妇的形象，风格趋于世俗化。菩萨体态雍容丰满，袒胸露肌的形象足以显示出盛唐时代开放的社会风气。菩萨像后经清代重新装饰。菩萨后背为团花纹背光，华盖和飞天等像为中唐时期绘制。

莫高窟第384窟菩萨像

莫高窟第458窟造像

盛唐，彩塑。莫高窟造像之一。窟室顶部已毁，西壁斜顶敞口形龛，高 2.55 米，宽 3.55 米，深 1.8 米。龛内塑一佛、二弟子、二菩萨、二天王和二供养菩萨像，为一处较为完整的佛教造像窟龛，图示为主佛右侧的弟子迦叶和一胁侍菩萨、一天王、一蹲坐莲台的供养菩萨像。迦叶像高 1.62 米，佛右胁侍菩萨像高 1.76 米，天王像高 1.66 米，跪姿供养菩萨像高 0.64 米。全窟造像弟子赤诚，菩萨优雅，天王威武，供养菩萨造型别致，整龛造像完整和谐，各类人物的动作、姿态及衣饰纹理都表现得十分生动。雕塑手法显示出彩塑作品的特征和盛唐雕塑艺术的魅力。龛内九身塑像均为泥塑，与盛唐其他窟龛内的彩塑相比，雕刻手法与塑像色彩处理都显得较为简洁淡雅，在龛外还留有西夏时期的大量题文与彩绘。

莫高窟第458窟造像

莫高窟第458窟跏趺坐佛

盛唐，彩塑。莫高窟第 458 窟造像之一。佛像高 115 厘米，宽 62 厘米，厚 33 厘米。佛为坐姿，结跏趺坐在须弥座上。持手印，部分手指残，披袈裟，衣纹逼真写实。佛高肉髻，长耳下垂，袒右胸，造型端庄朴素。佛身下须弥座束腰处周圈有壶门形龛，底分多瓣并有阶梯状线饰，造型别致。佛背后有双层火焰纹背光，浮塑造型生动逼真。作品塑造手法自然流畅，衣纹处理生动，线条洒脱，整体工艺精湛。

莫高窟第458窟跏趺坐佛

莫高窟第79窟左侧胁侍菩萨像

盛唐，彩塑。莫高窟造像之一。第79
窟西壁龛高220厘米，宽290厘米，
深180厘米，龛内塑一佛、二弟子和
四菩萨像，龛外两侧还立有两尊天王
像。龛内主尊佛左胁侍菩萨呈半跏趺
坐式，袒胸裸足。像高122厘米，宽
48厘米，厚17厘米。梳高髻，腹圆鼓，
体态丰腴饱满。项饰链，有臂钏，肩
与腰间斜挂帔巾；下身着裙，柔地质
软，腰系带，其宝座覆织物亦质轻，
盖满整个台座，并沿座四周下垂，
纹饰逼真，造型生动。菩萨姿容美丽，
神采奕奕，具有唐代妇女的世俗美感，
是唐代美貌菩萨像的典型代表。

莫高窟第79窟左侧胁侍菩萨像

莫高窟第79窟右侧胁侍菩萨像

盛唐，彩塑。莫高窟第79窟塑像。
主尊佛右侧胁侍菩萨与左侧胁侍菩萨
相对，造像尺度与左侧胁侍菩萨像相
同，姿态也相同。身体略扭，头向外
侧。塑像面目清秀，面庞圆润，体态
丰腴匀称，形象端庄优美。颈纹三道，
裸上身，下身着敞裙，形态悠然，显
慵懒之态。塑像肌肤毕露和极具现实
性的躯体形象，世俗气息浓郁。虽然
在装束上仍然保持着早期印度佛像的
一些特征，但已形成典型的中国佛教
造像的风格。

莫高窟第79窟右侧胁侍菩萨像

莫高窟第45窟跏趺坐佛像

盛唐，彩塑。莫高窟造像之一。窟龛高214厘米，宽328厘米，深176厘米，为前后室形式，主室覆斗形，西壁开一龛，内塑一佛二弟子二菩萨二天王像。其中佛为跏趺坐姿，高105厘米，宽53厘米，厚23厘米，手结法印，头顶螺髻，身披袈裟，袒露胸脯。造像丰满匀称，衣饰裙纹塑工精细，线条流畅自然，衣裙质感宽松、轻柔。塑像整体感强，既体现出佛慈悲宽厚的气度，又显示出威武的形象。佛身后彩绘背光，造型富丽庄重。

莫高窟第45窟跏趺坐佛像

莫高窟第45窟迦叶像

盛唐，彩塑。莫高窟第45窟造像之一。像高155厘米，宽39厘米，厚15厘米。迦叶是释迦牟尼十大弟子之一，勤奋苦修，窟中塑像将其表现为一个虔诚的苦行僧形象。内穿僧祇支，外披袈裟，部分胸部袒露，右臂上扬，左臂屈肘掌面向上做托物状。眉目深邃，面相清瘦，一副饱经风霜的高僧形象。造像塑造细腻，手法精湛，形神俱佳。

莫高窟第45窟迦叶像

莫高窟第45窟阿难像

盛唐，彩塑。莫高窟第45窟造像之
一。阿难像高155厘米，宽39厘米，
厚15厘米。与同是佛弟子的迦叶相比，
阿难更像是汉族僧人形象。阿难全称
阿难陀，是释迦牟尼十大弟子之一。
第45窟阿难像，面部与身体皆饱满，
富于朝气，性情温顺、腼腆。像双臂
相交放于腹前，动作自然，身体略向
内倾，呈"S"状，身披袈裟，衣裙
垂至脚面，衣饰优美华丽，衣褶层层
叠落，并随人物形体呈现出曲线美。
雕造与彩绘的配合华而不艳，使造像
不失庄严、虔诚的气质。

莫高窟第45窟阿难像

莫高窟第45窟右侧天王像

盛唐，彩塑。莫高窟第45窟造像之一。
像高160厘米，宽40厘米，厚17厘米。
头束高髻，八字胡，厚唇。怒目圆睁，
双眉紧锁，右臂拱起手卡在腰间，左
臂弯起，手握空拳，手中原握有物，
现已遗失。身着甲胄，其造型饱满健
壮，甲胄的塑造通过简洁明快的线条
和富有质感的表面，展现出了金属的
材质和甲衣的坚硬，更加衬托了天王
的威猛形象。人物造型由脚底的不平
衡引起的腰及肩部的扭曲，使塑像蕴
含有强大的力量感。天王脚下踩的夜
叉鬼的表情和动作，更衬托了天王的
勇猛气势。

莫高窟第45窟右侧天王像

莫高窟第45窟北侧菩萨像

盛唐，彩塑。莫高窟第45窟造像之一。位于窟西壁龛主尊佛左侧，相对右侧也塑一立菩萨像。造型姿态相似，衣饰装束相同。左侧菩萨像高164厘米，宽40厘米，厚16厘米。上身半裸，斜挂帔巾，佩璎珞；下身衣饰繁复华丽，色彩鲜艳。头颈、肩部和腰胯分别向不同方向扭转，整个塑像呈"S"形自然弯曲状。菩萨形象一改以往呆板直立的形象，塑像既显出丰满的身姿，又具有真实的神态，具有生命气息和动态感，是莫高窟盛唐时期作品的代表作。

莫高窟第45窟北侧菩萨像

莫高窟第45窟南侧菩萨像

盛唐，彩塑。莫高窟第45窟造像之一。位于窟西壁龛主尊佛右侧。菩萨像高164厘米，宽40厘米，厚16厘米。菩萨略俯首向下，身呈"S"形，手指残缺，肌体丰润。造型姿态、衣饰装束与北侧菩萨几乎相同。显示出唐代佛教艺术更趋于世俗化的特征。

莫高窟第45窟南侧菩萨像

莫高窟第444窟供养菩萨像

盛唐，彩塑。莫高窟第444窟造像之一。窟洞西壁开龛，龛内现存彩塑二弟子二菩萨一天王像，均为盛唐作品。龛外两侧各塑一身坐于高台座上的供养菩萨，像均高103厘米，宽47厘米，厚20厘米。两尊像衣饰以红为主，其后的彩绘和头光则是五彩，突出了菩萨的主体地位。此为龛外南侧供养菩萨像，束高髻，双盘腿坐于束腰莲台上，右手扶膝，左手施无畏印，手指残。上身斜披帔巾，无佩饰，下身着裙裙。莲座雕塑精致，造型优美。塑像背后有花饰头光，侧壁绘千佛，素雅庄重。

莫高窟第444窟供养菩萨像

莫高窟第445窟造像

盛唐，彩塑。莫高窟造像之一。主室
为覆斗形顶，西壁帐形龛残高255厘
米，宽330厘米，深210厘米，龛内
塑一佛二弟子二菩萨二天王像，南侧
天王像残毁。佛像高127厘米，宽74
厘米，厚28厘米；弟子像高172厘
米，宽47厘米，厚23厘米；菩萨像
高177厘米，宽51厘米，厚25厘米；
天王像高182厘米，宽54厘米，厚
25厘米。佛高肉髻，施手印，结跏趺
坐在须弥台座上，面相方圆，外披红
色袈裟。佛弟子与菩萨像均立于莲台
上，天王则脚踏鬼怪，人物造型各异，
神形并茂。弟子、菩萨及天王衣饰或
帔巾均有相同的红色，色调组合十分
协调，整龛塑像格调统一。

莫高窟第445窟造像

莫高窟第46窟佛和弟子像

盛唐，彩塑。莫高窟第46窟造像。
窟洞为前后室，主室为覆斗形顶。西、
南、北壁各一龛，南壁为圆券顶横长
形的佛涅槃龛，北壁为方形顶横长形
的七佛龛，西壁为一平顶敞口形龛，
龛内塑一佛、二弟子、二菩萨、二天
王像。龛高226厘米，宽320厘米，
深173厘米。主尊佛像高110厘米，
宽53厘米，厚22厘米。弟子像均高
约144厘米，宽38厘米，厚14厘米。
佛释迦牟尼结跏趺坐于束腰莲花台
上。高肉髻，身着袈裟，袒露右胸和
部分右臂。衣纹塑出，线条流畅。胁
侍弟子迦叶和阿难站于莲台上，形神
突出，衣饰整齐，均内着长衫，外披
袈裟，迦叶形象不再如之前枯瘦的苦
行僧状，而是具有盛唐的富足与威武
气质，世俗气息浓郁。佛身下莲台座
造型独特，刻绘精致。像后有背光，
龛顶绘《法华经》中的场景。

莫高窟第46窟佛和弟子像

莫高窟第66窟西壁北侧菩萨和天王像

盛唐，彩塑。莫高窟第66窟造像。窟西壁开平顶敞口龛，龛高265厘米，宽315厘米，深180厘米。内塑一佛、二弟子、二菩萨、二天王像。主尊释迦牟尼为倚座佛像，胁侍弟子和菩萨像均站立于莲座上。其中北侧胁侍菩萨像高163厘米，宽40厘米，厚15厘米，天王像高157厘米，宽40厘米，厚16厘米。菩萨着长裙，上身赤裸，体态丰腴，神态慈善。天王怒目直瞪，身着盔甲，脚下踏小鬼，更显威猛形象。菩萨像和天王像并肩而立，形成鲜明的对比，都极具世俗性。

莫高窟第66窟西壁北侧菩萨和天王像

莫高窟第113窟北方天王像

盛唐，彩塑。莫高窟第113窟造像之一。第113窟主室为覆斗形顶，西壁帐形方龛外南北两侧各塑一尊天王像。天王像高159厘米，宽43厘米，厚15厘米。天王头顶绾髻，身穿甲衣，双腿跨步站立，双手交叉置于腹前，造型孔武有力，神形兼具。这尊天王塑像身着铠甲为唐代的样式，人物形象较为写实。

莫高窟第113窟北方天王像

莫高窟第194窟南侧菩萨像

唐代，彩塑。莫高窟造像之一。龛南、北两侧皆塑立菩萨像，南侧菩萨像高128厘米，宽35厘米，厚12厘米。头作花式髻，面颊丰满、圆润，身穿圆领上衣，长裙至地盖住部分脚面，左臂屈肘外张，手部残缺；右臂自然下垂，姿态悠然。双眼微闭，嘴角略上翘，眉宇间流露出满足、享受的神情。这尊像被认为是唐代造像"菩萨似宫娃"的典型造型，丰腴的姿态散发着女性的独特魅力。塑像衣裙通身饰以团花、蔓草花纹，并配合以彩绘，十分绚丽。像立在须弥莲座上，腰部略侧倾，腹部微微突起，整体塑像为内倾倒立的姿势，张弛有度。人物形体所表现出来的气质丰丽、仪容优雅、躯体比例适宜，充满强烈的真实感及世俗气息。

莫高窟第194窟南侧菩萨像

莫高窟第194窟北侧菩萨像

唐代，彩塑。莫高窟第194窟造像之一。龛北侧菩萨像，高128厘米，宽35厘米，厚12厘米。头束高髻，下身着裙，上身半裸，帔巾斜披。像头部略抬，双眉高挑，眼也更趋于平视，人物形象十分自信，整体造型与同龛南侧菩萨像相比，气质上少了几分娴雅，多了几分傲慢，反映了中国唐代以丰肥为美的审美观。作品更趋世俗化。

莫高窟第194窟北侧菩萨像

莫高窟第194窟北侧密迹金刚力士像

盛唐，彩塑。莫高窟第194窟造像。此窟
龛为盝顶帐形龛，龛内塑倚坐佛一尊，二
弟子、二菩萨和二天王像，龛帐门外南北
侧还各塑一身密迹金刚力士像。力士像高
100厘米，宽36厘米，厚13厘米。这是
北侧力士，像右手残缺，左手指残。裸上身，
下身着带花战裙，双腿分立，双脚各承莲
台。力士身体肌块突现，强调了人物的力
量感，表现出雄强的气质。尤其是裸露的
上半身和腿部肌肉、骨骼的形态，在真实
的基础上有所夸张，因此使人物形象更富
于力量感。表情生动、威严，手法夸张。
整体造型饱满，为盛唐优秀的雕塑作品。

莫高窟第194窟北侧密迹金刚力士像

莫高窟第130窟弥勒佛造像

唐代，彩塑。莫高窟造像之一。塑于唐开
元九年至天宝年间（721~756年），是一
尊弥勒佛像，洞窟进深约10米，像通高
达26米，属倚坐像。像左手扶膝，右手
施无畏印，面部轮廓丰满，五官造型突出，
整体造型庞大。整尊像的塑造过程是先在
窟内岩壁上凿出内胎，再附上草泥塑出形
体及面貌，然后再进行细部的纹饰塑造和
彩绘。从雕塑的手法来看，整尊佛像在塑
造的过程中，匠师已经注意到大的佛像会
使观赏者产生下大上小的视差，因此设置
了超大尺寸的头部，其高度几乎占塑像全
身高度的1/4，使头部的形象成为整尊塑
像的核心。匠师们对头部五官进行了重点
的塑造和突出的刻画，尤其在发际、眼部、
鼻翼和嘴唇等处，塑出较深的纹道，使五
官各部位在佛像底部的观者看来更明显突
出，而且颈部的三道，又起到了很好的衬
托作用，使整个头部极具立体感和真实感。
而且，窟顶的明窗投射出来的自然光线，
正好更加突出佛像面部五官的轮廓，使造
型更加真实生动。

莫高窟第130窟弥勒佛造像

莫高窟第158窟涅槃佛造像

中唐，彩塑。莫高窟第158窟造像之一。此窟建于后唐天成四年（929年）以前，因塑有大卧佛而得俗名卧佛窟。主室长方形，西壁设涅槃坛。佛像侧卧于佛坛上，为释迦涅槃像。这尊卧佛像在莫高窟佛像雕塑中体形属较大者，佛身长15.35米，肩高2.7米，胸厚1.87米。佛像头向南，脚朝北，侧身垂足而卧，枕右手。佛像面部饱满，眉目修长，两眼微闭，神情安详甚至略带笑意。眼下鼻唇突出，嘴角稍稍向上翘起。涅槃像表现的是佛的无为与圆满，而塑像丰满的面容和身躯以及佛头下的彩绘莲花枕，都是极富唐代造像特征的设置。涅槃像为佛横卧的姿态，总体工程量较大，因此在石窟中设置的数量有限。这尊像独占一窟，在佛头对着的南壁与佛足对着的北壁，分别雕有代表过去与未来的两尊佛。除此之外，窟壁上还绘满了佛传故事及各种人物形象。

莫高窟第158窟涅槃佛造像

莫高窟第159窟迦叶和菩萨造像

中唐，彩塑。莫高窟第159窟造像。第159窟塑像位于一个小型洞窟内，洞中主佛不存，只有菩萨、弟子和天王像。洞窟西壁龛北侧立迦叶像，高123厘米，宽32厘米，厚10厘米；菩萨像高约127厘米，宽33厘米，厚10厘米。菩萨头顶高髻，镶宝冠。上身半裸，一条帔巾自胸前绕至腰间。下身着长裙，裙摆下垂至脚面，双足赤裸。整尊塑像表现出了菩萨修长的身躯、丰腴圆润的体态，以及亭亭玉立的优雅身姿。从塑像的颈部、腰部到胯部还稍稍呈现出了"S"形的曲线，不仅符合人体曲线变化，也是唐朝女性审美观念的体现。迦叶上身半裸，袈裟围至胸部，明显有唐朝服饰的特点，而且袈裟较为轻薄，衣纹相对简洁。两个人物的衣饰都加彩绘装饰，菩萨衣饰华丽，迦叶衣饰素雅，突出了二人身份上的差别。

莫高窟第159窟迦叶和菩萨造像

莫高窟第159窟阿难和菩萨像

中唐，彩塑。莫高窟第159窟西壁龛南侧造像。菩萨像高127厘米，宽33厘米，厚10厘米；阿难像高123厘米，宽32厘米，厚10厘米。菩萨造型面相略方，眼角上翘，具有藏传佛教造像的特点。两个人物衣饰华丽，锦裙装饰体现出浓重的唐代风格，这一组塑像在形式和手法上相对盛唐时的塑像要含蓄，人物动作幅度不若之前那样呈现明显的曲线形式，在雕塑技法上更注重对衣饰等细部的表现。阿难造型如童子，其动作谦恭，不像对面的迦叶像那样与菩萨之间似有互动，而是肃立菩萨身旁。两侧的造像通过动作与衣饰色调等，也都相应地表现出了协调一致性，使整个窟龛的塑像统一完整，空间氛围具有互动性。

莫高窟第159窟阿难和菩萨像

莫高窟第30窟释迦佛像

晚唐，彩塑。莫高窟第30窟西壁开龛，为平顶敞口龛。龛内唐代塑像现仅存释迦佛和阿难像，其余均为清代塑像，龛内壁为清代装修。释迦佛像高88厘米，宽47厘米，厚20厘米。螺旋髻，眉下弯，眼睛微闭，姿态安详。双耳下垂，施手印，结跏趺坐于须弥座上。佛身披红色袈裟，无论面相还是体态，都不似盛唐时期那般丰腴。佛背后有团花项光及火焰纹背光，均为清代重新修饰。整体风格趋于繁丽，已失原始面貌。

莫高窟第30窟释迦佛像

莫高窟第30窟阿难像

晚唐，彩塑。莫高窟第30窟造像之一。
像高140厘米，宽40厘米，厚20厘米。
阿难明显着汉地样式的袈裟，在肩部
打结，衣纹线条自然流畅。阿难头形
长圆，双眼微闭，已经不再是以往的
青少年童子形象，而是稳重的成人像。
身体略扭，双手交叠放置腹前，姿态
生动逼真，富有世俗情趣。

莫高窟第30窟阿难像

莫高窟第17窟洪巩像

中晚唐。彩塑。莫高窟造像之一。塑
像所在窟主室为覆斗形顶，北壁前设
床坐，坐上塑洪巩像。第17窟是清
代才发现的藏经窟，内藏大量佛教经
卷、文书、绘画和雕塑，大部分现分
藏俄、英、法、日和中国国家图书馆。
洪巩死后塑其真容纪念像于窟内，像
体内装有他的骨灰袋。像高94厘米，
宽34厘米，厚23厘米。身披田相袈
裟，结跏趺坐，袈裟覆盖全身。人物
造型写实传神，安详的神态中透出威
严。手法简洁，刻工娴熟，其腹内空，
置有骨灰袋，是莫高窟石窟造像中的
独特作品，也是中国雕塑艺术史上具
有很高历史意义的作品。

莫高窟第17窟洪巩像

韩森寨高氏墓彩绘女立俑

唐代，陶塑。1956年陕西西安韩森
寨段伯阳妻高氏墓（667年）出土，
同时出土有多件陶俑，中国国家博物
馆和陕西历史博物馆均有收藏。这件
女立俑作品高32.7厘米，头戴尖顶高
帽，身着窄袖对襟上衣，下着曳地长
裙，覆住足面，披帔帛，双手置于腹
前。面庞清瘦，身体修长，略带笑意。
作品塑造手法简洁概括，注重总体性
而无过多细节表现，风格写实，质朴
古拙。

韩森寨高氏墓彩绘女立俑

骑骆驼俑

唐代。陶塑。1954年山西长治唐墓（679年）出土，中国国家博物馆藏。俑通高89.7厘米，长26.5厘米。骆驼体形高大，四肢修长，直立于托板上，做行进状，头部的刻画细致。竖立的两峰之间搭行囊，其上跨坐一男俑。男俑头戴尖顶帽，面部明显为高鼻深目的胡人形象。俑身着翻领褕衣，腰间系带，左手拽缰绳，右手上扬，做挥鞭状。骆驼整体略显消瘦，体格健壮，动作轻盈。作品造型明快，人物与骆驼的形象写实，形神兼具。

骑骆驼俑

永泰公主墓饮马俑

唐代，陶塑。1960年陕西乾县永泰公主墓出土，陕西历史博物馆藏。通高20厘米。马表面通体施赭色釉，张口垂首，做饮水状，因此得名。马躯体肥硕、强健，四肢肌肉饱满，四蹄平立于方板上。静中有动，蕴含着剽悍形象。颈部鬃毛刻饰自然，头部形象逼真。马的比例准确，塑工洗练明快，富有生机。马在唐朝较前代使用更频繁，也更受重视，在马的造型和塑作技术上，与前代相比向着丰满、肥硕方向发展。

永泰公主墓饮马俑

参军戏俑

唐代，陶塑。陕西西安出土，中国国家博物馆藏。高约为45厘米。"参军戏"是唐代十分流行的一种由"参军"和"苍鹘"两个角色作各种滑稽的对话表演，以逗人发笑，类似于相声。这组参军俑为陶质绿釉。俑人站姿，均身穿绿色长袍，戴幞头。两个人物动作不同，其中一人双手拱于胸前，头戴冠，脸庞饱满，另一人双手笼袖于腹前，面庞方圆，皱眉头，两眼低垂。俑人比例真实，形态自然，以不同表情表现角色的不同。衣饰装扮为唐代伎俑典型形式。

参军戏俑

骆驼载乐俑

唐代，陶塑。1957 年陕西西安唐墓出土，中国国家博物馆藏。高 58.4 厘米。骆驼四肢修长，直立于陶板上，引颈抬头，神态悠然。驼背上铺条纹长毡，其上塑五位乐舞俑。其中一人站中间，深目高鼻并有长髯，为"胡人"形象，左手甩袖，右手握拳，正做舞蹈状。另外四人为坐姿，前面两人胡人形象，后面两人为汉人形象，各持不同乐器，正在演奏，现三人乐器已失，只有一人弹琵琶。胡人与汉人均穿相同的服装，表明唐代民族文化融合的特征。整件作品中骆驼与人的比例较真实世界要大得多，并通过夸大的骆驼尺度与人相对比，获得了视觉上的平衡，同时也更突出了热烈的歌舞氛围。

骆驼载乐俑

彩绘仕女俑头像

驯马俑

唐代，陶塑。出土时间、地点不详。中国国家博物馆藏。马高 40 厘米，俑高 36.8 厘米。作品分塑马和驯马师，马匹身强力健，头部向下垂扭，张口露齿，左前蹄高抬，整个身体向后斜，两后腿蹬地，似要奋力挣脱背上的鞍具和缰绳。马夫身体前倾，右腿前伸，左腿弯曲，左手后伸，右手做握拳勒缰状，手腕上青筋暴出，面部牙齿咬下唇，做用力状。作品塑造准确生动，把马的动态和马夫绷紧的小臂肌肉都形象地表现了出来，风格极为写实，富于动感。

彩绘仕女俑头像

唐代，陶塑。新疆哈拉和卓出土，旅顺博物馆藏。高 17.5 厘米。女俑头梳单刀半翻髻，中部饰有宝相花，发式简洁而精致。面庞圆润，五官刻画紧凑，弯眉细目，隆鼻小口，额头正中绘饰花纹，脸上装饰有盛唐时期流行的彩妆。双眸低垂，表情自然，脖颈修长，线条优美，为唐代时典型的妇女妆容特点。作品塑造手法细腻，采用刻塑与彩绘相结合的方式，十分精彩地表现出了唐代女人高贵、时尚的气质。作品五官表现生动真实，造型优美，是唐代雕塑艺术的佳作。

驯马俑

生肖群俑

唐代，陶塑。出土时间、地点不详。上海博物馆藏。高为 18.6~20.4 厘米。这是十二生肖俑中的七件，均为红陶胎质。俑全部作拟人化处理，为兽首人身形。各俑衣式虽在细部有所差异，但均为广袖长袍，昂头前视，拱手而立，表情肃穆。动物形体大小不一，姿势相同，面目特征各异。头部造型生动形象，表现手法独特，在唐代这种十二生肖的人形俑做法可能较为流行，除陶质外还发现有三彩十二生肖俑。

生肖群俑

三彩胡人背猴骑驼俑

唐代，彩塑。故宫博物院藏。三彩器是当时贵族的陪葬品，此作品约造于 8 世纪，正值唐朝的鼎盛时期，高 74 厘米，长 55 厘米。此彩塑作品的底座为一菱形托板，三彩骆驼四足直立，高昂着头，龇牙嘶叫，全身以黄褐色为主要基调，驼峰上的披垫为绿色的椭圆形，上面用一种上蜡技术，点缀有黄、白二色相间的斑点，成为唐三彩的魅力所在。骆驼双驼峰之间坐有一人，高鼻深目，蓄着浓密的胡须，为一胡人。胡人身穿翻领窄袖衣，脚蹬高筒靴，双手向上抬起，原应有缰绳在手，今已不存。俑人背上有一只猴，一爪紧紧搂其颈部，另一爪抓腮。此作品造型极为写实，以猴子为宠物是西域地区一些民族的习俗，据说可以识路，其造型尺度虽小，但形象细致、真实。

三彩胡人背猴骑驼俑

彩绘胡俑头像

唐代，陶塑。1960 年陕西乾县永泰公主墓出土，陕西历史博物馆藏。高 14.5 厘米。俑头幞巾包冠，于前端系有花结。面相方圆，浓眉大眼，鼻子肥厚，唇上蓄八字须，脸颊与颌下络腮胡卷曲，双目炯炯有神，神情毕现，很富有人物的个性。外貌特征为典型的古代胡人形象。作品生动，立体感强，造型饱满，刻塑浑圆，线条舒展流畅，形质俱佳。

彩绘胡俑头像

文吏俑

唐代，陶塑。1953 年陕西咸阳底张湾豆卢建墓（744 年）出土。墓中出土多件陶俑，有文吏俑、武士俑、文吏跪拜俑等。这件文吏俑高 1.17 米，头戴高冠，身穿宽袖长袍，齐胸束带，袍缘垂足，脚蹬云头鞋，立于岩石台座上。双手笼袖置胸前。其脸庞方圆、饱满，五官刻画紧凑，富有立体感。弯眉细目，隆鼻小口，双眼直视前方，姿态表情恭谨。整体造型写实，塑工疏朗大方，衣饰线条由浮雕与线刻相结合表现，既显现人物体态的丰腴，又表现衣料质感，形神兼备。

文吏俑

彩绘陶鞍马

唐代，陶塑。1984 年陕西长安嘉里村裴氏小娘子墓出土，陕西历史博物馆藏。通高 34.5 厘米。唐代墓中出土的马的形象多样，无论浮雕还是圆雕，马的形象多肥硕、健壮，其突出表现为丰肩和圆润的臀部。唐代各种马的形象多表现出动态，强健的体格中蕴含着剽悍的形象。此马为陶制彩绘，四肢站姿，仰首向天，表现的是马常见的嘶鸣姿态。马的四肢劲健，马尾束起，微向上翘，背上置鞍无辔。造型写实，略显夸张，动态富于趣味性。

彩绘陶鞍马

女供养人头像

唐代，泥塑。新疆焉耆出土。供养人，就是信仰佛教出资建造石窟或佛像的人。他们为了表示虔诚信佛，留名后世，在开窟造像时，有的在造像记中署名，有的则单独造像置于佛像旁边，如佛台基座就是最常设置供养人雕塑的位置。这尊女供养人头像绾于耳后侧面发髻，脸庞圆润，面貌娟秀。五官刻画精细入微，弯眉细目，两眼间距较大，鼻子直挺，小口微闭，嘴角上扬，略带笑意。头像造型写实，从头部头发的雕刻形式来看，受西域雕刻手法的影响明显，但人物形象则为当地人的面貌特征。

女供养人头像

男供养人头像

唐代，泥塑。新疆焉耆出土，新疆维吾尔自治区博物馆藏。残高9厘米。造像头略向一侧低垂，上面层叠缠绕着束发带。面相清瘦，眉毛弯长，两眼微闭，上下眼睑饱满，直鼻，唇上八字须，颌下络腮胡须卷曲，神情虔诚。人物面部与胡须雕刻细致，人物形象生动。

男供养人头像

五台山南禅寺彩塑

唐代，彩塑。位于山西五台山南禅寺大殿。大殿建于中唐初期，唐德宗建中三年（782年），为我国现存最早的木构建筑。大殿内以释迦牟尼为主佛，左右文殊、普贤和胁侍菩萨、天王及供养菩萨等，共17尊塑像。主尊释迦牟尼像高2.5米，通高4米，结跏趺坐在须弥莲座上，身披袈裟，手施拈花印。两侧文殊、普贤二菩萨分别乘坐狮、象，前列童子。童子之外有胁侍菩萨和天王像。胁侍菩萨头戴宝冠并扎花饰，上身穿袒右胸彩衣，颈饰璎珞，下身衣裙拖地，挂帔帛，右臂屈肘扬掌，持手印，左臂下垂，手部残缺。塑像形象端庄，形体优美流畅，装饰处理十分细腻，一条丝飘带搭于右肩，又环绕着左臂，在身前形成一圆弧形，另一角垂到脚面，与衣裙并齐。胁侍菩萨旁边的天王像头戴战盔，身着铠甲，胸前绾结，腰中饰兽面护腰，肩上披帔帛。面颊丰盈，身体硕壮，既有唐代造像的丰满又不失威武气势。这一组彩塑中的菩萨像，丰腴绚丽，造型具有盛唐时代的典型特征，但衣饰的表现也难免开始出现繁复和模式化的发展趋势，这也是唐代后期造像的一大特征。塑像虽经几代重新妆銮，但仍保持了唐代造像总体的风格。

五台山南禅寺彩塑

五台山佛光寺东大殿彩塑

唐代，彩塑。位于山西五台县东北32
公里以外佛光寺东大殿内。于唐大中
十一年（857年）在原弥勒阁旧址上
重新修建的东大殿，为现今寺内主要
建筑。东大殿内有佛、菩萨塑像共计
35尊，唐代造像，后世重装，使精美
华丽的彩塑保存至今，为我国唐代佛
寺造像中的经典作品。佛坛前以释迦
牟尼佛、阿弥陀佛和弥勒佛，三世佛
为主尊，各主尊佛都设左右胁侍，其
中有佛弟子和文殊、普贤菩萨及天王、
供养菩萨像等，造型丰富，人物形态
各异。正殿贯穿五开间的佛坛上，每
开间设一主像和胁侍菩萨及弟子、天
王等像，除主尊三世佛之外，两端梢
间各设骑狮文殊和骑象普贤两菩萨像
为主像。因此佛光寺东大殿为主坛五
尊主像，并各设有多种胁侍的形式，
非常特别。图示为设置在东大殿南梢
间的群像，由骑象普贤为主像。

五台山佛光寺东大殿彩塑

镇墓俑

唐代，陶塑。陕西西安中堡村唐墓出
土，陕西历史博物馆藏。通高65厘米。
在古墓中有用形象凶猛的俑像，守卫
墓地、保护死者的传统。此镇墓俑为
三彩像，头戴高挑鹖冠（据称，因鹖
好斗，鹖冠用以象征勇武者），身穿
铠甲，足下踏鬼。俑怒目圆瞪，大嘴
张开，做愤怒状。其左手叉腰，右手
上举，左腿直立，右腿拱起，踩于鬼
卒背部。小鬼亦面目狰狞，衬托出镇
墓俑的凶猛。俑像身躯粗壮，主体造
型呈唐代造像标志性的"S"形，通
体以红、黑两色为主，塑工细致，造
型写实。外形、装束均仿当时的武士
而塑。

镇墓俑

三彩骑马狩猎俑

唐代，陶塑。1971年陕西乾县懿德太子墓出土，陕西历史博物馆藏。高36.2厘米，长30厘米。骏马肩臀丰圆，四肢强劲有力。武士骑在马背上，紧踩马蹬，腰佩长剑，戴冠，穿紧身衣裤，身体斜侧，仰视天空。左臂扬举，右臂弯曲，做搭箭欲射状，今弓与箭均已失。作品在制作工艺上手法独特，人物与马均釉色斑驳绚丽。人物造型写实，观赏性强。

三彩骑马狩猎俑

彩绘涂金武士俑

唐代，陶塑。陕西历史博物馆藏。高66厘米。陶俑是古代陪葬品中较为常见的明器。武士身穿紧身铠甲，左手握拳原似握有兵器，右手叉腰，上身直挺，左腿屈膝，右腿跪立，体态挺拔，威风凛凛。此类俑在墓中不仅只是战士的角色，同时也有震慑妖孽的重要责任，因此造型上与宗教里天王力士形象十分相似。此俑像造型写实，对面部进行重点刻画，夸大了怒睁的双眼和皱着的眉头，通过狮鼻与长八字胡须的配合突出其威武雄强、骁勇无畏的特质。

彩绘涂金武士俑

骆驼灰陶俑

唐代，陶塑。1977年扬州市郊区城东乡林庄唐墓出土，扬州博物馆藏。通高52.1厘米，长72厘米。灰陶质，骆驼为跪伏状。体形硕大，颈向上，昂首做半张嘴状。驼峰之间搭挂有兽面形装饰。作品手法写实，形态逼真，以不规则的细线饰表现出了骆驼脖颈和身体上的毛。塑工明朗，主要形体以大块面表现，线条委婉自如。

骆驼灰陶俑

彩绘舞蹈女陶俑

唐代，陶塑。1977 年扬州市郊区城东乡林庄唐墓出土，扬州博物馆藏。高 28.2 厘米。女陶俑为舞蹈状，站立，上身向下倾。头束中发髻，面容圆润，五官清晰，高鼻，朱唇。上身穿金色上衣，下着孔雀绿长裙，双臂已残损，形象生动。俑像体态丰盈，婉约妩媚，动作优美，衣褶线条转折流畅。

彩绘舞蹈女陶俑

一佛二菩萨像与佛龛

唐代（南诏 738~902 年），泥塑。云南省博物馆藏。高 9.5 厘米，宽 4.5 厘米。此为泥塑作品，整龛形象采用模具压制而成。拱形龛边缘饰有一圈连珠纹和一圈火焰纹。在龛的正中为一结跏趺坐于须弥座上的释迦佛，佛两侧各立有一菩萨。从雕刻风格和塑像造型及衣饰特征来看，作品具有明显的印度佛教艺术特征。造像以整体轮廓的表现为主，忽略细节，这也是模压造像的特征之一。

一佛二菩萨像与佛龛

黑釉三彩马

唐代三彩塑。1972 年河南洛阳关林出土，中国国家博物馆藏。长 78.2 厘米，高 66.5 厘米。马体施黑釉，马头、颈上鬃毛、马尾与四蹄均白色，形象鲜明。马头略向左倾，嘴头内收，双目圆睁，目视下方。额前顶鬃向两侧分梳，头部鬃毛整齐。四肢粗壮，挺拔有力，直立于平面板座上。马背上置鞍为绿色，下衬有褐色鞍垫和白色障泥。马尾系一花结，尾尖上翘，马胸前、股后均系有白色皮带，上饰以圆珠。通体施黑、白、褐、绿色釉，釉色明亮，显得华丽且典雅。三彩马塑造比例匀称，臀丰腹圆，是唐代标准的良马形象。这件三彩马无论造型比例还是釉色设置，都代表当时雕塑艺术的较高水平。

黑釉三彩马

蓝釉驴俑

唐代，彩塑。1956 年陕西西安出土，中国国家博物馆藏。长 26.5 厘米，高 23.5 厘米。驴通体施蓝色釉，鞍和四蹄留白。驴四肢开立，体腹丰圆，比例匀称，造型生动。驴为站姿，但脖颈前探，头微扬起，张嘴露齿，似乎正开始发声。唐三彩中以蓝色釉烧制最难，但驴体上蓝釉均匀，表明施釉彩技术的大进步，是一件具有较高工艺价值的作品。

蓝釉驴俑

长沙窑狮形镇纸

唐代，陶瓷。1953 年安徽合肥出土，安徽博物院藏。长 8.9 厘米，高 5.3 厘米。镇纸是在书写或作画时，用来压住纸张、书籍的重物。这件镇纸为瓷质，卧狮形，狮头在身体中所占比例较大，头微微上抬，狮口紧闭，双目圆瞪，两竖耳，四肢做蜷缩状，尾稍内卷。狮子刻塑表现手法粗犷，形象简约，只以竖压纹表现狮爪和毛发。卧狮通体施以彩釉，以黄色为主，周身再点缀红、绿、褐色釉，色调清淡雅致。这件镇纸虽风格朴拙，但卧狮形象及神态刻画生动，具有趣味性。

长沙窑狮形镇纸

唐三彩龙柄壶

唐代，陶瓷。1955 年安徽寿县出土，安徽博物院藏。通高 22.5 厘米，口径 5.4 厘米，腹径 10.8 厘米，足径 8.5 厘米。壶口为筒状，直口，壶盖为伞状，中间有一宝珠纽。颈部细长，其上有凸弦纹装饰。腹鼓为球形，高圈足，口、肩部设卷曲的龙形弯柄，口外部贴模印葡萄纹。肩部的另两侧塑有泥条双系环并贴模印的葡萄纹和鸟纹。壶胎质为米白色，通体施以黄、绿、白釉，色彩鲜艳，造型优美，具有较高的观赏价值。

唐三彩龙柄壶

三彩釉陶印舞乐纹扁壶

唐代，陶瓷。天津市艺术博物馆藏。高18.5厘米，口径4.7厘米。壶体造型为双鱼形，取吉祥寓意。壶折口，短颈，腹顶端塑有两圆耳似鱼头，两面均饰有西域人舞蹈纹样，风格独特，下设圈足。壶体造型简洁，但线条流畅，富有动感，并以整体感觉来表达手舞足蹈的欢快情景。壶通体施以绿、黄、褐色釉，色彩鲜艳，具有浓郁的外来文化气息，是唐代艺术融外来文化艺术与本土技法于一体的创造性体现。

三彩釉陶印舞乐纹扁壶

伎乐女俑

唐代，陶塑。1956年湖北武昌何家垅出土，湖北省博物馆藏。高18.9~20.1厘米。湖北地区出土成组的乐俑并不多见，这组乐女俑共有四人，均为坐姿，其头饰与衣饰相同。乐女俑头分束两髻，五官清晰，面容清秀，神态优雅。身着尖领窄袖长裙，每人各演奏一乐器，分别是琵琶、笙、拍板、腰鼓，专注而自然。四女俑像造型写实，除面部与衣饰有线刻表现之外，无精雕细琢，以概括简练的风格，展示了盛唐时期的音乐文化。

伎乐女俑

舞蹈人物壶

唐代，陶瓷。湖南衡阳出土，湖南省博物馆藏。高16.3厘米，口径5.8厘米。壶口缘部较小，短颈，腹部圆鼓，腹上部塑有两耳，平底，矮圈足。在壶腹部以贴塑的方式进行装饰，短流口下有一舞者形象。人像手舞足蹈，表情愉悦，身着轻纱，手拿带有装饰的节杖，立于蒲团上，婀娜多姿。在两耳下则分别是方底座尖顶塔和立狮。壶通体施以青釉，腹部间有褐色斑纹，人物形象写实，刻画生动准确，衣饰纹理清晰，这种带有异域风情的陶瓷制品，是长沙窑制品的一大特征，证明了西亚文化在唐代的深入影响。

舞蹈人物壶

青釉褐彩人首狮身俑

唐代，陶瓷。湖南长沙咸嘉湖出土，湖南省博物馆藏。此为镇墓兽，有一对，其中一只为人面狮身，另一只为兽面狮身，高度为 34 厘米左右。人面狮身俑呈蹲坐状，形体较为简化。脊背部塑有竖直的鬃毛，面部表情生动。扬眉瞪目，鼻高挺，神态刻画凶猛威武，头上盘圆髻，似着短袖衣，有刻饰。俑像通体施以青釉，全身又以釉下点彩装饰，釉色莹净，其造型怪诞，构思巧妙。

青釉褐彩人首狮身俑

彩塑佛像

唐代，彩塑。甘肃武威天梯山石窟出土，甘肃省博物馆藏。通高 1.3 米。这尊佛像为跏趺坐式。头顶肉髻，面相丰圆，双目下垂，做沉思状。身着敞肩大衣，衣服自然下垂，质感轻软。右手扶膝，左手施禅定印。佛像原位于基座之上，在其左右各有一尊胁侍菩萨像。

彩塑佛像

彩绘骑马仕女泥俑

唐代，陶塑。1972 年吐鲁番阿斯塔那 187 号墓出土，新疆维吾尔自治区博物馆藏。通高 42.5 厘米，马长 28.4 厘米。作品为一女子骑马像，马躯体高挑，四肢修长，体格矫健，头低垂。马背上女子头戴黑色帷帽，下有纱巾遮挡，着浅色宽袖长衫，绿色及胸长裙，面庞丰润，体态饱满。其左手握缰，右手垂于身侧，面带微笑，似正要驱马前行。仕女衣裙有红、绿、白色花形装饰，马身上也有褐色点缀，整体装饰和谐。史籍中记载武则天周朝时期，贵妇骑马出行是一种时尚，尤以戴这种带纱的帷帽最为流行。

彩绘骑马仕女泥俑

彩绘泥塑镇墓兽

唐代，陶塑。1972 年吐鲁番阿斯塔那 216
号墓出土，新疆维吾尔自治区博物馆藏。
高 75 厘米。镇墓兽通常在墓门两侧成对
设置，用来镇妖避邪。这件镇墓兽形象怪
异、夸张。整体呈蹲坐状，狮头、豹身、
牛蹄、狐尾。两眼圆凸，怒视前方，张嘴
露齿，神态凶猛，背部两侧又各塑出一圆
睁复眼；头顶、脊部塑有细长的翅状装饰，
犹如虎翼，更添镇墓兽的凶猛威力。作品
造型怪诞，集多种动物特征于一身，色彩
艳丽，感染力强。

彩绘泥塑镇墓兽

彩绘泥塑人首镇墓兽

唐代，陶塑。1972 年吐鲁番阿斯塔那 224
号墓出土，新疆维吾尔自治区博物馆藏。
高 86 厘米。人面兽身，呈蹲坐状。人首
为武士形象，头戴兜鍪，唇上与颌下均蓄
有胡须，大眼圆睁，直视前方。与其他镇
墓兽不同的是，该作品面目威严但不露凶
色，略带笑容，充满趣味性。镇墓兽豹身、
牛蹄，尾巴细长，自臀部前伸，又向后穿
过后腿与躯体间的缝隙，再向上翘，就像
一条蜿蜒的长蛇贴于背后。造型独特，是
较为特别的镇墓兽形象。

彩绘泥塑人首镇墓兽

彩绘打马球泥俑

唐代，陶塑。1972 年吐鲁番阿斯塔那 230
号墓出土，新疆维吾尔自治区博物馆藏。
马球起源于波斯，唐代时，作为皇家十分
喜爱的运动项目而十分流行。这组打马球
俑通高 26.5 厘米。作品中骑在马背上的打
马球者，双腿夹马腹，一手握马缰绳，另
一手举击球棒纵马欲击。人物与马分塑，
人物为典型的唐代男子装束，头戴幞巾，
身穿绛色圆领长袍，足穿靴。马通体白色，
四肢略呈直线，奋力前奔状，具有时代
特征。

彩绘打马球泥俑

彩绘大面舞泥俑

唐代武周，陶塑。1960 年吐鲁番阿斯塔那 336 号墓出土，新疆维吾尔自治区博物馆藏。高 10.2 厘米。泥俑左腿弯曲，右腿直伸，呈弓形步半蹲状，双臂展开，显示武士奋力搏击的形象。俑像造型写实，狮鼻豹眼，络腮胡须，似张口吼叫状，神态与动作威武，塑工粗犷，风格质朴。大面舞是唐代一种舞蹈，起源于古代武士戴面具战敌，后发展为一种戴面具的舞蹈，再之后面具也被省略，狰狞的舞者面目在演出时以勾画代替，据说是中国京剧脸谱的起源。

彩绘大面舞泥俑

彩绘"踏谣娘"戏弄泥俑

唐代武周，陶塑。1960 年吐鲁番阿斯塔那 336 号墓出土，新疆维吾尔自治区博物馆藏。俑高 12.8 厘米。同墓出土多个技艺表演的人俑形象，这种被认为是在表演一种名为"踏谣娘"戏剧的人俑有两个，分别为男性和女性装扮。男性形象俑穿白袍，做扶杖而行状，图为女性形象俑，俑像呈站立状，身体微向右前方倾斜，左臂后伸，右臂弯曲于胸前，面着男性，表示由男角装扮，表情怪异。阿斯塔那墓出土的随葬品中有各式俑像，或稚拙古朴别有情趣，或形态逼真栩栩如生。这些人俑向人们展示了唐代社会丰富多彩的文化活动。这件出土的泥俑形象写实，惟妙惟肖地展现了唐时流行的喜剧"踏谣娘"的表演场景。

彩绘木胎宦者俑

唐代，陶塑。1973 年吐鲁番阿斯塔那 206 号墓出土，新疆维吾尔自治区博物馆藏。高 34.5 厘米。出土的成组俑像有多个，服饰做法相同，表情、样貌各异，但面部均无胡须，是太监的典型特征。各俑均头戴黑色幞头官帽，身着黄色长袍，腰系带，人物表情怪异。作品采用变形与夸张的手法，突显人物阴险狡诈之相，塑造了生动的宦者形象，具有讽刺意味。这是同墓出土同类俑像中已修复的两件，此组俑像均为细致雕刻出头部和上半身，下半身为细木的结构，推测为表演戏剧时所用的俑。

彩绘"踏谣娘"戏弄泥俑

彩绘木胎宦者俑

彩绘劳动妇女泥俑群

唐代，陶塑。1972 年吐鲁番阿斯塔那 201 号墓出土，新疆维吾尔自治区博物馆藏。俑身高 7~16 厘米。这组俑群由四女俑组成，各自做不同的事情，展现了将麦子碾成面粉做饼的全过程。第一个工序是一女俑持杵捣粮，第二个工序是一女俑拿簸箕筛粮，第三个工序是一女俑推磨磨粮，第四个工序是一女俑跪坐擀面烙饼。泥俑像及器物表面施以蓝、黑、白、黄色，色彩鲜艳，造型写实，手法简练，风格质朴，神态生动，真实地再现了当时的生活场景，具有浓郁的生活气息。

彩绘劳动妇女泥俑群

彩绘书吏泥俑

唐代，陶塑。1972 年吐鲁番阿斯塔那 201 号墓出土，新疆维吾尔自治区博物馆藏。高 24.2 厘米。书吏头戴黑帽，身着长袍，腰系黑带。五官清晰，用黑线描出眉、眼、须，用白底色画眼白，表情严肃。左臂下夹有文薄，右手持笔，衣冠整齐，形貌端正。俑像造型写实，比例匀称。推测可能是"书吏"形象俑，有可能是管家或文书先生。

彩绘书吏泥俑

彩绘猪头泥俑

唐代，陶塑。1972 年吐鲁番阿斯塔那 216 号墓出土，新疆维吾尔自治区博物馆藏。高 77 厘米。泥俑为猪头人身的女像，直立于方板上面。身着宽袖长衫和及地长裙，衣服自然下垂，双手于胸前对插入袖中。竖耳，弯眼，长鼻，尖齿，长颈。俑像造型怪异，无繁琐雕琢，风格质朴自然。十二生肖常整组出现在墓葬中，这座墓中仅出土两件生肖俑，因此，推测墓主人之一可能是猪年生。

彩绘猪头泥俑

人首牛头陶饮器

唐代，陶塑。1976 年和田县约特干遗址出土，新疆维吾尔自治区博物馆藏。长 19.5 厘米。器身为细长的饮器，由上部较大的人首形，器底牛头共两部分构成。人面类似胡人形象，头戴螺形高帽，帽顶为器口，呈外凸的圆形，眉长，深目，高鼻，唇上八字须，颔下络腮胡，嘴角上扬，面带微笑。络腮胡底部为牛头，牛口部作一细流，供吮吸用。器中空，口与流相通，黄陶质，通体呈黄褐色。造型优美，别致新颖，风格质朴古拙，反映了当时艺人高超的塑作技艺和丰富的想象力。

人首牛头陶饮器

彩绘三足陶釜

麹氏高昌（约 6~7 世纪），陶塑。1973 年吐鲁番阿斯塔那 116 号墓出土，新疆维吾尔自治区博物馆藏。通高 23 厘米，口径 30.3 厘米。灰陶质。器为圆口，深腹，平底，三靴足。外表通体涂黑色，腹部用白色的连续散点划分为方格形，格内绘白色珠圈，中心为红色圆球。器内壁满涂红色。造型敦实、美观。装饰简洁，构思独特，尤其装饰颇具特色。这种以圆点或圆圈组成的连珠纹样，被认为是波斯萨珊王朝装饰手法之一，由此可见当地受西域文明影响的程度较深。

彩绘三足陶釜

单耳彩绘陶罐

麹氏高昌（约 6~7 世纪），陶塑。1972 年吐鲁番阿斯塔那 186 号墓出土，新疆维吾尔自治区博物馆藏。高 24.5 厘米，口径 11.5 厘米。灰陶质。罐为圆口，单耳，短颈，鼓腹，平底。通身涂以黑色底，再以红、白、绿色满绘纹样。口沿部涂红色，罐体纹样自上而下分五层，分别是圆点、圆圈、卷草纹、莲瓣纹、弧线和圆点。造型简练，纹样清晰，线条流畅，色彩丰富。彩绘图案已有明显磨损。由器形和装饰来看，应是专门为殉葬制作的明器。

单耳彩绘陶罐

刻花卷草纹陶棺

唐代，陶塑。1958 年库车县麻扎布坦古城（即现龟兹古城）出土，新疆维吾尔自治区博物馆藏。高 21.5 厘米。黄陶质手工制作。棺呈椭圆形，直壁平底。口沿部塑成锯齿状，可以与顶盖相互咬合，棺盖已失。棺外侧周圈满饰高浮雕卷草花纹。分上下两层，上层为一圈连续的菱形，格内与菱格之间以卷叶纹填充。下层为一圈波浪纹，内饰卷草纹。棺表原涂一层红色，今已剥落。棺造型优美，雕刻纹样清晰，风格华丽，由此可以推断棺内主人应有较高的社会地位。

刻花卷草纹陶棺

彩釉贴塑云龙纹三足罐

唐代，陶塑。辽宁省朝阳市唐韩贞墓出土，辽宁省博物馆藏。高 17.5 厘米，口径 14.2 厘米，腹径 22 厘米，底径 7 厘米。这件陶罐口沿外折，颈部短小，腹部为球形，平底，三兽形足。腹部饰有两道凸弦纹。罐通体淋釉，以绿色为主，胎质细腻。器腹贴塑三个动物纹，两个对称设置于上腹，第三个是位于中部的舞狮纹样，狮身弯曲，施黄、绿、白釉，釉色丰富，绚丽多姿。三足罐造型庄重，器形简洁，风格古拙。

彩釉贴塑云龙纹三足罐

唐三彩天王神像

盛唐，彩塑。1928 年河南洛阳出土，台北历史博物馆藏。高 80 厘米。镇墓天王神像，是极具代表性的墓中守护者，唐代源于佛教艺术中的四大天王造型在当时极为流行。这件神像俑头托两翅，双眉紧蹙，双眼圆睁，张嘴露齿，面目狰狞，象征着天王的神力和威猛。他右手叉腰，左手握拳上扬，身穿盔甲，腹部有护甲，腰系带，着裙，下身着紧身裤，右腿直立，左腿微曲，踏于一卧羊之上。衣着装束基本依唐代武官的铠甲样式而来。塑像造型生动，比例匀称，装饰精细，以黄、白、绿色为主，通体色彩鲜艳明快，极具感染力。

唐三彩天王神像

三彩武官俑

唐代，彩塑。1928 年河南洛阳出土，
台北历史博物馆藏。高 102 厘米。俑
像头梳发髻，浓眉大眼，张嘴露齿，
八字胡须。身着铠甲，肩饰兽面，左
手伸展，掌心向外，右手握拳于胸前，
原似握有兵器。俑像神态威武，造型
写实，通体施以白、褐、绿三色，色
彩明艳。

三彩武官俑

舞女陶塑

唐代，陶塑。1928 年河南洛阳出土，
台北历史博物馆藏。高 42 厘米。同时
出土的舞女俑为四件，姿势各不相同，
这是其中的一件。女像呈站姿，人物
体态丰满。俑头束发髻，面庞圆而饱
满，五官精致，表情愉悦，正双手做
舞蹈状。身着宽袖长衫，垂至足面，
足着覆头屐，腰系带，略显大腹便便。
根据舞女的舞姿及衣饰，可看出表演
的应该是传统舞蹈。俑像塑造写实，
线条转折自然，风格质朴，人物造型
颇能体现盛唐以肥为美的审美观。

舞女陶塑

陶黄釉弹竖箜篌女坐俑

唐代，陶塑。故宫博物院藏。高 15.5
厘米。竖箜篌是一种始于西亚的乐器，
后传入中国，是古代的一种弦拨乐器，
有卧、竖两种形式。这件作品中女乐
俑呈跪坐姿势，头绾高髻，颧骨突出，
五官清晰，双目微闭，面带微笑。着
窄袖长裙，肩披红色长巾，双膝跪坐。
双手持竖箜篌，做弹拨状。俑像造型
写实，形态逼真，塑工以突出块面为
主，把女俑专注的神态及箜篌的样式
刻画得细致入微。

陶黄釉弹竖箜篌女坐俑

陶黄釉持琵琶女坐俑

唐代，陶塑。故宫博物院藏。高 15.4 厘米。女俑像头盘高髻，脸庞瘦长，表情专注。上着窄袖长衫，披红色长巾，下着长裙，盘腿而坐。双手抱琵琶，正在演奏。琵琶颈部已残缺。琵琶作为一种自西域传入中原的乐器，发展到唐代时已经成为当时很流行的弹奏器，有拨弹与手弹两种，这种坐式的手弹琵琶俑是一种较立式拨弹俑技艺更高的乐俑，在整个乐队中的地位也较高。

陶黄釉持琵琶女坐俑

陶黄釉吹笛女坐俑

唐代，陶塑。故宫博物院藏。高 15.1 厘米。女俑双腿跪坐，头盘发髻，面庞略长，着窄袖上衣和齐胸长裙，双手持笛，做演奏状。风格古拙。

陶黄釉吹笛女坐俑

陶黄釉持钹女俑

唐代，陶塑。故宫博物院藏。高 21.5 厘米。铜钹在隋唐时开始流行。女俑呈站立状，头发盘髻，脸庞圆润，五官清晰，眼睛细而弯，面带笑意。着齐胸长裙，上穿襦衫，外有肩披。双手持钹，做相互敲击状。塑工手法简练，形象生动准确，写实性极强，比例匀称。唐代伎乐俑分为站立式与坐式两种，据史籍记载，坐式俑要较立式俑的地位高，乐队人数也少，主要为室内小型演奏形式，而立式俑则人数较多，多为室外大型活动进行演奏。

陶黄釉持钹女俑

陶黄釉吹排箫女俑

唐代，陶塑。故宫博物院藏。高 10.8 厘米，作品塑造的女俑白胎施黄釉。俑呈单腿跪坐状，头梳单刀高髻，身体略向前倾，含胸，双手捧排箫，做演奏状，神情专注入神。作品造型简练，线条流畅，生动细腻地表现了女俑专注演奏时的形象特征。

陶黄釉吹排箫女俑

陶持腰鼓女坐俑

唐代，陶塑。故宫博物院藏。高 20.5 厘米，宽 10.5 厘米。腰鼓是唐朝时常见的乐器之一，主要用于西域等少数民族乐舞演奏中。女俑所用腰鼓造型为圆形，中间细，两端粗。演奏时挂在腰间，因此而得名。根据其演奏方式的不同，可分为正鼓与和鼓两种。正鼓以杖击打，声音洪亮，和鼓用双手拍打，声音低沉。女俑呈跪坐姿势，头梳双螺髻，面庞丰润，五官紧凑，双眼微闭，神态专注。内穿窄袖襦衫，外罩半臂衫（古代舞乐女子歌舞时一种罩在外面的衣着，形制较小），下着长裙，腰鼓置于腿上，双手做拍击状。造型凝练，线条流畅，真实感强。

陶持腰鼓女坐俑

陶持钹女坐俑

唐代，陶塑。故宫博物院藏。高 20.4 厘米，宽 9 厘米。女坐俑呈跪坐状，头梳双螺髻，外罩半臂衫，内穿窄袖长裙，双臂上抬，手中持钹，做打击状。俑像造型写实，形象刻画生动准确，下身形象概括。整体风格质朴古拙。钹是自西域传来的一种打击乐器，在唐代较为流行。

陶持钹女坐俑

陶吹笙女俑

唐代，陶塑。故宫博物院藏。高35厘米，宽8厘米。笙是一种簧管乐器，演奏时用手按指孔，靠吹吸振动内部的簧片而发出声响。女俑为立姿，身材修长。头梳螺髻，内着襦衫，下着及地长裙，外披肩帛。五官清秀，头微向一侧转向，双手持笙，做准备演奏状。作品造型简洁，只着重塑造了面部与手部，其他部分以粗线条勾勒，人物形貌生动写实。

陶吹笙女俑

陶女舞俑

唐代，陶塑。故宫博物院藏。高21.5厘米，宽11厘米。女舞俑头梳双髻，面庞丰圆，五官刻画紧凑，略带笑意。上身穿翻领半袖衫，下着曳地长裙，束腰。头与身体微向左倾，右腿拱起，左腿摆出，扬臂甩袖做歌舞状，舞姿优美、动人。作品塑造手法简练，无过多细部刻画，但人物的优美动态极度写实，场面活泼生动。从舞女的服饰和舞姿来看，属于我国传统汉族舞蹈中的软舞，由于唐代施行按照官阶设置不同数目女乐的政策，因此在陵墓中设置这种女乐俑，也有暗示墓主社会地位的作用。

陶女舞俑

陶女舞俑

唐代，陶塑。故宫博物院藏。高27.5厘米。女俑头梳丫形髻，面部饱满，五官紧凑，头微向左上扬，腹部隆起，体态丰腴。内穿具有唐代风格的窄袖长裙，外罩半臂衫。两腿一前伸，一微屈，一手残损，另一手握拳，手中原似有物，今已失，从动作来看正在进行表演。这件女舞俑为唐代女子丰满形象的真实写照，躯体刻画细腻准确。舞蹈动作略显拘谨，从俑的姿态分析，推测是在表演中原传统舞蹈。

陶女舞俑

红陶男舞俑

唐代，陶塑。西安西郊土门村出土，故宫博物院藏。高 5.5 厘米。 这组红陶男舞俑共塑有两人，为一对，形象忽略细节表现，只有简单、明晰的动作形态。两尊俑的形象相似，均头束发髻，略呈蹲站状，双手合十相对上举。五官用墨线勾画。两人动作神态略显滑稽，又自然生动，充满情趣。

红陶男舞俑

白陶画彩女俑

唐代，陶塑。故宫博物院藏。高 20 厘米。白陶质。女俑为站姿，头盘双层高髻，眉清目秀，面相清丽，神态温顺。身着窄袖襦衫，下着束胸及地长裙，肩披披帛，两端绕于腋下垂两侧，形象优美。脚穿方头履，仅露出履头，双手笼于袖中置腹前，姿态恭敬端庄。由女俑瘦长的脸颊和修长的体态造型来看，推测为唐初时期的墓葬女俑。

白陶画彩女俑

白陶女俑

唐代，陶塑。故宫博物院藏。高 24 厘米。女俑头戴折沿胡帽，身着圆领窄袖过膝长袍，足穿尖头鞋，双手拱于胸前，直立于方形陶板上。圆脸，面部刻画清晰，但无表情。形象概括简洁，风格质朴。人物为中原人面貌特征，戴胡帽，从侧面说明了当时人们着胡服的现象较为普遍。

白陶女俑

灰陶画彩女俑

唐代，陶塑。故宫博物院藏。高28厘米。女俑为站姿，头梳丫形髻，面部饱满，略带笑意。身着翻领长袍，腰间束带，足蹬靴。左脚微向外撇，左臂弯曲向上微举，右臂自然下垂。造型生动自然，极具写实性，塑造形象丰满，神态逼真，尤其是对颈部与腹部的表现十分写实。

灰陶画彩女俑

陶女俑

唐代，陶塑。故宫博物院藏。高27.5厘米。唐墓出土的众多陶塑作品中，仕女形象多种多样，有做家务的侍女，有弹奏乐器或跳舞的伎乐等，向人们展示了唐代社会生活的各个方面。这件作品中女俑束高发髻，内着襦衫，外穿短袖裙拖地，圆脸，微向上仰，表情凝注，双目微闭，两臂上举，仿佛在祈祷。造型写实，神情毕具，不雕不凿，质朴自然。这件作品为郑振铎先生捐献。

陶女俑

陶女胸像俑

唐代，陶塑。故宫博物院藏。高14.6厘米。作品只塑造出女俑颈与头部。俑像头微向左侧扭转，发梳双环望仙髻，五官刻画简练，面带笑意。形象写实，尤其是头部的发髻华丽、高贵。人俑身体为木质，已损。

陶女胸像俑

陶画彩女胸像俑

唐代，陶塑。故宫博物院藏。高13厘米。女胸像束幞头形高髻。面庞丰润，细目直鼻，嘴唇紧闭。女俑的头发、眉毛、双眼及胸前衣饰全部彩绘而成，形象更生动写实。五官精致，俑像姿容婉丽，神情端庄，画工精细，呈现出陶塑与彩绘的完美结合。

陶画彩女胸像俑

陶画彩女胸像俑

唐代，陶塑。故宫博物院藏。高13.5厘米。女胸像俑头戴前端和两侧都向上卷起的风帽，帽后部直垂至肩。这种形式的帽子推测应为西域地区传入。在河南、陕西唐代墓葬中，都有身穿胡服的陶俑，头上戴类似的帽子，因此，推测这尊俑身可能为胡人装。女俑长脸，脸颊长圆，五官刻画细腻，弯眉、细目、隆鼻、小口，充满健康、饱满的气息。肩部左右两侧各有一个圆形插孔，应该是用来榫合臂膀的。

陶画彩女胸像俑

陶女俑

唐代，陶塑。故宫博物院藏。高30.5厘米，宽8.5厘米。女俑头戴高冠，形似藏传佛教僧人的喇叭形帽，前面略折起，帽下有巾，下垂至肩部。女俑头饰可能源于异域的风帽。脸庞娇小，两眼微闭，直鼻，小口，着窄袖短衫和竖条拖地长裙，双手交于腹前。刻画细致入微，体态优雅，衣褶纹线简练概括，整体造型洒脱流畅。

陶女俑

红陶牵引俑

唐景云元年（710年），陶塑。陕西西安东郊郭家滩骞思恭墓出土，故宫博物院藏。高28厘米。这件人俑的发式比较独特，在目前考古发现仅此一件。长发编成辫子盘绕在脑后，左右两侧对称梳两个牛角形髻。脸庞丰润，五官清晰。身穿圆领窄袖袍衣，腰系带，足穿短靴，长袍前面撩起，分掖在腰带上，一幅劳动者装扮。左手搭于腰间，右手前伸，做牵引状。俑像造型新奇，与唐代大部分端庄、丰腴的造像不同，而是显示出一种敦实、健壮的形象特征。

红陶牵引俑

陶画彩牵驼女俑

唐代，陶塑。故宫博物院藏。高36.5厘米。女俑呈站姿，体态强健，头发左右分梳扎系于两侧耳际，面庞丰满，五官紧凑，双目微闭，略带微笑。女俑身着男装，翻领大衣之下的左臂脱下，露出小臂，衣袖缠系于腰间，双足穿长筒靴。人俑双手做牵引状，可能原与马或骆驼一起为组像形式。形象写实，风格质朴。唐时，女子有着男装和胡服为时尚的做法，此俑充分地表现出当时这一时尚潮流。

陶画彩牵驼女俑

红陶画彩女俑

唐代，陶塑。故宫博物院藏。高30厘米。女俑为站姿，身材匀称，着胡服。头发左右中分，束发下垂于两耳际，方脸，下颌上扬，表情生动。双手分上下握拳置于胸前，原应持有缰绳之类，俑虽为静态，但其造型酝酿着力量感。俑身穿翻领长袍，饰红彩描绘花纹，腰系带，脚着长筒靴，充满英武之气，整体造型简洁，形象刻画生动准确，风格质朴。

红陶画彩女俑

陶画彩女射猎俑

唐代，陶塑。故宫博物院藏。高28厘米。
女射猎俑头梳丫形髻，身着翻领窄袖
衣袍，腰系带，下着靴。腰略向后拱，
仰头，双手上举，做开弓欲射状。五
官略显模糊不清，重点表现射猎的造
型形象。风格质朴，造型写实，形象
地再现了当时女子也参与射猎活动的
社会风貌，充满浓郁的生活气息和时
代特征。

陶画彩女射猎俑

红陶画彩女俑

唐代，陶塑。故宫博物院藏。高37厘米。
俑像梳抱面发式，顶部束高髻，两侧
发髻垂至脸庞。俑像面部饱满，五官
紧凑，脸颊敷红粉，眉、眼、发均墨绘，
人物体态丰满、形象可爱。身着尖领
广袖拖地长裙，胸系带，左手上举，
右手笼袖于胸前。脚蹬翘头履，恭身
而立，姿态优雅。

红陶画彩女俑

红陶女俑

唐代，陶塑。故宫博物院藏。高35.5
厘米。女俑侧身站立，姿态恭敬。头
梳偏髻，体态丰满，脸庞圆润，五官
集中。细眼，直鼻，小口，双目直视
前方，表情专注。身着广袖拖地长裙，
胸系带，双手笼袖置于腹前，臀部微
向左扭。女陶俑造型简练，形象准确
自然，整体无精雕细琢，仅衣袖处有
纹理，风格质朴。

红陶女俑

345

陶女俑

唐代，陶塑。陕西西安出土，故宫博物院藏。高44厘米，宽14厘米。陶女俑头发偏束高髻，五官精巧，弯眉细目，直鼻，小口，双脸颊涂红粉。身着窄袖齐胸拖地长裙，双手笼袖置于腹前，大腹明显，做缓慢行走状。女立俑造型简洁明快，衣裙线条流畅自然，形神兼备，表现为典型的盛唐"胖美人"样式，是盛唐以胖为美的独特审美倾向的表现。

陶女俑

陶女俑

唐天宝四年（745年），陶塑。西安东郊韩森寨雷府君宋氏墓出土，故宫博物院藏。高64厘米，宽21.5厘米。俑像梳头髻，头发向下抱面，于头顶束花髻，脸庞圆润、饱满，五官小巧精致。内穿窄袖襦衫，外着齐胸拖地长裙，双手笼袖中置于胸前，两脚侧开，直立于方板上。女俑体态丰腴，造型写实，活脱脱一个贵妇形象。作品塑工简练，用浅浮雕和线刻的手法表现了流畅的衣饰纹理。

陶女俑

陶画彩捧物女俑

唐天宝四年（745年），陶塑。西安东郊韩森寨雷府君宋氏墓出土，故宫博物院藏。高22.5厘米，宽6.5厘米。女俑头微向上抬，双眼直视前方。头梳偏头高髻，发绘黑色。身着广袖长裙，裙摆覆足，袖口宽大，双手隐藏在衣袖中，托起一长方盒于胸前，双腿直立，两足尖均微向外撇。女俑为侍女形象，体态丰腴，衣着宽松，姿态恭敬、自然。

陶画彩捧物女俑

陶持花女俑

唐代，陶塑。故宫博物院藏。高41厘米。俑像面庞方圆，眉弯目细，五官精致。头梳高髻，身穿宽袖长裙，上着襦衫，着翘头鞋，立于方形陶板上。俑左手笼于袖中上举至胸前，右手持花。造型丰腴，如实地展现了盛唐时代妇女丰满的形象。衣饰自然简洁，手法质朴。

陶持花女俑

红陶女俑

唐天宝四年（745年），陶塑。西安东郊韩森寨雷府君宋氏墓出土，故宫博物院藏。高21.7厘米。俑像为一女子着男装形象。头饰男装幞头，穿长袍，束腰，拱手而立。头部丰满、圆润，微向上抬，神态拘谨、恭敬。作品朴素无华，质朴生动，显现出唐代女扮男装的时尚。

红陶女俑

三彩女俑

唐代，陶塑。故宫博物院藏。高32厘米。三彩作品在唐代时烧造的数量众多，品种繁杂，有人物、镇墓兽、马、骆驼及日常用品等。三彩女俑是唐代最具代表性的雕塑作品之一。女立俑绾发于前额成髻，身着当时流行的窄袖襦衫和齐胸长裙，肩披帛带，长裙垂至足面。双臂于胸前交至袖中，拱手而立，神态自如，充满浓郁的生活气息。通体施黄、绿、白色釉，色彩丰富，造型写实。女俑面如满月，神态悠闲典雅。

三彩女俑

三彩女俑

唐代，陶塑。故宫博物院藏。高26厘米。唐三彩是以铜、铁等为釉料着色剂，烧制出来的带有深浅不同的黄、绿、白、蓝、赭等颜色的一种工艺品，造型外观都十分优美。这件三彩女立俑头梳螺状发髻，内穿白色襦衫，外罩绿色披巾，自肩下绕至胸前，下穿黄色长裙。俑面部丰腴饱满，身材修长，衣纹以及躯体比例都很自然，手法写实，既表现出丝织衣裙的质感，又表现出衣裙转折的变化，还显露出健美修长的体躯，颇能显示雕塑匠师的技艺水平，作品整体造型优美。

三彩女俑

三彩抱婴女俑

唐代，陶塑。故宫博物院藏。高16厘米。女俑头发抱面，面庞略显消瘦。内着拖地长裙，外穿翻领广袖大衣，双手托起，怀抱一幼小婴儿。人物造型明显为一中年妇女形象，神态动作似婴儿的母亲，与多数丰腴的贵妇人形象有明显的区别。作品在人物长裙部分施绿釉，大衣白底上面饰以不同的颜色，造型简约，手法粗犷、质朴。

三彩抱婴女俑

三彩女坐俑

唐代，陶塑。故宫博物院藏。高51厘米，宽16厘米。女俑为坐姿，头上戴鸟形高冠，脸庞丰润，五官清秀，眉、眼均绘以黑墨，鼻高唇薄。上穿短襦，腰束长裙，裙缘长垂覆足，裙身满饰柿蒂纹。足登云履，右手举起，左手持一小鸟。神态娴静，富有生活情趣。整体造型优美，衣饰色彩以绿色为主，间以黄褐色，装饰精细，此类坐俑一般都被认为是按照生前样貌所塑的墓主俑像。

三彩女坐俑

白陶画彩男俑

唐代，陶塑。故宫博物院藏。高 22.5
厘米。男俑呈站姿，头戴幞头，身穿
翻领窄袖短袍，下着长裤，腰束带，
脚穿靴。左手屈置腹前，右手置在胸
部，似持有某种杖状物。俑人面目略
显风化，眉目清秀，鼻头略大，嘴角
上翘，面带笑意。由此低垂眼帘的神
态和短衣、窄袖的装扮来看，应为侍
役俑。

白陶画彩男俑

陶戏弄俑

唐代，陶塑。故宫博物院藏。高 27.3
厘米。这件男俑头戴幞头，身穿圆领
窄袖长袍，腰系带，足穿短靴。双腿
直立，腹略鼓，耸肩，双手拱于胸前。
头微扭，表情生动，富有感染力。俑
像为正在表演的形态，唐代戏剧活动
兴盛，演员被称为戏弄，且歌且舞。
此俑被推测正在表演的是一种名为参
军戏的剧种。

陶戏弄俑

陶男侍俑

唐代，陶塑。故宫博物院藏。高35厘米。
男俑身体修长，并足站立，五官端正，
双眉紧皱，似遇到问题正处于思考之
中。头戴幞头，身穿圆领窄袖长袍，
腰中系带，足穿靴，双手拱于胸前，
姿态神情略显拘谨，颇具侍役俑的身
份特征。造型写实，结构比例匀称，
风格质朴。

陶男侍俑

陶侏儒俑

唐代，陶塑。故宫博物院藏。高 13 厘米，宽 7.5 厘米。唐朝时期，侏儒通常供宫廷和贵族官宦之家取乐，或为侍奴。陶侏儒俑在陕西、河南等地达官贵族的墓葬中出土较多。这件陶侏儒俑的躯体比例有所夸张，头部及上身较大，双腿较短。头戴黑色幞头，眼、鼻、口都较大，面部肌肉略显臃肿。着翻领长袍，左手自然下垂，右手屈于胸前。造型独特，通过对面部的突出表现与身体比例的调整，塑造了滑稽的人物形象。

陶侏儒俑

陶画彩男坐俑

唐代，陶塑。陕西咸阳底张湾出土，故宫博物院藏。高 13.5 厘米。男俑头戴幞头，身着圆领长袍，腰间束带，两腿盘坐。男俑脸庞圆润，肩部较宽，两臂曲肘抬至腰间，双手已残，似做击鼓状，应是唱乐俑。俑像通体以白粉为底，表面原绘有彩色纹饰，现已脱落。人物躯体饱满，形象写实，塑工古拙粗犷，无精雕细琢。

陶画彩男坐俑

陶画彩男俑

唐开元二年（714 年），陶塑。河南洛阳戴令言墓出土，故宫博物院藏。同墓中已出土有陶俑多件，其中包括文官俑、天王俑、男立俑等，这是其中之一。俑高 76.5 厘米。头戴幞头，穿圆领窄袖衣，束腰系带，足蹬长靴，直立于方板上。左手握拳于胯部，右手曲臂向前，做牵引状，可能为牵马或骆驼俑。俑人五官丰润，面庞饱满，精神抖擞。包括此俑在内的同墓陶俑，均为素陶像上彩绘的形式，但今颜色多已不存。

陶画彩男俑

红陶骑马狩猎俑

唐代，陶塑。故宫博物院藏。高 35 厘米。
马形体矫健，胸部结实饱满，四肢硕壮有
力，立于一微弧形陶板上。马背上男俑头
戴幞头，穿翻领大衣，眉目上翘，八字须，
身体略向左侧，两腿夹马腹，两手架空，
原似握有缰绳。马背上另驮有一水囊，外
挂有飞禽、野兔一类的动物。因此推测，
此俑应表现的是狩猎活动。俑人姿态表情
生动，相貌似有胡人特征。

红陶骑马狩猎俑

红陶骑马狩猎俑

红陶骑马狩猎俑

唐代，陶塑。故宫博物院藏。高 35 厘米。
骏马身躯健壮，四肢修长。马头低垂，尾巴
扎束，略向上翘，头部造型写实，刻画细致。
马背上跨一男俑，头戴幞头，脸部狭长，有
八字胡，五官清晰。身着翻领窄袖长袍，侧
身向左，神情敏感、专注。俑人身后紧随一
只猎狗，端坐在马臀部。作品造型写实，展
现出狩猎时的情景。手法概括洗练，无过多
细部刻饰，只通过马、男俑与猎狗的形象，
在神情上形成鲜明的对比。

三彩骑马狩猎俑

唐代，陶塑。故宫博物院藏。高 43 厘米。
狩猎是我国古代的一种体育活动，被唐代
统治者所重视，骑马俑在唐代俑塑中较为
多见。这件骑马俑头戴幞头，长脸，颧骨
突出，两眼内凹，尖鼻，唇留八字须，颔
下蓄须，凝视前方。俑穿绿色翻领窄袖衣
衫，脚穿黑色高筒靴，双手做持缰状，足
踩马蹬，猎人身后蹲坐一猎犬，身形较小。
马为褐色，膘肥体健，四肢修长，直立于
方陶板上。狩猎俑塑工精细，技法纯熟，
风格写实，是当时狩猎出行时的情景再现。

三彩骑马狩猎俑

三彩骑马狩猎俑

唐代，陶塑。故宫博物院藏。高42厘米。白马高大，壮硕，马背上为一猎人，胡人形象。脑后梳齐发，额头缠系有束带，眉目清秀，面带微笑。身穿绿色窄袖长衫，腰系带，足穿靴，双手抱猎豹，端坐在马背上。据《大唐西域记》记载，"齐发露顶"是粟特人的特征，因此推测此俑应是粟特人进贡朝廷的。粟特自汉朝开始与中国有经济、文化方面的交流活动，是今中亚地区的古老民族，以善于经商而闻名，唐朝时与中原的商贾贸易尤甚，因此我国各地都有粟特人形象的俑人出土。

三彩骑马狩猎俑

黑陶画彩胡人俑

唐代，陶塑。故宫博物院藏。高33.2厘米。胡人俑为站姿，头戴尖顶胡帽，眼睛微眯，脸庞圆润，五官清晰，尖鼻深目，嘴角上扬，露出微笑。身着圆领窄袖长袍，束腰系带，足登靴，直立于一方形陶板上。右臂弯曲于胸前，左手伸出，手指部分已残，似正在打手势说明什么，姿态表情生动。作品造型准确，风格写实。

黑陶画彩胡人俑

陶画彩胡人俑

唐天宝四年（745年），陶塑。西安东郊韩森寨雷府君宋氏墓出土，故宫博物院藏。高50.5厘米，宽18厘米。俑像头戴幞头。面相方圆，为胡人形象，双目凸出，高鼻阔嘴，络腮胡须。身穿圆领长袍，下着长裤，腰中束带，足登长筒靴，侧身立于托板上。双臂向前弯曲，头微向右扬，身体略向左扭，推测应是一牵引俑。

陶画彩胡人俑

陶画彩胡人俑

唐代，陶塑。故宫博物院藏。高37.5厘米，
宽14厘米。髯须，穿翻领短大衣，下穿长裤，
腰束带，头戴幞头，黑色长靴，双腿分立，
是典型的胡人装扮形象。粗眉大眼，颧骨
突出，狮鼻阔嘴，面部形象刻画略显夸张。
腹部隆起，双臂弯曲向前，做牵引状。俑
人全身显得体力充沛，是牵马者俑像。人
物刻画细致真实，充满生气。

陶画彩胡人俑

陶黄釉胡人俑

唐天宝四年（745年），陶塑。故宫博物院藏。
高24厘米。头戴方帽，前沿部向上翻折，脸庞
较为清瘦，五官刻画生动，浓眉、细眼、高鼻，
嘴角上扬，面带微笑。上穿外翻领长袍，下着收
腿裤，腰中系带。左臂自然下垂，右手握拳屈臂
于腹前，身材中等，形态似青年。作品主要侧重
于表现人物的神态表情与姿势，风格质朴、写实。

陶黄釉胡人俑

陶绿釉胡人俑

唐代，陶塑。故宫博物院藏。高59厘米，
宽20.3厘米。深目高鼻，眉毛浓密，眼睛
圆睁，有髯须。头戴幞头，身穿右衽翻领
长衣，腰束带，足蹬靴。双臂抬起，手握拳，
腰拱，上身前倾，做牵马或骆驼状。俑人
造型典型，黑色幞头和靴子，绿色长袍和
褐色翻领的色彩搭配鲜明。人物塑造手法
写实，五官及衣纹处理较为细腻，使人物
形象更加生动。

陶绿釉胡人俑

三彩胡人俑

唐代，陶塑。故宫博物院藏。高 61 厘米，宽 21 厘米。头戴幞头，蓄髯须，尖鼻深目。身穿右衽翻领长衣，束腰系带，脚穿靴。身体略向前倾，双手做牵引状。人物外衣施黄釉，但在衣领处可见绿色。造型写实，形象准确，线条流畅，无精雕细琢，形神兼备。是唐代商业发达和与西亚交往频繁的见证。

三彩胡人俑

陶昆仑奴俑

唐代，陶塑。故宫博物院藏。高 24.5 厘米。我国古代的昆仑一词有两重含义，一指昆仑山，一指黑色的事物，因此这些非洲裔的奴役便称为昆仑奴。这件昆仑奴俑像头顶浓密的卷发，双目圆瞪，嘴紧闭，五官精致，皮肤黝黑，身材短小。身着右衽窄袖长袍，脚穿靴，腰中系带，腹部鼓起。俑头向右扭，身体略侧，脚呈八字形站立。俑人面庞稚嫩，似为少年形象，其袖长，手缩于袖中，衣饰已是典型的中原样式，表明这时的外族人已开始接受唐人的生活习惯。陶昆仑奴俑造型粗犷质朴，无精雕细刻，风格写实。

陶昆仑奴俑

陶昆仑奴俑

唐代，陶塑。故宫博物院藏。高 22 厘米。昆仑奴的出现，说明了唐代的开放和城市的国际化。这件作品中昆仑奴黑发卷曲，面庞方圆，五官紧凑，面带微笑。右肩袒露，左肩披一条帛巾，下身穿围系的短裤，右手向前平伸，持有一物，左手向外伸展，左腿微弯，右腿前迈，做受力状。形象写实，风格粗犷，把昆仑奴的特征表现得恰到好处。

陶昆仑奴俑

陶黄釉昆仑奴俑

唐代，陶塑。故宫博物院藏。高 24.5
厘米。像呈站姿，直立于方形陶板上。
头顶卷发，面庞丰润，大眼圆睁，微
向内凹，头偏向一侧。身着窄袖圆领
长袍。双手握拳，分别置于胸腹部。
通体施以黄釉，釉色光洁。形象概括
简洁，色彩明快，整体造型生动准确，
是常见的一种昆仑奴形象。

陶黄釉昆仑奴俑

侏儒俑

唐代，陶塑。故宫博物院藏。高 18.5
厘米。从各地唐代高官和贵族墓中出
土大量的侏儒俑来看，在社会上层阶
级中，蓄养侏儒的做法较为普遍。此
俑身材矮小，面庞饱满，圆腹，眼小，
眉弯，塌鼻，小嘴。头戴圆帽，帽子
边缘部位向上翻折，身穿右衽窄袖衣，
胸腹部袒露，足穿黑色长靴。左臂自
然下垂，右手屈臂握拳，中空，原应
握有器物，现已失。人物造型简练，
形貌真实生动，对面部、腹部的表现
准确细微，人物形象突出。

侏儒俑

陶黄釉大食人俑

唐代，陶塑。故宫博物院藏。高 29
厘米。大食人是中国唐代对阿拉伯人
的称呼，唐朝与阿拉伯帝国的经济文
化交流频繁，在许多唐墓中都出土有
大食人物形象的人俑。这件大食人陶
俑作品通体施浅黄釉，施釉均匀明亮。
大食人头戴高帽，前部向上翻折，身
着圆领右衽衣，束腰系带，下身着裤，
并腿直立。左臂按于胸前，右臂下垂
至腰间，手中握胡瓶，姿态谦恭。这
件大食人俑的独特之处在于其均匀的
釉色，显示出较高的制作水准。

陶黄釉大食人俑

陶大食人俑

唐代，陶塑。故宫博物院藏。高28厘米。陶大食人俑头戴尖帽，边沿向上翻折，脸部较长，双目内凹，直鼻阔嘴，蓄有浓密的络腮胡须。着长袍，腰中系带，足穿长靴，背上背长方形包裹。左手持壶，右手抓住胸前的系绳，右腿前迈，身体前倾，做行进状。形象写实，造型简练但形态逼真，表现了负重行走的大食商人形象。

陶大食人俑

陶大食人俑

唐代，陶塑。故宫博物院藏。高33.2厘米。大食人俑头戴卷檐尖顶帽，内着短袖襦衫，外穿翻领大衣，右袖脱掉，系于腰间，足穿长靴。唐代人俑中，这种翻领衣饰很常见，其领和袖均可翻折，常有将一侧袖脱下缠于腰上的穿法。人物头向右上扬，颧骨突出，目深鼻高，满鬓胡须。面部唇上仍残留有红色彩绘痕迹，其面部眼眉等原似绘制。左臂夹一包裹，右手上扬，双腿直立于方形陶板上。塑造手法洗练，而形质俱佳，是研究大食地区人物衣饰、形象的重要资料。唐代墓葬中发现的各式大食人俑，是唐代中西文化交流的见证，也是当时经济繁荣的象征。

陶大食人俑

红陶男俑

唐景云元年（710年），陶塑。西安东郊郭家滩骞思悊墓出土，故宫博物院藏。高19厘米。男俑头戴风帽，身披翻领大衣，内着长袍及地。俑圆脸饱满，五官紧凑，体态丰腴，形象敦实。双手拱于胸前，两手中间有孔，应是原来握有兵器，现已失。

红陶男俑

黄釉武士俑

唐代。陶塑。故宫博物院藏。高 38.4
厘米。武士俑头戴兽面盔，兽面朝天
造型凶猛，露出牙齿，张开的大嘴为
开敞的孔洞，孔洞恰好可以露出真人
的面孔。武士俑内穿右衽衣，下着长
裤及脚面。外套铠甲，臂有护膊，腰
中系带，形象威武庄严。俑双手均呈
握拳状，中空，原应持有武器，现已
丢失。作品刻塑手法细腻，轮廓清晰，
尤其对武士面部兽面盔的表现真实、
生动。

黄釉武士俑

白陶画彩男俑

唐代，陶塑。故宫博物院藏。高 81.5 厘米，宽
25 厘米。男俑头戴皂冠，身穿长袍。面庞圆润
丰满，五官刻画紧凑，双目微闭，眉头微皱，
表情拘谨。长袍及地，外披有长袖立领大衣，
阔袖敞口，大衣外罩裲裆，袖口及胸前裆上绘
有图案纹饰，制作精美。隋唐时期，裲裆是一
种较为流行的服饰，其衣分前后两片，武士裲
裆多为甲制，文官则只保留样式不变，材质改
为织物，其上可饰精美的装饰。作品塑造技艺
娴熟，衣饰质感较强，其上纹饰为彩绘而成。

白陶画彩男俑

白陶画彩男俑

唐代，陶塑。故宫博物院藏。高78厘米。
俑像头戴冠，身着右衽阔袖长袍，盖
住足面，双手拱于胸前。衣服的袖口
及领口均饰有精美的纹饰带，十分华
丽。脸庞丰腴，体态端正，弯眉、细眼、
直鼻、阔嘴，面带微笑。作品造型写实，
塑工细致。

白陶画彩男俑

陶淡黄釉画彩文官俑

唐代,陶塑。故宫博物院藏。高42厘米。
文官俑像头戴小冠,冠下有带,系于
颌下。脸庞较方,扬眉平视,阔鼻,
八字胡,神态安详从容。身着宽袖大
衣,下着裳,外罩裲裆,腰中系带,
足穿云头靴,双手拱于胸前,姿态恭
敬大方。俑像通身施以淡黄色釉,眉
目、胡须、头发及裲裆有墨绘,衣饰
红色,整体色彩鲜艳、明快。造型简洁,
手法写实。

陶淡黄釉画彩文官俑

红陶画彩文官俑

唐开元二年(714年),陶塑。河南
洛阳戴令言墓出土,故宫博物院藏。
高130厘米。俑像呈站姿,头戴高冠,
身穿右衽宽袖长袍,足登云履,双腿
直立于高台座上,双手交叉于胸前。
俑脸庞方圆,五官清晰,显示出一种
程式化的面貌特征。阔耳,头略向下
低垂,体态略显消瘦。人物形象写实,
塑工简约,面貌与动作在随葬俑中都
非常多见。

三彩武士俑

唐代,陶塑。故宫博物院藏。高70.5厘米。
俑像头戴鹖冠,为深目高鼻的胡人形象,
双目低垂,两腮圆鼓,神情威武。着宽袖
长袍,外置裲裆,足穿如意云头履,双手
交握,置于胸前,直立于一圆柱形矮座上。
辨明人俑身份主要靠头冠的区别。武官所
戴冠称为鹖冠,其上有雀鸟造型,是勇猛
的象征。这尊武士通体以褐、绿、白三色
釉为主,釉色鲜艳明丽。作品造型精致细
腻,形象生动,是唐代陶塑中的精品。

红陶画彩文官俑

三彩武士俑

三彩文官俑

唐代，陶塑。故宫博物院藏。高102.2
厘米，宽25厘米。头戴高冠，身着
宽袖长袍，下着裳，外穿裲裆，脚穿
如意云头履，直立于陶托座上。脸庞
圆润，眉、目、须、发均为墨绘，神
情威武。双手交拱于胸前，中有长方
形孔，推测应为插笏之用。俑像通体
施绿、褐、白釉，釉色明亮。裲裆及
袖口部分，多种颜色交融，色彩鲜艳。
作品无论整体造型还是用釉着色均较
为精细，极富装饰色彩。

三彩文官俑

陶酱褐釉镇墓兽

唐天宝四年（745年），陶塑。西安
东郊韩森寨雷府君宋氏墓出土，故宫
博物院藏。高25厘米。镇墓兽早在春
秋战国时期楚地墓室内就已经出现，
隋唐时期的镇墓兽大都成对出现，设
于墓门左右，其形象有所不同，一个
是人面兽身，一个是兽面兽身。这件
陶塑镇墓兽作品是十分罕见的酱褐色
为主基调，较为特殊。墓兽形体较小，
怒目圆瞪，张嘴露齿，表情狰狞，形
象简练，风格夸张。

陶酱褐釉镇墓兽

红陶彩绘镇墓兽

唐代，陶塑。故宫博物院藏。高33.5
厘米。这件陶塑镇墓兽为兽面人身造
型。兽面凶猛，面目狰狞，额头外突，
獠牙外露。头戴尖顶帽，双肩饰火焰
纹两翼。右臂上举，左臂下弯，手握
拳置于膝头，腿呈弓字步，足下踩踏
有一兽，兽做奋力挣扎状。镇墓兽体
格矫健，充满力量感，脚下踏兽更加
衬托了镇墓兽的威猛气势。作品手法
略显夸张，塑工概括简练，原兽身上
有彩绘，今已不存。

红陶彩绘镇墓兽

陶画彩镇墓俑头

唐代，陶塑。故宫博物院藏。高31厘米。为镇墓俑兽的头部。兽脸在人面基础上夸张而成，呈圆方形，双眉上耸，两眼内凹圆睁，鼻子高挺，八字胡须上翘，张口，似正做喊叫状。头发竖起，分成三股，成线条向上扭曲，造型怪异。兽面两侧有两大耳，呈张开状。作品形象夸张，形貌威武凶悍，塑工精湛，极具装饰色彩，感染力强。

陶画彩镇墓俑头

三彩镇墓兽

唐代，陶塑。故宫博物院藏。高80.5厘米，宽26厘米。镇墓兽四肢修长，为蹲坐状，下部有底座。头上生有两角，双眼圆睁，张嘴露齿，面目狰狞。肩部饰双翼，后背有鬃毛，均饰有阴线纹，偶蹄足。通体施褐、白、绿三色釉，采用独特的工艺，使釉色在烧制过程中自然流下，并且相互交融。

三彩镇墓兽

红陶彩绘天王俑

唐代，陶塑。故宫博物院藏。高62.5厘米，宽21.5厘米。天王原本是佛教中的护法神形象，后被人们用作避邪驱鬼的镇墓兽天王。这件俑头戴鸟冠，冠上鸟翼展开，扇形鸟尾高翘，两护耳外翘，头冠造型夸张。俑面部丰腴，五官突出，眉毛紧蹙，眼圆瞪，鼻尖口阔。其腰间系带，使腹圆鼓外突，肢体健硕粗壮。身穿明光甲，龙首护膊。身体略呈"S"形，两臂翘起，右手握拳，刚强有力。右腿直立踏小鬼腹部，左足踏小鬼头部，小鬼做奋力挣扎状。底部为高台座。天王俑神情肃穆，造型浑厚，整体蕴含力量感。雕刻精致，陶质细密，显示出较高的制作工艺水平。

红陶彩绘天王俑

红陶天王俑

唐代，陶塑。故宫博物院藏。高 66 厘米，宽 22.5 厘米。天王俑头戴冠，身穿明光甲，形象威武。冠上立有一鸟，鸟展翅，尾蹲坐于冠上，冠前额为云头状，头两侧护耳外翘。面部刻画细致，天王皱眉咧嘴，表情冷峻。两臂架起，两臂上均有龙首护膊。左腿踏于小鬼腹部，右腿踩于小鬼头部，臀部微向左扭，身体略呈"S"形，足下小鬼挣扎状，躺于底部高托座上。塑工精湛，人物躯体饱满，形神皆备，尤其是对天王所穿盔甲的线条描绘细致而精准。原有彩绘，现大部分已经脱落。

红陶天王俑

三彩天王俑

唐代，陶塑。故宫博物院藏。高 97 厘米，宽 40 厘米。天王俑头戴兜鍪，头顶塑有一只展翅欲飞的朱雀，两护耳上翘，粗眉豹眼，狮鼻阔嘴，下蓄胡须。眉、眼、发、须均为墨绘。身穿铠甲，腰中系带，腰下垂膝裙，下缚束腿。左手握拳，向上扬起，右手叉腰，臂上有龙首护膊。双足踩一卧牛，右腿直立于牛背，左腿弯曲，踏于牛头部，卧牛下面为一台座。作品比例匀称，人物总体呈"S"造型，使人物威武而灵动。俑像通体施绿、褐、白三色釉，着色手法简练。

三彩天王俑

三彩天王俑

唐代，陶塑。故宫博物院藏。高 84 厘米，宽 28 厘米。唐代的三彩天王俑造型有写实性与夸张性两种不同的特征。这一件较为写实，这件天王俑头绾发髻，浓眉大眼，双眼圆瞪，八字须均着黑色釉。身穿铠甲，两肩处有兽面披膊。右手叉腰，左手呈握拳状，双足踏于卧牛之上，底部为一方形台座。通体以黄、绿、白色釉为主，色彩搭配鲜艳却又不失柔和。

三彩天王俑

陶绿釉生肖鸡俑

唐代,陶塑。故宫博物院藏。高21厘米。陶像为人身鸡首。鸡首敷白粉,粉上施朱,除鸡冠和嘴塑形之外,脸部都采用线刻。身着绿色窄袖长袍,腰系带,双肩并于身体两侧,两手笼于胸前,足穿短靴,直立于方形陶板上。塑工精巧,造型独特,充满趣味性。

陶绿釉生肖鸡俑

陶绿釉生肖狗俑

唐代,陶塑。故宫博物院藏。高25厘米。陶狗两耳下垂,鼻突出,略显夸张,嘴部长伸,微张,露出犬齿,两眼圆睁,形象生动准确。身穿绿釉窄袖长袍,腰部束带,腹部微鼓,足登靴,施绿釉色。双手拱于胸前,两腿直立于陶板上。造型生动有趣。

陶绿釉生肖狗俑

陶画彩骆驼

唐开元二年(714年),陶塑。洛阳戴令言墓出土,故宫博物院藏。高103.5厘米。唐代骆驼俑有单峰和双峰两种,这件为单峰骆驼。形体高大,四肢修长,直立。头部刻画细腻,驼峰高耸,腹部浑圆,细尾上卷。整体造型饱满,表现手法概括,形象写实,生动准确,风格质朴。

陶画彩骆驼

红陶画彩骆驼

唐开元二年（714年），陶塑。洛阳戴令言墓出土，故宫博物院藏。高104厘米。隋唐时期，中外文化交流已日益频繁，骆驼是沟通中西往来的运输交通工具，也成为匠师们进行艺术创作表现的常用题材。这件双峰骆驼俑四足直立，体格健硕。头部高昂，颈部自然弯曲。两峰之间置有椭圆形鞍鞯，上面有兽首形驮囊，左右有丝卷、水壶等物。驼首及背上的鞍鞯雕刻逼真，尤其是对腿部肌肉与骨节变化的表现细腻。头、尾及颈部用细线浅刻来表现柔软的驼毛。整体造型写实，刀法精细，塑工简约、大方。

红陶画彩骆驼

三彩骆驼

唐代，陶塑。洛阳关林出土，故宫博物院藏。高39.5厘米。这件三彩骆驼为双峰驼，形体较小，头部高昂，双眼圆睁，嘴微张。以褐色为主，全身施釉。双峰间背有驮囊，上有绿色和白色的点状釉斑，四肢修长，直立于托板上。造型洗练，风格质朴，反映出艺人粗犷的表现手法。

三彩骆驼

三彩骆驼

唐代，陶塑。故宫博物院藏。高87厘米，长82厘米。作品中塑造的骆驼形体高大，做向前行进状。引颈张口，露齿，两眼圆睁。两峰之间有兽面状饰物，两侧挂有丝绸、水壶等物。骆驼颈及腿、腹部驼毛塑造非常逼真。通体以接近骆驼本色的褐色为主基调，背部略施绿、白釉，风格写实。此骆驼俑为郑振铎先生捐赠。

三彩骆驼

三彩骆驼

唐代，陶塑。故宫博物院藏。高86厘米，宽61厘米。骆驼为双峰驼，两峰均向外倾。驼体以褐色为主，驼峰、头及颈部驼毛为白色，驼峰上有兽面装饰，有水壶、水囊等物，驼垫为黄、绿、白相间色调。驼首上昂，张嘴露齿。四肢直立于托板上。从造型和塑造手法看，作品应为盛唐开元、天宝年间洛阳地区雕塑。

三彩骆驼

三彩骆驼

唐代，陶塑。故宫博物院藏。高80厘米。骆驼呈站姿，引颈昂首，四肢立直于一块托板上。小耳直竖，大眼圆瞪，开口露齿。这件三彩骆驼与同一时期三彩骆驼俑在施釉上有明显差别。通体以白釉为主，仅头顶、颈、双峰施褐色，鞯以绿、褐色相间，饰连珠纹和菱形纹。整体造型简洁、朴实，唯双峰间的鞍鞯刻塑细腻，用色讲究，与色调简约的骆驼形成了对比。

三彩骆驼

三彩马

唐代，陶塑。故宫博物院藏。高76.5厘米。三彩马呈站姿，双眼圆睁，扬鼻张口，似正嘶叫，头微向左偏，四肢屹立，体格健壮，装饰华丽。头戴络头，绿色釉花形饰物。鬃毛竖立，施白釉，坚挺整齐。肩及背部饰黄绿色漫带，上挂有黄、绿双色杏叶饰片，饰片中心有蛙形饰非常逼真且华丽。马背跨鞍，外包施绿釉鞍袱，鞍下衬垫和障泥，线刻花形纹饰，十分华丽。马通体施褐色釉，白、绿两色的装饰对比鲜明、绚丽。作品整体比例匀称，刻工精细，形象刻画生动逼真，塑造手法具有一定的水平。

三彩马

三彩马

唐代，陶塑。故宫博物院藏。高 76 厘米，长86 厘米。唐朝与汉朝一样，特别注意对马匹的驯养，以抗击北方少数民族的侵扰。同时马在唐代皇室贵族和平民生活中都占据着重要位置，所以在这一时期，以马为题材的三彩俑在各地的墓中都经常出现。马头略向左偏，上戴辔头，两小耳直竖，大眼圆睁，张嘴衔镳，颈鬃短而齐，后部还有一绺下垂的马鬃，这种在后部留马鬃散置的做法在各地三彩马中很常见，可能是当时的一种流行饰马法。马昂首挺立于托座之上，形体健壮，四肢有力，躯体丰肥适度，比例得当，是当时标准的良马形象。马俑釉色以白色为主，背置鞍韂，有墨绿色绒毯状鞍帕，头戴辔头，胸、背的漫带上系鬃毛形饰物为绿色和褐色，与白色的马体对比鲜明。整个马的釉色明亮，色调和谐，作品风格写实。

三彩马

三彩马

唐代，陶塑。故宫博物院藏。高 51 厘米。唐代以制作用白、褐、绿三种釉色绘彩的陶制品为特色，而以蓝色彩最为珍贵，因为蓝色三彩料须从波斯和中东等地进口。这件三彩马以褐色为主基调，马头部消瘦，面部刻画精细，马背上鞍韂、障泥、雕花垫均施蓝釉，尤其是马鞍上的蓝色釉料均匀、光亮。马的造型自然，手法简练，装饰精美，风格写实。

三彩马

三彩马

唐天宝四年（745 年），陶塑。西安东郊韩森寨雷府君宋氏墓出土，故宫博物院藏。高46 厘米。陶马通体施褐色，包括头、胸及臀部的心形花环装饰和背部鞍韂在内，均施蓝釉。由于蓝釉料十分珍贵，由此突显墓主的地位与财富有异于普通富贵人家。马四肢所立托板分前后两部分，这与一般马四肢立一整块板的做法有区别。作品造型虽略显呆板，却不失生动。

三彩马

三彩马

唐代，陶塑。故宫博物院藏。高72厘米，长79厘米。马全身白色，呈站立状。两眼圆睁，大而有神，双耳短小。鬃毛短齐平整，颈后部有一绺鬃毛下垂。头、胸前、后臀系黑色革带，上悬挂叶形饰物，内塑一动物形象。马背鞍褐色，下衬绿、黄色釉衬垫。马尾束起上翘，四肢健壮有力，躯体比例匀称。四足直立的陶板上，印刻有鸳鸯纹，装饰独特，工艺细密。作品釉色简约，形神兼备，为唐代鞍马形象的代表之一。

三彩马

三彩马

唐代，陶塑。故宫博物院藏。高47厘米，长47厘米。唐代的三彩马多呈站姿，表现出其伫立的静态。这匹骏马身躯壮硕，四肢强劲有力。马弯颈低首，微偏向一侧，口、眼均闭。头戴辔头，额前饰物为杏叶状，短鬃齐整。通体以白色为主，背上鞍鞯为褐、白、蓝色的斑纹，色彩鲜艳。尾部扎束卷翘，四肢直立于陶板之上。造型写实，尤其对马腿的刻饰准确生动，釉较厚，形体饱满，线条流畅。

三彩马

天梯山石窟佛像

唐代，泥塑。原位于甘肃天梯山石窟内，甘肃省博物馆藏。高1.3米。结跏趺坐像，盘高髻，刻细密花纹，造型精致。面相方圆，天庭饱满，双耳下垂，双眉微蹙，两眼微眯，双唇紧闭，做深思状。身着大领袈裟，衣服下垂，衣纹褶皱呈梯形，线条纹理简洁清晰。作品整体形象写实，同窟中佛左右还设胁侍菩萨像，均低额、眼睛向下斜视，表现出了佛端庄的体态和庄严沉静的佛教气息。

天梯山石窟佛像

鉴真像

唐代，夹纻像。广德元年（763年），由鉴真弟子思托、忍基等人设计制作。像呈坐姿，高80.1厘米。日本奈良唐招提寺藏。夹纻像是先以泥为胎造像，再在泥胎外以麻和漆层包裹成像，最后去掉泥胎，成空心夹纻像。此造像法始于东晋，但在唐代时则兴盛于日本。这件塑像为鉴真等身坐像，制作精细，形象逼真。像内着僧祇支，外穿宽大袈裟，结跏趺坐，双手相叠置于腹前。脸庞圆润，浓眉，细目，阔嘴。双眼微闭，神态安详。作品造型写实，塑工简练，衣纹线条转折流畅自如，生动传神，较为写实地再现了鉴真和尚的样貌。

鉴真像

菩萨立像

北齐至隋初，石刻。台北历史博物馆藏。高1.07米。石灰石质。菩萨立像挺拔、庄重，像五官清秀，面庞圆润，做微笑状。头戴冠，披巾帔，姿态僵直。身着露右肩袈裟，衣纹巾带均采用浅浮雕手法表现，形象优美。人物神态婉约，身姿直平，与同一时期洛阳龙门石窟中的菩萨像极为相近。雕刻手法细腻、柔和，线、面起伏有度，雕刻技艺娴熟。

菩萨立像

思维菩萨像

北周至隋代，石刻。台湾静雅堂藏。高39厘米。作品为半石背屏式石质造像，菩萨呈思维状，头戴宝冠，面相趋方略显扁圆，两眉细长，双眼微闭，做沉思状，神态平静祥和。身着袈裟，袒右胸，饰璎珞。左腿撑地，右腿置于左腿上，左手抚右足，右手残缺，身后背光素面无饰。作品雕刻精细，佛身饱满圆润，线条流畅自然，整体风格概括、简约。

思维菩萨像

观音菩萨像

隋代，石刻。1963 年陕西蓝田孟村出土，陕西历史博物馆藏。通高 44 厘米。菩萨呈站姿，头束高髻，戴宝冠，两侧有飘带下垂，上身袒露，胸佩璎珞。形貌圆润，脸庞方圆，眉清目秀，双眼微闭，做沉思状。左臂自然下垂，手持净瓶，右臂弯曲上举，手持柳枝现已残损。双腿直立于覆莲座上，方形台基前部雕有两只呈蹲卧状的石狮，石狮造型概括简洁。作品刻工刀法纯熟，菩萨身体比例匀称，造型准确，是隋像中的精品。

观音菩萨像

张茂仁造石阿弥陀像

隋代，石质。河北曲阳修德寺出土，故宫博物院藏。高 30 厘米。主像为阿弥陀佛，赤足直立于莲台上，脸庞丰颐，双目微闭，做沉思状，右手施无畏印，左手与愿印，身着袈裟，袒右肩，造型端庄，神态静穆。弥勒佛两侧侍立二弟子，应为观世音和大势至两位菩萨，造型略同，内着僧祇支，外披袈裟，双手合十置于胸前。佛身头后有圆形头光，三像背后为一个巨大的莲瓣形背光，均素朴无饰。作品整体造型简洁，风格质朴，整体感强。基座上刻有造像时间为隋开皇十一年（591 年）。

张茂仁造石阿弥陀像

阿尔卡特石人

南北朝至唐代，石刻。发现于新疆伊犁阿尔卡特草原，新疆维吾尔自治区博物馆藏。高 145 厘米，花岗岩质。人像脸型扁圆，大眼，鼻子高挺，蓄八字胡，颈部戴项圈，身着翻领大衣，腰中系带，带上系小刀。左手持刀按在腰间，右手举杯于胸前，脚蹬皮靴，两脚向外，呈八字形而立。石人像刻工简洁，形象概括，形体粗大扁平，造型威严，一副英勇武士形象。石人后面头发编成九条辫子，垂到腰际。石人所在地为突厥等游牧民族的墓葬区，那里置设诸多不同造型的石人，推测或原置于墓前。

阿尔卡特石人

牛角寨第40号三宝窟造像

牛角寨第40号三宝窟造像

唐代，石刻。位于四川仁寿牛角寨。从窟内壁所刻名为"南竺观记"的碑文中，可知此窟建造于天宝八年（749年）。窟高2.4米，宽2.9米，深2.1米。窟内雕像群为道教塑像。以三清为主造像，三清指道教中元始天尊、灵宝天尊和道德天尊。三像的服饰、姿态、形貌相类似，均盘膝而坐，头缩发髻，身着通肩道袍，左臂屈肘举物，其中两尊像手部已损，右臂自然下垂，置于膝上。三像面相方圆，五官刻画都十分精细，背后皆饰有桃形背光，素朴无饰。三尊像中以元始天尊为主尊像，置于正中，因此正中坐像下为莲瓣形台座，两侧像为方形台座，以示区别。三像身后刻有十余位真人立像，排列错落有致，两侧分列金童、玉女、力士像等。群像均位于一平整台基上，台基立面排列有浅浮雕侍女及供养人像，共二十七人，形貌、服饰各异。

牛角寨第30号弥勒佛半身摩崖造像

牛角寨第30号弥勒佛半身摩崖造像

唐代，石刻。牛角寨造像之一。造像为弥勒佛形象，摩崖造像，雕凿于高16米、宽11米的石崖间。佛像背倚山崖，仅雕出头部。形体硕大，头部高6.3米，宽4.6米，肩部宽11米。佛像头顶螺发，面相方圆，五官刻画概括，长耳垂肩，肩胸部依自然山势形成，更加雄壮。下半身省略，与山融为一体。半身弥勒佛像无精雕细琢，风格简约，气质庄重。

飒露紫

唐代，石刻。"昭陵六骏"之一。原位于
陕西醴泉的唐太宗李世民昭陵墓前，现藏
于美国费城宾夕法尼亚大学博物馆。六骏
均为李世民所骑战马，其名为飒露紫、拳
毛䯄、青骓、什伐赤、特勒骠、白蹄乌。
其中飒露紫和拳毛䯄被盗卖，现藏美国宾
夕法尼亚大学博物馆，其他四尊像藏于陕
西西安碑林博物馆。六骏马形象均刻在高
2.5 米，宽 3 米的石板上，分置于昭陵北
麓祭坛东西两庑内。飒露紫是唯一有人像
的浮雕，其形象来自一场真实的战役。浮
雕图中描绘的是飒露紫胸部中箭受伤，随
行将领丘行恭上前将飒露紫身中的箭拔出
的情节。丘行恭身着战袍，腰挎佩刀和箭
囊，作俯首为马拔箭之姿。飒露紫依然镇
定自若，不失英勇雄健的战马气质和勇士
风范。而另一面，它又低头贴近前来拔箭
的丘行恭，将受伤、寻求抚慰的那种心情
也细致入微地表现了出来。六匹骏马形貌
相似，都扎三花式鬃毛，配鞍鞯，较为写
实地反映了唐代战马的基本装备。六匹马
浑厚圆润的体态和矫健的身姿，体现出了
唐代所常见的西域马的典型特征。

飒露紫

拳毛䯄

唐代，石刻。昭陵六骏之一。原位于陕西
昭陵墓前，现藏于美国费城宾夕法尼亚大
学博物馆。为西组第二。为李世民平刘黑
闼时所乘。高 172.7 厘米，宽 207 厘米。
马胸部及背部各中数箭，两腿抬起，两腿
支地，做向前缓步行进状。马身躯圆润，
形体与飒露紫相比略显低矮，形象健壮。
马背鞍饰精巧，形象突出。作品整体雕刻
手法自然，马的造型写实、生动，表现出
战马昂扬的形象特征。

拳毛䯄

什伐赤

唐代，石刻。昭陵六骏之一。原置于陕西昭陵前，现藏于西安碑林博物馆。为东组第三骏。高1.72米，长2.04米。马做腾空飞驰状，四蹄扬起，奋力伸张，几近平直状。头向前伸，鬃毛向后，尾巴上扬。体格饱满，充满力量感。马匹身躯肥硕，这是唐代马形象的突出特征。

什伐赤

顺陵石狮

顺陵石狮

唐代，石刻。陕西咸阳陈家村南顺陵石雕刻。顺陵是武则天的母亲杨氏的墓。陵园内现存石雕刻三十四件，形体巨大，皆用青石雕刻而成。陵南门前走狮为雄雌一对，其中雄狮高约3米，长约3.5米，形体矫健，肌肉饱满，形象夸张。石狮头部雕刻生动，眼睛突出，张口露齿。石狮整体风格粗犷，但细部雕刻显示出其技艺水平较高，如狮头后部鬃毛的螺旋状花纹雕刻细腻，石狮腿部粗壮，腿后部以及颌下和胸前的狮毛也进行了细致雕刻。狮子身体的肌肉变化也有所表现，显示出细致严谨的雕刻态度。

龙门石窟万佛洞造像

唐代，石刻。龙门石窟造像之一。位于龙门西山中部。龛分内外两室，内龛高5.8米，深6.5米，宽5.9米；外龛深2.2米，宽4.9米。此窟的内室南北两壁上雕刻有一万五千尊小坐佛，因此被称为万佛洞。据窟顶刻文记载，此窟建成于唐永隆元年（680年）。内龛西壁有主尊阿弥陀佛坐像，像高4米，下有束腰莲瓣须弥座。须弥座上、下均浮雕莲瓣，束腰处深浮雕力士像。阿弥陀佛呈结跏趺坐式，左手扶膝，右手举至胸前，持无畏印，手指部分有残损。身穿褒衣博带式袈裟，右胸部袒露。高肉髻上饰以波状发纹，发纹旋转宛如花冠。佛像后壁除了圆形头光和大背光之外，还有五十四尊小型菩萨坐像，每尊菩萨均坐在一朵莲花上，深浮雕手法，造型生动。除主尊佛之外，还搭配设置二弟子、二菩萨、二天王、二力士以及二供养人和二狮子像。

龙门石窟万佛洞造像

龙门石窟万佛洞外壁菩萨立像

唐代，石刻，高 85 厘米。龙门石窟造像之一。万佛洞窟外南壁的菩萨像龛的一侧有造像题记说明其为观世音菩萨，永隆二年（681 年）刻成。像头部已残，高束的头髻显现出唐代妇人的特征。面容丰满，长耳下垂。右臂上举，手扬尘尾，动作自然优雅。腰部的扭曲使得塑像右肩上翘，左肩自然向下倾斜，身体呈现优美的"S"形，这是唐代菩萨形象的典型特征。左臂自然下垂，手持净瓶，掌面向外，瓶口夹在指间，向上拉提的动作十分逼真，富有动感，这一细节塑造得十分细腻。菩萨赤脚站在圆形莲花台上，丰润的脚面露出裙摆，衣饰线条细密，层次分明，显示出较高的雕刻水平和追求华丽的造像风格。

龙门石窟万佛洞外壁菩萨立像

龙门石窟摩崖三佛龛佛造像

唐代，石刻。龙门石窟造像之一。位于龙门西山北部，是一处规模较大的窟龛造像。约开凿于武周时期（684~704 年）由三尊坐佛和坐佛之间的四尊胁侍，共七尊佛像组成，但整个像龛并未完成。中央的弥勒主佛高约 6 米，身着宽大的袈裟，形体丰满气质雍容，丰满的面庞及面部流露出的笑容颇具盛唐时期的造像特征，可惜手部及下部台座的雕刻还未完成，留下残状。左右佛像皆高肉髻，披袈裟，倚坐于方形台座上。佛像均只凿出轮廓，尚未雕刻完成。三佛像两侧立侍菩萨有的只凿出大样，有的身体也不完整。由此可以看出菩萨像和佛像的雕造是在同一工程期内进行的，可见当时雕造工程声势的浩大。并由此不完整形象可了解大型造像群的雕造工序和方法，同样具有珍贵的参考价值。

龙门石窟摩崖三佛龛佛造像

龙门石窟奉先寺造像

唐代,石刻。龙门石窟造像之一。位于龙门西山南部山腰处,高宗时期(650~683年)开凿,约在上元二年(675年)建成,是龙门石窟规模最大的摩崖佛龛。宋、金时期曾在崖像前增筑木构建筑,此后被拆除。窟龛主尊大卢舍那佛通高达17.14米,结跏趺坐于须弥座上,方额广颐,曲眉秀目,形象优美,一改以往佛陀为男性形象的习惯做法,塑造了一位端庄典雅、体态丰腴的东方女性形象。佛左侧阿难稚气天真,与右侧老成持重的弟子迦叶一起成为佛身边的固定随侍者,在历代佛教造像中均以佛弟子的身份出现在佛的两侧。佛弟子向外,右侧为普贤菩萨,左侧为文殊菩萨,分别是真理和智慧的象征。主龛向外,两侧分别开龛,龛中分别以天王、力士为主像再塑小型的供养人像,既烘托造像气势,又通过尺度的对比突显主佛的中心位置和崇高的地位。造像组合主从分明,内容丰富,整体气势庄重。

龙门石窟奉先寺造像

龙门石窟奉先寺北方天王像

唐代, 石刻。龙门石窟造像之一。位于龙门石窟奉先寺大卢舍那佛龛。奉先寺佛龛北壁为北方毗沙门天王像,高达10.5米,头戴花冠,怒目圆瞪,双眉竖起,面部表情丰富生动。耳郭造型大而优美,耳下垂有花饰,形象较为特别。左手扶腰,右手托宝塔,臀部翘起,脚下踏小鬼,扭动的身姿呈"S"形,再配合腰臀部和手部的动作,使其整体呈现出优美的体态。身着甲胄,形象更加威武。其脚下夜叉鬼龇牙咧嘴,奋力挣扎反抗的形象将天王像衬托得更加雄壮。

龙门石窟奉先寺北方天王像

龙门石窟奉先寺北壁力士造像

唐代，石刻。龙门石窟造像之一。位于龙门石窟奉先寺大卢舍那佛龛北壁，高9.75米。力士像面部呈愤怒状，肌肉凹凸，凝眉咧嘴，赤裸的上身露出健壮的肌肉，突出人物的力量感。精美的璎珞与简单的衣纹搭配，为雄壮勇猛的力士增添了几分柔美气韵，相互映衬。其自然扭动的身姿较身边的天王像幅度更大，更增加了作品的动感。奉先寺天王、力士像均采用了深、浅浮雕相结合的雕刻手法表现人物形象，使整体造型主次突出，既显华丽又不繁缀。

龙门石窟奉先寺北壁力士造像

文殊菩萨像

唐代，石刻。龙门石窟造像之一。位于龙门石窟奉先寺露天大龛北壁。造像高13.25米。文殊菩萨头戴宝冠，两大耳垂至肩部，身材饱满，饰有耳环、璎珞、帔帛等。脸部圆润，双目微闭，神态安详，让人心生敬畏。菩萨像较力士与天王像的动作幅度小，整体造型风格写实，衣纹线条细密、精致，以突出华丽感为主，躯体比例适度，反映了盛唐时高超的雕塑技艺。

文殊菩萨像

阿难像

唐代，石刻。龙门石窟奉先寺南壁造像之一。高 10.65 米。阿难像呈站姿，内着僧祇支，外披开襟袈裟，袈裟右襟撩起搭于左手，双手已残，赤足立于束腰莲座上。头部浑圆，五官刻画精细，弯眉细目，隆鼻薄唇，双眼直视前方，神情祥和。衣饰线条自然简洁，形体结实丰满，刻工洗练。

阿难像

力士像

唐代，石刻。位于龙门石窟极南洞窟外北侧，高 210 厘米。力士像头部、右臂及右腿已残。上身裸露，体格健壮，较为夸张地表现了胸、腹部隆起的肌肉，下着贴体战裙，腰系带。左手弯臂上举须弥山。身体略向右倾斜，富有很强的动感。全像采用高浮雕的手法，身体结构比例精准，将力士充满力量的身体形象刻画得淋漓尽致，细部表现深入细腻，刀法柔中见刚。

力士像

罗汉像

唐代，石刻。位于龙门东山看经寺北壁。看经寺窟为方形平顶窟，窟内高 9 米，进深 10 米，宽 10.5 米，窟内南、东、北壁面刻有一条罗汉群像浮雕带，共二十九尊罗汉像，图示为其中之一，高约 1.8 米。罗汉像为侧面形象，光头，面部丰润，五官清晰，双眉微皱，两眼前视。鼻高耳长，嘴紧闭，神情专注。身着袈裟，左手抚胸，右手持净瓶，形象生动。

罗汉像

彬县大佛窟佛陀造像

唐代，石刻。位于陕西彬县西清凉山大佛寺内。
大佛寺始建于唐贞观年间，原名庆寿寺，主要
由大佛窟、千佛洞、罗汉洞和丈八佛窟几大石
窟群构成。唐代之后的宋、明、清几代都有整
修和加建。大佛窟平面呈半圆形，高 30 多米，
龛内大佛为石胎泥塑像，后世敷彩，像通高 24
米，佛像结跏趺坐于莲台上，佛像头顶螺髻，
并有摩尼珠装饰，螺髻呈现蓝色，十分特别。
大佛持无畏印，佛像的手大而厚实，衬托出佛
像的高大、丰满。佛像背后有佛光，采用深浮
雕的手法，外圈布满飞天，内圈为小型坐佛，
再向里为莲花、宝珠等花纹装饰。主佛两侧胁
侍菩萨高约 5 米，窟内壁刻密集的小佛龛。

彬县大佛窟佛陀造像

炳灵寺一佛二菩萨龛造像

唐代，石刻。位于甘肃炳灵寺 34 号龛内。造像
为一佛二菩萨组合，中间佛像呈倚坐姿势，头
顶高肉髻，身披袈裟，赤足。广额丰颐，曲眉
隆目，双目微闭，做沉思状。佛左右两侧各站
一菩萨，左侧菩萨左手持净瓶，右手持柳枝；
右侧菩萨左手持莲蓬，右臂自然下垂，手握帔
带。两菩萨衣饰相近，头发均束高髻，有发辫下垂
至肩。三像面相均饱满丰腴，体态婀娜，衣饰
简洁，线条流畅，造型写实，风格质朴。

炳灵寺一佛二菩萨龛造像

优填王造释迦倚坐像

唐代，石刻。龙门石窟敬善寺内。此窟为唐早
期造像窟，未完工，在窟南北两壁上设有优填
王造像龛。像高 98 厘米，呈倚坐佛形象，坐
于方形台座上，双腿向下，双足踏于束腰的莲
花座上。面相饱满，两大耳垂至肩部，五官刻
画精细。身穿袈裟，袒右肩，肩宽腰细，体表
不饰衣纹，仅右腿有一条衣纹卷起，通体素朴
无饰。双臂弯曲，两手现已残损。足下莲花座
有纹饰雕刻。造像形貌端庄，手法简朴洗练，
为 7 世纪时印度流行佛像样式。据说唐代玄奘
从印度取经时带回来的七尊像中就有优填王造
像，在中国石窟中多有发现。

优填王造释迦倚坐像

乐山大佛

唐代，石刻。位于四川乐山栖鸾峰，岷江、青衣江、大渡河的交汇处。塑像始雕于唐开元元年（713年），于唐贞元十九年（803年）雕刻而成。佛像原测量数据称其总高71米，肩宽28米，后经武汉大学重新测量实高为58.7米，肩宽24米，头高11.7米，脸宽7.8米、脚背长19.9米，均与原测量数据存在差异。佛头造型大而方，双目微睐，神态安详，呈向下俯视状。头顶肉髻扁平，一圈绕一圈的肉髻称为螺髻，整个头像共有1051个螺髻（武汉大学测定螺髻为1236个），均为单独嵌入头顶而成。双肩平直而宽大，双臂自然下垂，双手扶双膝，手部塑造写实逼真，身披袈裟，袒胸赤足。佛像建成后，在其外原建有十三层的楼阁作为防护，后于明代被毁，致使佛像表现受风雨侵蚀较为严重。塑像规模庞大，气势宏伟，风格质朴，是世界上规模最大的石刻佛像之一。

乐山大佛

乾陵石狮

唐代，石刻，乾陵石像生雕刻之一。陵园内城东、西、南、北四门前各立有一对石狮。其中以朱雀门前的最有气势，雕刻最为精美。东侧石狮高约330厘米，作蹲踞式。头部形象生动，张口昂首，目视前方，极具威严气势。线条雕刻圆润饱满，前腿支地，以腿部直线条与胸部的曲线形成对比，突出狮子肌体劲健。呈螺旋状的鬃毛是中国石狮形象的突出特征。整体雕刻风格粗犷、质朴，但不乏对鬃毛和腿部等部位的细致表现，富贵中尽显威严气势，颇具有唐代雕塑大气之风。

乾陵石狮

菩萨头像

唐代，石刻。原位于山西太原天龙山石窟，现藏于美国纽约大都会艺术博物馆。残高38.5厘米。菩萨头束高髻，有嵌珠冠饰，面庞圆润，弯眉，秀目，直鼻，小口，双眸微垂做沉思状，神情温雅，具有唐代贵妇的形象特征。刻塑线条流畅，造型质朴自然。

菩萨头像

菩萨残立像

唐代，石刻。1959年陕西西安大明宫遗址出土，西安碑林博物馆藏。残像高110厘米，塑像头部残缺，项饰璎珞，装饰精美。双臂已残，雕塑的视觉重点落在了人体的形态造型上。塑像上身仅斜挂丝带，露出丰满圆润的躯体，显示出充沛的生命力。腰部采用唐代流行的"S"形的躯体线条。腹部的隆起和腹下衣物的扎系更使作品充满生命力和自然的美感。衣裙紧贴躯体，线条表现细腻，更显人物体态的优美。作品手法写实，刻工细腻，残缺的躯体给人以想象空间，显示了唐代高超的雕刻水平。

菩萨残立像

释迦立像

唐代，石刻。新疆焉耆出土，中国国家博物馆藏。高43.5厘米。佛像头束高肉髻，弯眉细目，双目微闭，直鼻，嘴角上扬，面带笑意，大耳下垂，戴有耳环，面容祥和，神态和蔼。释迦像身着通肩宽袖袈裟，下垂覆足。佛左手自然下垂，右手现已残缺。衣服质地轻薄，佛像身体的轮廓转折变化明显。作品造型准确，手法粗犷，风格质朴。

释迦立像

天尊坐像

唐代，石刻。山西博物院藏。通高3.05米。这尊造像是一件道教雕塑作品。唐代佛教与道教并重，虽道教造像十分盛行，但现存不多。天尊盘腿坐于台座上，头顶高束发髻，颌下蓄须，五官清晰，两眼圆睁，直视前方，直鼻高挺，嘴角上扬，略带微笑，神情怡然。身着广袖长袍，腰中系带，于正前方打结，衣服下垂，盖住双腿。左手平置于前面的屏几上，右臂屈肘，上举拂翠鹭尾。造型朴拙大方，雕塑手法简洁洗练，头部线条略显直硬，使其与普通造像相区别，也突显了人物的特殊地位。

天尊坐像

天龙山石窟第21窟佛坐像

盛唐，石刻。原位于天龙山第21窟，美国哈佛福格艺术馆藏。高1.15米。天龙山石窟位于山西省太原市西南40公里的天龙山麓，始建于东魏，北齐至隋、唐，陆续开凿。这尊佛像为盛唐时期的作品。造像为结跏趺坐姿，面相丰腴饱满，弯眉，细目，直鼻，小口。两眼低垂，神情肃穆。薄衣贴体，右胸袒露，左手与右臂现已残缺。佛像造型比例准确，极具写实感。刻工尤以衣褶线条具有"曹衣出水"风格，细密、流畅。

天龙山石窟第21窟佛坐像

天龙山石窟佛坐菩萨

唐代，石刻。原位于天龙山石窟14窟内，东京艺术博物馆藏。高1.15米。佛坐菩萨像呈游戏坐式，头部及左手小臂已残缺。上身袒露，下着裳，肩搭帔帛，颈戴项圈。肩宽腰细，在精细雕刻下的衣服将身体的曲线变化生动地表现出来，写实性极强，是盛唐时期丰润、妩媚佛教造像的典型代表。

天龙山石窟佛坐菩萨

四川梓潼卧龙山第1窟胁侍菩萨

唐代，石刻。位于四川梓潼卧龙山第
1窟。高1.6米。菩萨赤足立于莲座上，
头戴化佛宝冠，面相丰润，广额丰颐，
弯眉细目，两唇略张开，给人以亲切
之感。通身饰璎珞，肩披帔帛，衣饰
贴体。左手握荷包上举，右手自然下
垂。菩萨像苗条、修长，腰部略有弯折，
再加上服饰装饰华丽。具有世俗化、
生活化的造像特征，是窟内最为精美
的造像。

四川梓潼卧龙山第1窟胁侍菩萨

广元千佛崖卧佛洞涅槃变浮雕

唐代，石刻。位于广元千佛崖卧佛窟
内。高75厘米。广元千佛崖位于四
川省广元市北嘉陵江东岸，始建于南
北朝时期，隋朝之后历代陆续都有开
龛，现存窟龛有四百多个，共七千余
身造像，是四川规模最大的石窟群。
这幅浮雕壁画表现的是妇女们得知佛
涅槃后互相告知的情景。画面采用近
大远小的原理表现群山背景，山前刻
有六位妇女形象，均头梳螺髻，身着
窄袖右衽拖地长裙，六人有的相互之
间对话，有的侧身聆听，还有的正用
手比画诉说，神态各异。通过人物位
置与尺度的配合，使画面层次更为丰
富。画面布局具有景深效果，刻工精
湛，人物形象生动，情节性突出。

广元千佛崖卧佛洞涅槃变浮雕

四川巴中鬼子母龛

唐代，石刻。位于四川巴中南龛山石窟。鬼子母是佛教密宗诸神之一，相传有五百儿，初每日以一童男女为食，后经佛教感化，皈依佛门，成为佛的护法之一。这里鬼子母面形圆润，眉清目秀，直鼻小口，两眼直视前方，神态慈祥。像黑头束高髻，身着蓝色窄袖长裙，肩饰帔帛，已完全是唐代妇女形象打扮。鬼子母盘腿而坐，怀抱幼子。其身旁两侧各围坐有四幼子，姿势神态各不相同，为九子鬼子母像形式。作品布局对称和谐，手法洗练，生活气息浓郁。唐代的造像以现实人物的形象来表现宗教题材内容，这时的宗教造像开始向世俗化发展，这组鬼子母形象的造像也是这种风格转变的突出例证。作品极富艺术感染力，这种高度世俗化的造像风格，也是四川石窟造像的一大特色。

四川巴中鬼子母龛

夹江千佛岩第91号合龛宝志禅师像

夹江千佛岩第91号合龛宝志禅师像

唐代，石刻。位于四川夹江千佛岩91号龛内。禅师半跏趺坐于平台之上，面形略长，颧骨突出，大眼，直鼻，阔嘴，两腮内凹。头戴风帽，内着右衽衣，外罩宽袖僧衣，于胸前系结，僧衣自腿下垂，褶皱层层叠起，显得十分贴体。右手抚腿，左手挂杖，杖上悬挂有剪刀等物。作品整体施彩绘，并以红、绿两色为主，十分艳丽。

东林寺护法力士像

唐代，泥塑。位于江西庐山东林寺内。东林寺在江西庐山西北麓，是佛教净土宗的发源地，由东晋名僧慧远于晋太元十一年（386 年）创建，是我国佛教八大道场之一。寺中这尊力士像呈半蹲半坐状，脸形略长，双眉微蹙，两眼圆睁。造像全身裸露，仅在颈部带项圈，手臂有臂钏，以及手脚环。造像十分丰满夸张，其双乳和小腹圆鼓，胯部宽大，左手抚膝，右手拄于腿部。总体造型写实，手法古拙，块面转折大起大落，风格质朴粗犷。

东林寺护法力士像

金刚力士像

唐代，石刻。瑞士瑞特保格博物馆藏，标注年代为北齐。高 1.09 米。造像头绾高髻，面部肌肉凹凸变化，浓眉上扬，怒目圆瞪，神情威严。上身袒露，下着战裙，腰部束带，光足。右臂下垂，掌心向下，左臂残缺。人物形象刻画细腻，肌肉饱满略有夸张，采用高浮雕的手法，注重对形象气质特征的表现，造型于夸张中写实，塑工简洁洗练，线条有力，像虽已残损，但气势不减。

金刚力士像

弹阮咸妇女像

唐代，石刻。日本东京艺术大学藏。高 23.4 厘米。女像为坐姿，头发抱面，额前绾小髻，脸庞圆润，体态丰腴，双眼微闭，神情专注。身着交领宽袖长裙，下垂至地面，覆足。右腿抬起，放置于左腿上，怀抱阮咸，似正做演奏状。台座左侧依偎有一猫一狗，似在凝神倾听，作品形象写实，刻画细腻，极具生活气息。

弹阮咸妇女像

富县直罗塔罗汉像

唐代，石刻。位于陕西富县直罗镇西北山上。高40厘米。罗汉椭圆形头，着僧衣，面庞圆润端庄，五官刻画精细，弯眉细目，狮鼻阔嘴，头略向左低垂，双眼微闭，做沉思状。罗汉像造型庄重传神，刀法概括简练，轻松娴熟。作品写实性强，具有世俗人物特征，无精雕细琢，风格质朴。

富县直罗塔罗汉像

马周造佛坐像

唐代，黑石灰岩。根据像上刻发原文可知坐像于贞观十三年（639年）造，日本京都藤井有邻馆藏。高81厘米。佛像呈结跏趺坐姿，下为束腰莲座。头顶椎形螺髻，面相丰圆饱满，身着袈裟，质地轻薄。左手抚膝，右手作说法印，体态端庄。身后背光雕饰精美，周边刻有一圈火焰纹，内环刻有多圈细密的纹饰，刻工细腻精致，繁复华丽。作品通体刻画精到，细致入微，无论佛像还是背光的刻饰均显示出较高的模式化纹饰特征。

马周造佛坐像

骨思忠造佛残坐像

唐代，石刻。台座正面铭文记载刻于开元五年（717年）。出土地点不详，现流失海外。造像为释迦佛结跏趺坐说法像，像的头部及双手均残。身着袈裟，袒右胸。方形束腰台座正面刻有文字："开元五年二月□日，上骑都尉骨思忠，上为国王、帝王，下为七代先亡……"刻工简洁洗练，刀法深浅配合，风格质朴，衣纹线条简洁、流畅。

骨思忠造佛残坐像

石佛像

唐代（南诏 738~902 年），石刻。云南省博物馆藏。造像为阿弥陀如来佛像，通体采用红色砂岩雕刻而成，像高 10.2 厘米。佛像于莲花座上，后有半圆形背光和桃形头光，素朴无饰。佛像面庞方圆，五官雕刻清晰，眼微闭，做沉思状。此像造型写实，手法简洁，风格质朴。

石佛像

石雕武士俑

唐代，石刻。1958 年陕西西安杨思勖墓出土，武士俑为一对，均为大理石质，纹饰处有贴金，今大多剥落，中国国家博物馆藏。高 40 厘米。武士呈站姿，直立于方形底座上，发束戴幞头，五官清秀。身穿宽袖及膝上衣，腰束带，下着收腿长裤，脚穿靴。武士双手抱一套兵器，腰左右各挎一套兵器，经后世鉴定应为装弓的弓袋，又称韬。俑像石色洁白，质地细腻，光滑圆润，为汉白玉质。造型生动，比例匀称，写实性极强，是研究唐代兵器的重要参考。

石雕武士俑

镶金玛瑙兽首杯

唐代，玛瑙雕。1970 年 10 月陕西西安市南郊何家村出土，陕西历史博物馆藏。长 15.5 厘米，口径 5.9 厘米。此杯为弧形，是中亚地区流行的样式，也说明了唐代贵族追求西域胡风的生活特征。此杯顺原玛瑙纹雕刻而成弯牛角形，杯一端巧妙雕牛首，并以牛角为杯柄，端头以金牛鼻为杯窒，可取下使酒流出。古人好饮，因此金、银、玉等奢华的酒器被视为尊贵的象征。此杯质地温润，色泽绚丽，其雕刻充分显示了唐代玛瑙器皿的制作水平。

镶金玛瑙兽首杯

彩绘骑马武士木俑

唐·麹氏高昌，木雕。1973 年吐鲁番阿斯塔那 206 号墓出土，新疆维吾尔自治区博物馆藏。通高 32 厘米。这组骑马俑是随葬仪仗的一部分，因新疆地区气候干旱，才使得这些木俑得以很好地保存下来。这组骑马武士俑均分人物上、下身，马身、四肢和马头等大部分构件单独雕刻后再黏合在一起，最后在接缝处粘纸并彩绘而成。因此形象略显僵直、简单，但也统一整齐。马背上的骑士头戴盔帽，身穿盔甲，用黑彩绘出面部五官，表情严肃。武士和马头部均低垂状，表示对死者的哀悼。武士俑通体以黄、白色为主，马主要是绿、棕等，色彩对比分明，造型形貌突显地域民族特征。

彩绘骑马武士木俑

彩绘天王踏鬼木俑

唐代，木雕。1973 年吐鲁番阿斯塔那 206 号墓出土，新疆维吾尔自治区博物馆藏。高 86 厘米。俑像身体、四肢等各部分独立雕成，共用三十多块大小不等的组成部分拼接，然后再粘接而成。天王头束高髻，两火焰形耳，五官清晰，双目圆瞪，张嘴露齿，表情狰狞。身穿铠甲，脚穿长靴，左臂弯曲下垂，右臂上举，右足踩地，左足踏一厉鬼。厉鬼双手拄地，全身裸露，做挣扎状，更衬托了天王的威武气概。天王按照汉地天王像制成，但面部明显为高鼻深目的胡人面具，其身通体饰以红、白、绿、黑等彩漆，色彩鲜艳，雕刻精细，线条流畅。天王右足底有榫头置于小鬼腹部卯眼内，用于固定。

彩绘天王踏鬼木俑

彩绘三足木釜

唐代，木雕。1972 年吐鲁番阿斯塔那唐墓出土，新疆维吾尔自治区博物馆藏。高 21 厘米。器为木质，采用镟木工艺制作而成。圆口，腹部深鼓，平底，三矮足。器内壁刨刻粗犷，满涂红色，外表通体以黑色为底，以白色点状绘出连续的方形，内套一黄线方格，中间用绿、红、黄、白色绘出纹样，图案虽简单，但用色与布局严谨；三足上饰有白点。造型简洁，纹样整齐，色彩附着不实，是专为死者殉葬用的物品。

彩绘三足木釜

彩绘木胎女舞俑

唐代，木雕。1973 年吐鲁番阿斯塔那 206 号墓出土，新疆维吾尔自治区博物馆藏。高 31 厘米。女舞俑像胸部以上为木胎，外施腻子后彩绘，双臂由纸捻做成。置于木桩之上，着及胸长裙，外罩披肩。头盘双环望高髻，眉目细长，嘴小，额与脸颊有花钿装饰。体态端庄，面庞丰腴，五官清秀，造型写实。这是同时出土的女舞俑群中的一件。同墓出土的宦官俑和舞女俑制作手法相似，都是由木刻出人物上半身，再将其插在木柱上加饰手部和华丽的衣饰，头面部则进行细致的彩绘而成。

彩绘木胎女舞俑

彩绘仕女木俑

唐代，木雕。1972 年吐鲁番阿斯塔那 216 号墓出土，新疆维吾尔自治区博物馆藏。高 54 厘米。通体以一整块木料雕刻而成。体态丰腴，脸庞丰润，五官清晰，双目微闭，神态悠然静谧。头发抱面，头顶唐式高髻，着宽袖曳地长裙，有披肩，双手笼袖于腹前，一幅雍容华贵的体态。女俑衣着华美，体态丰腴，是盛唐时期贵妇式造像的典型形象。俑像出土时色彩鲜明，面颊有贴彩凤花钿的痕迹清晰，可惜因墓遭水浸，色彩已减退，木质也有裂变。

彩绘仕女木俑

飞天砖雕

唐代，砖雕。美国纽约大都会艺术博物馆藏。高 66 厘米，宽 41.5 厘米。作品整体呈菱形，通体以祥云纹为底，上面雕饰一位体态婀娜的飞天，飞天随砖的形状设置，为仰身侧首状，发高绾髻，上身祖露，下着长裙，帔帛周身缠绕，以云纹衬底，犹如空中翱翔，轻盈优美。作品砖雕以表现细密流畅的线条为主。此种菱形浮雕砖，在河南安阳修定寺塔上也有嵌饰，且有图案相同者，推测可能为修定寺塔的砖雕作品。

飞天砖雕

鎏金观世音菩萨立像

北齐至隋，铜铸鎏金。台湾鸿禧美术馆藏。高 13.1 厘米。这尊观音菩萨像造型简练，呈站姿，赤足立于莲座上。面庞较方，五官清晰，双目微闭，左手持念珠垂至腰间，右手持莲花上举过肩，腰部微束，胸佩璎珞，自腰垂至膝部。衣下垂。造型略显呆板，手法细致生动，衣纹洗练，充分展现了由南北朝向隋过渡时期人物形象日趋写实化的造像特色。

鎏金观世音菩萨立像

双观音铜像

隋代，铜铸。藏于旅顺博物馆。长方形高足床上，立两尊观音塑像，像分立于覆莲座上，背后有舟形火焰纹背光相连。两尊像造型基本相同，均头戴宝冠，身着通肩长裙，项有宝石璎珞，向下盘绕过膝，立于覆莲座上。头光雕饰有莲瓣纹样，外围火焰纹，雕刻都较为简约。高床腿上有阴刻文字："大业四年三月十五日，佛弟子王僧意为身合家眷属敬造双观音像一区交法界众生一成时佛。"表明其铸造时间为隋大业四年（608 年）。

双观音铜像

千体化佛造像

隋唐时期，铜铸。1983年山西平陆西侯村出土。高16.5厘米，宽11.5厘米，厚0.4厘米。造像为树状，底部为六角形侧面镂空台座，其上置莲花，莲花向上伸出十枝莲茎，横向对称式一字排列，在每枝上设有一莲座，莲座上各有一尊结跏趺坐的化佛，各枝化佛莲座上，又向上伸出造型相同的化佛，层层向上，共有六层。除第六层为八尊化佛，下面五层均各有十尊。最顶部的正中设有一桃形宝珠，两侧各有一飞天，长裙覆足，飘带舒逸委婉，将八尊坐佛联系在一起，也作为造像的边饰。造像整体构思巧妙，布局均匀，化佛排列有序，风格简约明快，具有夸张意味。

千体化佛造像

七化佛造像

思维菩萨铜像

唐代，铜铸。上海博物馆藏。通高11厘米，重0.57千克。菩萨盘腿坐在莲花台座上，头束高髻，面部丰满，五官刻画概括，上身袒露，项饰项圈，有臂钏、手环，肩臂缠绕帔帛，下着长裙，垂于腿间，腰束带。左手自然下垂，置于腿上，右臂屈肘支膝，身体微倾，腰部略弯，头向扭，做沉思状。人物肌体造型饱满。刻工疏朗，衣折自然流畅。人物形质俱佳，风格神韵独特。

七化佛造像

隋唐时期，铜铸。1983年山西平陆西侯村出土。共两件，一件高7厘米，宽11厘米，厚0.4厘米；一件高7厘米，宽4厘米，厚0.3厘米。两件形制相似。六角形镂空双层基座正中设莲花座，座上莲茎呈一字形伸展花苞与荷叶，错落有致。其上七枝莲蕾对称排开，分布均匀。莲蕾上各置一尊坐佛。七尊佛像全部结跏趺坐于莲蕾中央，身着通肩袈裟，头后饰桃形头光，中间一尊头部已失。作品造型别致，构思巧妙、新颖，虽无精雕细琢，但整体形象通透、轻盈，是佛题材雕塑作品中较不常见的造型。

思维菩萨铜像

鎏金菩萨铜头像

唐代，铜铸。旅顺博物馆藏。通高
18.3 厘米，面宽 9.85 厘米。菩萨头绾
高髻，戴宝冠，面相方圆，眉毛弯曲，
双眼微闭，做沉思状。鼻子直挺，两
唇紧闭，大耳垂肩，神态慈祥平和，
给人一种亲切感。作品造型写实，雕
刻技艺娴熟，线条舒展流畅，造像饱
满丰实。

鎏金菩萨铜头像

鸿雁衔绶纹九瓣银碗

唐代，银铸。故宫博物院藏。高 8.1
厘米，口径 18 厘米。此碗造型为九
片花瓣形，碗身分为上下两部分，通
体以鱼子纹为底，碗肚上的纹饰分两
种图案，一种为鸟口中衔绶，"长绶"
象征长寿。鸿雁是一种吉祥飞鸟，"鸿
雁衔绶"寓意美好长寿，是当时的一
种流行装饰纹样。另一种为花朵纹样。
这种多瓣形的碗造型具有异域风格特
征，是唐早期的流行样式。

鸿雁衔绶纹九瓣银碗

海兽葡萄纹镜

唐代，铜铸。台北"故宫博物院"藏。
径 13.6 厘米，边厚 1.6 厘米。此件铜
镜背部中凸起的棱脊分为内外两环，
中间有兽形纽，上面有一镂孔，作系
绳穿挂用。铜镜的内圈饰有五只伏在
葡萄间的瑞兽，高浮雕形象生动。外
圈饰以飞鸟纹和葡萄纹，图案匀称、
优美。最外缘的镜边上饰一圈排列整
齐的花朵纹样，这些图案均为唐代铜
镜常见装饰纹样。铜镜雕饰纹样繁复，
由内到外，图案由繁到简，层次分明，
寓意深刻。

海兽葡萄纹镜

菱花形打马球图铜镜

唐代，铜铸。1965 年扬州市邗江县泰
安乡金湾坝工地出土，扬州博物馆藏。
径 19.4 厘米，厚 1.0 厘米。马球是一
项源于波斯、在唐代时十分流行的运
动。铜镜呈八瓣花形，其内再以八瓣
纹分成内大外小的两圈。镜背中心有
半圆纽，纽四周饰四骑士，均手拿球
杖，做击球状，四骑士之间装饰以高
山、花卉纹装饰，概括表现出在郊外
运动场比赛的情景。镜外圈饰以简单
的花卉昆虫纹。目前我国仅存有两面
关于打马球图案的铜镜，另一件收藏
在故宫博物院。

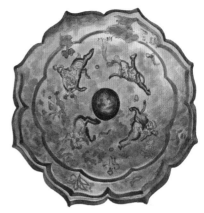

菱花形打马球图铜镜

螺钿人物花鸟镜

唐代，铜铸。1955 年河南洛阳涧西出
土，中国国家博物馆藏，至德元年（756
年）制。直径 23.9 厘米，边厚 0.5 厘
米。作品采用螺钿工艺法装饰。先用
螺蚌贝壳雕制成各种造型图案，然后
用漆粘贴在镜子背面，构成纹样，再
经加工打磨而成，也有先粘贴贝壳、
宝石、琥珀和水晶等，然后再雕花纹
的，是唐代一种十分盛行的工艺。这
件铜镜为圆形，正中有圆纽，整面镜
的装饰图案分三层，上层正中饰一棵
树，几只飞鸟在枝头嬉闹，树梢间悬
挂一轮明月，树两侧对称设飞鸟，树
下卧有一犬。画面中层是两老人席地
对坐于树前，中间置有酒壶和酒樽，
一人奏乐，一人正在举杯聆听，背后
立一侍女，双手捧物于胸前。画面底
层正中有一只仙鹤起舞，两侧饰以鸳
鸯。在画面的空白处有花草、碎石假
山。画面整体布局匀称，虽然各种形
象众多，但不显繁乱。人物雕刻较为
细致，尤其是衣服褶皱和面部的刻画
更为真实，显示出较高的工艺水平。

螺钿人物花鸟镜

金银平脱羽人花鸟镜

唐代，铜铸。传为河南郑州出土，中国国家博物馆藏。直径 36.5 厘米，边厚 1 厘米。青铜制。镜背装饰采用金银平脱技法。整体为葵瓣形，中央有圆纽，纽座为金银镂刻重瓣莲花形，四周饰长有双翅的羽人、鸾鸟相间设置，其间点缀各种花、蝶、飞鸟和祥云纹样，装饰繁复、华丽。金银平脱是先将金银片用漆贴在镜背上，再髹漆多层，最后加以打磨，使金银花纹与填漆齐平，这种特殊工艺使三种不同质地和颜色的材料相互映衬，呈现出图案丰富、精致和贵重的形象。唐代金银平脱镜纹中，最常见的就是此种花鸟纹图案。

金银平脱羽人花鸟镜

铜胡腾舞俑

唐代，铜铸。甘肃山丹搜集，甘肃省博物馆藏。高 13.4 厘米。"胡腾舞"是一种男子舞，主要以腾跳和踢踏舞步为主，在唐代时十分流行。舞俑深目高鼻，头戴尖帽，着短袖及膝长裙，肩背一葫芦，右腿腾空抬起，左脚下是一花形底座。舞俑振臂旋转，身姿轻盈、矫健，充满戏谑和娱乐的趣味，表现出胡腾舞独特的风格。舞俑造型写实中略带夸张，躯体比例匀称，手法粗犷，充满地域特征。

铜胡腾舞俑

摩羯纹金花银盘

唐代，银铸。内蒙古赤峰市喀喇沁窖藏出土，内蒙古博物院藏。高 2 厘米，直径 47.8 厘米。此盘形状为六曲花瓣形，在折沿处有六道向内的尖脊，将盘底分割成六瓣花形。沿边较宽，边缘上间隔雕饰有两种花卉纹样。盘心的图案为两条相向遨游的摩羯。摩羯是印度神话中的动物，随着佛教的传入，摩羯开始出现在我国佛教器物中，反映了唐代佛教受外来文化的影响。该盘造型华丽，做工精湛，具有较高的工艺价值。

摩羯纹金花银盘

伎乐飞天纹金栉

唐代，金雕。1983年江苏扬州市区出土，扬州博物馆藏。高12.5厘米，宽14.5厘米，厚0.04厘米，净重65克。栉（zhì）是梳子和篦子的总称。这件金雕作品为头饰，通体用金薄片镂空雕刻而成。整体分为两部分，上部为马蹄状装饰区域，下部为齿状梳。马蹄状中心布满花纹，以卷云纹式蔓草纹作底，上饰对称的奏乐飞天。在飞天下方饰如意云纹，周边饰五层纹带，由内向外依次是单相莲瓣纹带、双线夹珠纹带、镂空鱼鳞纹带、镂空梅花间蝴蝶纹带。纹样丰富，工艺精湛精巧，具有盛唐时期崇尚奢华的风格。

伎乐飞天纹金栉

花饰糕点

唐代，面捏。新疆维吾尔自治区吐鲁番阿斯塔那墓出土，新疆维吾尔自治区博物馆藏。直径6.1~6.5厘米。新疆是多民族聚居的地区，也是古代中西文化交通的要道，唐代时与中原文化交往密切。新疆地区保留下来的艺术作品具有独特的民族和地域特征。位于吐鲁番的阿斯塔那墓中先后出土了许多食品类的陪葬物，其中最具代表性的就是各类面点。这些面点以小麦粉为原料，模压成型后再烘烤而成。面点上有许多源自中原地区的纹饰，如梅花和菊花等，从侧面反映出当时这一地区与中原地区文化交流的广泛性。这些点心造型精美，制作精细，由于新疆地区气候干燥，所以这些食物埋藏在地下达千年之久，至今仍保存完好。

花饰糕点

第七章　五代 辽宋 西夏 金

时期	金铸	银铸	铜铸
五代			
北宋			
南宋			
辽			
金			

时期	陶塑	木雕	石雕	砖雕
五代				
北宋				
南宋				
辽				
金				

钦陵女舞俑

五代，陶塑。1950~1951年江苏南京江宁祖堂山南唐王李昪钦陵出土，中国国家博物馆藏。高49.5厘米。头顶高发髻，脸庞圆润、饱满，五官清晰。身着长袖裙，裙垂地覆足，衣外罩云肩。右臂外伸，做甩袖舞动状。左臂内收，扶在腰处，拱腰，腿弯曲，身体略呈"S"形，造型优美，动作柔和，形象写实。衣饰装束略能显现出当时的衣饰特征，衣纹线条流畅，整体风格自然生动。

钦陵女舞俑

陶男舞俑

南唐，陶塑。1950年江苏南京江宁祖堂山南唐王李昪钦陵出土，南京博物院藏。高46厘米。为优伶或称俳优俑。俑头戴幞头，身穿窄袖翻领长袍，袒胸露腹，腰束绶带，下着宽口裤，足蹬长筒靴，为胡人装束。俑头部深目高鼻，络腮胡，也为异域人相貌。男俑身体左倾，腰向右扭动，左手撑腰，右手弯曲上举，双腿随身体略弯曲，呈丁字形站立，正在舞蹈。作品造型写实，五官生动，体态饱满，充满动感。胡人俑是唐、五代时期帝王、贵族墓葬中常见的随葬品。

陶男舞俑

人首鱼身俑

五代，陶塑。江苏南京江宁祖堂山南唐王李昪钦陵出土，南唐升元七年（943年）造，南京博物院藏。长35厘米，高15厘米。俑为神异物陶塑，人头鱼身。头戴冠，昂首挺颈，脸庞丰颐，五官端正，两眼直视前方，神情严肃，形象逼真。鱼身通体鳞片，背鳍突出，做游弋状。作品造型精美，构思巧妙，充满神秘气息。除人首鱼身俑外，墓陵中还出土了人首蛇身、龙身俑塑。据考证，这种具有怪异造型的俑塑和人面兽身的形象在唐墓中屡有发现，还有兽首鱼身等形象，可能与唐时出现的人面兽身镇墓俑一样，起镇墓辟邪的作用。

人首鱼身俑

老人俑

五代，陶塑。福建博物院藏。高47.4
厘米。头戴巾帽，身着托地长袍。脸
庞清瘦，颧骨突出，双目内凹，鼻挺，
两唇紧闭，五官清晰生动。左手自然
下垂，右手抬至胸前，头向下低垂，
略拱腰，塑造的是一个步伐蹒跚的老
者形象。作品塑造概括简练，除面部
之外无精雕细琢，却生动地表现出了
人物年迈体弱的特质。

老人俑

镇国寺彩塑

五代，彩塑。镇国寺位于山西省平遥
县东北约15公里处的郝洞村，寺院
始建于五代北汉天会七年（963年），
于清嘉庆二十年（1815年）重修。寺
内主殿万佛殿内遗存有11尊彩塑，均
为五代时期原作。有一佛、二弟子、
二菩萨、二胁侍、二金刚、二供养人像。
塑像形象生动，神态毕具，主尊佛为
金身释迦牟尼像，结跏趺坐于束腰须
弥座上，其两旁为老年迦叶与青年阿
难，再向外分别对称设半倚坐菩萨，
站立菩萨和天王，并在佛前单独设高
莲座，其上为尺度变小的两尊供养人
像。图示为半倚坐菩萨头像。菩萨单
腿偏坐于须弥座上，表情端庄，头梳
高髻，面庞圆润饱满，颈间保留早期
的"三道"样式。作品在继承唐代气
势磅礴、健劲及超凡脱俗的形象特征
之外，造像风格上又有了明显的变化，
以女性形象为标准的菩萨像除了表现
高贵气质之外，妩媚的形象被削弱，
代之以更庄重、细瘦的形象。

镇国寺彩塑

陶画彩女俑

五代南唐升元七年（943年），陶塑。1950年江苏南京江宁祖堂山南唐王李昪钦陵出土，故宫博物院藏。高49厘米。女俑头盘高髻，脸庞丰润，面部敷粉，五官刻画入微，身着广袖对襟拖地长袍，仅露上翘的鞋头，外披云肩、华袂，腰中系带，宽袖下垂。衣着华丽，气质高贵。南唐在政治上主张为唐代的延续，因此服饰等方面均承袭唐代样式，在塑造手法上也沿袭了唐代雕塑技法，人物形象丰满、高贵，可见唐朝妇女造像的余韵。衣褶线条流畅自然，富有质感和韵律，雕塑手法写实，为研究南唐服饰提供了形象资料。

陶画彩女俑

陶画彩女俑

陶画彩女俑

五代南唐升元七年（943年），陶塑。1950年江苏南京江宁祖堂山南唐王李昪钦陵出土，故宫博物院藏。高46.3厘米，宽16.8厘米。女俑像头盘高髻，身着对襟曳地长袍，束腰系带，面庞敷粉，弯眉，细眼，直鼻，小口施朱，面带微笑。双手缩于袖中，两腿弯曲，扭腰，做舞蹈状。女俑造型优美，形象生动，衣褶线纹流畅，刻画自然。头部约占全身的三分之一，比例过大，与身躯不太协调，但动态舒展，颇能表现出人物造型的精神面貌和南唐雕塑技艺。

陶画彩生肖猴俑

五代，陶塑。故宫博物院藏。高21.5厘米。红陶制作，呈跪姿的人俑，头顶一猴头。猴头造型较小，其头部刻三道纹，圆眼，尖嘴，形象活泼生动。俑像头戴发箍，顶后部竖有两个圆形帽翅，向前托捧着猴头。俑五官清晰，略含笑意。身着右衽宽袖长袍，裹双腿，双手笼于胸前，长袖下垂，衣饰纹线深刻，自然流畅。作品塑造手法简约，形象生动。

陶画彩生肖猴俑

三彩舍利塔

北宋，陶塑。1966年河南密县法海寺塔基出土，河南博物院藏。高98.5厘米，基边长30.5厘米。塔由基座、塔身、塔刹三部分组成，外形为方形密檐式，基座为造型简单的须弥座，由间柱、角柱将四面分为八格，逐格设置仰莲、宝莲、麒麟、宝塔、伏鹿、力士、天王等图案。塔第一层最高敞，四壁均设门洞，内置四尊坐佛，外壁两侧均立菩萨。第二层檐下正中刻匾，上书"咸平二年（999年）四月二十八日记施主仇训"字样。塔向上逐层收缩，均为汉地木构屋檐样式，各层檐之间设有祥云等图案装饰。塔刹造型优美，顶端由宝珠结束，整塔造型写实，通体施以绿、红、白三色釉，色彩绚丽，工艺精巧。

三彩舍利塔

绿釉狮形瓷香炉

北宋，陶瓷。1963年安徽宿松县北宋纪年墓出土，安徽省博物馆藏。通高32厘米，口径12.2厘米，足径12.3厘米。香炉造型特别。底座塑成一莲花形须弥座，座顶为多层莲瓣构成的炉体，莲蓬为炉盖。盖上狮形兽实为狻猊，是龙的第九子，因"喜烟好坐"常被置于香炉顶上，此尊像呈蹲坐状，侧向昂首，头部挂有三枚铃铛，尾巴上翘，一前足踏绣球，张嘴，烟从其嘴部出，充满情趣。香炉胎色呈黄白色，通体施绿釉，但炉体上的莲瓣有些不施釉，以此来显示花瓣的阴阳向背之分。香炉造型独特，构思巧妙，塑造精美，釉色莹润，风格质朴清新。

绿釉狮形瓷香炉

晋祠圣母殿侍女像

北宋，彩塑。位于山西太原晋祠圣母殿内。圣母殿始建于北宋天圣年间（1023~1032年），后于崇宁元年（1102年）重修。殿面阔七间，进深六间，殿内存有四十三尊塑像为宋代原物。主尊圣母置于大殿正中神龛内，主像周围是四十二尊姿态、神态、造型各不相同的侍者塑像，其中有宦官像五尊，身着男服的女官像四尊和侍女像三十三尊，因侍女像数量较多，塑像统称为"侍女像"。侍女像明显较唐代造像修长，造型端庄秀丽，面部表情各不相同，或活泼，或谨慎，动作各有不同。作品手法写实，生活气息浓郁。侍女像大多面庞清秀，尤其表情生动，体现宋代造像风格的转变。

晋祠圣母殿侍女像

灵岩寺罗汉坐像

北宋，陶塑。位于山东灵岩寺内。灵岩寺内有四十尊罗汉像，其中二十七尊为宋代作品，其余为明代。后于清代重妆。此像高1.53米，面相清秀，隆鼻薄唇，五官刻画精细，神情与动作之间配合得十分协调。罗汉身着宽大僧衣，衣褶层层自然下垂，结跏趺坐于台上，神情专注于双手小心拈起的微小之物。整体造型完整，刻画生动传神，手法写实。这些人俑内部还有用丝织品做的内脏，其位置与真人同，显示出此时对人体结构的认识较为深入。

灵岩寺罗汉坐像

男立俑

北宋，泥塑。山东曲阜，山东博物馆藏。高30.4厘米。男俑头戴幞头，身着圆领宽袖长袍，腰间系带，端立于台座上。双手胸前捧书，衣袖宽大飘逸，自然下垂。俑人面相刻画精细，面庞方圆，眉、眼、须均用墨线勾勒，形象逼真细腻。双目低垂，直视下方，表情凝重，似在沉思，突显出沉稳、安静的文人气质。作品塑造手法简洁，用色淡雅，生动传神，充满生活气息。

男立俑

男戏俑

南宋，瓷塑。江西鄱阳出土，江西省
博物馆藏。高 18 厘米。男戏俑头戴
头巾，头稍向左扭，五官刻画清晰，
面带笑意。身着圆领窄袖长袍，腰带
堆系在腰间。左臂外伸，右臂上扬，
双腿直立，做舞蹈状，右手有残损。
作品塑造准确生动，充满情趣。雕刻
繁简结合，细部刻画入微。

男戏俑

泥孩俑

南宋，泥塑。江苏镇江出土，镇江博物馆藏。共五件，其中一个泥孩俑摔倒在地，
仰面朝天；一个趴在地上，支起上半身歪头看；一个端坐在台坐上，表情认真，
一手扶膝，一手抬起，似正指向摔倒在地的小孩儿。另外的两个小孩正在旁观。
作品手法生动写实，稚嫩顽皮的形象表现得非常细腻，作品充满童趣。

泥孩俑

陶瓷观音菩萨坐像

南宋，陶瓷。上海博物馆藏。高 25.6
厘米，重 0.66 千克。观音发束高髻，
戴宝冠，冠上塑化佛，精致美观。像
脸庞方圆，弯眉细目，隆鼻小口，双
眸低垂，神态平静。身披袈裟，项带
璎珞，左手抚膝，右手施印，为坐姿。
俑为白胎，施青白釉为底，局部加绘
红、蓝色并贴金，但色彩多不存。脸、
手、胸以及裸露在外的皮肤不施釉彩。
作品塑工秀朗，菩萨形象端庄雅致，
胎质细腻，釉料富于光泽。

陶瓷观音菩萨坐像

三彩武士俑

南宋，陶塑。故宫博物院藏。高47厘米，宽13厘米。红陶胎，加施黄、绿色釉。俑头戴盔帽，身着绿色长袍，披铠甲和护腿，足蹬乌色长靴，直立于圆柱形托座上。陶俑色彩保存不好，大部分色彩已脱落，露出红胎体色。五官刻画清晰，眉眼角上提，鹰钩鼻，表情威武。双手相握于腹前，中空，原应插有武器。武士俑形体壮硕，造型概括，风格质朴。作品略显粗拙，形体高大，应为镇墓使用。

三彩武士俑

三彩文吏俑

南宋，陶塑。故宫博物院藏。高19.5厘米。头戴高冠，身着圆领博袖袍衣，长袍垂至地面，盖住双足。双手拱于胸前，衣袖自然下垂，头向下低垂，姿态恭敬，面部刻画模糊。作品通体施褐、绿、白三色釉，色彩淡雅，风格简洁。雕刻细部与整体形象均较为概括。

三彩文吏俑

三彩蛇身双头俑

南宋，陶塑。故宫博物院藏。高5.7厘米。作品造型为两相背的人头。其颈部与底陶板粘接，人首向上高昂，五官清晰。颈后部的蛇身相互交缠。造型怪异，构思巧妙，塑造手法简略。

三彩蛇身双头俑

三彩听琴图枕

宋代，陶瓷。1976年河南济源县出土，河南博物院藏。长63厘米，宽25厘米，高16厘米。枕为长方形，为前低后高状。枕面正中菱形盒子框中设煮茶听琴场景画，图中共有四人，前二人盘腿而坐，一人膝上置琴，双手抚弹，一人侧耳聆听，聚精会神。身后有二童子，一人拱手侍立，一人正在煮茶。枕面四角设圆形框婴戏图。枕侧面为荷花纹。通体施以黄、绿、赭等色釉，色彩艳丽。作品形体较大，纹饰丰富，线条刻画细腻，人物形象生动，具有装饰意味。

三彩听琴图枕

青釉提梁倒注瓷壶

宋代，陶瓷。1968年陕西彬县出土，陕西历史博物馆藏。高18.3厘米，腹径14.3厘米。此器为圆形壶身，顶部设高提梁，为简约的飞凤造型，壶体分壶盖、壶身与圈足。壶盖只雕出瓜蒂形象，实际不能开启。壶身为缠枝牡丹纹，壶嘴为母狮哺幼仔形象，其口张开为壶嘴。壶底部有五瓣梅花孔，装水时要将壶倒置，由梅孔灌入壶内，壶内有漏柱与水相隔，待壶正立时水也不会漏出。此壶造型精巧，雕刻纹样线条舒展，精致美观，出自北宋著名的耀州窑。

青釉提梁倒注瓷壶

小儿相扑

宋代，泥塑。河南出土，河南博物院藏。高6厘米。相扑是宋代十分盛行的一种比赛活动，在当时的社会生活中也是一项较为流行的活动。作品中表现的是两个小孩子相扑的情景。两人头束发髻，身上均刺花纹，腰中系带和护裆。二人双臂张开，正抱住对方的腰、腿及臀部，奋力将对方摔倒。虽然造型简略，但将人物张口用力的神态表现得十分生动。作品充满动感，因是小孩子形象，动作体态笨拙稚嫩，充满童稚之趣。手法简洁，姿态生动。

小儿相扑

麦积山石窟第165窟菩萨、侍者像

宋代，泥塑。麦积山石窟造像之一。高2.1米。两尊像均为女像形式，呈站姿，脸部较长，五官清秀，弯眉细目，隆鼻小嘴，神态安静。侍者头束高髻，上饰花冠，内着交领衣，外着右衽广袖长衫，下着曳地长裙，腰系带，裙摆覆足，衣纹线条自然，充满垂感。右臂自然下垂，手部残损，左手屈臂于胸前。女菩萨形态高大，身穿袒右袈裟，外罩宽袖袍，下着裙，露出宽厚的胸部。人物直立，身体正直，已无唐代大幅度的扭动姿态，人物造像风格端正、肃穆。

麦积山石窟第165窟菩萨、侍者像

麦积山石窟第43窟右侧胁侍菩萨

宋代泥塑，明代重妆。麦积山石窟造像之一。高1.75米。菩萨头略显小，五官清秀，双眼微闭，沉思状，神态平静。身着衣饰繁复，线条深刻有力，身体微侧，姿态优美，双手置于胸前，右手已残。塑造技法精湛，尤其衣饰纹线部分刻画细腻，将衣结挽系的造型表现得十分准确、逼真。

麦积山石窟第43窟右侧胁侍菩萨

麦积山石窟第191窟造像

宋代，泥塑。麦积山石窟造像之一。麦积山第191窟为摩崖造像，最初开凿于西魏时期，窟内塑像大多经过宋代重塑。崖壁上方开一圆券形龛，龛内主佛为倚坐佛。头顶螺发肉髻，双目微合，嘴微张，大耳下垂，鼻梁弧度流畅，脸庞丰润饱满，虽是宋代塑像，却有唐代造像遗风。穿袒胸袈裟，颈部"三道"雕刻十分明显。左手置于左膝，右臂抬起，手部已残。佛身微向前倾充满动势。宋代风格较为明显，塑像更贴近真实的人物形象，尤其是对身体细部的表现，这种浓郁的世俗化和生活化气息，是宋代雕塑风格的特征之一。

麦积山石窟第191窟造像

下华严寺造像

辽代，彩塑。位于山西大同下华严寺薄伽教藏殿内。华严寺是辽代重要的庙宇。明朝时寺分上、下两寺。下寺的薄伽教藏殿建于辽重熙七年（1038年）。殿内供奉大小塑像二十九尊，塑像身份、人物造型各不相同。主尊为三世佛，各由主佛和一众胁侍构成。中央主尊释迦牟尼佛，胁侍二位弟子和四尊菩萨；南部为弥勒佛、胁侍六菩萨；北部是燃灯佛、胁侍二弟子和两位菩萨。大殿佛坛的四角立有四大护法天王像，弥勒佛和燃灯佛前还塑有供养童子像。这种分组设置，又组合为一体的群像组合独特，利用造像的不同仪态和相互间的呼应，突出主次和身份关系。塑像端庄，仍有唐代风格遗存，姿态和形貌中又透露出北方游牧民族的干练健壮气质，充满时代和民族特征。

下华严寺造像

华严寺薄迦教藏殿胁侍菩萨

辽代，彩塑。山西大同下华严寺薄迦教藏殿彩塑之一。华严寺以菩萨造像最为精美，以露齿菩萨最为著名。这一胁侍菩萨位于南部主佛弥勒佛前左侧，高约2米。菩萨像面带微笑，含唇露齿，因此又被称作露齿菩萨。菩萨像头戴宝冠，胸饰璎珞，臂戴玉钏，长裙覆足，形态优美。双手合十，身体微倾斜，双目下视，口略张，腰略向一侧扭转。菩萨像历代均塑造得庄严、肃穆，唐代菩萨造像奔放，但面部仍保持微笑，此尊像露齿的面部设置非常少见，显示出此时造像的世俗化。

华严寺薄迦教藏殿胁侍菩萨

独乐寺十一面观音像

辽代，彩塑。位于天津蓟县（今蓟州区）独乐寺观音阁内。高 16.78 米。独乐寺观音阁为我国现存最早的木结构阁楼，是寺内主体建筑之一。阁高 23 米，从外观看是两层，内部为三层。阁内置十一面观音大型彩塑雕像，形体庞大。造像头戴宝冠，冠上分四层，最底层四个，向上逐层减一个头像，共塑有十个小型观音头像，面向前方布列，称十一面观音。观音身披天衣，胸饰璎珞，造型优美。观音前设散财童子和龙女为胁侍，也为辽代所塑。

独乐寺十一面观音像

三彩罗汉坐像

辽代，陶塑。美国纽约大都会艺术博物馆藏。高 104.7 厘米。罗汉结跏趺坐于台座上，身着宽大袈裟，右臂屈肘于胸前，手指拈住衣襟，左手持经卷置于腿上。罗汉蹙眉，眼角下垂，两大耳，耳垂丰满，五官刻画精细，尤其额头和面部皱纹表现逼真。体格消瘦，颈部、胸部骨骼明显。罗汉坐像除头、脸、手处不施彩釉外，通体均施黄、绿、蓝为主的釉色，色彩搭配协调。塑工精到，雕刻细腻，注重对人物面部表情的刻画，极具写实性。

三彩罗汉坐像

陶女俑

辽代，陶塑。北京昌平出土。高 51.5 厘米。女陶俑头发中分，于头顶束高髻，身着圆领长裙，外着长袖对襟上衣，双手笼袖置于腹前。脸庞丰润，眉较淡，眼神专注，隆鼻薄唇，面带微笑，表情自然。从服饰上来看，应为契丹族女子。作品塑造人物形象生动，风格简洁，注重人物整体性的刻画，极具生活气息。

陶女俑

白釉绿彩纽带装饰鸡冠壶

辽代，陶瓷。法库县叶茂台契丹贵族墓出土。辽宁省博物馆藏。通高37.8厘米，口径3.6厘米，底径11.4厘米。壶体为扁圆形，高身，平底，圈足，壶柄塑成鸡冠形，系仿照契丹族使用的传统的皮囊形制烧造而成。壶通体无刻画装饰性纹饰，只模仿皮革缝制线贴饰以绿色皮条和皮扣。造型简洁、独特，无精雕细琢，质朴古拙，极具民族特色。辽代的瓷器受到唐及宋的影响，但在造型和装饰上，都表现出独特的民族风格，这种独特的壶形在内地汉墓中也有出土，由此可见其对汉地亦有影响。

白釉绿彩纽带装饰鸡冠壶

绿釉花凤首壶

辽代，陶瓷。兴安盟突泉县六户区辽墓出土，内蒙古博物院藏。高37厘米，口径10.1厘米，底径6.9厘米。瓶口为荷叶形，长颈饰多圈弦纹，在口与颈之间塑有一只凤首，造型写实。瓶肩处饰有羽纹，同样通过弦纹将肩、腹部分开，腹部为牡丹花，疏密适度，布局匀称，纹样清晰，通体施绿釉。瓶体简洁圆润，线条流畅，风格素雅，为辽代特有的一种生活用品，是盛装液体的容器。

绿釉花凤首壶

三彩摩羯壶

辽代，瓷塑。科尔沁左翼中旗出土，内蒙古博物院藏。高26厘米，腹径16厘米，底径8厘米。此壶造型为一卧于仰莲上的摩羯，向上昂起的头为壶口，后尾自然形成了壶的流，造型充满张力。摩羯躯体以浮雕加线刻纹表现鱼鳍和鱼鳞，无论是层层鳞片，还是羽翅等纹理都刻塑得十分细密、清晰，纹理细腻而不显繁乱。胎呈灰白色，通体施黄、绿、白三色釉，眼睛点以黑色。摩羯壶造型独特，整体造型优美，反映出了辽代雕塑者丰富的想象力和高超的塑造技艺。

三彩摩羯壶

三彩荷叶童子枕

金代，瓷塑。1977 年河南上蔡县出土，河南博物院藏。长 33 厘米，宽 16.5 厘米，高 15 厘米。陶枕造型为一童子侧身躺在长方形板座上，左手扶地，右手持一绿色荷叶，叶边向上翻卷，形成一个弧形的枕面。童子造型饱满，颈戴项圈，左臂伏地，右臂袒露手持叶梗，形象可爱。右肩部饰有一朵小花，十分精巧。瓷枕童子身体施白釉，荷叶为绿釉，童子身穿黄底绿镶边上衣和绿底黄圆点裙，色彩对比鲜明。荷叶、童子有"连生贵子"的美好寓意，是常见的纹饰题材。

三彩荷叶童子枕

白釉黑花葫芦形注壶

金代，陶塑。辽宁省阜新县白台沟水库出土，辽宁省博物馆藏。高 28.4 厘米，腹径 17 厘米。壶体为葫芦形，上部壶体有凸纹一圈，并设塔状提手，但只是做了一个壶盖的样子，实际为封闭式，不开口。此壶为倒流壶，壶底开口，使用时将酒通过壶底的注管灌满，然后将壶正置，使用时酒可从流口倒出。流口短小，上塑有一人，头戴黑巾，脚蹬黑靴，目视前方。壶柄以龙为造型，龙头与前肢伏在壶顶上，龙身为壶柄，上面贴塑有凸起的菱形齿状纹饰，后肢贴在壶腹部。壶通体施乳白色釉，略黄。另外，在壶的肩、腹部饰有铁锈色点状的菱形纹样，腹下部有一圈黑色覆瓣仰莲纹和黑三角形纹饰带。作品装饰繁复，风格略显粗犷。

白釉黑花葫芦形注壶

侍女立像

金代，泥塑。位于山西晋城东岳庙，高 1.62 米，金代造像，明代重妆。女侍俑头盘高髻，插饰发钗，并系红巾，面相略长，弯眉细目，隆鼻小口，容貌娟秀。身着对襟长袍，外着衫，双手于胸前托盘，神情谦顺，似在凝神等待主人吩咐。塑像造型生动准确，面部刻画细腻，衣着纹饰处理得当，明代重妆仍保留了金代造像的总体特征，其形象具真实性。

侍女立像

大同善化寺地天像

金代，泥塑。位于山西大同市城区南部的
善化寺内。寺院始建于唐代原称开元寺，
五代、辽、金、明等各代均有修缮，至明
代时改为现名。寺内有主要建筑大雄宝殿，
始建于辽代，金天会、皇统年间（1123~1148
年）重修。殿内佛坛上供五尊泥塑金身佛
陀像，代表东、南、西、北、中五个方向
的五方佛在大殿内一字排开，旁边有弟子
及菩萨塑像，殿堂两侧为护法二十四天像。
图示地天像位于主佛坛东侧，位于自北向
南的第五位。大殿内地天像头戴宝冠，内
穿及地长裙，外披锦绣宽袖长衫，红色长
衫的领口、袖口和下摆均有华丽的金色卷
草纹饰。造像曲眉秀目，双目向下俯视，
脸部方圆，面部造型饱满。项饰璎珞，戴
手镯，双手持不同手印。二十四天造像高
度都在 3.8 米左右，虽然造型各有不同，
但总体上人物形象饱满，衣饰无论纹饰还
是彩绘，均细致、华丽，显示出细腻的造
像风格和较高的造像水平。

大同善化寺地天像

永陵吹箎伎浮雕

五代，石刻。永陵石雕之一，永陵墓为前
蜀国开国皇帝王建的墓，位于四川成都
西郊三洞桥。王建墓棺椁石床三个侧面分
格雕刻有二十四幅伎乐图，展示了中外
二十四种古代乐器的演奏情景，图示为其
中之一，女俑正在吹奏一种类笛的横吹式
竹管乐器，多用于宫廷雅乐演奏。石刻高
28.5 厘米，通宽 29 厘米。女乐伎束发髻，
头微侧，容貌秀丽，盘腿席地而坐，双手
持箎（chí），做吹奏状。身着圆领衫，长
裙覆地，宽大的衣袖造型与流畅的线条相
结合，使衣服显得很飘逸。作品采用高浮
雕的手法，刻塑生动、洗练。

永陵吹箎伎浮雕

吹筚篥乐伎浮雕

五代，石刻。永陵石雕之一，位于该墓棺椁石床西面。高 27.5 厘米，通宽 28 厘米。筚篥是古时一种以竹子制成的簧管乐器，源于古龟兹国。画面中乐伎头略向右仰，两腮圆鼓，双手持筚篥，正在用力吹奏。作品刻画生动细腻，乐伎的衣领、袖口装饰精致，衣饰线条自然流畅，有飞动之势，与动感的躯体动作一致。作品无精雕细琢，但富有和谐优美的气质。

吹筚篥乐伎浮雕

钦陵武士像浮雕

五代，石刻。钦陵为南唐第一位皇帝李昪之墓。浮雕位于墓中室北壁两侧。武士为立姿，束高发髻，头戴盔帽，脸庞饱满，五官清晰，身着铠甲，双手拄长剑，两腿叉开，脚下浮雕祥云。作品风格简练，武士形体壮硕，身躯形态略显僵硬，但衣饰服装雕刻细致。

钦陵武士像浮雕

乌塔金轮王佛浮雕

五代，石刻。位于福建福州乌石山麓，原名崇妙保圣坚牢塔。塔未完全建成，现为七层，八角，花岗岩叠涩砌造，中间有石级可登。塔通高 35 米。每一层塔壁上都浮雕佛像，图示为其中之一的金轮王佛坐像。像头束高髻，脸庞丰颐，略带笑意，双手作禅定印，上托一圆形火轮，结跏趺坐于莲座上。身着圆领宽袖长袍，造型庄重浑厚，线条流畅生动，刀工简练，整体风格古拙，为五代石刻精品。

乌塔金轮王佛浮雕

灵台舍利棺浮雕

五代、宋，石刻。1957年甘肃灵台寺出土，长45.6厘米，宽24厘米，高35.7厘米。棺身左右两侧浮雕佛教故事，左侧为迎佛场面，右侧为涅槃变。图示为石棺左侧迎佛场面。棺壁左侧刻释迦牟尼结跏趺坐于祥云之上，两侧为仰佛人群。佛前有三人，上身袒露，下着短裙，腰系带，拱手而立，头向佛的方向注视，做施礼状。随后四人为乐者形象，每人各持一种乐器，做演奏状，姿势各异，有人只顾低头演奏，有人侧目看向佛陀。佛后有两侍者像，侍立相随。佛于整个画面中，靠向上方，神态安详，头俯视状，显得端庄、高尚。右侧的涅槃变像，刻释迦牟尼侧身卧姿，袈裟贴体，双眼微闭，神态自若。前后两端各浮雕一妇女像，周围有十弟子，神态悲恸哀伤。棺身的前后两端均为线刻门扇和浮雕天王像，天王身着武士铠甲，威武强壮。棺盖与棺身由子母卯套合而成，盖边缘及棺身刻莲瓣装饰，整棺浮雕内容丰富，各种细部纹饰精细，场面生动，反映了当时雕工高超的技艺以及人们重视佛教思想的社会风貌。

灵台舍利棺浮雕

王建坐像

五代，石刻。四川成都永陵出土。高86厘米。永陵以出土大量反映当时伎乐场景的雕刻而闻名，这件墓主像为写实风格像，且这种在墓中设置墓主雕像的做法，在其他帝王陵中没有发现，仅此一例。雕像脸方，浓眉细目，表情安详，头戴幞头，身穿长袍，两手笼在袖中，置于胸前。人物的线条简洁，无论头、面部还是躯体、服饰，都无过多的细部刻饰，但却把人物威严的神态刻画得栩栩如生，是中国古代纪念性帝王肖像雕刻孤例。

王建坐像

双龙千佛洞石窟佛造像

北宋，石刻。位于陕西黄陵县西峪村。宋绍圣二年开凿（1095年），宽9.2米，深8.4米，其形制为方形平顶，窟外为仿木结构三开间形式，窟内中间石壁向内凹。窟内正中基坛上置三世佛造像，释迦佛居中，燃灯佛与弥勒佛在其两侧相对而坐，并且在主佛两侧立有菩萨、弟子。窟南壁排列三尊立佛，均为3米多高。北壁前侧药师佛高2.5米，其背光上雕有精美的飞天像。千佛洞内造像较为密集，其中不仅有高大的立佛，还有场景式的佛传故事和诸多发愿文。根据发愿文的内容，可知石窟的凿建与造像工程约在宋政和五年（1115年）完成。窟内雕像整体造型庄重，窟内造像多施有彩绘，色彩丰富绚丽。

双龙千佛洞石窟佛造像

毗卢洞紫竹观音像

北宋，石刻。位于四川安岳县境内的毗卢洞内，这一地区石窟造像包括毗卢洞、幽居洞、千佛洞和观音堂，集中了五代后蜀至北宋时期大量的佛教密宗雕像。毗卢洞主洞内的观音像，被称作水月观音像，也称紫竹观音像。观音像高约3米，头戴宝冠，身着短袖裟衣，胸饰璎珞，肩披帔帛，穿长裙，侧身坐于一块向外凸出的峭壁岩石上。身下是蒲叶，头后有圆光，脚下踏莲蓬，神态悠然，仪态端庄。人物洋溢着安闲慵懒之感，随意自在的坐姿具有世俗生活的气息。雕刻手法写实，构思巧妙，右手有残损。

毗卢洞紫竹观音像

411

天王像

北宋，石刻。位于四川安岳毗卢洞内。高 2.8
米。毗卢洞内有著名的柳本尊"十炼修行图"
密宗造像窟，此窟两侧设有天王、金刚像，
图示为天王像局部。天王头戴飞翅盔，四方
脸，眉头紧蹙，双眼内陷，隆鼻阔嘴，为胡
人形象。头微向上扬，神情威武凶猛，写实
中略显夸张。身着铠甲，外披战袍，腰间系带。
左手握右腕，右手持斧，呈站姿，英武挺拔。
天王衣饰雕刻细致，纹饰层次众多但不显凌
乱，衣纹线条流畅自然，形象地表现出了天
王威严不可侵犯的神圣气质，雕工技艺精湛。

天王像

华严洞观音像

北宋，石刻。位于四川安岳的华严洞
石窟约开凿于北宋建隆元年（960 年），
洞中主像为华严三圣像，主像两侧对
称设置十座观音坐像，图示为其中之
一。观音像高 4.1 米，头戴宝冠，镂
雕饰有花叶纹，顶部雕一化佛，冠上
覆一层薄巾，两侧自然下垂。观音面
相方圆，五官端正，眉弯眼细，两眼
微闭，面容慈祥。身着贴体袈裟，结
跏趺坐于台座上，双手笼袖置于腹前，
体态端庄。塑像手法简洁，与端庄、
平静的造像基调相符合。

华严洞观音像

孔雀明王像

北宋，石刻。大足石刻造像之一。位于大足北
山佛湾第 155 窟。窟高 3.5 米，深 6.2 米，宽 3.2
米，此窟为中心柱式窟，但将中心支柱雕刻为
一尊乘骑孔雀的明王塑像，为佛母大孔雀明王
菩萨像。菩萨像一头四臂，两臂向上举起分持
如意与经书，另两臂自然下垂，放置在双腿上
分持宝扇与孔雀翎。塑像背后火焰纹背光，背
光表面饰精美火焰纹，双腿结跏趺坐于三层莲
花座上，座下是一只双翅开展的孔雀。孔雀
翅膀和躯体雕刻形象，但为保持后部柱体的支
撑力，翅膀部分只雕出整体造型，细部采用浅
浮雕和线刻的方式表现。

孔雀明王像

志公和尚像

北宋，石刻。位于重庆大足石刻石篆山第
2号龛。志公为南朝僧人，被后人尊为神。
像高2米。志公和尚头戴风帽，面相方圆，
五官端正。身着宽袖僧衣，腰中系带，于
正面中央打结。双脚着靴，左靴头已破，
露出脚趾。头微扭，左手持角尺，腕部挂
有剪刀，右手后伸，似在对弟子说些什么。
身后弟子肩挑斗、秤、拂尘等物，身材敦
实，抬头听师父教诲。作品塑造手法简洁，
形象刻画生动，曾因其手持角尺而被误认
为鲁班像，后经铭文证实为志公和尚像。

志公和尚像

数珠观音像

北宋，石刻。位于重庆大足石刻北山125龛。
像高1.08米。观音头戴花冠，长发披肩，
脸庞丰颐，五官精致，双眸低垂，面带微
笑，神态祥和。雕像背景为一椭圆形身光，
身着长裙，赤足立于双莲座上。遍身璎珞，
佩带飘逸，体态轻盈，姿态婀娜。因手持
捻珠而得名，是密宗造像的代表性动作之
一。整体造型完整，线条流畅，风格典雅
飘逸。因石质疏松，遭严重风化，外观轮
廓模糊。

数珠观音像

泗洲大圣像

北宋，石刻。重庆大足石刻北山177窟。
像高1.01米。泗洲大圣为初唐时来到中原
的著名西域僧人，其像位于窟正壁独立的
台座上，头戴披帽，内着交领僧衣，外罩
袍，衣褶自然下垂，线条对称，双手笼于
袖内，置于胸前，盘腿坐于高方台上。脸
庞圆润，舒眉垂眼，神态温和。面前置有
一凭几，条形的几面顶部雕饰兽爪承托，
底部为三兽爪支地。风格简约洗练，造型
准确生动，对人物面部额头和眼角皱纹的
刻饰非常细腻。

泗洲大圣像

大足石刻不空绢索观音像

南宋，石刻。大足石刻造像之一。位于大足石刻北山第136窟，雕刻于南宋绍兴十二至十六年间（1142~1146年），是大足石刻中宋代晚期雕塑代表作品之一。雕塑通高约2.3米，像高1.54米。像结跏趺坐，身下为须弥座台基。身后有椭圆形背光，身生六臂，两臂置胸前，分执杨柳枝和捧钵，两臂下垂置身两侧，一手举长柄斧，一手持宝剑，形象威武，后两臂上举，托日、月。观音头戴宝冠，胸饰璎珞，均精雕细琢，显得华丽繁复，面如满月，神情温婉安详。像两侧分置男女侍者，像高1.33米，须弥座下似为力士，已残。作品雕刻刀法细致熟练，衣饰线条复杂交错，整体效果威严、奢华。

大足石刻不空绢索观音像

后土圣母龛造像

南宋，石刻。大足石刻造像之一。位于大足石刻南山第4窟。雕造于南宋绍兴年间（1131~1162年）。洞龛高约3.1米，深约1.6米，宽约2.7米。龛正壁刻三尊圣母像，正中间为注生后土圣母，端坐于双背宝座上，头上八角形华盖上有匾额写其名讳"注生后土圣母"，神态庄重。左右两尊圣母头戴花冠，坐于单背宝座上，面容和蔼慈祥。圣母是道教中地位最高的女神，掌管大地山河，万物生灵。洞窟中三位圣母通过位置与细部装饰的差异暗示其不同身份，如中间圣母头上为凤冠，两则圣母则头饰孔雀钗，中间圣母为四龙头宝座，两侧则为双龙头宝座，体现出了道教中尊卑分明的礼制传统。整座窟龛雕塑细致、华丽，塑造出了圣母的至尊形象，为道教造像艺术的精品。

后土圣母龛造像

养鸡女石雕

南宋，石刻。大足石刻造像之一。位于大足石刻宝顶山大佛湾第 20 号地狱变相石雕像之一。整龛高为 13.8 米，宽 19.4 米，全像分为四层。最上层在十个圆形龛中刻十方诸佛，中上层以地藏菩萨坐像为中心，在其左右设十尊阎王坐像，各像左右又有侍从，中下层为十组地狱图，下层为八组地狱图，养鸡女石雕像高 1.25 米，就位于下层。这组雕像旁边有"养鸡者入于地狱"的刻文，本意是佛教中劝诫世人不要杀生。作品刻画的养鸡女头స裹发巾，腰间束着裙，双手将鸡笼倒翻，做放鸡出笼状。养鸡女的面部表现出微笑、满足的神情，是纯朴的农家妇女形象。整件雕塑造型准确生动，场景写实性强，与周围恐怖的场景形成对比，反而突显出世俗生活的美好。

养鸡女石雕

牧牛道场组雕之驯服与无碍

南宋，石刻。大足石刻宝顶山大佛湾石刻造像之一。第 30 号龛"牧牛道场"是大足石刻宝顶山大佛湾以民间牧者驯牛过程隐喻佛教弟子修行过程的一组雕像。雕像共包括十个场景，即十牛十牧。摩崖石刻形式的全图依山势开凿，全长 27 米，高45.5 米。包括未牧、初调、受制、回首、驯服、无碍、任运、相忘、独照、双忘十个情节，雕塑内容有牧牛人和牛群，是一组表现田间牧牛场景的画面，由不同主题的单个场景串联而成，并且各场景边还刻有短诗点明主题。各场景都有简单的情节性，人物与牛的形象均生动自然，充满浓郁生活气息，具有强烈的感染力。图为牧牛道场组雕之"驯服与无碍"图。这是整组造像中唯一将两个主题放在一起表现的雕像，表现的是驯服牧牛之初的情景。牛儿头向主人靠近，双耳竖起，似正在偷听主人的谈话。两牧童并肩坐于山石之上，显出极亲密的样子。右边的牧童还一手持牧棒，一手牵牛绳，绳的另一头系在牛头上，虽然此时牛已经被驯化，但牧童却仍不放心。牧童的神态刻画得十分生动，一个瞪眼，张口，嘴角上翘，侧脸倾诉；另一个牧童咧开嘴，头歪向一边，身体靠在另一牧童身上，形象十分生动。作品充满趣味性，与牧牛道场所表现的严肃主题形成对比。

牧牛道场组雕之驯服与无碍

牧牛道场组雕之未牧

南宋，石刻。大足石刻宝顶山大佛湾石刻造像之一。第30号龛牧牛图之一。"未牧"是整幅牧牛道场石刻中的第一组雕刻，表现的是刚开始驯牛时，人与牛对峙的场景。画面中的壮牛正欲向山上奔去，一旁的牧童双手紧勒缰绳，与强壮的牛抗争。雕刻画面将牛的倔强，牧童用尽力气拉缰绳的形象表现得十分生动。在这组"未牧"图旁还有石刻颂词："突出栏中不奈何，若无绳绻总由他。力争牵尚不回首，只么因循放者多。"牧牛道场组雕是大足石刻宝顶山大佛湾南崖壁最富有世俗气息的雕像群之一，而且也是历代石窟造像少见的民间题材，反映深刻佛理的代表性作品。在雕塑手法上，将主要人物及牧牛的形象以及二者之间不同的关系状态表现得十分突出。十组雕像与刻文相结合，形象、准确地向普通民众传达了深刻的思想。单从雕刻效果来看，则构图丰富，疏密相间，是一组极富有生活乐趣的雕塑作品。

牧牛道场组雕之未牧

千手观音

南宋，石刻。大足石刻宝顶山大佛湾造像之一。千手观音龛凿建于南宋，后于清代在龛外建木构大悲阁。龛高7.2米，宽12.5米，占据壁面积达88平方米。主像高达3米，通体贴金，结跏趺坐于宝座上，双手合十，头戴宝冠，上镶嵌有小佛龛，上方正中有一尊阿弥陀佛像，双手作禅定印。佛像四周有一千多只手呈放射状从佛后的壁龛中伸出来。据确切数字显示，观音像加上主臂共计有1007只，每只手中都刻有一眼，每只手中都持一法器。作品构图合理，视觉效果强烈。

千手观音

释迦牟尼涅槃像

释迦牟尼涅槃像

南宋，石刻。大足石刻宝顶山大佛湾造像之一。此龛编号为第11号龛，俗称"卧佛图"。龛顶高7米，像宽31.6米。释迦像长31米，高6.8米。佛像头部及面部塑造极有特色，头顶肉髻为螺髻式，佛头长6.5米。眉目细长，眼睛微闭。佛身只雕出半身，其脚和右肩均没入岩石中，给人未尽之感。上部平伸的左臂长约20米，龛后部佛腹前设有雕花柱承托窟顶，以确保整窟的坚固性。佛陀涅槃像上部塑一排佛亲眷像，众像头至龛顶，脚立岩石，正好穿插于佛像左臂上的空隙处，使整龛造像内容更加充实。窟龛底部，沿涅槃像由前向后塑有天王、佛弟子及供养人像。雕像均以圆雕的手法呈现，下半身都被隐藏在了岩石中，各像手持不同器物，面部都呈现出虔诚的神态。

十大明王像

南宋，石刻。大足石刻宝顶山大佛湾崖壁雕刻之一。为第22号石窟摩崖造像，像龛高5米，宽24.8米，龛内十尊明王造像高度在1.6~2米之间，均为半身像。十尊造像中完成的仅五尊，另处五尊只不同程度地雕出轮廓。整个雕像群包括马首明王、降三世明王、大威德明王、大笑金刚明王、无能胜金刚明王、大轮金刚明王、步掷金刚明王、愤怒明王、大火头明王和大秽迹明王共十大明王像。图示明王为大秽迹明王，塑像面目狰狞，竖眉瞪目，眉间一天眼。明王生六手，有三面，向上的两只手，左手持法轮，右手执鞭。塑像的胸部衣饰雕刻不十分明显，以简洁的衣纹处理。明王像下臂向前，两手合十，做虔诚向佛状。下部双臂及双手雕刻仅具有手臂的大概形态，但仍十分形象。塑像下部由几块形状各异的石块组成，显然还未完工。

十大明王像

柳本尊行化石雕

南宋，石刻。大足石刻宝顶山大佛湾造像
之一。主像柳本尊是五代时期著名的密宗
代表人物。曾在四川设立道场，石刻像群
顶高约 15 米，宽约 25 米，是宝顶山大佛
湾一处庞大的密宗道场石刻群。柳本尊像
位居中央，身穿居士装，左臂断缺，右手
举在胸前做说法状。主像的四周布满附属
群像，群像分三层设置，上层为五佛四菩
萨像，中层为"柳本尊十炼图"，即其修
炼的十个故事场景，下层为侍从像。这些
人像均着世俗装，雕像群身着不同服饰，
形态容貌各不相同，既体现出了雕塑内容
的丰富性，又如实反映了当时社会的服饰
特征。群像构图主次分明，排列紧凑，叙
事性强。

柳本尊行化石雕

父母恩重经变像

南宋，石刻。大足石刻宝顶山大佛湾造像
之一。第 15 龛，龛高 6.5 米，宽 14.5 米，
整龛刻有 11 组人物图像，这 11 组场景以
中间一对年轻夫妇求子的场景为中心，左
右对称设置，其中以"投佛祈求嗣息""怀
胎守护恩""临产受苦恩""哺乳不尽恩"
等图为代表，内容突出父母从祈子、怀胎
到临产、哺育、教诲，直到父母年迈还挂
念儿女的人生过程，教诲世人勿忘父母养
育之恩。整组雕刻结构紧凑、内容完整，
画面富有感染力，给观者以深切的感受。
图为怀胎守护恩。图中孕妇双眉紧锁，面
露难色，外穿宽松长袍，右臂伸出准备接
过侍女端来的碗，左臂自然下垂，对侍女
端来的碗做欲取状，雕塑将怀孕时期的妇
女臃肿和行动不便的外在形象以衣着的方
式体现了出来。侍女头两侧束髻，体态健
康，充满青春气息及生命活力，与孕妇形
象形成对比。此组像旁有题字，直接点明
怀孕妇女身体沉重，行动不便。

父母恩重经变像

华严三圣像

南宋，石刻。大足石刻宝顶山大佛湾造像之一。第5号窟。窟龛开凿于南宋年间，龛高约8米，整龛造像由主尊毗卢舍那佛与普贤、文殊两胁侍菩萨组成，三尊主像后面有八十一个小圆龛，每个龛内各雕有一尊小坐佛，小佛龛的直径约0.76米。三尊主佛高约7米，脚下均踏莲台，头顶崖壁。中间的毗卢舍那佛右手平伸，左手结印，头顶放射佛光，左边普贤菩萨头戴五佛冠，手持舍利塔，面带微笑，给人以亲切优雅的感觉。右边文殊菩萨手托的是七重宝塔。七重塔高达1.8米，塔重800多斤却能历经千年而不坠，匠师在进行雕塑的过程中，将菩萨的手臂用宽大的衣襟完全遮住，使手臂能与膝盖相连接，形成近似三角形的承托架构，使宝塔的重量向下转移，通过腿部传达到了雕像的基座上，这是巧妙地利用了建筑力学上转移分解的原理，使塔的重量得以分化。

华严三圣像

戒酒图组雕之夫不识妻

宋代，石刻。大足石刻宝顶山摩崖造像"地狱变相"大型石龛中的一个小场景。全龛高13.8米，宽19.4米，各种造像分四层设置。上两层中心为通层的地藏菩萨坐像，其两边分雕十佛与地狱十王、两司像。下两层刻十八组地狱场景和一舍利塔。全龛最下层一角的"截肢地狱"一主题的雕刻又分上下二层，分雕六组醉酒像和两组地狱处罚犯戒者像，图示为其中一幅醉酒像。雕刻以劝世人戒酒为主要表达内容，"夫不识妻"这组雕刻表现的丈夫身着长袍，上身袒露，神态迷离，妻子搀扶丈夫，而此时的丈夫已视自己的妻子如同陌生人一般。戒酒图塑造人物形象生动自然，以生活化的表现方式，让人警醒。

戒酒图组雕之夫不识妻

山神与道祖老子造像

宋代，石刻。大足石刻造像之一。是一处道教雕塑，雕刻的是道教始祖老子与山神的雕像。山神生六臂，其中两臂上举，手托日月；两臂从后背伸出，双手握兵器；前胸两臂拱手放至胸前，造型怪异生动。头戴冠，眉目紧锁，嘴角生牙上翘，露出凶神恶煞的表情和神态，在主头两侧又各长出一颗脑袋，做怪笑状。山神单腿坐于虎背上，虎的形象虽凶猛但体量较小，以衬托出山神的威武气势。老子束发髻，长须垂胸，也单腿抬起，坐于牛背上，其神态与邻近的山神不同，刻画出老子悠闲自在的形象，慈祥亲切的面容与山神的孔武形象也形成对比。造像题材富于神话色彩，刻塑手法圆润，人物形象生动传神。

山神与道祖老子造像

永安陵文官像

永昌陵石马

北宋，石刻。位于河南巩义市北端老龙洼。高2.3米。永昌陵建于太平兴国二年（977年），是宋太祖赵匡胤的陵寝。宋初雕刻承袭唐风的丰满、敦实，但写实性被一定程度地削弱。永昌陵里石马雕刻概括，躯体比例匀称，形体已现程式化特征，侧重表现一种仪仗性质的威武气势，具有很强的装饰意味。

永安陵文官像

北宋，石刻。永安陵为宋太祖赵匡胤之父的陵墓，于乾德二年（964年）改葬于此，陵墓位于河南巩义市常封村西。高2.4米。文官头戴帽，身着圆领官袍，长袍覆住足面，腰系带，双臂屈肘置于胸前。面相饱满，头微向下低垂，双眼直视下方，表情严肃，似在凝神听皇帝圣旨。造型简洁，刀法洗练，风格质朴。

永昌陵石马

永昭陵武官像

北宋，石刻。河南巩义市城南宋仁宗赵祯陵寝前石刻群像，雕造于嘉祐八年（1063年）。武官头戴冠，身着广袖官服，长袍盖住足面。脸形长方，两眼微闭，神态恭谨。造像整体形象简略，但细部雕刻十分逼真，如手部把手指关节及起伏的肌肉都表现了出来。整体造型风格简约，粗犷与细致相结合，反映出此时的造像特征。

永昭陵武官像

永昭陵客使像

北宋，石刻。河南巩义市城南永昭陵石像生。高3.1米。头缠巾，发须卷曲，大眼深目，高颧骨，面部塑造异域特征明显。其身内穿交领衣，外罩窄袖长袍，双手捧贡物。人物身躯修长，与汉臣相比，其面貌和头冠、服饰具有明显的西域外族特征，因此称客使像，由此看出，宋时与外国仍有文化经济等方面的交往。作品造型概括简洁，风格质朴。

永昭陵客使像

永裕陵石狮

北宋，石刻。河南巩义市永裕陵石像之一。永裕陵为北宋神宗赵顼陵寝，造于元丰八年（1085年）。石狮通高2.5米，造型庄重浑厚，头向上昂，做吼状。颈部带项圈，上挂铃铛，刻有铁链，四肢粗壮，做向前行走状。造型完整，将雕刻的重点集中于头部，身体的雕刻虽然简约，但腿部肌肉的变化表现得自然、圆润，显示出较高的雕塑技艺水平。

永裕陵石狮

永裕陵文官像

北宋，石刻。位于河南巩义市八陵村东南。通高 3.45 米，因造像瘦长，又有长袍及地，因此人物形象显得格外高大。人物手捧笏，目视前方，风格肃穆。

永裕陵文官像

永泰陵瑞禽浮雕

北宋，石刻。位于河南巩义市永泰陵墓前神道旁。永泰陵是宋哲宗赵煦的陵寝，筑造于元符三年（1100 年）。这种在皇室陵寝神道设置一对瑞禽浮雕石，象征吉祥的做法始于宋陵。永泰陵内的瑞禽浮雕刻于高约 4 米、宽约 2 米的石壁上，画面以全石屏的浮雕山石云朵为背景，雕刻出一只瑞禽怪兽。其形象怪异，头似马又像羊，龙颈、鸟身，其名称有待考证。雕刻手法繁复，充满生命感的肢体羽鳞与身后生硬粗犷的山岩形成对比，气势壮观。整体雕刻精细，技艺精湛。

永泰陵瑞禽浮雕

永泰陵石象

北宋，石刻。永泰陵石像之一。石象呈站立状，身躯高大敦健。高 3.02 米。鼻子弯曲，身体圆润，真实生动。雕刻造型真实感强，风格较为写实，是宋陵石刻中的优秀之作。

永泰陵石象

天王立像

北宋，石刻。上海博物馆藏。高 1.86 米。天王头戴宝冠，上饰化佛，脸庞方圆，高眉隆鼻，浑目圆瞪，两唇紧闭，神情威武。天王身着铠甲，双手握一长柄兵器，两足下各踩一夜叉，夜叉面目狰狞，做惊恐挣脱状。作品塑造细致，衣饰花纹雕刻华丽，人物形象写实，面部略见夸张，气势雄浑。

天王立像

清源山老君像

南宋，石刻。位于福建泉州北郊清源山右峰罗山、武山下羽仙岩。高 5.1 米，厚 7.2 米，宽 7.3 米。老君即老子，是我国古代春秋时期著名的哲学家、思想家。老君像是由一块天然的巨型大石略施雕凿而成。像身着宽大道袍，面相方正，额纹清晰，两眼凹陷，面带笑容，整个头部的比例有所夸大，凸显五官雕刻生动、独具匠心。胡须向下与袍衣融为一体，造型自然。左手扶膝，右手凭几，衣饰线条流畅，衣褶明显。作品以自然山石雕成，雕刻手法生动，造型浑厚凝重，逼真地表现了一位平和、慈祥的老者形象，其造像尺度较大，而雕刻技术高超，为宋代道教石刻珍品。

清源山老君像

杨粲像

南宋，石刻。1957 年发掘于贵州遵义，墓室建造于淳祐年间（1241~1252 年）。位于贵州省遵义市南约 20 公里处的杨粲墓是一座大型的宋代墓葬，是保存较少的宋代墓葬之一。墓内共发现有二十八尊雕像，除杨粲像外，其余二十七尊人物雕像主要为武士像和侍女像。杨粲像雕造在墓室后壁的壁龛中，像高约 1 米，面阔体宽，一副高官形象。像穿宋时官袍，圆领宽袖，腰间束宽腰带，头戴官帽，脚蹬官靴，完全是南宋时期官员的装束扮扮。雕像面部丰满，大眼、厚鼻和双下颏的雕刻十分生动，嘴角略带微笑，端坐在宽大的椅子上，显出非凡的气度。以简单的线条勾勒出了人物头顶的帽子，是宋朝官帽的典型样式。

杨粲像

飞来峰弥勒佛像

宋代，石刻。浙江杭州西湖飞来峰第36
龛造像。弥勒佛是典型的中国化的佛形象，
民间称布袋和尚。飞来峰的弥勒佛雕塑体
形肥大，袒胸露腹，双眼微眯，席地而坐，
一手拿佛珠，一手扶着自己的布袋。身着
袈裟为红色，袈裟衣纹自然流畅，更显衣
着的随意与自由。手拿念珠，神态悠然，
随心所欲、欢乐愉悦的心情洋溢在整件作
品中。作品在造型的处理中，采用写实的
手法，按传说中的布袋和尚为原型进行塑
造，同时又进行了一定的夸张，具有较强
的感染力，使弥勒佛这一佛教化人物在人
们心目中的形象得到了最大限度的诠释，
整体效果生动传神。

飞来峰弥勒佛像

罗汉坐像

罗汉坐像

宋代，石刻。山西太原红沟发现，山西博
物院藏。通高71厘米。罗汉结跏趺坐于
山石状的台座上，头稍向上昂，深目隆鼻，
口紧闭，大耳垂肩。人物头部较大，突出
表现了一种悲苦的表情。身着宽大袈裟，
衣纹线条刻画粗犷，双手相叠置于腹前，
隐于衣袖中。作品石质粗糙，无精雕细琢，
风格粗放。

石水月观音像

宋（大理国937~1254年），石刻。云南
省博物馆藏。高10.8厘米。石雕水月观音
像，其像底部的石座与带镂空座的观音像
分为上下两部分，中间插以竹签用来连接，
后有银质背光，背光内设太阳纹，外饰火
焰纹和忍冬花草纹样。像呈倚坐式，胸佩
璎珞，右手持披帛，左手抚座。水月观音，
是佛教菩萨的一个名称，因观音做观水中
月影状而得名。塑像造型松弛，神情悠然。

石水月观音像

岗岗庙罗汉像

辽代，石刻。1955 年内蒙古巴林右旗岗岗庙发现，内蒙古博物院藏。高51 厘米。罗汉坐于石座上，左腿屈于座上，右腿撑地。头戴帽，身着右衽长袍，衣饰素朴。头向左上抬起，口微张，似在与人争辩，面相清瘦，表情生动。五官刻画清晰，左手自然下垂，置于膝上，右手残缺。作品塑造罗汉形象世俗气十足，人物形象生动传神，是少量存世的辽代雕塑中的代表性作品。

岗岗庙罗汉像

石狮

辽代，石刻。1959 年内蒙古宁城大明城出土，内蒙古博物院藏。长 24 厘米。石狮呈蹲卧状，形体比例略显夸张。头部较小，两眼圆睁，张口露齿，神态凶猛。鬃毛和胡须在头部呈放射状向后分散，臀部浑圆，两后肢蹬地，躯体刻画充满动感。石狮造型别致，雕刻细腻传神，刀法遒劲有力，表现出了辽代高超的石雕技艺。

石狮

朱雀纹石棺壁板浮雕

辽代，石刻。1974 年辽宁法库叶茂台出土，辽宁省博物馆藏。高 73 厘米，长 97 厘米。石棺顶盖及四周棺壁均满饰雕刻纹样，四壁分刻四方神，图示为东壁刻朱雀。朱雀以正面示人，直立于莲座上，展翅，其四周浮雕龙牙蕙草纹。构图采用向心式，造型主次突出，线条流畅，疏密有致。

朱雀纹石棺壁板浮雕

卢沟桥石狮雕塑

金代，石刻。位于北京市西南永定河上的
卢沟桥始建于金大定二十九年（1189 年），
明、清时都曾重新修建。石桥为连拱形式，
长达 266.5 米，宽 7.5 米，桥上两侧栏杆上
的石狮雕刻，尤为著名。桥身两侧石雕护
栏上的望柱共有 281 根，平均高度为 85 厘
米，各望柱顶均置有一圆雕石狮。有的石
狮旁又雕刻有小狮，造型和组合形式各不
相同。大狮子高 10 厘米左右，小狮子则大
小不等。狮子形象造型各异，有的凶猛，
有的和善，姿态变化多端，充满情趣。桥
上众多的石狮子因桥体的历代重修而年代
不一，由金、元、明、清四代不断累积而成。

卢沟桥石狮雕塑

凤耳白玉杯

南宋，玉雕。中国国家博物馆藏。高
6.7 厘米，口径 8.6 厘米，足径 4 厘米。
此为一整块玉镂雕而成。玉杯为直口，
深腹，小圈足，圈足底刻有一"氏"
字，杯壁较厚。腹两侧各饰有一耳，
为凤形，凤口衔住杯沿，双翅展开附
于杯壁，尾部与杯身连为一体。杯口
外沿及圈足各饰有一圈回纹，杯身饰
以四道弯曲的线纹，之间点缀以纹样，
构成器身花纹图案，且这些图案从两
侧凤尾处开始，处理为凤尾在杯身上
的延伸。作品造型新颖，纹饰巧妙，
雕镂技术较高，是南宋时期的玉雕刻
佳作。

凤耳白玉杯

木雕女侍俑

五代，木雕。1975 年扬州市邗江县蔡庄五代"寻阳公主"砖室大墓出土，扬州博物馆藏。通高 36.5 厘米，宽 7.8 厘米，厚 2.2 厘米。俑为立姿，头束高髻，头后饰有以蔓草纹为主，透空雕饰的叶形片饰，造型独特。身穿交领宽袖长裙垂至足，双手交叉入袖，抬于胸前。俑面面颊圆润，五官刻画清晰，双目微闭，此侍俑雕刻手法简约，而形神俱备。

木雕女侍俑

昂首执笏男木俑

五代，木雕。1975 年扬州市邗江县蔡庄五代"寻阳公主"砖室大墓出土，扬州博物馆藏。高 35 厘米，宽 9 厘米。俑像为立状，头戴高帽，昂首侧视，脸庞丰颐，五官清晰。身穿宽袖长衣，双手执笏板捧于胸前，脚露云头鞋。最下面置有一块长方形的木座。作品刀刻简练，只对手部和头部做了较细致的刻画。

昂首执笏男木俑

木雕罗汉坐像

北宋，木雕。此尊木雕为 1963 年在广东韶关曲江南华寺大雄宝殿发现的木雕五百罗汉之一，故宫博物院藏。高 54.5 厘米。作品塑造的罗汉像头为长圆形，脸庞丰润，弯眉细目，隆鼻小口，赤足坐于山石形状的须弥座上，右腿架于左膝，左手抚足，头略向右扭，似在静坐冥思。罗汉身着宽大僧衣，尤其对衣服底部衣褶的雕刻最为细致。整尊像涂彩，现多剥落。作品塑造人物形象生动，于面部和衣褶处显示出较高的雕刻水平。

木雕罗汉坐像

南华寺罗汉像

北宋，木雕。广东曲江南华寺内于1963年在大雄宝殿大佛脏内发现大量木雕罗汉像，系原五百罗汉造像，今有残损。大多数罗汉像上刻有铭文，记录造于北宋年间，有庆历（1041~1048年）等年款。图示木雕罗汉像呈坐姿，头略大，浓眉细眼，直鼻阔口，身着右衽长袍。右腿平放，左腿撑起，坐于木台座上，台座雕饰成石形，双手持经卷，似在研读。

南华寺罗汉像

善财童子像

南宋，木雕。美国纽约大都会艺术博物馆藏。高69.8厘米。童子头顶束一小发髻，脸庞饱满，面相圆润，眯眼、咧嘴，一脸笑意。着宽袖僧衣，身体略向前倾，头向后扭，双手合十，举于胸前，赤足跨立。作品形象塑造生动，无精雕细琢，将随身体摆动的衣褶纹线变化表现得十分流畅，风格写实。

善财童子像

观音菩萨坐像

宋代，木刻。故宫博物院藏。高127.5厘米。此像为宋代木刻半跏趺坐像的代表作之一，采用分部件雕刻最后组装并彩绘而成。菩萨头戴化佛花冠，两侧各有宝缯和发辫下垂。面容丰颐，长眉细目，双目下垂，做沉思状。上身祖露，胸前饰有璎珞，帔帛从肩臂环绕到腹前，下着轻薄纱裙。左腿自然盘膝，右腿屈膝向上，右臂置膝上，左臂支于地面。这种立腿而坐的姿势，又称游戏坐，是最具表现力的观音姿态。木刻工艺细密，造型写实，衣纹概括简练。

观音菩萨坐像

斫鲙砖雕

北宋，砖雕。传为河南偃师出土，中国国家博物馆藏。长34.2厘米，宽24厘米，厚2.2厘米。砖面浮雕一位妇女，身体修长，面容清秀，头束高髻，身着右衽上衣，下着长裙，腰系围裙，左手高挽右臂衣袖。身前置一方形高案，案上刻有斫、刀和鱼，桌前侧置有火炉，炉上烧有开水。画面生动地描绘了妇女做饭时的情景，刻工精细，将妇人戴的手镯、鼓动的鱼鳃和滚开的水都表现得很真实。

斫鲙砖雕

推磨砖雕

北宋，砖雕。1977年宁夏泾源出土，宁夏博物馆藏。墓室出土砖雕共三十二块，分别嵌砌在两个墓室下部须弥座处，有长条形和方形两种形状。这件推磨砖雕长31厘米，宽19厘米，镶嵌在墓室左室右壁券门的一侧。砖面刻画母子二人推磨盘的场景。圆形磨盘位于画面正中，孩童由于个子矮小，需双手上举才能触到横在上方的推扛。推扛另一侧为一妇女形象，头高束发髻，身着圆领上衣，下着长裙，腰中系带，双手握推胸前的推扛。作品刻画形象轮廓清晰，采用平面减地的方法，刀法简练，无精雕细刻，风格质朴粗犷。

推磨砖雕

万部华严经塔浮雕

辽代，砖雕。位于内蒙古呼和浩特东郊白塔村西丰州故城西北角，塔建于辽圣宗时期（982~1030年），俗称白塔。塔为楼阁式，八边形平面，砖木结构，残高七层，高45.18米。图示为塔身有牵狮图案浮雕。雄狮四足踩莲台，昂首前行，旁有牵狮人相伴，牵狮人为胡人面貌，人与狮面均显露欢快愉悦的神情，雕刻手法繁简搭配，形象生动传神。

万部华严经塔浮雕

主人宴饮图砖雕

金代，砖雕。1973 年发现于山西稷山马村、化峪镇及县苗圃等地。砖面正中刻一方桌，桌上满布酒菜，饭桌两端各雕一主人形象，女主人梳扁圆髻，身着对襟长袍，男主人头戴帽，身着圆领长袍，皆袖手端坐，似在交谈。两人身旁各站有一孩童，头束髻，着衫裙，双手拱于胸前，姿态恭谨。砖雕虽出自民间艺人之手，却反映出金代高超的雕刻技艺，人物形象生动传神，栩栩如生，为研究金代服饰提供了参考。

主人宴饮图砖雕

杂剧人物砖雕

金代，砖雕。1973 年发现于山西稷山马村、化峪镇及县苗圃等地。人物高者约 70 厘米，矮者约 30 厘米。画面共雕有五人，四男一女，女像为老者形象，头盘发髻，身着圆领窄袖长袍，右肩负袋，双手笼袖于腹前，神态自然。四男俑形象均不相同，着衫，腰束带，或空手，或持笏，或双手交叉于胸前，姿态表情各异。作品表现手法简练，雕作工艺娴熟，表现的是金代杂剧中的人物，形象生动。

杂剧人物砖雕

吹笛舞砖俑

金代，砖雕。1973 年河南焦作西冯封村出土，河南博物院藏。灰陶质，高 35 厘米。陶俑于两侧耳后各盘一髻，身着半袖及膝长裙，胸前系有十字结，腰系带，足蹬靴。同墓出土十八块人物俑砖雕，多为童子形象，发式形貌相似，手持不同器物，虽动作不同，但都活泼、动感，向人们展示了当时的服饰与社会生活状况。

吹笛舞砖俑

击鼓舞砖俑

金代，砖雕。1973年河南焦作西冯封村出土，河南博物院藏。灰陶质，高35厘米。俑上身裸露，斜披帔帛，于身侧系结，下着短裙，腰系带。左臂挟一圆形鼓，右手持捶做击打状。右腿前伸，左腿屈膝向上抬起，头微扬，神情愉悦。俑像纹饰简练，但刻工细致，形象塑造生动，线条流畅自然。

击鼓舞砖俑

捧壶侍俑

金代，砖刻。河南出土，河南博物院藏。高50厘米。男俑头盘发髻，脸庞圆润，双眉上挑，大眼、大鼻头，小口紧闭。身着圆领窄袖长袍，腰中系带，勒出隆起的腹部，袍缘垂地，仅露出鞋头。双手捧壶于左胸前，头微向右扭，表情紧张恭谨。侍俑采用头部圆雕与身体高浮雕相结合的手法，体态丰满，尤其头部形象突出，衣纹线饰流畅。作品雕刻形象富有张力，造型生动，风格质朴。

捧壶侍俑

龙兴寺千手千眼观音像

北宋，铜铸。河北正定龙兴寺内，高22米。观音呈站姿，赤足立于莲花台座上，面方弯眉，双眼微闭，做沉思状，鼻子直挺，两唇紧闭，神态肃穆。全身塑四十二臂，最前方两手合十置于胸前，左右两侧各二十臂，均呈辐射状。手中持有净瓶、宝剑、金刚杵等不同宝物。观音身着天衣，上身袒露，上着长裙，垂至足面，璎珞满饰，装饰繁缛富丽，十分华美。造像整体由七段拼接而成，工艺精湛，尺度巨大。

龙兴寺千手千眼观音像

慧能铜坐像

北宋，铜铸。位于广州六榕寺六祖堂内。像高1.72米。北宋端拱二年（989年）造。慧能为唐代僧人，是禅宗南派创始人，被尊为禅宗六祖。像为结跏趺坐于椅上。身着右衽僧衣，外披袈裟，衣饰卷草、莲花纹样，精美华丽。坐像两眼微闭，细眉修长，头部和身体均消瘦，其形象直接来自于慧能真身像。两臂自然下垂，置于腹前作禅定印。作品造型写实，铸造工艺精良，细部雕凿精细入微，线条自然流畅，为宋代雕塑佳作。

慧能铜坐像

铜观音坐像

五代十国，吴越，铜铸。中国国家博物馆藏。高53厘米。为水月观音菩萨坐像。头戴宝冠，上饰化佛，长发披肩，帔帛斜披，上身袒露，下着长裙，胸饰璎珞长垂至膝，衣纹飘动轻柔。左腿自然下垂，右腿屈膝置于台座上，左手扶台，右手屈臂置于右膝，呈游戏坐。面容清秀，双眸低垂，似在禅定修行，姿态悠然，造型优美。身后塑一圆形背光，上端及两侧饰火焰纹。观音形体比例协调，衣纹、相貌方面的塑造，融合了外来艺术的表现风格，中外结合，风格华丽，是宋代佛像精品之一。

铜观音坐像

大黑天像

宋（大理国 937~1254 年），铜铸。云南省博物馆藏。高15.4厘米。此造像为三头六臂的大黑天神，三头均戴火焰宝冠，手持法器，周身有蛇缠绕。大黑天像有二臂、四臂和六臂之分，在云南造像十分普遍。作品造型夸张，原表面贴金，现已剥落。

大黑天像

万年寺普贤铜像

北宋，铜铸。位于四川峨眉山圣寿万年寺无梁殿内。寺院始建于东晋隆安三年（399年），为慧持禅师开创，初名普贤寺，明万历二十八年（1600年）神宗皇帝朱翊钧御题"圣寿万年寺"，以颂其母七十寿诞，简称万年寺。万年寺无梁殿重修于明万历时期，殿内立有一尊普贤菩萨铜像，像铸造于北宋太平兴国五年（980年）。像通高7.4米，其中白象高3.33米，莲花宝座高1.42米，普贤像高2.65米。白象背上设莲花台座，普贤菩萨结跏趺坐于莲花座中央。普贤脸庞饱满，表情肃穆庄重，体态丰润。头戴花冠，身披袈裟，胸前挂璎珞。头戴华丽宝冠。其冠、身披袈裟和底部的莲座都贴金，显得华丽、尊贵。白象体形较大，四肢粗壮，脚踏莲花，一副驯服姿态。塑像、莲台等各部分的比例尺度适中，雕塑结构比例合理，雕刻工艺精细。

万年寺普贤铜像

金刚杵

宋（大理国937~1254年），铜铸。云南省博物馆藏。长21厘米。金刚杵又名降魔杵，为佛教中法器，可降妖除魔。此杵为铜铸，杵身为连珠，两端接莲花座，莲座上各出四个龙头围绕一杵头，自龙头各出弯钩形龙舌围护在杵头四周。整个杵身纹饰精细，显示出较高的制作工艺水平。

金刚杵

三塔模

宋（大理国 937~1254 年），铜铸。云南省博物馆藏。高分别为12.7厘米、12.3厘米和12厘米。图中左右两塔均为银身铜座，中间塔为铜身铜座。三座塔身均为方形密檐式塔，内置有舍利子，形状略有不同，可能是参照大理崇圣寺三塔的样式制作而成。三塔造型精致，至今保存完好，为佛教艺术珍品，也是体现区域文化的典型代表。

三塔模

铜坐龙

金代，铜铸。1965年黑龙江阿城白城金上京故城墙垣出土，黑龙江省博物馆藏。通高19.3厘米，重2.1千克。这件铜坐龙是金代皇帝御用马车上的装饰物。两后肢呈蹲踞状，左前肢平伸，右前肢着地，与后肢连铸。昂首张口，做长啸状。头部刻画十分细腻，整体造型以曲线为主，但柔中带有很强的力度感，整体造型概括，铸造精良，雕刻细致。

铜坐龙

中岳庙守护神像

北宋，铁铸。位于河南登封中岳庙。高2.54米。守护神头戴冠，上身着战袍，下身着战裙，腰系带，腹部隆起，足蹬靴，叉腿而立。头扭向右侧，双眼圆睁，表情威严。双手握拳，举于胸前，中空，原应握有兵器，已失。整体造型写实中略带夸张，仍留有铸造时的模具印记，是写实性较强的道教造像。风格粗犷质朴，铸工精良。

中岳庙守护神像

葵花形金盏

南宋，金铸。1952年安徽休宁县朱晞颜墓出土，安徽博物院藏。高5厘米，口径10.6厘米，足径4.4厘米，重153.33克。金盏敞口，腹部斜收，圈足低矮，整体造型为六瓣秋葵花状。花瓣边缘内外雕饰纹样一致，盏心饰有六瓣形的突起花蕊，约高1.8厘米，使金盏宛如盛开的花朵。圈足上刻以二方连续草叶纹。该器通体金铸，造型精巧、新颖，具有宋代金银器清丽雅致的风格。制作工艺精湛，显示了南宋时期金银铸造工艺的水平，为南宋金铸代表作。

葵花形金盏

金藤编耳饰件

金藤编耳饰件

宋（大理国937~1254年），金织。云南省博物馆藏。直径6.2厘米，重80克。此饰物通体由金丝编织藤纹环而成，中央部位为如意花形，向外为一圈连珠装饰，再向外饰一圈卷云如意纹，以金丝按藤编纹编织而成。造型优美，纹饰精细，表现出了当时匠师高超的技艺。

银背光金阿嵯耶观音像

宋（大理国937~1254年），金铸。云南省博物馆藏。高29.5厘米，重1135克，此尊像出土于大理崇圣寺千寻塔中，是现存宋代纯金佛像中尺度较大的作品。观音呈站姿，头梳高髻，戴化佛宝冠，双目微闭，做沉思状。上身袒露，颈佩璎珞，下着长裙，垂至足面。佛像通体金铸，背光为银制，分上下两部分，最外沿镂刻一圈火焰纹饰，里面为花纹图案。造型简练，佛像刻凿精细，图案装饰古朴浑厚，堪称宋代金铸造像之佳作。

银背光金阿嵯耶观音像

银佛像

宋（大理国 937~1254 年），银铸。
云南省博物馆藏。高 8.6 厘米，重 115
克。此造像为纯银铸造而成，为大日
如来佛像。佛像为跏趺坐式，身穿袈
裟，下垂至地面。面部眉眼刻画简略、
生动，大耳，五官清晰。其身背和臂
上铸有"奉为高祥连"的字样，为铸
奉者之名。造型整体圆润，无琐碎雕
凿，线条洗练，风格简朴明快。

银佛像

银鎏金佛像

银鎏金佛像

宋（大理国 937~1254 年），银铸。
云南省博物馆藏。高 8.4 厘米。此像
为银铸而成，但外露的脸、胸、手等
肤色均以鎏金的方法处理。佛像的造
像形象已现程式化特征，只在细部和
鎏金等后期加工工艺方面略有不同。

银锻制佛像

银锻制佛像

宋（大理国 937~1254 年），银铸。
云南省博物馆藏。高 8.9 厘米，重 40 克。
此造像为药师佛像，通体用银箔锻制
而成。佛像身披袈裟，左手于腹前捧
一药钵，右手自然垂置于盘踞的腿上。
佛像衣服褶皱纹理清晰、概括，但不
失生动，是当时佛教艺术的精品之作。

阿弥陀如来金佛像

宋（大理国 937~1254 年），银铸。云南省博物馆藏。高 8.6 厘米，重 125 克。此像为纯金铸造而成。高束发髻，耳大下垂，五官清晰，眉眼填以蓝黑色，唇填以朱色，面带微笑，双手执于腹前。雕像造型简单，其突出特色是头髻与袈裟均饰以细密的线刻纹。

阿弥陀如来金佛像

净水观音像

净水观音像

宋（大理国 937~1254 年），银铸金头光。云南省博物馆藏。高 30.6 厘米。造像为站姿，头戴化佛宝冠，胸佩璎珞，长垂过膝，着长裙，盖过足面。左手持一莲钵，右手持柳枝，做撒播状。观音面目祥和，眼微闭，做沉思状。后饰有桃形的金铸头光，上面镂刻有火焰纹饰。头光与观音衣饰均有复杂纹饰，显示出较高的制作工艺水平。

金翅鸟

宋（大理国 937~1254 年），银铸。此鸟出自大理崇圣寺千寻塔，现藏于云南省博物馆。高 18 厘米。通体鎏金，昂首展翅，做欲飞状，立于莲座之上。鸟身与背部之间插有火焰背光，背光上面饰有晶莹剔透的五颗水晶珠。此鸟的头、身、翼、尾也分别浇铸而成。相传此鸟是舍利佛的化身，居于塔顶以护塔，又相传是白族原始崇拜图腾之一。

金翅鸟

木刻莲花佛龛

宋（大理国 937~1254 年），银铸。云南省博物馆藏。龛高 10.6 厘米，金佛像高 3.9 厘米，银明王像高 4.3 厘米。木雕龛呈莲花花苞状，内刨空，并在前后两个不同大小的拱形门，内置释迦如来金像和阿修罗、金刚手明王像。如来佛像坐于须弥座上，做说法状，两明王手执法器坐于莲花座上，似正在听佛说法讲经。木刻莲花龛有两片拱门页，将佛像置于龛中后，可以将页片扣合，结构机巧。三造像造型写实，雕刻精细，通过材质的不同自然分出主次关系，设计巧妙。

木刻莲花佛龛

鎏金双龙纹银冠

辽代，银铸。辽宁省建平县张家营子辽墓出土，辽宁省博物馆藏。高 18.7 厘米，口径 20.1 厘米。这件冠饰是契丹贵族用冠，制作复杂，首先是用银胎模制锤制出如浮雕的纹样，然后再在表面鎏金而成。冠为前低后高的圆筒形，上下边缘部位饰以连珠纹和如意云纹。冠正中为流云，上托火焰珠，左右饰以卷草纹，再向外为两坐龙，表现出游牧民族率真的情趣。银冠造型简练大方，纹饰精细、华丽，通体鎏金，光彩夺目，是辽代金银制品的代表作。

鎏金双龙纹银冠

晋祠金人台造像

北宋，铁铸。山西省太原西南郊悬瓮山下的晋祠内。祠内中部区域、圣母殿的前方建有一座会仙桥，桥有一座方形的平台，砖石结构，台上四角各立有一尊塑像，塑像全身用铁铸成，因铁是五金之一，所以人们便将塑像称为"金人像"，而这个方形平台也因此得名"金人台"。金人像共四尊，分别立于晋祠金人台四角，高均约 2 米。其中东南角一尊铸造于宋元祐四年（1089 年），头部为 1926 年补铸；东北角一尊为 1913 年补铸；西北角一尊铸造于北宋绍圣五年（1098 年），头部为明永乐二十一年（1423 年）补铸；西南角一尊为北宋绍圣四年（1097 年）铸造。但由于年代较久，其中有三尊现已残缺，只有位于台西南角的一尊像至今保存完好。像胸前刻记有铭文。整尊塑像采用写实的手法铸造，体形较为粗壮，身着宋朝服装，面部略有夸张，高鼻深目。这种胡人形象的护卫自唐代以来都较为常见，以其突出的形象来塑造勇猛的性格。整像采用多块铁范拼接铸成，仍留有接口的痕迹。

晋祠金人台造像

第八章　元

耶律世昌夫妇墓骑马女俑

元代，陶塑。1950 年陕西长安韦曲村耶律世昌夫妇墓（1326 年）出土。通高 42 厘米，长 36 厘米。马上骑女俑，女俑头侧挽发髻，身着窄袖右衽长袍，腰系带，足穿靴，两臂前后撑开，做策马欲行状。女俑脸庞方圆，五官刻画概括。跨下马躯体强健，四肢有力，鞍垫、马辔刻画逼真，马目视前方，富有动感和生命气息。作品造型极具写实性，塑造手法简洁，风格质朴，颇有游牧民族风格的特色。

耶律世昌夫妇墓骑马女俑

骑马男俑

元代，陶塑。1950 年陕西长安韦曲村耶律世昌夫妇墓出土。通高 42 厘米，长 39 厘米。马匹形体矫健，四肢粗壮有力，直立于陶板上。马背上男俑头戴尖顶宽檐圆帽，身着窄袖长袍，腰中系带，后背有一物，足穿靴，双手紧握鞍鞯，抬头望向远方，元代造像对马的形象塑造更趋向于表现高而健壮的体魄，与唐代肥硕的马形象截然不同，突出了游牧民族的英武气质。

骑马男俑

陶龙

陶龙

元代，陶塑。1983 年陕西西安出土，陕西历史博物馆藏。灰色陶质，镇墓兽形象。高 17.6 厘米。陶龙头部长扁，双目圆瞪，上唇弯翘，脑后部伸出独角。龙身如蹲坐的犬状，只是龙身通体布满鳞片，排列整齐密集。陶龙形象怪异，塑造简洁概括。

女立俑

元代，陶塑，西安市南郊元代王世英墓出
土的众多陶形人俑中的一件。女俑呈站姿，
身着交领长袍，腰系带，另于胸前束带并
打花结，长垂至裙摆处，长袍覆足。俑长
发分梳于脑后绾双螺髻，面相圆润，头微
向上仰，双手笼袖置于胸前，神情专注，
姿态恭敬。俑像身体修长，衣饰纹线流畅，
造像手法简洁生动。

女立俑

陶胡人俑

元代，陶塑。山东济南祝甸出土，山东博
物馆藏。高 29.2 厘米，灰陶制，外饰红色
陶衣。陶俑身着红色长袍，双足迈开，双
手端起，做疾驰状。右手握筒状物，似急
报的使者。其面部略方，头扎束，须髯浓
密，双眼内陷，鼻子高挺，正望向前方。
从其形貌和服饰上来看，此俑为胡人形象。
作品风格粗犷、简洁，手法写实。

陶胡人俑

洪洞广胜寺彩塑

元代，泥塑。位于山西洪洞县城东北 17
公里处的广胜寺内。寺院始创于汉朝，经
后代多次重修，寺分上寺和下寺两座寺院，
现存多为明代建筑，但也有几座具有代表
性的元代建筑和元代雕塑。上寺内有山门、
飞虹塔、弥陀殿、大雄宝殿等主要建筑。
图示为上寺大雄宝殿内保存的元代塑像。
獠蛮像头戴高冠，螺旋形花饰与卷曲的头
发向上堆成尖塔状。肌肤赤红，眉头紧锁，
嘴咧开，脸部长有蜷曲的络腮胡，颇具北
方游牧民族的强悍形象特征。颈戴项圈，
全身衣褶流畅，纹饰突出深刻，具有紧张
的气氛与动势。俑像双手握拳，充满力量，
尤其是对手部肌肉与筋骨形象的表现最为
细致、真实。人物的面貌形态、衣饰特点
及表情动作都极富动感，造型生动，神态
逼真。

洪洞广胜寺彩塑

晋城玉皇庙彩塑

元代，泥塑。位于山西晋城城东13公里府城村后土岗玉皇庙内。寺庙建于北宋熙宁九年（1076年），金泰和七年（1207年）重建，后于元、明、清各代均有修建。寺院内存大量道教造像，制像时间含宋、金、元多个时代，其中尤以元代塑二十八宿像最具代表性，造型生动逼真，形象各不相同。二十八星宿神，即我国古代用来观测四季和测算天体经纬度的28组星座，后来经道教附会出二十八神的形象。塑像有男有女，因执司不同，形象性格也各不相同，每个神像旁都有一种动物像，以暗示主神的身份。图示参水猿为一青年妇女形象，头顶发髻，插花形冠，发髻用红巾包裹。身穿交领长衫，外披巾，项饰璎珞，造型美丽。像呈单腿坐姿，左腿拱起，双手抱膝，头向上抬起并向右扭，一副悠然自得的神态，脸与手部均白皙、饱满，华丽的衣饰与人物整体的造型呈现出优美典雅的气质。塑像身旁蹲一只猿猴，为塑像身份的象征。全塑二十八像，有青年女子，有稳重的中年人，也有表情生动的老人，人物形象身份各异，风格写实，突出世俗性。

原平惠济寺彩塑

元代，泥塑。山西原平惠济寺内。寺院始建于唐代，宋代重修，金、元、明、清都有整修。现寺内主要建筑有山门、观音殿、钟楼、伽蓝殿、大佛殿等。大佛殿内设有佛坛，佛坛上彩塑佛、菩萨、胁侍、童子、金刚等像，均为彩塑艺术佳作。侍者塑像立于大殿佛坛一侧，其形象为一民间普通百姓。头光面阔，体格壮实，衣饰简朴。内穿夹衣，外罩及膝短衫，腰间系巾，并在腰前打结，垂下来的衣带可见红、绿正反两面的颜色。下身穿长裤，小腿上部、膝盖下部于腿上用细带勒系，脚穿布鞋，俨然一位农家青年形象，利落的穿着有利于生产劳作。塑像动作造型虔诚，双手合十，略向前倾的上身，神态、姿势和谐，表现出人物虔诚向佛之心。作品手法写实，衣饰流畅，塑工对衣纹的变化表现真实，整体结构协调，体现元代雕塑艺术的世俗化特征。

晋城玉皇庙彩塑

原平惠济寺彩塑

白马寺狮子罗汉像

元末明初，夹纻干漆。位于河南洛阳白马寺大雄宝殿内。白马寺位于河南洛阳市东，为中国最早的佛教寺院之一，据说在东汉明帝时创建。有"中国第一寺院"之称。白马寺大雄宝殿内东西两侧排满十八罗汉塑像。罗汉群形貌姿态各不相同，有跏趺、半跏趺、普通坐式，造像高度在1.55~1.61米之间。罗汉手中各持一物，有手拿书，有扶杖、托山、执笔等，造型丰富，神态各异。其中狮子罗汉像为十八尊者中的第七位，名嘎纳嘎巴萨尊者，身着长袍，外披袈裟，端坐于台上。双手托一幼狮置于胸前。塑像额头隆起，眉须浓密，戴大而圆的耳环为北方少数民族形象。塑像神情和蔼，面带微笑。塑工精细，仪态逼真。衣纹线条流畅自然，作品形象丰满生动。

白马寺降龙罗汉像

元末明初，夹纻。白马寺罗汉像之一。降龙罗汉像形态尤具逼真，生动传神。降龙罗汉像原名为嘎雅巴尊者，俗称降龙罗汉，位居大殿东侧第九位。身披云龙袈裟，腰系坠地长裙。衣饰描金彩绘袒露前胸，右臂向身侧屈肘上举，指间捏宝碧珠；左臂自然下垂，掌面上托钵，钵内有腾跃的小龙，其右腿盘坐，左足着地跨置于台座上。这尊塑像面部表情和肌体的塑造相当生动，双目立睁，竖眉上扬，隆鼻张口，气势汹汹。脸上的肌肉随表情的丰富变化充满张力和动感，颈下袒露的前胸突出强健的颈骨和丰健的肌肉，气势雄浑饱满。作品刻塑有力，块面屈伸自如，衣纹飘洒自然，为雕刻艺术中的佳作。

白马寺狮子罗汉像

白马寺降龙罗汉像

钧窑香炉

元代，陶瓷。呼和浩特市东郊白塔村窖藏出土，内蒙古博物院藏。高 42.7 厘米，口径 25.5 厘米。炉为直口，腹部圆鼓，双竖耳，下有三矮足。在颈部堆塑有三只麒麟，正面两麒麟之间竖有一块方形的题记，上面不施釉，只刻有此炉的制造时间，内容为"己酉年九月十五小宋自造香炉一个"。作品造型粗犷，胎体呈紫红色，通体施天青色釉，由于施釉较厚，在烧制过程中釉水流溢不匀，因而沿口和两耳等处釉层较薄，露出胎体，但整体自然、生动，浑厚的炉体与流动的釉层都显示出古拙的风格特征。

钧窑香炉

陶男俑

元代，陶塑。故宫博物院藏。高 24.5 厘米，宽 11 厘米。男俑头戴尖顶圆边帽，圆脸，五官清晰，双眼直视前方。身着圆领窄袖长袍，腰中系带，带结于腹前，衣袍下摆呈喇叭形，下着长裤，双腿直立于托座上，衣着装扮具有蒙古族特征。人物左手伸出，右手残缺，手中原持有物。

陶男俑

陶女俑

元代，陶塑。故宫博物院藏。高 23.6 厘米。陶女俑呈站姿，头发左右分梳成两髻，脸型略方，上宽下窄，双眼下垂，小口紧闭，神态恭谨。身着窄袖长袍，垂至地面，盖住双足。双手捧一圆形食盒，托于胸前。从造型上看，女俑衣饰简单，神态含蓄，再加上手捧物的姿态，应为侍女形象。塑工概括简练，对发式和衣纹的表现精细，显示出较高的技术水平。

陶女俑

陶马

元代，陶塑。故宫博物院藏。高 20.6 厘米，长 23 厘米。这件陶马作品中，头部刻画精细，饰有笼套，双眼圆睁，直视前方，两耳竖立，嘴微张。颈部以线刻的方式表现长鬃，背平臀圆，蹄腕粗壮，尾巴长，四肢直立于长方形陶板上，形象敦实。造型写实，塑工简练，略显呆板，重在表现总体造型，忽略了大部分细节的表现。

陶马

陶羊

元代，陶塑。故宫博物院藏。高 11.5 厘米。羊呈昂首卧状，四肢弯曲跪于椭圆形板上，采用高浮雕的手法表现。双角内卷，口闭，两眼直视前方，颈部系带，神态温顺，躯体肥硕。作品造型淳朴，雕塑手法简洁明快，整体轮廓清晰，把羊的基本特性生动地刻画出来，具有很高的艺术价值。

陶羊

双林寺四大金刚像

元代，彩塑。双林寺彩塑。塑像位于寺院天王殿檐下，左右各二。四大金刚造型生动威武。四大金刚像的高度都约为 3 米，坐于台座之上，手持金刚杵，其腿部为一腿倚台座、一腿着地形式，因此倚坐的小腿部分多有残损。金刚像的面部表情生动，尤其是眼珠为琉璃珠，更增添了形象的真实性。四金刚像个个强壮有力，造型坚定，神气十足，因其面部与眼睛经过事先处理，因此各位金刚正好瞪视着中间的观者，设计巧妙。

双林寺四大金刚像

居庸关云台天王浮雕

居庸关云台天王浮雕

元代，石刻浮雕。位于北京市昌平区西北部居庸关。居庸关是长城的主要关口之一，旧时称军都关或蓟门关。云台是居庸关关城中心的一座长方形的城台，城台约建于元至正五年（1345年）。云台基座东西长约27米，南北深17米多，基台中间券形门，形状略呈六角形，券门和券门外边缘洞内布满了各式各样的浮雕。券门两侧有怪兽、花朵和龙神图案浮雕，图案中间刻的是金翅鸟王，左右对称分布。券洞内石壁上雕刻有四大天王浮雕像；券顶上布满小佛像和曼陀罗花纹浮雕，两斜顶上还刻有十方佛像。雕刻手法细腻，表现手法成熟，浮雕形象生动，四大天王浮雕像同时采用了高浮雕和浅浮雕两种不同的雕刻手法，突显出人物面部表情和精神风貌。富有层次感和立体感的雕刻手法令整幅浮雕像中图案的主次关系视觉效果明显，衬托出天王的气势，显示出元代雕刻风格的豪迈气质。

弥勒佛

弥勒佛

元代，石刻。位于福建省福清市海口镇瑞岩寺垣外。弥勒佛像依巨大岩石的天然形态略施雕凿而成，高9米。石像盘腿而坐，头方，面相丰满。身披袈裟袒露肩、胸，腹部圆鼓。左手捻珠，右手抚腹，两眼微眯，笑容满面，神态慈祥。在弥勒佛的腿腰部雕有三尊小罗汉，生动地衬托出弥勒佛的形象之大，也更添趣味性。作品形神兼备，刻凿手法概括，线条流畅，代表了这一时期高超的石雕技艺，为我国东南重要的大型石刻雕像之一。

飞来峰金刚手菩萨像

元代，石刻。飞来峰。高 1.6 米。菩
萨头顶高螺发，戴宝冠，冠上有化佛，
脸庞方正，双眉微蹙，大眼圆瞪，耳
饰坠。上身祖露，下着短裙，胸饰璎珞，
体态饱满。左臂屈肘置于胸前，右手
握金刚杵。躯体比例刻画略显夸张，
两腿短小，胸腹肥硕，两腿呈弓箭步
支撑身体。形象属于密教造像，但已
带有浓郁的本土化风格倾向。刻画细
致传神，技法纯熟，刀法简练，具有
神秘气息。

飞来峰金刚手菩萨像

金刚萨埵菩萨

元代，石刻。飞来峰。龛高 2.1 米。
飞来峰位于浙江省杭州市灵隐寺前，
现存有 380 余尊造像，是五代至元代
期间的佛教雕刻，其中五代造像较少，
宋代造像最多，元代造像次之。元代
造像以受梵像密教风格的造像最具特
色。如图示菩萨头戴宝冠，脸型长方，
长眉大眼，隆鼻薄唇，额正中间又长
有一眼。上身祖露，饰璎珞。半结跏
趺坐于仰莲纹台座上。左手执金刚铃，
右手持十字金刚杵，体态丰盈。整体
造型庄重浑厚，佛坐相为汉地式，但
面部三眼，夸张的耳饰和手持法器样
式均为梵像风格。

金刚萨埵菩萨

毗湿奴像

元代，石刻。1934年福建泉州校场出土，泉州海外交通史博物馆藏。灰绿石质，通高1.43米。此像的形象与雕刻技法均带有浓郁的印度造像风格特色。这尊毗湿奴像头戴宝冠，脸庞较长，眉目清秀，大耳垂肩，双眼直视前方。上身裸露，有四臂，其中两臂屈肘上举，左手执法螺，右手持宝轮；另两臂下垂，左手持杖，右手已残。毗湿奴是印度本土宗教中的神祇，由此体现出元代我国东南沿海一带已经有较多来自印度的宗教传播。

毗湿奴像

摩尼光佛像浮雕

元代，石刻。位于福建泉州南门外13公里处的草庵内。高1.63米，宽1.72米。草庵建于元代初期，庵内浮雕有波斯摩尼佛一尊。石佛四周深刻一直径约2米的佛龛，摩尼光佛位居龛中央。佛面略方，长发披肩，并蓄有长须，面带微笑，表情祥和。身着宽袖僧衣，胸前系结，衣袖宽大垂于坐下。摩尼教是一种从波斯传入的宗教形式，唐代后期转变为明教，在民间发展，并吸收了道教等本土宗教的内容，此幅摩尼教雕像的人物造型，就充分印证了这一点。

摩尼光佛像浮雕

兽面形石柱

元代，石刻。1939年福建泉州涂门城基出土，厦门大学人类博物馆藏。灰绿岩质。高28厘米，宽15厘米。兽头略长方，弯眉，双眼内凹，大鼻头，阔嘴露齿，两耳外张，头顶似卷发，形象怪诞，富有神秘气息，似有某种象征意义。石柱底部有榫头，推测可能为某建筑的部件之一。

兽面形石柱

人面狮身像浮雕

元代，石刻。位于福建泉州开元寺内，原为印度教寺庙建筑构件，于明洪武年间（1368~1398年）重修开元寺时移到开元寺内作为大雄宝殿台基侧面的装饰。人面狮身浮雕板共七十三块，狮身人面像高24厘米，长65厘米。画面造型为侧身正首示人，头部束三层螺发，浓眉大眼，神情平和，胸前饰有护甲。狮形身躯，尾上翘，卷曲至背部。

人面狮身像浮雕

四臂湿婆像浮雕

元代，石刻。1943年福建泉州南岳街发现，泉州海外交通史博物馆藏。全长65厘米，高47厘米。塑像题材源于印度教，通体用一整块辉绿石浮雕而成。画面作屋形龛，龛楣上饰钟形图案，内刻火焰纹，两侧有龙形装饰。龛两侧雕刻石柱，上饰莲纹，下饰云纹，柱两侧向外各雕一小塔，塔上有浮雕图案。龛内正中是一朵盛开的莲花，花中央结跏趺坐四臂湿婆像，像上身袒露，下着长裙，面部风化，模糊不清。身生四臂，两臂屈肘上举，左手持圆形法器，右手执矛，另外两臂于胸前施无畏印。作品整体布局排列有序，雕刻细腻，造型优美。

四臂湿婆像浮雕

卧鹿纹錾花金马鞍

元代，木刻。内蒙古锡林郭勒盟镶黄旗出土，内蒙古博物院藏。前桥高20.8厘米，宽23厘米；后桥高11厘米，宽16厘米。这套马鞍是一蒙古族少女的随葬物。木刻马鞍的前后均饰錾花金饰层，前桥上的主题装饰图案以一海棠花形框为主，内有一只卧鹿，在外围饰以缠枝牡丹纹样。后鞍桥和前后鞍翅均以卷草纹为底纹，边缘部位饰以二层连续的卷叶纹。马鞍造型简单，金饰图案精细。此马鞍是迄今为止仅见的元代马鞍遗物。

卧鹿纹錾花金马鞍

"张成造" 剔犀云纹漆果盒

"张成造" 剔犀云纹漆果盒

元代，木雕。安徽博物院藏。高 6 厘米，直径 14.5 厘米。果盒木胎黑漆，平面呈圆形，盖与身以子母口相接。采用漆器工艺中的剔犀技法制作而成，即在胎上先后相间施二或三种颜色的漆层后再进行雕刻，由此使其表面呈现多色刻痕。此漆盒由黑、红两色漆层相间构成表面，即首先是在胎体上髹饰黑漆，让黑漆积累成一定的厚度后，再髹红漆，黑红漆相间多次反复，当漆层达到所需要的厚度时，再用刀剔刻出如意云头纹。在黝黑的刀口断面露出三道红漆。在盒底边缘有针刻的"张成造"三字，用来记录制作者姓名。作品造型精美，古朴雅致，晶莹照人，刻工圆润，具有很高的艺术价值，代表了中国雕漆工艺的最高水平。

释迦牟尼像

释迦牟尼像

元代，铜铸。故宫博物院藏。高 21 厘米，宽 15.8 厘米。佛结跏趺坐于仰覆莲座上，头束多层螺髻，面相圆润，五官刻画略显紧凑，长眉细目，大耳垂肩，神情端庄，面带笑意。身着袈裟，袒右肩，右臂自然下垂置于膝上，左手掌向上，置于腹前。作品塑造手法细腻，具有梵相造像风格特征。在像背铸有"岁次丙子至元二年八月望日谨题"字样，显示像造于元惠宗至元二年（1336 年）。

金铜菩萨坐像

金铜菩萨坐像

元代，铜铸。故宫博物院藏。高 18 厘米。菩萨头戴华丽宝冠，全身布满精美装饰。项戴佛珠，臂有金钏，腰、肩、颈部均有绿松石及黑、红、白等色宝石镶嵌，塑像全身富丽堂皇。像面庞丰圆，五官清秀，面带笑意，双手持莲花长茎合掌结跏趺坐于莲台之上。两株莲花均绕臂向后，于双肩后部盛开。造像通体金光闪亮，莲台须弥座刻画得十分精美生动，座底刻有"大德九年（1305 年）五月十五日记耳"的字样。造像风格具有浓郁的藏传佛教色彩。

鎏金愤怒明王像

元至明代，铜铸鎏金。台湾鸿禧美术馆藏。高 1.05 米。单脚独立于法轮上，肩生八臂，其中两臂搂于胸前，其他六臂姿态各异，或持法器，或施手印，其周身缠蛇，尤其手臂上最多。明王像造型极富动感，手臂与身体肌肉蕴含张力。塑像受外来影响很大，是吸收西域或域外风格，造型夸张的密教代表性造像作品。

鎏金愤怒明王像

银果盒

元代，银铸。安徽博物院藏。通高16.8 厘米，口径 34.4 厘米，足径 26.5厘米，重 4375 克。1955 年合肥市孔庙旧基出土。果盒造型新奇，盖与盒身有子母口，合缝严密。盒平面为十棱莲花瓣形，由盒盖、底座和格层三部分组成，是元代创制的一种新的器皿造型。银果盒通体饰满图案，以花卉为主，纹样精美。盖面中心饰有一对相向而飞的凤凰，四周刻多种花卉图案。格层浅盘中饰一株盛开的牡丹。底部的圈足饰一周缠枝卷草纹。整个银果盒纹样繁复，线条细密，造型奇特，据同墓出土制品推测制作于至顺二年（1334 年）。

银果盒

八思巴文虎头银字圆牌

元代，合金。甘肃省博物馆藏。通长18 厘米，圆径 11.7 厘米。圆牌为合金制成，顶端饰有一个供佩挂用的圆环，环座为浮雕的虎头纹形。圆牌面内从左至右嵌铸有凸起的五行制八思巴蒙古字，译意为"至高无上皇帝圣旨，违者斩"。这是元代中央朝廷铸造的牌饰，专门供政府外派的官员使用，作为身份及差使沿途官府、驿站的凭证。造型简洁，雕刻细致，风格质朴。

八思巴文虎头银字圆牌

银锭

元代，银制。台北历史博物馆藏。银锭是古代称量货币，最早使用于汉代，而当时的使用仅限于贮藏。宋以后，银锭开始以货币的形式在市面上流通，明代中期，白银开始作为市面上最主要的通行货币。自元朝起，银锭又被称作"元宝"，意为"元朝之宝"。图示银锭正面刻"元宝"二字，背面有文字记载，为元代至元十四年（1277年）在扬州铸造的官锭。这种银锭的造型如一只马蹄，因此又称作"马蹄银"。

银锭

龙槎

元代，银铸。故宫博物院藏。高18厘米，长20厘米。槎（chá）的原意为筏，铸造成龙形，因此称"龙槎"，是一种盛酒器物。槎身做成弯曲的龙状，龙作跃起回首姿势，其身为古柏形象，全器造型如同枝杈茂盛的老树。槎身坐一老者，手捧书卷阅读。老者束高髻，身着宽袖长袍，脚蹬云头履，形体略消瘦，神态怡然自得。人物之下为盛器，较小，槎尾刻有"龙槎"二字和"至正乙酉（1345年），渭塘朱碧山造于东吴长春堂中。子孙保之"字样，可以得知这件龙槎作品是元代著名工匠朱碧山所制，其制作目的应以赏玩为主，非真正的实用器。

龙槎

第九章　明

达摩渡海像

明代，瓷塑。产于福建德化窑，故宫
博物院藏。高 43 厘米。达摩即菩提
达摩，是南北朝时期的印度高僧，被
称为中国禅宗始祖。达摩像头大圆光，
双目坚毅，鼻直口方，双耳下垂，蓄
胡须，面部为典型的印度僧人特征。
内着僧袍，垂至足面，外披宽袖大衣，
衣纹线条自然流畅。像双手笼袖置于
胸前，双足直立，脚踩海浪。塑像者
为明代著名的塑像家何朝宗，其代表
性的瓷塑即为这一尊像，以人物衣饰
灵动和神情深邃而闻名。

达摩渡海像

德化窑观音坐像

德化窑观音坐像

明代，瓷塑。产于福建德化窑，故宫博物院藏。
高 28 厘米，底径 13.3 厘米。观音双目微闭，
面带微笑，神态安详。胸佩璎珞，身穿宽袖袍，
双手隐于袖中，衣服褶皱纹理流畅自然。此
像质地细密，釉色呈牙白，温润如玉。像中空，
后部刻有何朝宗的葫芦形名章。

华严寺大雄宝殿造像

华严寺分上、下两寺，始建于辽代，
上寺大雄宝殿中现存以五方佛为主尊
的造像为明代遗存。主尊五世佛的中
央三尊为木雕。大殿两侧设二十诸天
像，均前倾 15°，造型较为世俗化。

华严寺大雄宝殿造像

双林寺千佛殿自在观音菩萨

明代，泥塑。双林寺彩塑之一，位于山
西平遥双林寺千佛殿内。高3.3米。寺
院始建于北齐武平二年（571年），明
代曾多次重修。各殿内均满布彩塑，多
为明代遗物。自在观音菩萨像是双林寺
千佛殿的主像。菩萨高髻，头戴宝冠，
镶金装饰，精致华丽。肌肤洁白凝润，
面庞丰满，具有唐代女像的审美特征。
上身袒露，项饰璎珞，佩戴臂钏，左肩
披巾绕至右臂，向下垂落于台座上。衣
纹流畅，塑像和谐完整。腹部隆起，再
次显示了人物体态的丰腴，是唐代佛教
人物塑像的典型特征。右腿支起，右臂
搭在膝头上，左腿自然下垂，随意自由。
菩萨像背后布满各种题材的悬塑，烘托
主像气势，整体造像完整。

双林寺千佛殿自在观音菩萨

双林寺千佛殿韦驮天像

明代，泥塑。双林寺彩塑之一。位于寺
院千佛殿内，高1.76米。身材魁梧，眉
头紧锁，面部表情丰富；左手举杵，右
臂握拳，富有张力；右脚抬起，左脚丁立，
似要跨步前行，充满动感，气势威猛。
双目炯炯有神，仿佛透视人间善恶，正
义之气表现无遗。整件作品最精彩的部
分在于韦驮的腰部，扭曲的腰身使身体
造型呈现为"S"形，曲线感强，极富有
弹性和动感，使作品富于生命气息。像
立于自在观音旁边，为观音身边的守护
大将。韦驮天像是双林寺最著名的彩塑
之一，也是明代彩塑艺术中的佳作，有"全
国韦驮之冠"的美誉。

双林寺千佛殿韦驮天像

双林寺罗汉殿十八罗汉像

明代，泥塑。双林寺彩塑。罗汉原本是印度小乘佛教中的人物，我国罗汉像为男性
的形象。中国化的罗汉形象与普通人更为接近，身穿汉式僧衣，与俗世中的和尚形
象极为相似。在佛教雕塑中，常见以罗汉为题材的雕塑，并且常以群组出现，多见
为"十六罗汉"和"十八罗汉"。双林寺罗汉殿内有"十八罗汉朝观音"的罗汉像

组合，其中包括十四尊坐像和四尊立像，分别为：多言罗汉，高约1.45米；伏虎罗汉，高约1.42米；哑罗汉，高约1.05米；英俊罗汉，高约1米；醉罗汉，高约1.75米；迎宾罗汉，高约1.6米；长眉罗汉，高约1.5米；讲经罗汉，高约1米；罗怙罗罗汉，高约1.5米；瘦罗汉，高约1.45米；胖罗汉，高约1.5米；大头罗汉，高约1.05米；矮罗汉，高约1.2米；病罗汉，高约1.75米；养神罗汉，高约1.1米；镇定罗汉，高约1.55米；降龙罗汉，高约1.6米；静罗汉，高约1.05米。十八尊罗汉塑像全为明代塑造，造型、神态各异，风格各具特色：有的双目紧锁，似正在凝思；有的哈哈大笑，相貌生动；有的则慈眉善目，显得极为亲切。神态变化，表情丰富传神，手法写实，略有夸张，形象准确，既具有艺术美感，又充满浓郁的世俗生活气息，堪称同类题材塑像佳作。

双林寺罗汉殿十八罗汉像

双林寺天王殿内四大天王像

明代，泥塑。双林寺彩塑。位于寺院天王殿南墙前。天王是佛教中保护佛法的护法神，其中以居佛世界中心须弥山上的四大天王最为出名。双林寺天王殿内四大天王像高度约为3米，按其所执法器不同，被寓以不同意义，合在一起则称"风调雨顺"。包括南方增长天王，"增长天"护法南方，能使人善根增长。手持清风剑，意为"风"。两眼凝视前方，竖眉怒目，神气十足，右手举剑，是一位个性刚直的壮士。东方持国天王，"持国天"护法东方，怀抱琵琶，是乐神，意为"调"。肤白，神情内敛，唇上八字胡须，似一位神情慈祥的文将，给人神秘又不失亲切之感，刻画精妙，以"神"写人。西方广目天王，"广目天"护法西方，福德名闻四方，右手执雨伞，意为"雨"。广目天身为红色，怒发未平的神态，姿态豪放，脚踏小鬼，表现出赤胆忠心的勇将气势。北方多闻天王，"多闻天"护法北方，右手托舍利塔，左手握蛇（大蛇为蜃），意为"顺"。多闻天方脸端正，两眼直视，身侧向扭动，腹部圆鼓，表现出一个多谋善断、心思缜密的大将形象。四大天王在民间又被当作是保平安、祈幸福的保护神，是人们期盼五谷丰登的象征。

双林寺天王殿内四大天王像

双林寺千佛殿善财童子像

明代，彩塑。双林寺彩塑之一。通高55厘米。塑像身体丰满，微向前倾，上身裸露，胸饰璎珞，臂饰钏，下着短裙，褶皱细密烦琐以红绿两色为主。脸庞方圆，五官刻画精巧，双手合十置于胸前，赤足，双脚踏云，充满神秘气息。童子神情恭谨，做朝拜状。塑像刻画人物真实，肩披帛带，自然飘逸，身体饱满，胸腹浑圆，将儿童的稚拙形象表现得十分生动。

双林寺千佛殿善财童子像

双林寺罗汉殿观世音像

明代，彩塑。双林寺彩塑之一。高1.6米。罗汉殿正中主像观世音菩萨像。像头戴冠，着通肩袈裟，胸腹袒露施手印，结跏坐在莲座上，法相庄严，神态宁静。菩萨像后背光有精美木雕刻，采用透雕的手法雕有龙、雀、花、鸟，其中菩萨头顶上有蹲坐姿力士，两侧有飞天，上部有日、月两字，因此这座菩萨像应为日月观音菩萨。整尊塑像造型简单，但雕饰花纹繁复、华丽。

双林寺罗汉殿观世音像

双林寺释迦殿主佛像

明代，彩塑。像高 1.98 米，底座高 1.6
米。双林寺释迦殿主像释迦佛，两侧
有文殊和普贤二尊菩萨立像。东侧文
殊菩萨手持经卷，西侧普贤菩萨手持
莲花，各高约 1.85 米。佛像通体饰红，
头蓄螺髻，大耳垂环，眉目细长，体
态丰腴。袒右胸，戴臂钏，结跏趺坐
须弥莲座上，佛陀造型形象具有印度
风格特征。两菩萨拱身侍立，姿态恭
敬，体态修长，神态充满悲悯之情。
衣纹处理简洁而流畅，体态匀称，整
体形象庄严、肃穆。

双林寺释迦殿主佛像

观音堂塑像之一

晋祠水母楼鱼美人

明代，泥塑。位于山西太原晋祠，高 1.8
米。晋祠水母楼供奉难老泉（晋水源
头三泉之一）水神，为水母形象，其
两侧有六名侍女像，图为其中之一。
因为这些侍女像的背景如鱼，因此又
称鱼美人。鱼美人头高束发髻，上饰
花形发簪，面相丰颐，曲眉细目，隆
鼻小口，凝神右视前方，神情恬淡。
身着圆领宽袖长袍，双手于胸前捧有
一物。整体形象秀美，造型简练。作
品注重对人物的写实性表现。

观音堂塑像之一

明代，彩塑。长治观音堂观音殿十二缘觉
悬塑之一。观音堂位于山西省长治市西南
郊梁家庄。堂院创建于明万历十年（1582
年），正殿观音殿内满布彩塑。有二十四
诸天、十二缘觉、十八罗汉及各种瑞兽、
供养人等，共计四百多身。像高约在 66~98
厘米之间，有坐姿、站姿，姿态形象不一，
狮、象、麒麟等各种异兽，形象栩栩如生。
彩绘塑像，高 68 厘米。头戴如意珠翠宝冠，
上身裸露，肩披帔，下着长裙，赤足，蜷腿，
双手抱膝，腰身转折自然。观音堂彩塑融
合儒、释、道三教于一体，且具有较强的
世俗性，尤其是人物形象的服饰等均为当
时生活服饰的反映。

晋祠水母楼鱼美人

长治观音堂彩塑

明代，泥塑。位于山西长治观音堂。观音
堂创建于万历十年（1582年），主殿观音
殿，殿内主供观音、文殊、普贤三大士像，
四壁满布彩绘悬塑。除各式人物造像之外，
还有诸多异兽与亭台仙阁，卷云等庞大、
炫丽的仙境景观。十八罗汉像的雕造充分
反映了明代塑像世俗化的特征，他们已完
全成了俗世中普通人物的形象雕塑。其中
有一组十分难得的佛教造像，以民间化的
弥勒佛为主题，塑造了一幅充满生活情趣
的生动画面。弥勒佛头大面阔，面庞丰满，
身披袈裟，袒胸露乳，大腹便便，形象幽
默，塑造夸张，使整尊塑像及整幅画面洋
溢着喜乐的气氛。弥勒佛身旁的童女头束
两侧髻，笑容满面，童女手扶其右臂，似
扶持行进。童子手握拐杖扛在肩头，肩后
垂有布袋，是布袋和尚的标志物。人物衣
饰色彩鲜艳，整组雕塑充满世俗生活气息，
生动地体现出明代佛教雕塑的风格。

长治观音堂彩塑

小西天胁侍菩萨像

明代，泥塑。位于山西省隰县西北约1公
里处的凤凰山小西天寺院。寺院始建于明
崇祯二年（1629年），原名千佛庵，因寺
内有数千尊佛像而得名。寺院主殿大雄宝
殿内墙壁上有彩塑，大小佛像、菩萨像相
间错落，大的有3米多高，小的仅有手指
大小，雕塑精细、设置巧妙，造像技艺高超。
寺院大雄宝殿内有一尊高约2.1米的胁侍
菩萨像，像头戴翠珠花冠，身披帔帛，胸
前佩戴璎珞，右手举至齐胸高，眼睛微闭，
神态端庄安详又悠然自得。塑像形体匀称，
面容饱满，衣着华丽，气质高贵。作品雕
工技艺成熟，形体结构写实，而且注重色
彩的装饰，极力渲染造像气氛，显示出高
超的雕塑水平。

小西天胁侍菩萨像

彩塑太监像

明代，彩塑。故宫博物院藏。高 59.5
厘米，宽 18 厘米。太监头戴乌纱帽，
面相圆润，细目弯眉，隆鼻薄唇，神
情恭谨虔诚。身着圆领长袍，衣缘垂
地，覆住足面，双手合十抬于胸前，
右腕挂有念珠。作品注重对其神态的
刻画，人物性格表现得尤其贴切。红
色长袍与纱帽的搭配，成功塑造出了
太监唯命是从的形象气质。

彩塑太监像

灵石资寿寺彩塑

明代，彩塑。位于山西灵石县城东 10
公里处的苏溪村资寿寺内。寺院创建
于唐代，后于宋代重修，金末被毁，
于元泰定三年（1326 年）又重新建造。
大殿内塑彩塑达七十九尊，均为明代
作品。其中寺内罗汉殿有彩塑十八罗
汉像，塑工最佳，也最具代表性。图
示为罗汉殿中的两尊童子像。一童子
肩上搭巾，屈肘，手携巾角扶在腰间，
左臂扬起，手掌伸开，做呼喝状，略
带微笑的面容，像是一家店铺的伙计
正在招呼客人，形象生动，富有世俗
情趣。塑像既表现出罗汉像的典型形
象特征，又是世俗青年形象的生动写
照。其中另一童子像显得更加稚拙，
外着短袍衫，内穿长裙，这是明代普
通人士普遍穿着的衣装。童子右臂举
起，手部已断裂，左臂下垂，手提水壶，
一副邻家男孩形象。塑像衣饰形式和
穿着方式，颇有明代社会上层服饰的
特点，腰间的束带和略微向外鼓出的
腹部，使童子形象具有鲜明的写实性
和世俗化特征。同时，这也是中国佛
教艺术更加群众化、世俗化的体现。

灵石资寿寺彩塑

繁峙公主寺帝释天彩塑

明代，彩塑。山西繁峙公主寺彩塑之一。位于山西省繁峙县城东南 10 公里处的铁家会乡公主村。寺院初建于北魏时期，明代重建，寺内前殿内有明代塑像。帝释天身材魁梧，面庞丰满，气质端庄；身披长袍，内着裳衣，腰间系带，下垂佩环，并以丝带打成花结。头戴帽冠，衣带飘逸，神气泰然。塑像衣饰处理细致，着装繁褥，装饰讲究，雍容的体态和尊贵的气质显现出塑像尊贵的身份和地位，颇有王者风范。有关帝释天的形象，在中国民间常混同为玉皇大帝，因此在中国寺庙里大多为男性，也有是男人女相的，均为气度非凡的帝王形象。

繁峙公主寺帝释天彩塑

晋城玉皇庙高禖像

明代，彩塑。位于山西晋城玉皇庙内。玉皇庙位于晋城东 13 公里府城后土岗上，创建于北宋熙宁九年（1076 年），金泰和七年（1207 年）重建，元至正十五年（1355 年）创建山门及钟鼓楼，明清均有修葺。寺殿、庑内均有塑像。高禖是主司婚姻与生育的神，玉皇庙中的高禖神像高 1.62 米。造型为精干老者的形象，光头，包绿巾，身着敞口大衣，胸部袒露，体格消瘦，肋骨明显。脸庞稍长，浓眉大眼，面部肌肉变化表现真实、细腻，额上的皱纹显示出其历经沧桑。作品注重对人物面部的刻画，神情自然，人物庄重、专心、倾听的状态表现得十分传神。

晋城玉皇庙高禖像

小吏像

明代，泥塑。位于山西晋城玉皇庙内。高1.17 米。小吏为一位少年童子形象，头戴帽，面相方圆，身着圆领窄袖长袍，腰系带，足穿高筒靴，双手置于胸前，双腿直立，呈站姿。面部刻画细腻，双眉较淡，双眼凝神前方，表情自然。躯体比例协调，衣褶纹理流畅洒脱。作品塑造形象平易近人，风格质朴，生活气息浓郁。

小吏像

福胜寺渡海观音像

明代，泥塑。位于山西新绛福胜寺内。寺
院位于新绛县城西北 17 公里光村，始建
于唐贞观年间（627~649 年），宋元均有
重修，明代大修。寺院殿堂规模壮观，弥
陀殿建于明代，殿内有弥陀佛、观音、童子、
明王及供养人像等，均为明代塑像。渡海
观音像通高约 1.7 米。面相方圆，神态安
详静穆，一手携衣巾，一手扬拂尘，头戴
风帽，身披长巾，腰系长裙，赤足站立。
身体略向一侧扭动，呈现出优美的形体曲
线，身体动态的平衡，呈现出一种运动的
美。同时，由身体的扭曲引起的衣纹肌理
的变化，使衣纹更显自然生动，呈现出柔
软、亲切的感觉，人物形象更加富于动感。
画面左下方有善财童子做参拜状，双手合
十，稚气可爱。观音脚下是蛟龙背负祥云，
飞腾于海面上，龙身之上，波浪翻滚的海
面背景加强了作品的气势和生动感。这尊
渡海观音利用悬塑的手法获得了立体空间
的艺术效果，利用大面积的海面使作品的
视觉效果产生了丰富的变化，从而扩大了
塑像本身的视觉空间。明丽的色彩与动态
感的背景相结合，衬托人物形象更加优美
生动，且塑工娴熟，为明代不可多得的彩
塑佳作。

福胜寺渡海观音像

十三星君之水星

明代，陶塑。位于山西晋城玉皇庙内。高
1.45 米。为青年妇女的形象，呈端坐状。
头束发髻，裹有红巾，脸庞清秀，身着红
袄长裙，双手举于胸前做捧物状。细眉微
蹙，双眸低垂，表情若有所思，又微露愁容。
像小口紧闭，神态平静。衣纹繁复，线条
处理手法写实，尤其是领部多层衣领嵌套
的部分，色彩、纹饰均刻画细致。此造像
最突出的特征在于外貌和服饰颇具世俗人
物形象特征。

十三星君之水星

关羽像

明代，彩塑。故宫博物院藏。高 1.68 米。关羽头戴黑色幞头，身着绿色长袍，腰系带，一侧长袍撩起，掩衣角于腰带之下，足蹬如意靴，双脚叉开而立。人物面方，眉眼上挑，左臂屈肘上抬，右臂自然下垂，手中握物，神态威武。作品整体造型比例匀称，形象健硕、威武。此尊造像的人物衣饰绘黑、绿、红等颜色，色彩鲜艳绚丽，但未削弱人物的威武气势。

关羽像

彩绘三进陶宅院

明代，陶塑。1960 年河南郏县出土，河南博物院藏。长 149 厘米、宽 89 厘米，高 58 厘米。建筑群组为红陶绘彩，由一座牌坊和三进院落组成。院落由中轴线上包括大门在内的四座主体建筑及其各自的配房组成"目"字形的四合院。五脊歇山式牌坊与大门之间分列有二排骑马俑。大门两侧设有八字墙，门内有影壁，内部三进院落中，包括最后部二层堂楼在内的建筑都采用悬山式屋顶。院内男仆女婢成群。整座建筑造型写实，制作精细，风格质朴古拙，并以其丰富、生动的造型而具有较高的研究价值，为人们提供了研究当时建筑样式、做法以及组群规范的重要参考。

彩绘三进陶宅院

扁形陶壶

明代，排湾族陶塑。顺益台湾原住民博物馆藏。高 39 厘米、宽 18 厘米。扁形陶壶是巫师占卜时的用品之一。这件陶壶口、颈部已损，腹为扁圆形，周身饰有百步蛇纹。造型简约抽象，壶形线条流畅、简约。现在这类陶壶极为少见，多用葫芦代替。

扁形陶壶

三足蟾油灯

明代，陶塑。台北历史博物馆藏。通高 16.5 厘米，宽 20 厘米。器物造型为"三足蟾"形象。"三足蟾"源于民间传说"刘海戏金蟾"，是送财的吉祥之物，人们以其造型制作油灯，是取其美好的象征意义。作品以透明釉为底，局部上绿釉完成饰面。三足立地，体态憨厚，造型生动，手法概括自然，充满情趣与生命气息。

三足蟾油灯

陶黄绿釉高冠男俑

明代，陶塑。故宫博物院藏。高 31 厘米，宽 13.5 厘米。男俑像头戴高冠，脸庞较小，头微向左偏，五官清晰，面带笑意。身着右衽绿色大衣，腰系带，下摆饰以垂条纹状的图案，足穿靴，直立于托座上。男俑右手自然下垂，掩于宽大的长袖内，左手屈于右胸前。俑像造型写实中略带夸张，塑工简洁洗练，衣服样式肥大，线条圆润，无华丽雕饰，风格质朴。

陶黄绿釉高冠男俑

明墓石雕

明代，石刻。位于辽宁抚顺。高 2.03 米。石雕马造型身体强健，四肢粗壮，直立于石座上，马的形象刻画概括。马奴昂首挺胸，头戴帽，身着右衽长袍，腰系带，足蹬高筒靴，倚马而立，右手握辔嚼，左手提裣襟，神情威猛神勇。整体雕刻做法概括简洁，刀工疏朗，风格朴拙，以简练的手法突出石雕的体量感，从而传达出一种肃穆的纪念性。

明墓石雕

十三陵神道武士像雕刻

明代，石刻。位于北京昌平天寿山下
明十三陵。陵始建于永乐七年（1409
年），为明代十三位帝王的陵墓群。
十三陵陵群共用一条神道。神道两侧
列置有各类石雕像。包括有狮、獬
豸、骆驼、大象、麒麟、马，及文、
武官像等，前后共计三十六件，这些
石雕均用整块的白石雕刻而成，个个
高大威猛，颇具气势。其中武士像头
戴铁盔，肩臂处都有护甲，肩上还另
附披巾，下身着战裙，前有鱼鳞腹护，
并系带作装饰，塑像造型英武，气势
庄重。右手持兵器，左手握刀柄，颇
有实战者的风范，为明朝武官形象。
十三陵石像生反映了明朝石雕的风格
和石雕艺术水平。从外观造型来看，
石雕以体魄硕大、造型古朴为主要特
征。在个体造型上，雕刻追求形象逼
真，突出写实，但动作刻板，由此致
使造像整体风格更趋向于肃穆而生动
性不足。

十三陵神道武士像雕刻

十三陵石狮雕刻

明代，石刻。十三陵神道石像生之一。
石狮雕造于宣德十年（1435年）。石
狮为两对，一对为蹲姿，一对立姿。
立姿石狮高约1.8米，长约2.5米，
宽约有1米。石狮头部硕大，脸阔且宽，
石狮的雕刻颇有装饰色彩，尤其是狮
子的头部和颈部，布满了卷曲的鬣毛，
而且颈项上还有环饰，好似花环。雕
刻形象逼真，极具装饰色彩。狮子躯
体粗壮，胸部及前肢肌肉发达。作品
造型规矩，整体形象突出纪念物的观
赏陈设性，与狮子真实的形象相比已
相去甚远。

十三陵石狮雕刻

天安门前石狮

明代，石刻。北京天安门前。石狮在金水桥
南北各安置一对，高2.4米。石狮呈蹲坐状，
头部微倾，眉头紧蹙，怒目圆瞪，张口露齿，
神情凶猛。顶部及颈部满布螺旋卷鬣毛，此
石狮头顶螺旋为十三个，是最高等级的象征。
颈部佩环饰，上挂铃铛。身躯矫健，四肢粗
壮有力，全身肌肉隆起。天安门前的石狮造
型与陵墓前的石狮造型不同，它代表着皇家
的威严肃穆，对烘托宫殿建筑气势起着不可
或缺的作用。整体造型比例适中，雕刻手法
细腻，极具装饰特色。

天安门前石狮

隆恩寺双鹿浮雕

明代，石刻。这组石雕原位于北京西郊隆
恩寺内，后张学良为其父张作霖修造陵墓，
将其移至此处，位于辽宁抚顺元帅林。高1.18
米，宽1.7米。通体由汉白玉雕刻而成，上
刻双鹿，以侧面形象示人。里侧的鹿埋头
吃草，身躯被外侧鹿挡住。外侧鹿躯体肥健，
做向前行走状。鹿角自然向后伸展，双眼
微闭，直视前方。二鹿一仰一俯，相互映衬，
富有生气。四周刻以山石、流水、松、竹、
梅、兰、草地等。鹿身磨光无雕饰，而背
景则纹饰多样，由此主图与背景形成对比，
主次分明，使画面整体协调，极富生活气息。

隆恩寺双鹿浮雕

顾从义石鼓文砚

明代，石刻。天津博物馆藏。直径18厘米，
高10厘米。砚呈鼓状，黝黑色，质地细
腻润滑。砚顶开半月形砚堂和砚池，其侧
刻有"内府之宝"印方，说明原为宫中之
物，赐予顾从义。砚通体摹刻宋代石鼓文，
共四百余字，均刻画清晰。砚盒为紫檀木
质，盖顶雕饰有一圈牡丹花纹，中央镶嵌
玉螭纹饰，盖身也刻有铭文。砚造型精致，
雕刻精美，充分显示了我国古代制砚匠师
高超的技艺和才能。目前国内宋拓石鼓文
均流传海外，因此这块砚对石鼓文的研究
具有重要参考价值。

顾从义石鼓文砚

朱砂荷鱼澄泥砚

明代，石刻。天津博物馆藏。长 24 厘米，宽 15.4 厘米，高 2.2 厘米。这块砚体呈一红色金鱼状，侧卧在莲叶之上，鱼腹微向内凹，为砚堂，鱼鳍、荷叶边向上翻卷，形成砚缘，砚周及砚背均为黑色，红黑相映，形成鲜明的对比。"鱼"与"余"音同，有吉祥之兆，砚底部有隶书刻字，显示其为友人赠予宋氏家族之物。朱砂荷鱼澄泥砚造型精致生动，色彩艳丽，质地细腻，不论是题材、造型，还是制作工艺，均符合明代特点，而红色澄泥砚更是澄泥砚中的精品。

朱砂荷鱼澄泥砚

白玉鳌鱼花插

明代，玉刻。台北"故宫博物院"藏。高 15.6 厘米，宽 9.55 厘米，厚 4.26 厘米。此玉雕作品以带黑褐条斑的白玉雕成，制作者利用玉自身的黑褐色，雕出龙须、口沿及背鳍。造型新颖，龙首鱼身，张嘴成花器，鱼肚部分的鳍雕成云状，并附饰一条小龙。鱼身上鳞纹采用线刻，十分细致，清晰可见。

白玉鳌鱼花插

双层透雕云龙纹青玉带板

明代，玉雕。1968 年扬州邗江县杨庙乡殷湖村出土，扬州博物馆藏。长 5.3~13.1 厘米，宽 2~5.6 厘米，厚 0.7~0.8 厘米。玉带板为缀挂于腰带上的装饰物。这套玉带板共由十七块玉饰组成，其中的十五块玉带板以云龙飞舞的纹样为主，在龙纹的两侧再饰以鸟纹和卷草纹；另外两小块较窄的带板仅饰以鸟纹。造型精美，玉质温润，各带板上以龙鸟纹为主，层次丰富，具有典型的明代中晚期带板风格。

双层透雕云龙纹青玉带板

广胜寺飞虹塔金刚像

明代，琉璃。位于山西洪洞县城东北
17公里霍山巅。飞虹塔为明嘉靖六年
（1527年）所建，砖砌，外饰琉璃。
寺院飞虹塔二层正面有金刚像。通高
1.5米。金刚是护法神，其头戴盔帽，
身着铠甲，腹前饰以兽头，脚蹬战靴。
面相方圆，怒目圆瞪，隆鼻阔嘴，神
态威严凶猛。金刚像以黄、绿两色琉
璃为主，神态极为生动。塔上除金刚
像外，另有各式菩萨、童子和神仙像，
均造型生动。

广胜寺飞虹塔金刚像

占卜用具箱

明代排湾族，木雕。顺益台湾原住民
博物馆藏。规格为长23厘米，宽13
厘米，高4厘米。箱体是刳空的方形
容器，上部开口处缝接有一段传统织
布作为收口，也有以麻线编织的袋网
做成。木箱通体涂以红漆，正面刻有
人形纹及百步蛇纹，以铜钉做眼睛，
蛇身嵌以三角形或圆形的蓝色碎瓷片
和白色螺片。风格质朴，装饰简单，
手法简约，造型古拙。

占卜用具箱

伏虎罗汉像

明代，木雕。中国佛教图书文物馆藏。
高1.02米。罗汉身体强壮，光头，面
方圆，双眉紧蹙，怒目圆瞪，鼻子直
挺，口微张，神情严厉。身着广袖长袍，
腰束宽带，左手握拳置于腿上，右手
残缺，踞坐于岩石上。右侧下方雕有
一虎，虎头上昂，仰视罗汉。身后以
线条粗犷简练的山石作为背景，极具
整体性。

伏虎罗汉像

张果老像

明代，竹雕。故宫博物院藏。高 19.9 厘米，长 14.9 厘米。张果老为民间传说中的八仙之一，通常被塑为老者形象。驴低首向前，四蹄开立，直立于方形托板上，正在抵抗主人的命令。背上张果老头戴风帽，长须飘逸，头微垂，正俯首拽缰绳，试图控制住驴子。作品整体造型生动，富于动感，对于人物与驴子的动态虽无精雕细琢，但刀法娴熟洗练。

张果老像

竹刻笔筒

明代，竹刻。安徽博物院藏。高 10 厘米，直径 11.6 厘米。笔筒为竹干雕刻而成，外表面雕饰人物、木石等，画面一侧有一棵枝叶茂盛的松树，松下设有石桌，桌上书纸叠压，旁边置一火炉，正在煮茶。一老者站立于桌前，笑容满面地观看前方的两书童攀枝逗喂松鼠。画面的另一侧光洁朴素，不做装饰，只阴刻行书"戊午秋日，三松制"字样，表明了笔筒由明代著名工艺家朱三松所制。笔筒造型简洁，采用浮雕、镂雕相结合的手法，刀法娴熟，画面层次清晰，构图对称中富于变化，人物形象生动。朱三松存世作品较少，此为珍贵作品之一。

竹刻笔筒

仙人乘槎犀角杯

明代，犀角雕。扬州博物馆藏。高 8.6 厘米，长 26.5 厘米，宽 10.2 厘米。这只杯子顺应犀角的形状雕刻成船形，锥形角端有一孔，为饮口。中腹为船舱，以盛酒。在舱的后面坐有一位老者，手拿酒壶，其身旁和浇口部分则雕刻为枯木状。在杯的外侧及底部雕饰以水波纹样，动感十足。犀角杯整体造型巧妙，雕刻精细，风格高雅，是一件不可多得的艺术珍品。

仙人乘槎犀角杯

牙雕八仙（一组）

明代，牙雕。台北历史博物馆藏。通高 52~57 厘米。作品以民间传说中的八仙为原型塑造，雕刻手法精细，人物表情生动。雕像顺应象牙本身的弯度，都雕刻为弧形，而且为了最大限度地利用象牙，各人物身体比例都被拉长。作品名称上排由左至右为李铁拐、韩湘子、张果老、汉钟离，下排由左至右为吕洞宾、蓝采和、何仙姑、曹国舅。

牙雕八仙（一组）

灵岩寺罗汉像

明代，铁铸。故宫博物院藏。高 117 厘米，宽 74 厘米。根据像上所刻文可知，此像由太监姚举出资塑造于明弘治十年（1497 年）。罗汉像面庞消瘦，前额突出，眉毛浓密，两眼微闭，隆鼻阔嘴，大耳垂肩。身着袈裟，结跏趺坐于台座上。衣纹自然下垂，线条简洁自然，成功地刻画了一位饱经风霜仍意志弥坚的老者形象。佛像为分段铸造，像模拼接的痕迹犹存。

灵岩寺罗汉像

观音像

明代，铜铸。故宫博物院藏。高54厘米。
观音像后部有银丝嵌制"石叟"二字，此
类造像在故宫博物院不止一件，以铜质纯
正、形韵俱佳为其特色，造像品质较高。
图示为渡海观音像，观音头戴化佛宝冠，
上覆绸巾，两侧垂肩，脸庞长圆，弯眉隆鼻，
双目低垂，面相平和。上身着宽袖长衫，
下身着长裙，胸饰璎珞，双手自然交叉置
于腹前，赤足站于台座上，台座刻成波浪
涌起的海涛状。衣裙及璎珞均嵌饰有银丝，
突出的银丝与灵动的褶皱表现了衣服轻柔
的质感。

观音像

遇真宫张三丰像

遇真宫张三丰像

明代，铜铸。位于湖北武当山遇真宫
内，为明永乐年间（1403~1424年）
御制。像高141.5厘米。造像呈坐姿，
头束髻，脸庞丰润，眉清目秀，口紧闭，
长髯下垂，神情平静祥和，面部的塑
造形象同佛像。身着广袖道袍，胸襟
系花结，长袍垂至足面，足穿草鞋，
左手掩于袖中，右手抚膝，衣纹线饰
流畅自然，褶皱层次清晰，躯体比例
协调，形象写实。复杂的衣纹都集中
于铜像下部，缓解了放大的身体下部
的沉重感，使简洁的面部与密集衣纹
的下部在对比中获得视觉上的平衡，
是道教造像中的珍品。

鎏金双虎铜砚

明代，铜铸。天津市艺术博物馆藏。长
24.6厘米，宽16.4厘米，高6.7厘米。砚
与托座一体，底部中空，托座四足饰人面
兽纹，表情狰狞。砚面高出底座，四周以
双线分隔的菱形纹为主，另加点状纹饰。
砚面上刻有连续的万字纹图案，中间平坦
处为砚堂，砚池为椭圆形，置于一侧，砚
池两侧对称铸有鎏金铜虎，如卫士般守护
在砚池两侧。铜为古代砚材之一，砚底部
有四足支撑，下部可加热，用以解冻。

鎏金双虎铜砚

鎏金铜玄武

明代，铜铸。原置湖北武当山金顶真武大帝像前，湖北省博物馆藏。通高 47 厘米，长 63 厘米，宽 44.5 厘米。我国古代，分别以苍龙、白虎、朱雀、玄武来象征东、西、南、北四个方向，又被称为四灵。玄武造型为龟蛇的合体。龟四肢着地，做向前攀爬状，头向后扭，与缠绕在龟背上的长蛇对视。蛇为双尾同首形式。龟壳上纹理等处及蛇体的鳞纹全部作鎏金处理，雕工极为精细，刻画生动传神。明永乐年间在武当山修建金殿，并铸有大量鎏金铜像，这件铜玄武即为其中铜雕之一。

鎏金铜玄武

嵌赤铜阿拉伯纹铜香炉

明正德五年（1510 年），铜铸。甘肃省博物馆藏。香炉为长方形，鼓腹，高 13 厘米，腹最鼓处长 16 厘米。炉身为铜铸，上覆木质炉盖，两耳，短颈，平底，四矮足。炉盖稍向上隆起，上面雕饰有连续不断的卷草纹和祥云纹。腹部两侧嵌赤铜阿拉伯文。这件铜炉是明武宗赏赐给伊斯兰教首领的器物，香炉造型精致，盖顶雕刻精细，铸造精良，风格雅致，是研究伊斯兰教相关历史的重要资料。

嵌赤铜阿拉伯纹铜香炉

西藏龙王水神

14 世纪，铜铸。台湾奇美博物馆藏。高 58 厘米。这件作品造型精美，带有明显的西藏、尼泊尔造像特色。龙王水神站在莲花台座上面舞蹈，头戴宝冠，全身裸露，饰以璎珞，其中还嵌有蓝色宝石。其背后的墙壁上附有八个手捧供品的坐佛装饰其间。造像比例匀称，形象生动，尤其是宝冠和身着的璎珞形象十分精美。全像虽然部分已残破，但仍可显现出当时艺人较高水平的制造工艺。

西藏龙王水神

鎏金文殊师利菩萨坐像

明代，铜铸鎏金。台北鸿禧美术馆藏。高
25厘米。此尊像明显为藏式密宗造像风格，
成像华丽。作品中雕铸的文殊师利菩萨为
坐姿，双足结跏趺坐于仰覆莲花座上。右
手持剑，象征斩除一切烦恼，左手结三宝
印，左肩莲瓣上置般若波罗蜜多梵匣，喻
义以智慧摧毁愚痴。身体呈"S"状，头
戴宝冠，面目清秀，五官端正，双目下垂，
略带微笑。上身袒露，胸佩璎珞，肩披帛带。
造型写实，宝冠、耳饰及璎珞的纹饰复杂，
线条精细。

鎏金文殊师利菩萨坐像

鎏金文殊师利菩萨坐像

明代，铜铸鎏金。台北鸿禧美术馆藏。高
22.3厘米。菩萨头戴宝冠，双耳下垂，带
有耳环，五官清秀，双目微闭，面带微笑。
身着高腰长裙，于胸前系花结，外套广袖
长衫，半跏趺坐于狮背上，右腿弯曲于狮
背上，左足下伸踏于岩崖。狮为卧状，胸
前挂有一铃铛，面目憨蛮，与以往勇猛的
形象不同，而是呈现出可爱的一面。造型
精美，通体鎏金，衣饰纹理清晰，表现技
法纯熟。

鎏金文殊师利菩萨坐像

金酥油灯

明代，金铸。1956年四川省阿坝藏族羌族
自治州征藏，四川博物院藏。高105厘米，
口径7.6厘米。这盏灯为纯金打造的宗教
用品。灯身为圆柱形，灯口为盘形，柄呈
莲瓣状，莲瓣下垂并外张，底座为喇叭形。
灯身上下均有细密纹饰，有模压法形成者，
也有掐金丝构成者，装饰手法多样。酥油
灯是指在藏族佛教的寺院中和信徒家中的
佛龛前供奉的以酥油作为燃料的长明灯。
这件酥油灯器形较大，造型精美，制作精
细，反映了较高的藏族金银工艺水平。

金酥油灯

镂雕人物金发饰

明代，金雕。1974年四川省平武县王瀚妻朱氏墓出土，四川博物院藏。最高处6.5厘米，最宽处为20厘米。这件金雕作品为当时的头饰，呈起伏的山形，采用雕刻和焊接相结合的手法制作而成。总体为七间带拱券顶的宫殿式房屋，中层为夫妻出行图，最精彩的也是这部分，前面为击鼓、吹笙及持灯者形象，后面紧跟持扇侍者和庞大的仪仗队、乐队，总人数多达四十余人。这件发饰通体金刻，各种人物造型精致写实，构图严谨，形态生动，繁而不乱，反映出当时艺人娴熟的制造技巧。

镂雕人物金发饰

第十章　清

景泰蓝	玉刻	玉雕	木雕

竹雕	象牙雕	根雕	

筇竹寺持杖罗汉像

清代，泥塑。云南昆明筇竹寺藏。筇竹寺
五百罗汉像塑于清代，由当地塑像家黎广修
及其助手完成，分别陈列在大殿、天台来阁
和梵音阁中，图示二罗汉位于天台来阁北侧
厢房内。其中一罗汉为老僧形象，身着广袖
袈裟，头戴披风，左手平抬于胸前，右手挂
龙头拐杖。面部刻画精细，颧骨高突，眉、
眼墨绘，直鼻阔嘴。弯腰前伸，做低声诉说
状。另一罗汉光头，手托塔状佛龛，躬身向
前，神情专注地倾听对面老者的诉说。筇竹
寺彩塑罗汉像加入矿、植物颜料，因此人物
形象色彩淡雅，更具真实性。

筇竹寺持杖罗汉像

侍女像

清代，彩塑。天津市艺术博物馆藏。高 30
厘米。作品中表现两位少女并排而坐，似在
亲昵聊天。多以古代文学或历史故事为主题，
既可单独成像，又可组合在一起，形成一些
经典的场景，这也是天津泥人的特征之一。

侍女像

渔樵问答像

清代，彩塑。天津市艺术博物馆藏。高 52
厘米。作品彩塑两人，樵夫肌肉结实，年
轻力壮，右肩袒露，后背一捆薪柴，衣着
简单；渔夫为老者形象，白发束髻，身着
对襟长衣，腰中系带，左臂挎一鱼篓，右
肩搭网，两人做相互交谈状。作品十分注
重写实的塑造，须发、薪、篓等道具均用
实物，以求生动逼真。此作品为天津著名
泥塑世家"泥人张"的始祖，张长林（字明山）
所制。宋人邵雍曾写《渔樵问对》一
书，利用渔人与樵夫的问答阐明深刻的人
生道理。我国又有"渔樵耕读"的历史典故，
分别为四位隐居的高士，因其学识渊博又
不为世俗所囿而在文人与民众中享有较高
的地位，因此也是各类艺术表现形式常用
的题材。

渔樵问答像

小板戏

清代，彩塑。江苏无锡市泥人研究所藏。高 12 厘米。这组作品中彩塑的两人为戏曲中的人物形象，呈相互对望状。两人均穿戏服，花脸，双腿直立，一手持刀，一手上扬，神情威武。无锡惠山彩塑是我国著名的地区特产，其生产主要有手捏和模塑两种方法。图示这种手捏的戏曲人物形象在清代盛行，以造型生动、色彩艳丽著称。

小板戏

大阿福

清代，彩塑。江苏无锡市泥人研究所藏。高 24 厘米。作品取材于无锡当地广为流传的传奇故事中阿福的形象。阿福呈盘腿坐姿，头分梳两髻，上饰花结，面庞饱满，五官清秀，眉、眼施墨，口施朱，双眼视前方，面带微笑。颈戴金项圈，身穿圆领短袖长袍，下着红裤，足蹬黑靴，怀抱一青狮。作品是惠山彩塑中的模制品代表，其上半身尤其是头部的比例被夸大，以增加人物形象的趣味性。

大阿福

苏州姨娘

清代，彩塑。江苏无锡市泥人研究所藏。高 18.5 厘米。在古时，姨娘的称呼有很多种意义，可以称"女佣"，也可叫"奶妈"。这件作品中塑造的正是一位奶妈哄小孩子。奶妈面相丰圆，弯眉，圆目，直鼻，小口，笑容满面。身着圆领右衽长袍，腰系丝带，绾结于一侧，下着长裙，垂至足面，鞋头微露。左手抱孩子，右手持玩具哄孩子，其手中玩具现已失。孩子身着红衣，做努力挣出状。造型生动，具有情节性，风格写实，表现出民间手工制品主题贴近日常生活的特点。

苏州姨娘

媒婆

清代，彩塑。江苏无锡市文物保管所
藏。高15.5厘米。媒婆头戴黑色小帽，
内着红色宽袖长袍，下着罗裙，外套
黑色背心，足穿红色小鞋，腰系黄丝
带，于左侧打结。面庞清瘦，五官清
晰，眉、眼墨绘，小口施朱，略带微笑。
左手屈于腹前，右手自然下垂，身体
微向前倾。作品造型概括简练，人物
刻画生动，运用简单、强烈的色彩搭
配使人印象深刻。

媒婆

陈家祠堂屋脊雕饰

清代，陶塑。陶塑历史悠久，是中国原始时期雕塑艺术的代表，作为建筑装饰
的陶塑主要集中在明清及民国时期，主要用于各大寺庙、祠堂、会馆等宗教建
筑和公共性建筑的屋脊装饰。广州陈家祠堂是一座建筑规模巨大，装饰豪华的
民间建筑代表。祠堂建筑屋顶脊饰采用陶塑装饰，其陶塑形式主要为彩色釉。
内容丰富多彩，有人物戏曲、传统故事，以突出屋脊的鲜明个性特色。陈家祠
堂中部的聚贤堂上有规模宏大、制作极其精美的脊饰，整条脊全长25米多，高
约3米，连同基座就高达4米多，全脊塑有人物形象达200多个，故事内容包括"群
仙祝寿""加官晋爵""和合二仙""麒麟送子"等10多个主题，另外还有各
种植物组成的代表荣华富贵、吉祥平安等美好寓意的花卉图案。陶塑工艺精湛，
装饰内容丰富，色彩富丽斑斓，使建筑具有绚丽华美的装饰效果，充满浓郁的
地方特色。

陈家祠堂屋脊雕饰

黄泥方钟壶

清代，台北鸿禧美术馆藏。高 12.2 厘米，宽 14.7 厘米。黄泥方钟壶为仿古钟造型，壶身为方钟形，上窄下粗，流口呈四方状，壶身堆贴有铭文，壶柄下有"用霖"字样，底下印有"陈曼生制"字样。陈曼生为中国清代篆刻家，"西泠八家"之一，又善书法与绘画。他与制壶名家杨彭年合作，设计制作有许多创新形制的紫砂壶，在业界广受推崇，其中一项特色就是将诗文刻于壶身，增加了壶的文化观赏价值。

黄泥方钟壶

琉璃日月神像

清代，陶塑。台北历史博物馆藏。高 83 厘米。日、月神像均为站立状，日神像为一老翁形象，其头戴花冠，面带微笑，神态祥和，蓄长须，双手握拳，右手有孔，原应持有物，现已不存。月神为年轻女子形象，头束发髻，戴耳环，右手拿一圆形道具，象征月亮。左手又腰，身略向侧斜，着广袖长衫和及地长裙，身上配饰错落分明，再加上色彩和样式的变化，显得高贵、华丽。两塑像除脸、手为素烧无釉外，通体施以蓝、绿、白、褐色釉，色彩鲜艳。这两座像是石湾陶艺的代表作。石湾陶艺是广东石湾地区的民间窑址，其特色在于题材广泛，釉层较厚，且多不在面部和手部施釉。

琉璃日月神像

陶狮（一对）

清代，陶塑。台北历史博物馆藏。通高 50 厘米。底座长 16 厘米，宽 12 厘米，高 23 厘米。作品造型为陶狮立于一方形托座上。陶狮与唐三彩的镇墓兽相似，形象怪异，通体施以褐黄色釉，身上布满不同的曲线，怒目圆睁，张嘴露齿，表情狰狞，两大耳，尾巴卷曲。从狮子的形貌上来看，更贴近南方造狮的形象，从塑造手法上来看则是以贴塑为主，即将事先做好的各部分泥条贴在相应部位上。方形托座为须弥座，束腰较高，上、下枋饰以云雨纹，转角处饰竹节纹，前后的束腰部分为贴塑的牡丹等不同的花卉。这件陶塑作品整体造型夸张，塑造技艺娴熟，风格粗放，具有十分浓郁的世俗趣味性。

陶狮（一对）

张飞像

清代，陶塑。台北历史博物馆藏。通高 37.5 厘米。为石湾陶艺。作品塑一匹抬足昂首、腾空而起的马，马背上驮着怒目咧嘴、双臂扬起、拱腰前趋的张飞。作品从马身上细密的鬃毛走势、人与马的面部表情以及人物飞动的衣襟等多方面相互配合，来营造出瞬间场景的紧张感。作品表现手法及形象塑造都十分成功，整体散发出强大的动势，感染力较强。

张飞像

金漆夹纻大士像

清代，泥塑。台北"故宫博物院"藏。高
73厘米，重1.2千克。大士像面相长圆，
五官端正，双目微闭，神情娴静温和。下
身穿高腰裙，上身披广袖衫，袒胸饰璎珞，
衣褶纹理清晰，上面的纹饰细腻，赤足踏
座上。宝座浮雕有波涛卷水纹，上面有含
苞欲放的荷莲，是典型的过海观音像。全
像造型写实，外髹金漆，纹饰的雕刻十分
精细，显示出较高的水平。在大士像底部
刻有"福州沈绍安兰记"，由此可以看出
此作品出自乾隆间沈绍安之手。

金漆夹纻大士像

惜春作画

清代，彩塑。天津市艺术博物馆藏。高
36.5厘米。这组彩色泥塑像出自我国著名
的天津"泥人张"第二代张玉亭之手。作
品取材于中国四大名著之一《红楼梦》，
《红楼梦》中有一情节是贾母要惜春描绘
大观园的全景，而这件彩塑画面表现的就
是贾惜春作画。惜春居中，正在聚精会神
地运笔作画，右侧有一丫鬟为其研墨，服
侍惜春作画，宝玉在其左不远处背手躬身
观赏。人物造型写实，塑工明朗，布局安
排富有戏剧性，表情刻画生动入微，艺术
处理手法娴熟，人物面部眉眼表情以及衣
饰纹样都绘制而成，形象生动，是绘塑完
美结合的代表作之一。

白蛇传

清代，彩塑。天津市艺术博物馆藏。高35
厘米。作品取材于神话故事《白蛇传》，
天津"泥人张"始祖张明山作。这组彩塑
作品所表现的内容是白素贞与法海斗法
后，小青怒斥许仙的情景。小青满脸愤怒，
双手叉腰，气愤不已，表现出豪爽、泼辣
的性格。白素贞坐于石上，一手示意劝阻
小青，一手紧抚许仙，把其爱恨交织的心
情通过动作表现了出来。许仙依偎在白素
贞左侧，神态惊恐。画面动人心弦，造型
写实，塑工细腻，表情与动作搭配完美，
整组造像的情节紧凑，情绪饱满，人物生
动传神。

惜春作画

白蛇传

品箫

清代，彩塑。天津市艺术博物馆藏。
高 28 厘米。张明山作。画面表现两
位古装少女，其中一人靠石倚坐，头
微低垂，正专注地吹箫。另一人右手
托腮，侧耳聆听。人物形象写实，表
情生动，塑法娴熟、朴实，用色淡雅，
身形柔美，通过两个人物的动作和表
情，营造出一种陶醉的氛围。

品箫

渔翁

清代，彩塑。天津市艺术博物馆藏。
高 27 厘米。作品为我国著名的天津"泥
人张"第二代张玉亭之作。塑造了一
位饱经风霜、和蔼可亲的老人。老渔
翁体态稍胖，面部肌肉已松弛，但五
官端正，面部肌肉的塑造精细，双眼
直视前方，张口露齿，面带微笑，头
戴草笠，上身穿青褐色长袍，下着长
裤，系白色腰裙、蓝色腰带，脚穿草鞋。
其左臂腋下夹一竹篓，右手持一渔竿。
人物造型写实，比例适度，形象逼真，
色调淡雅，风格质朴。

渔翁

袭人

清代，彩塑。天津市艺术博物馆藏。
高 53 厘米。张玉亭作。作品取材自
文学名著《红楼梦》中袭人的形象。
袭人背手站立，身体前倾略扭腰，面
目清秀，神态端庄，表情含蓄优雅。
发向右侧束一髻，上插一红花。身穿
浅蓝色花袄，金银花里坎肩，系红底
黄花腰裙。造型写实，姿态洒脱随意，
塑造细腻，形神兼备。

袭人

老者

清代，彩塑。天津市艺术博物馆藏。高 28
厘米。老者呈坐姿，鬓发已白，蓄长须，
面带微笑，神态慈祥，身着蓝色宽松长袍，
左手放于膝上，右手托黑色帽子，神情超
然洒脱。这件作品出自张明山之手，把老
人祥和、内敛的性格刻画得淋漓尽致。

老者

掐丝珐琅塔

清代，景泰蓝。故宫博物院藏。高 1.1 米。
此塔为黄金铸成，又于塔表作掐丝珐琅并
镶嵌各色宝石装饰。掐丝珐琅在乾隆时期
盛行，以纹饰繁缛和釉色种类多样为特色，
图示这件金胎掐丝珐琅塔，就是此时期代
表作品之一。塔由方形须弥座、四层基座、
二层覆莲座为基，其上为覆钵形塔身，塔
身正面开龛，内供玉佛。塔身上呈锥形设
置多层锥刹，顶部华盖上又设火焰纹饰。
在须弥座上，又在大塔基周围环设小塔。
各色宝石、珍珠与蓝色珐琅相间设置，做
工细密，显示出高超的制造水平。乾隆时
期曾烧造了十二座高度约在 2.3 米的大型
掐丝珐琅塔，珍藏于北京故宫梵华楼与宝
相楼。

掐丝珐琅塔

黄任铭墨雨端砚

清代，石雕。天津市艺术博物馆藏。长
22.6 厘米，宽 18.6 厘米，高 5.2 厘米。这
块砚是依材质自身的形状雕凿而成，石质
柔润细腻，内含有丝丝墨色斑纹，因此收
藏者把它命名为墨雨砚。这块黄任铭墨雨
端砚砚堂呈井字形，上端有清代周绍龙所
刻的楷体铭文，砚底浅浮雕有一老翁形象，
头戴斗笠，左手持砚，右肩扛锄，着宽袖
长袍，衣带飘扬，线条流畅，潇洒超然。
在人物的左边刻有铭文，署款"莘田任"。
砚造型朴拙，刻工精细，风格雅致。

黄任铭墨雨端砚

阅书像

清代，石刻。故宫博物院藏。高 17.5
厘米。石刻造像为一着清式袍服的男
子端坐读书。造像头戴红缨帽，身穿
圆领右衽窄袖长袍，下着长裤，腰系
带，于腹部打结，足蹬高筒乌靴。衣
服上饰有蟒、团龙、山石、波涛纹样。
此尊像尺度不大，但人物面部样貌以
及袍服上的花纹都雕刻得相当精细，
可见其雕刻技艺水平之高。左手持书，
右手置于右腿上，头微向左偏，双眉
紧蹙，双眼视卷，若有所思。造型写实，
线条舒展自然，风格细腻。

阅书像

太白醉酒像

清代，石刻。故宫博物院藏。高 6.5
厘米。作品质地为寿山石。太白呈半
卧状。头戴幞头，身着圆领广袖官袍，
鼓腹系带，斜傍酒坛半卧，两眼微眯，
面带笑意。作品表现的是太白醉卧的
情景，身体动感很强，虽然造像尺度
较小，但衣服纹饰与褶皱线条细致且
舒展洒脱。

太白醉酒像

伏虎罗汉像

清代，石刻。故宫博物院藏。高 10 厘米，
宽 8 厘米。一虎伏卧于台座右侧，罗
汉倚虎偏坐，身穿窄袖长袍，腰束带，
肩帔十字结，右腿盘曲，左腿蹲踞，
姿态闲适，双目圆睁。此像为桃红石
所刻，但罗汉头及握金刚环的手部则
为白色石后嵌入而成。罗汉眉、须、
衣纹以及虎纹，也都采用阴刻线后染
墨或金的方法修饰，工艺复杂。像坐
下有"弟子开通镌"六字篆文及"开通"
章印两枚。

伏虎罗汉像

卢沟桥碑亭石刻

清代，石刻。北京市西南卢沟桥东西两端分别建有碑亭，其中设石碑，雕造于清康熙和乾隆年间，是卢沟桥上的精美雕刻作品。"卢沟晓月"是金章宗燕京八景之一，卢沟桥东头为著名的"卢沟晓月"碑，是卢沟桥的一大著名景观。石碑正面刻"卢沟晓月"四个大字，为乾隆皇帝所题，十分醒目。碑顶以高浮雕手法雕出祥云图案，中间刻篆体"御笔"，点出这块石碑的重要意义和价值。碑亭以四根圆雕柱子支撑，柱体上深浮雕云龙图案，龙穿梭于浮云中，形象生动，气势非凡。碑亭四周，四柱间以石雕穿林围合，四柱间都有挂落，均为石质，雕刻精致。底部栏杆栏板上雕如意头和净瓶，栏杆柱头上圆雕莲花柱头，线条细腻流畅，造型优美精致。与"卢沟晓月"碑遥遥相对的桥西，有一块平面呈正方形的碑亭建在石砌的台基上，亭内有康熙所题的《察永定河》石碑，四周有阶条石。台基四角分别立有龙柱，汉白玉石柱上雕刻蟠龙、山崖等图案，雕刻细腻、精致。龙柱顶上还安设雀替、垫板、额枋，

均为仿木结构。汉白玉龙柱下设栏杆，望柱上仍雕有莲座，据说还有葫芦或石狮雕刻，现已不存。

卢沟桥碑亭石刻

施琅像

清代，石刻。福建泉州。高1.76米。施琅是福建晋江衙口人，明末清初时曾随郑成功收复台湾，因此塑其雕像，供后人敬仰。造像呈坐姿，头戴盔帽，身着盔甲，面部刻画生动，双眼平视，神情威武，左手叉腰，右手置于腿上，把其威武、自信的将军风范表现了出来。造像塑工洗练，手法粗犷，虽尺度不大，但不失英勇气概，显示出艺人高超的塑造工艺。

施琅像

清东陵孝陵石像生

清代，石刻。河北清东陵孝陵神道石像生。
孝陵神道两侧共立有十八对石像生，由南向
北依次是狮子、狻猊、大象、麒麟、石马、
武将、文臣等。神道上的石像生，人、兽共存，
个个雕刻逼真，形象生动，犹如排列整齐的
仪仗队，威武神气、精神抖擞。孝陵神道前
的石像生在雕刻手法上并不是一味地追求石
像的象形性，而是强调神似，并且没有细腻
的纹案装饰，雕刻技法自然、简洁，所体现
的是一种粗犷、古朴的风格。

清东陵孝陵石像生

清东陵裕陵石五供

清代，石刻。位于河北清东陵裕陵陵寝地面建筑方城明楼前。石五供雕塑，体
量庞大，造型精美，是具有极高艺术价值的石刻雕塑艺术品，其雕塑形象为裕
陵建筑艺术增添了无限的光彩。石五供整体由五供及一个须弥座祭台组成，全
部用白石雕刻而成。祭台上面位于中央的是一尊巨大的香炉，两侧是两只漂亮
的花瓶，再向外是两个精致的烛台。五件形体巨大、造型优美的石器物上均布
满了各种纹样的浮雕，雕工自然，气势磅礴。石五供是陵墓建筑中常用的一种
祭祀物品，尤其是在明清皇家陵墓建筑群中十分常见。

清东陵裕陵石五供

清东陵裕陵地宫浮雕

清代，石刻。河北清东陵裕陵地宫内。清东陵裕陵地宫由九券四门构成，各门扇上均雕刻有菩萨像。明堂券顶部雕刻有五方佛像，工艺精湛；穿堂券顶部雕刻有二十四尊坐佛像，佛像各呈不同的手印，有说法印、降魔印、禅定印等，不同的手印对应佛的不同活动情态，二十四尊神像神态各异，且个个形貌端庄；金券顶部雕刻有三朵大佛花，佛花中间的花蕊是由佛像和一些梵文组成的，形象美丽，佛意突显。金券的东西两侧壁上分别雕有一尊佛像，四周有吉祥八宝图案，包括法轮、法螺、宝伞、莲花、宝瓶、金鱼、盘长等。除门扇外，门的其他部位也有雕刻，门楼上雕的是瓦垄、脊吻、走兽等图案。门口两边的门垛上则雕刻着梵文咒语和花瓶图案，而且门垛下还设计成须弥座的形式，

既有陵寝地上建筑的形象又具有佛教象征意义。除四个门楼外，地宫内三个重要的洞券顶部，也分别雕刻有不同内容的佛像雕刻，作品充分显示出清代雕刻装饰的技艺水平。

清东陵裕陵地宫浮雕

清西陵泰陵石像生雕刻

清代，石刻。河北易县清西陵泰陵内。清西陵是清朝定都北京后，继清东陵建造的又一处大规模的皇室陵墓区。泰陵神道两侧肃立有五对石像生，分别有石兽三对、文臣一对、武臣一对。图示为石象驮宝瓶雕塑，以喻"太平有象"。造像尺度虽大，但对象鼻部肌肉变化以及象身云龙纹的雕刻均细腻、生动。

清西陵泰陵石像生雕刻

松花石砚

清代，石刻。台北"故宫博物院"藏。松花石在清朝康熙时期因受皇室推崇而流行开来。此绿色松花石砚呈长方形，其厚度仅仅 0.4 厘米，墨池底部浮雕卷云纹，砚背刻有"康熙年制"字样。由于砚台较薄，因此又配木盒。松花石砚因清代皇室专用而未在民间流传。

松花石砚

张希黄刻竹臂搁

清代，竹刻。安徽博物院藏。长10.1厘米，
宽3.5厘米，厚0.6厘米。臂搁为书写时
枕臂用，由纵向剖开的竹片制成。在臂搁
一角有"张希黄"印记，系明末清初雕刻
家。竹色呈黄，纹理清晰，质地细洁如玉。
作者充分利用这一特点，刻画出精美的图
案。画面中高山耸立、山径游廊、楼台庭院、
古树，各种景观由远及近一一呈现，如同
画作。由此说明作者具有较深的绘画功底，
而山石、树叶和窗格的纹理则表明了作者
高超的雕刻工艺水平。

张希黄刻竹臂搁

汪节庵仙人墨

清代，墨雕。安徽博物院藏。高21.7厘米，最宽8.1
厘米，重519克。人物形象取自神话故事"八
仙过海"中的蓝采和，这是一套以八仙为题的
仙人墨中的一件。人物脸庞丰满，五官精致，
衣饰贴身，裙带飘动，手提花篮，立于一龙首
之上，龙首下为细密的波涛纹，墨底座楷书刻
有"乾隆年制"，记录制作时间。此墨作者汪节庵，
为清代四大制墨名家之一。汪氏制墨为清代名品，
以墨质地坚硬和带有香味而著称，此人物形墨的
衣饰纹样细密、精巧，即是其墨质的最好证明。

汪节庵仙人墨

寿星墨

清代，墨雕。安徽博物院藏。高21.5厘米。
墨为寿星造型，呈坐姿。寿星右手持拐杖，
左手执卷，身后有一鹿，鹿头从左侧臂下
伸出，尤显温顺。作品底座为山石状，上
面附有灵芝等图案。底部刻有"徽州屯镇
老胡开文监制"字样，表明墨的制作地点
及制作者。胡开文是清代中晚期徽墨制作
的代表性人物，以模制墨为主要特色。

寿星墨

碧玉玺

清代，玉刻。故宫博物院藏。通高 10.3 厘米，纽高 5 厘米。清乾隆六十一年（1796年）归政后，制作了多座署名为"太上皇之宝"的玉玺以供日常使用，其中一枚刻满汉两种文字，主要用于政事，其他如图示刻汉文题诗的玉玺，则主要作为日常之用。这些"太上皇"玉玺的造型相似，均为交龙纽，方形玺身的形式。

碧玉玺

白玉双童洗象

清代，玉刻。故宫博物院藏。高 20.4 厘米。此作品为圆雕，玉色青白，圆润光滑。大象回首，卷鼻，长牙外露。象身上有两童子：一童站立，手持角形觥往象身上倒水，童子披长发，穿长袍，脚蹬靴，笑容可掬；另一童伏卧象身，手拿扫帚，正在清洗象身。造型写实，生动形象，刀工简练，雕刻线条流畅，生活气息浓郁。

白玉双童洗象

大禹治水图玉山

清代，玉刻。故宫博物院藏。玉山高 224 厘米，宽 96 厘米，基座高 60 厘米。此雕刻作品是用名贵的密勒塔山和田青玉雕刻而成，重达 5000 千克。玉山由乾隆皇帝钦点按照宋《大禹治水图》为蓝本雕刻而成。根据有关记载于乾隆四十六年（1781年）发往扬州，由当地工匠按图雕琢，于乾隆五十二年（1787 年）雕成送到北京。后又于其上题乾隆御制诗和玺文。玉山置于嵌有金丝的褐色铜铸座上，陈列于北京故宫乐寿堂内。

大禹治水图玉山

玉山子

清代，玉雕。扬州博物馆藏。宽 11 厘米。
这件玉山子作品雕刻的题材是五老图，为
五位年近八十的老人在山林间怡然自乐的
情景。构图严谨，形象准确生动，人物动
态各不相同。人物后面为陡峭的山壁，上
面饰有古松和藤枝。作品采用线刻与深浅
浮雕相结合的手法，将画面的主体突出。
造型写实，人物排列参差错落，利用疏阔
的画面质感把五位老人远离闹市、隐居深
山的清远心境表现了出来。

玉山子

翠羊纽活环盖瓶

清代中后期，玉雕。沈阳故宫博物院藏。
通高 22 厘米，口径 4.5 厘米。古时，人们
多以"羊"通"祥"，把羊视为瑞兽，因此，
以羊作为装饰以寓意吉祥。这件作品的瓶
颈及瓶身部共饰有四层衔环的羊首，盖顶
部有一站立的羊，下面又饰四羊首衔环，
羊角均稍微卷，形象写实。瓶是以整块翡
翠雕琢而成，质地圆润晶莹，各羊首形貌
相同，耳鼻突出，两角上有扭纹，再加上
活环的设置，都显示出精湛的雕作水平。

翠羊纽活环盖瓶

碧玉雕山水人物插屏

清代，玉雕。沈阳故宫博物院藏。通高
37.3 厘米，厚 0.9 厘米。插屏为圆形，由
整块碧玉雕琢而成，玉质细腻润滑。插屏
两面均雕饰有图案：一面的画面雕刻有粼
粼的海水，远处崇山峻岭；另一面远处为
山崖，山下盖有两间茅舍，近处有一小亭，
亭前有苍松。插屏底座为木雕镂刻制成，
上面嵌有银丝灵芝纹样，刻工精细。玉插
屏的做法始于汉，在清代尤为流行，并以
康乾时期出品最佳，此时玉片较薄，不仅
两面雕刻，还有镂雕的技法。

碧玉雕山水人物插屏

狮纽青玉活环炉

清代，玉雕。沈阳故宫博物院藏。通高
23.9 厘米，炉高 15.4 厘米，口径 9.7 厘米。
炉盖顶部雕饰有两只作蹲式的狮子，炉腹
部饰有一对兽耳形的活纽，三足雕饰有兽
首。炉通体饰有精美的兽面纹，繁复华丽。
清代宫廷玉雕中非常重要的一支，是仿古
玉雕。图示这件玉香炉即为仿古青铜器的
样式和纹饰雕刻而成。

狮纽青玉活环炉

白玉浮雕玉兰花插

清中期，玉雕。沈阳故宫博物院藏。高
25.3 厘米，口径 10.7 厘米。清代宫廷花插
通常以生活中常见的动物、植物形状为题
材，以象牙、玉石、水晶等为原料雕刻而
成。常见的造型有双鱼、白菜、玉兰、灵芝、
荷叶等。这件花插作品为单支兰花花苞造
型，通体用白玉雕刻而成。花插上部为玉
兰花七瓣簇成一体，中空，下部以透雕的
手法饰以花蕊与枝叶，在玉兰花下覆有透
雕的葵花木座。整件作品造型别致，刻工
简洁明快。清代宫廷中各式花插是常见的
摆件。这种由整块玉石雕刻而成的花插多
呈筒状，并附有同样雕刻精美的木座。

白玉浮雕玉兰花插

翡翠双龙带钩

清代，玉雕。台北历史博物馆藏。长 10 厘米，宽 3.5 厘米。带钩是指古人腰带上的
带头，是兼具实用性的装饰物。清代服装中，带钩的应用较为普遍。这件翡翠带钩
由整块翠玉雕制而成，两块玉面上各镂雕一只盘龙，形象优美，雕刻细腻精致。盘
龙表面以线刻造型，自然流畅。

翡翠双龙带钩

水晶雕犀牛望月

清中期，水晶雕。沈阳故宫博物院藏。全长 16.5 厘米，通高 10 厘米。作品雕有一只四肢伏卧、头向后扭的犀牛，回首望向其后的圆月。圆月为水晶球，底部雕有祥云托座，牛、月采用一整块水晶雕刻而成，牛身形象概括，重点雕刻牛头的部位。

水晶雕犀牛望月

普宁寺千手千眼观音菩萨像（头部）

清代，木雕。位于河北承德普宁寺大乘阁内。普宁寺建于乾隆二十年（1755 年），是一座汉藏混合式布局的藏传佛教寺庙。木雕千手千眼观音像高约 23.51 米，其内部为三层楼阁式木构架，以一根从底到顶的大柱为中心，在其周围又设十根边柱和四根戗柱，横向在不同高度设隔板，隔板上又设边柱。大佛左右两侧手臂采用杠杆法连入胸部木构架内部以平衡力保证获得支撑力。框架外部采用松、柏、杉、榆等多品种木材包镶，后雕刻细化，最后披麻抹灰并贴金箔。佛像共雕有四十二只手，正面两手做合掌状，其余四十只手各有一只眼睛，持一件法器，代表着神通广大、法力无边。

普宁寺千手千眼观音菩萨像（头部）

渔翁像

清代，黄杨木雕。温州博物馆藏。高 14.5 厘米。渔翁呈站姿，立于礁石上。头戴斗笠，面部消瘦，五官清晰，双眼微闭，颔下蓄长须，神态安详。身着交领短衫，腰束带，裸足。左臂抚腰，右手持竿，竿上挂一鱼篓，双腿微曲，做缓慢行走状。作品形象写实，雕工细致，衣褶纹理清晰自然。作品背面刻有"子常"章款。刻像人为清末雕刻家朱正伦，字子常，浙江温州人，以善刻黄杨木人物像著称。

渔翁像

济颠和尚像

清代，木雕。温州博物馆藏。高11.5厘米。
作品题材取自民间广为流传的济公和尚形
象。济公头戴尖僧帽，身穿右衽裂裟，腰
中系带，左脚拖着鞋，光右脚。头略向右
低垂，两眼微闭，口微张，似在自言自语。
左臂下垂，手中持念珠，右手握拳上举，
中空，原应持扇，现已丢失。作品造型写实，
刀法简洁洗练，生动地表现出了济公和尚
那种无忧无虑、放荡不羁的性情。此像于
宣统元年（1909年）在南洋第一次国际比
赛中获优等奖。

济颠和尚像

仕女像

清代，木雕。故宫博物院藏。通高10厘米，
人高6.3厘米。女像头盘高髻，面容清秀，
五官标致，弯眉细目，直鼻小口，面带微
笑，神态悠闲。身着右衽长裙，盖住足面。
肩披帛带，缠至全身。衣纹起伏流畅，表
现出衣裙轻柔丝滑的质感。左臂托脸，倚
书半卧在床，右手扶榻，略支起上半身。
床榻通体漆黑，上饰金色花纹及卷草纹样，
上面铺以描金锦被，更显别致。作品为黄
杨木质地，雕琢精细，设计精巧，独具匠心，
生活气息十分浓郁。

仕女像

雍和宫木雕弥勒佛像

清代，木雕。位于北京雍和宫万佛阁内。
像高18米，地下有8米。整尊佛像的主
体是用一棵名贵的白檀香木雕刻而成的，
手臂、衣纹等用其他木材雕刻，并贴金。
佛像头戴五佛宝冠，上身半裸披帔，项饰
璎珞、佛珠，还有臂钏、手镯等饰物。左
手持与愿印，右手持说法印，下半身也满
饰珠宝，与衣裙及自然下垂的衣带相互映
衬，显得华丽异常。佛像左右肩上各有一
荷花篮，篮内伸出莲花上又有净瓶和法轮。

雍和宫木雕弥勒佛像

观音像

清代，木雕。故宫博物院藏。高 22 厘米。
观音呈坐姿，头微向下低垂，束高髻，面
相娟秀，五官精细，双眼微闭，表情沉静。
观音左手支地，右手持念珠，搭于支起的
右腿上，姿势自然。上身袒露，颈佩璎珞，
外披广袖袍，内着高腰裙，腰部系带，带
结自然下垂。外着衣饰线条细密、流畅，
充分表现出了丝绸的质感。造像为木雕制
成，通体髹以金漆，色泽明亮，光彩夺目。
造型写实，神态刻画细腻生动，刀法娴熟，
充分体现了衣服的轻柔质感，但面部雕刻
略显刻板。

观音像

沉香木如意

清代，木刻。台北"故宫博物院"藏。全
长 33.8 厘米，首宽 7.4 厘米，长 4.8 厘米。
此如意作品为沉香木质，但通体雕成桃枝，
在顶部嵌有二颗白玉桃状如意首，柄底嵌
一玉瓶，从瓶口处接雕一古藤，古藤盘绕
而上到顶部，并在柄身上点缀以天然珍珠。
如意在梵文中的意思为无贪，原是佛教中
僧人的日常用品，到了后来逐渐演变成一
种供观赏的艺术品，以玉质如意最为多见。

沉香木如意

雕龙鹿角扶手札萨克宝座

清代，木雕。内蒙古博物院藏。通高 1.14
米，宽 1.14 米，长 1 米。此宝座为阿拉善
盟和硕特旗札萨克亲王府遗物，由末任札
萨克亲王达理札雅捐赠。宝座造型华丽，
为鹿角扶手的木雕椅。椅背略呈弧形，分
为上下两部分：上部的面积较大，浮雕有
一正面示人的龙，龙身曲折蜿蜒；下部为
二龙戏珠图，周围雕以祥云纹用以填补空
虚。椅背两侧连接着金色的六叉鹿角扶手。
四椅腿上部均雕刻为龙头、龙足的样式，
椅腿间的横梁上浮雕有二龙戏珠图纹样。
此座造型庄重，雕刻细腻，线条流畅，龙
身的云纹均髹金漆。

雕龙鹿角扶手札萨克宝座

动物纹背板

清代，木刻。内蒙古博物院藏。高
150厘米，宽20厘米。背板为鄂温克
族猎户的垫板。此背板形状类似于长
方形，使用时搁置在背部，其顶部立
有一个心形套索头，上套兽皮条以固
定在肩膀上。在背板两侧对称设有八
个小孔，内系兽皮条以捆绑物品。背
板正面从上至下装饰有六只鹿，其中
还刻有一只鸭和两只松鼠。此背板集
实用与装饰于一身，图案均为线刻，
动物造型写实，线条流畅自如。

动物纹背板

雕龙彩绘马头琴

清代，木雕。内蒙古博物院藏。通长
112厘米，音箱长32厘米，宽28.5厘米。
马头琴是我国古代蒙古族的一种独具
特色的乐器，因琴柄顶部雕有马头而
得名。此琴下部的音箱为梯形，外以
羊皮蒙面，琴弓为藤条与马尾构成。
马头下端的琴杆上饰有一木雕龙首纹
样，上面髹以彩色。马头、龙首造型
写实，整体艺术处理庄重而细部玲珑。

雕龙彩绘马头琴

黄杨木雕鼻烟壶

清代，木雕。扬州博物馆藏。通高6.9
厘米，底径3.7厘米，口径1.8厘米，
底径1.8厘米。这件鼻烟壶呈瓶状，
上有壶盖。在雕刻手法上集浮雕、圆
雕、线刻于一身。壶身一周雕饰有亭
台、山林、小桥栈道等，其间人物众
多，有凭栏而望者，也有于亭中对弈
者。瓶身画面连续为一体，雕刻细致。
盖顶雕成太白醉酒图。在壶的肩部刻
有"植之刻"的字样，表明了这件作
品的作者是清末民初擅长木雕的扬州
人朱植之。

黄杨木雕鼻烟壶

中国古代艺术珍品图解词典

木雕李铁拐像

清代，木雕。安徽博物院藏。高63厘米。雕像取材于民间传说中八仙之一的李铁拐，以黄杨木雕制而成。李铁拐左手持酒壶，做仰面畅饮状，右手挂拐撑地，左脚赤足，蹬于拐上，右脚穿草鞋，踩地，胸前斜挎佛珠，人物形象看似衣衫褴褛，锁骨与腿脚骨均筋瘦露骨，但肌肉结实有力，虽然人物动作充满动感，但同时给人稳定、扎实的感觉。整尊像线条琐碎、变化复杂，但整体感很强，显示出雕刻者的高超水平。

木雕李铁拐像

彩绘木制读书架

清代，木雕。自喀什噶尔征集，新疆维吾尔自治区博物馆藏。长62厘米，宽18.5厘米。新疆维吾尔族人多席地而坐，而书籍多厚重，因此，把书置于书架上，便于翻阅。书架为两长条木板相互直立交叉支立，不用时可扣合，方便携带。折合后，书架成为一块两面雕花的木板。板上纹饰分上、中、下三部分，最上部为一圈小圆形花饰围绕大圆花饰，中部为三对螺旋花组式结，下部设不规则开口，饰圆形花饰与对称的串式花饰。当地主要信奉伊斯兰教，因此花饰也为伊斯兰风格。

彩绘木制读书架

彩绘文具盒

清代，木雕。自喀什噶尔征集，新疆维吾尔自治区博物馆藏。长31.5厘米，宽5.3厘米，高6厘米。文具盒为木制抽拉式套盒，不规则式开口。盒通体以金色为底，表面满饰细密的蔓草式彩色花卉纹，内盒两侧绘有二方连续波形花卉纹，仍为黄底色，但花卉纹以黑色为主，间以点红花心。外盒另涂有透明漆罩层，以保护花纹色彩。彩绘文具盒造型别致，设计新颖，纹饰繁缛，风格高雅。

彩绘文具盒

494

紫砂"马上封侯"树段壶

清代，木雕。台湾鸿禧美术馆藏。高 7.2
厘米，宽 19.5 厘米。壶造型别致，以紫砂
仿木雕成，壶身、流、柄连为一体。流一
侧伸出的枝干上挂有一蜂窝，周边蜜蜂飞
舞，靠近壶柄处雕有一只猕猴，蹲卧于树
枝上，扭头看向前方。壶盖上圆雕有一匹
卧马，有"马上封侯"的寓意。盖内及把
中有"鹤村""陈鸣远"字样，底铭"汉
宜侯王""戊申杏春之日。陈鸣远"。由
铭文可知造壶人为清康熙年间的制壶高手
陈鸣远（号鹤峰），其人以制作复古仿青
铜器壶和自然的树段、蚕桑等形貌的壶为
特色。

紫砂"马上封侯"树段壶

苏州园林门楼砖雕

清代，砖雕。位于苏州网师园，为精雕细
刻的江南门楼的代表。网师园藻耀高翔砖
雕门楼有"江南第一门楼"之称，位于花
园门厅和大门之间，距今已有约 300 年的
历史，高 6 米，宽 3 米多，厚约 1 米。门
楼为仿木结构，其上布满砖雕，中枋匾额
由方砖砌面，上面雕刻"藻耀高翔"四个
大字，刚劲有力，清高淡雅，寓意美好，
是书法和雕刻融合的艺术杰作。中枋匾额
两侧是两幅有单独边框的砖雕，一侧是"郭
子仪上寿"，一侧是"文王访贤"。其中"文
王访贤"雕刻中的姜子牙端坐在河边，悠
然垂钓；一边的周文王单膝下跪，文武群
臣前呼后拥，姜太公的胸有成竹，周文王
的求贤心切之态和诚心，都表现得生动逼
真，淋漓尽致，体现了相当高的雕刻技艺。
门楼下枋匾额略向里凹进，横长的匾额满
饰浅浮雕云朵，云中雕刻有蝙蝠，三个"寿"
字分列在云朵中，形成丰富的雕刻画面。
整座门楼雕刻精致无比，雕工精湛，手法
纯熟，是我国传统古建筑中装饰雕刻艺术
中的经典作品。

苏州园林门楼砖雕

北海九龙壁浮雕

清代，琉璃。位于北京北海北岸，是一座五彩琉璃砖影壁。影壁高 6.65 米，长 25.86 米，厚 1.42 米。影壁东端是山石、海水、流云、旭日等组成的图案，壁西端有海水、流云和明月，一个是白天，一个是夜晚，象征日月乾坤。全壁由四百二十块琉璃砖拼砌而成，以蓝、绿水纹为背景，黄色坐龙位于中心部位，在其两侧对称设置蓝、白、紫、黄四龙。各龙之间以珊瑚和龙珠相分隔。包括龙身和海浪、珊瑚在内的形象均突出壁面，使整壁形象逼真，气势汹涌，是皇家建筑艺术水平的完美体现，是一件集艺术价值、历史意义与皇苑文脉于一身的艺术作品。

北海九龙壁浮雕

牛背牧童

清代，竹雕。台湾鸿禧美术馆藏。高 4 厘米，宽 6.5 厘米。这件作品为竹根雕刻而成，主体为一头扭头站立的牛，双目圆睁，双角上弯。牛背上伏有一童子，左手持牛鼻绳，活泼可爱，与憨态可掬的牛在体量和动态两方面形成对比，趣味十足。造型夸张，刀法简练，雕刻风格质朴。

牛背牧童

渔家婴戏

清代，竹雕。台湾鸿禧美术馆藏。高 9.2 厘米，宽 9.7 厘米。这件作品选取竹根部位作为材料，竹质坚硬。镂雕有一柱形鱼篓，编织纹前后雕刻写真，鱼篓两旁各雕有一童子，笑意融融，神态可爱，十分有趣。造型写实，雕刻精细，风格质朴，显示出较高的雕刻技术水平。

渔家婴戏

竹根雕人物乘船

清代，竹雕。扬州博物馆藏。高19厘米，长35.5厘米，宽12厘米。这件作品是利用竹根雕刻而成。船上载有五人，一仕女立于船头，体态端庄，神情恭谨。船的右侧有一孩童，头束两发结，双手握桨，活泼可爱。另有三位老人，位于船后。三位长者谈笑风生，神情祥和愉悦。船座雕刻波浪纹，营造出船在波浪中前行之势。作品造型精美，布局严谨，雕刻人物形象生动逼真。作品采用圆雕、浮雕、透雕等多种手法，使人物衣纹、树纹和船纹相互配合，产生很强的动感效果。船尾都被雕成翘起状，其形如枯树，又如同怒浪涌起或抽象的龙头，使整组雕刻富有超现实的意味，神化色彩浓厚。

竹根雕人物乘船

竹雕童子牧牛

清代，竹雕。安徽博物院藏。高18厘米，长18.5厘米。作品是用一段竹根雕刻而成。牛体形硕大，垂颈俯首，双角略向上弯曲，神态温顺。童子头束发髻，赤足，着窄袖上衣，下着短裤，腰束带。双手攀牛角，右脚蹬牛鼻，欲上牛背，生活气息浓郁。作品造型写实，雕刻手法简练。明、清两代竹雕艺术兴盛，尤其以同时运用深浅浮雕、圆雕、镂雕等多种手法刻制风格华丽的作品见长。图示牧牛童子为根雕常见题材，这件作品雕刻手法简洁，突出质朴的乡土风格。

竹雕童子牧牛

竹丝缠枝番莲多宝格圆盒

清代，竹雕。台北"故宫博物院"藏。高24.3厘米，径18.6厘米。多宝格为可收放的圆柱体结构，这件多宝格外壁用竹丝拼围，面上再粘贴木雕的缠枝番莲花，图案纹样优美。圆筒形盒内分成四个扇形，可以一字排开，成为一座小屏风，回转过来又可成为一个多宝格。多宝格雕刻精致细腻，每扇多宝格中又分多层，可用来放置相关物品，其设计巧妙，制作精良。

竹丝缠枝番莲多宝格圆盒

滚马图笔筒

清代，竹雕。故宫博物院藏。笔筒为圆形，用一段竹节雕成，口缘与底微侈。外壁浮雕有一马，马背朝地，头部高昂，做嘶鸣状。身躯、四蹄翻滚姿态生动。刻工精湛，轮廓清晰，动感强烈。运刀自如，工艺秀丽，是清代竹刻的代表作品之一。

滚马图笔筒

鹌鹑盒

清代，牙雕。故宫博物院藏。高5.6厘米，长12厘米，宽4.5厘米。作品造型为一只圆雕的鹌鹑形象。鹌鹑通体饰羽，由头部开始，全身覆盖鳞片状羽毛，雕刻细致，层次丰富。双尾下垂，盒底雕刻鸟爪，使鹌鹑呈蹲踞状。盒口沿处隐藏于胸腹羽毛间，使盒盖扣合后与盒体融为一体，构思巧妙。头微向右偏，两眼凝视前方。体现了工匠高超的技巧。雍正、乾隆时期，这种集实用与美观于一体的艺术手法十分盛行。

鹌鹑盒

牙雕洛神赋小插屏

清代，牙雕。沈阳故宫博物院藏。通高34厘米，直径10厘米，厚0.4厘米。这件小插屏为圆形象牙微雕，插屏正面以浅浮雕的手法雕刻着美丽的洛神，正上方长约2厘米的壁面上微雕有《洛神赋》全文。插屏下面的托座为木质，镂雕为水云纹，髹深褐色漆，在色彩上形成鲜明的对比。屏面上雕有"乙巳春二月江都芝田先生雅属，吴南愚刻"的落款。

牙雕洛神赋小插屏

牙雕诸天法像龛

清代，牙雕。沈阳故宫博物院藏。高23厘米，座宽13.4厘米，上顶9.4厘米。龛有三扇，之间用纽环相连，可闭合。底部为莲瓣须弥座式的形式，上部均分为三层，雕有二十一尊藏传佛教中的护法神像，用来象征佛经中的"三界诸天"。这件牙雕诸天法像龛原来供奉于沈阳皇家寺庙长宁寺像龛中，所雕诸天神像非常生动，有多头、多臂、动物身和持不同法器，呈现不同神态的各式造像，其衣饰也清晰、精致，显示出极高的雕刻水准。

牙雕诸天法像龛

桦木根雕双虎

清代，根雕。沈阳故宫博物院藏。通高24厘米，长37厘米。雕刻两虎为母与子的关系。母虎神态凶猛，怒目圆睁，鼻孔大张，口衔小虎，尾巴伸向前方。被母虎叼住的小虎四肢张开，其头部与两前肢向一侧扭动，尾伸直呈用力态势，做奋力挣脱状。两虎造型写实，雕刻者将桦木根上的天然瘿结作为斑斓的虎皮斑纹，巧妙利用并突出了桦树根部表面特殊的肌理，使人工雕刻与天然纹理完美配合，达到了很好的造像效果。

桦木根雕双虎

仙人骑犰根雕

清代，根雕。故宫博物院藏。高16.2厘米。仙人为番僧状，卷发、深目、高鼻，披衣斜坐犰背，盘曲在犰背上的腿部与手部均只刻出大概轮廓。犰的形象是在材料原有根节的基础上进行雕刻而成的，因此形象生动并富有自然材料的美感。

仙人骑犰根雕

纳西族"靴顶老爷"铜雕像

清代，铜铸。云南省博物馆藏。高
23.2 厘米。"靴顶老爷"是纳西族传
说中掌管雨水的神仙，其形象为头顶
靴，有专门供奉靴顶老爷的靴顶寺。
这尊像中的靴顶老爷上身袒露，下着
短裙，大肚下垂。五官刻画精细，双
目圆瞪，向上仰望。下面为莲座造型
的铜鼓形台座，雕饰素雅，风格质朴。

纳西族"靴顶老爷"铜雕像

大威德金刚像

清代，铜铸。内蒙古博物院藏。高
17.3 厘米，底长 18 厘米，宽 6.7 厘米。
大威德金刚形象为九头、三十四臂、
十六足并在胸前抱明妃的形式，也有
不抱明妃的做法，其像为无量寿佛的
化身。造像最上部为无量寿佛头，中
间为一牛形头代表阎王，头戴冠，双
角向上翘起，三只眼，神情威武凶猛。
此尊大威德金刚像三十四只手中各握
有代表智慧、勇猛等含义的法器，下
踩莲花座，胸前抱明妃罗浪杂娃。造
像通体鎏金，气势威严，刻工细致，
技术精湛。

大威德金刚像

宗喀巴像

清代，铜铸。内蒙古博物院藏。高 17
厘米，底长 11.3 厘米，宽 8.8 厘米。
造像为宗喀巴。宗喀巴结跏趺坐在
莲座上，头戴黄色尖顶帽，身着长袍，
双手做转法轮状，手中生有两枝莲花，
枝蔓沿着手臂向上延伸，在双肩处开
出花朵，在右肩的莲花上生有一把宝
剑，左肩的莲花上生有经卷。这两件
法器是宗喀巴的标志性法器。

宗喀巴像

鎏金铜面具

清代，铜铸。1956 年四川省甘孜藏族自治州征集，四川博物院藏。这件面具是事先把模具刻好，然后用铜浇铸而成的。面具头戴骷髅冠，冠上镶有珊瑚和绿松石。怒目圆瞪，张口露齿，卷舌，嘴角和唇下贴饰有金花。这种面具是在举行驱鬼仪式时佩戴的一种面具，用来祈福驱邪之用。面具通体鎏金，造型于写实中略带夸张，更富神秘气韵。

鎏金铜面具

掐丝珐琅兽面出戟带盖罍

清代，铜铸。沈阳故宫博物院藏。通高 60 厘米，宽 31 厘米。方罍为铜胎珐琅，呈扁方形，腹部微鼓，长方形足部微向外撇，呈梯形状。通体满饰兽面纹，上覆盖，盖纽造型为盝形顶的方塔状，肩部两侧各有一龙耳，器身从上至下有八条棱式出戟的装饰，均为铜质鎏金。通体饰以兽面纹，纹饰均填以不同的彩釉，色彩鲜艳，做工精良，风格华丽，是清代仿古青铜器制造的大批珐琅器之一。

掐丝珐琅兽面出戟带盖罍

掐丝珐琅象驮瓶

清代，铜铸。沈阳故宫博物院藏。高 39 厘米，长 41 厘米。作品造型别致，做一大象立于须弥座上，须弥座为仰覆莲式，上围有一圈卷草纹样的栏杆。象四足粗壮有力，长鼻内卷，象牙弯长，两大耳，边缘稍向内卷，象耳、象牙均鎏金。象背上驮有一葫芦形宝瓶，瓶身上分别嵌有"大吉"二字，葫芦上方袅袅祥云托捧一圆日，左右两侧各伸出一如意头，挂磬和鱼，以寓意"吉庆有余"。象通体嵌珐琅，横纹并填釉，形成横向花纹。此象瓶为一对，通常设于宝座两侧作观赏器。

掐丝珐琅象驮瓶

剔红山水人物天球瓶

清代，铜铸。沈阳故宫博物院藏。通高 63
厘米，口径 14.5 厘米。这种圆口、长颈、
球腹、假圈足的天球瓶形式，是自明永乐
年间兴起的一种受西亚文化影响产生的造
型。瓶身通体满饰缠枝花卉纹样。口沿处
雕饰有一圈蕉叶纹样，颈、腹部均有开光，
颈部为海棠花形，腹部为圆形，里面雕刻
有内容丰富的各种场景式画面。圈足上饰
有一周连续的菱形纹。瓶造型优美，雕饰
技艺娴熟，风格精致华丽。

剔红山水人物天球瓶

掐丝珐琅宝相花三足炉

清代，铜铸。沈阳故宫博物院藏。通高 48
厘米，腹径 28.8 厘米。炉体为筒状，上有
盖，盖纽为一头卧地休息的大象，炉盖上
部饰以寿字及宝相花纹样，下部镂空，以
供熏香。炉颈、腹部满饰变形的夔纹、回纹、
蕉叶纹等，两耳和三足均为象首状，俱作
鎏金处理，生动准确。通体以蓝色釉为底，
纹饰有金、红、绿三色，色彩鲜艳，造型
和纹饰均带有浓郁的装饰意味，显示出清
代中晚期日渐繁复的装饰风格趋向。

掐丝珐琅宝相花三足炉

雕花铜洗手壶

清代，铜铸。自喀什噶尔征集，新疆维吾
尔自治区博物馆藏。通高 33 厘米。铜铸
器物是新疆维吾尔族传统手工艺之一，当
地有许多制作精美的铜壶，其制作工艺大
致相同，都先采用锻造、模压等方法制造
出各部位构件，再经过铆、焊合成。壶盖
与柄部把手用活销相连。壶盖为塔状，流
呈尖形，外表通体饰有精美的伊斯兰风格
花纹，繁复华丽。铜壶造型优美，装饰精细，
既是水洗用具，也是一件精美的工艺品，
具有很高的收藏欣赏价值。

雕花铜洗手壶

银鎏金财宝天王坐像

清代，铜铸鎏金。台湾鸿禧美术馆藏。
高30.8厘米。财宝天王实际为北方毗
沙门天王，密教称其为财宝天王，其
形象为一面两手形象，头戴玉佛宝冠，
坐骑为狮子。图示财宝天王像神态威
武，头戴玉佛冠，双眼圆睁，八字须。
左手握于胸前，右手托一吐珠天鼠。
天王身穿铠甲，脚蹬长靴，腰系带，
带上佩饰有双鱼形挂珓。天王坐于狮
上，狮卧于长方形覆莲座上，亦瞪眼、
张口，与天王像同样呈现狰狞面目。

银鎏金财宝天王坐像

鎏金迦叶尊者立像

清代，铜铸鎏金。台湾鸿禧美术馆藏。
高28.8厘米。迦叶通常被塑造为老年
男僧，因其苦行，形象清瘦。图示为
中年男子形象的迦叶像，呈站立状，
大耳下垂，面目清瘦，双目微闭，神
态安详，身斜披袈裟，袒胸，下着及
地长裙，衣袍边缘部位饰有纹样繁缛
的饰带，十分华丽。造型写实，比例
适度，雕刻精巧，通体鎏金，尤其是
纹线细密的衣服饰带，反映出匠人娴
熟的雕铸技巧。

鎏金迦叶尊者立像

鎏金无量寿佛坐像

清代，铜铸鎏金。台湾鸿禧美术馆藏。
高21.2厘米。无量寿佛呈坐姿，头束
高髻，戴宝冠，五官清秀，双目微闭，
上身斜披袈裟，下着裙，双手结禅定
印，上托一长寿宝瓶，双足跏趺坐于
须弥座上。佛像后面背光饰以葫芦形
火焰纹，座底刻有"大清乾隆庚寅年
敬造"九字。此像受藏传佛教造像的
影响明显，技法纯熟，通体鎏金，成
像略显呆板。

鎏金无量寿佛坐像

鎏金观音菩萨自在坐像

清代，铜铸鎏金。台湾鸿禧美术馆藏。高 36.8 厘米。这尊菩萨为倚坐姿态，头戴宝冠，上面立有一弥陀佛像。左手拄于莲座上，右手抚右膝，胸前、腰部饰以珍宝璎珞。莲茎由手腕绕臂到肩部，其上有宝瓶等法器。菩萨双目下垂，神态安详，做思考状。造像形象写实，铸造精细，为藏传佛教造像风格。

鎏金观音菩萨自在坐像

天子之宝

清代，金铸。故宫博物院藏。印面为 11.9 厘米边长的正方形，通高 8.3 厘米，纽高 5.1 厘米。推测制作于清太宗崇德时期，印面以满文刻"天子之宝"。此印主要为祭祀祖先和百神时用。印纽上系黄色绶带，并缀有正反两面分别用满文和汉文刻写的"天子之宝匣"象牙牌。

天子之宝

银錾花梵文贲巴壶

清代，银制。故宫博物院藏。高 21.2 厘米，口径 1.3 厘米，底径 9.8 厘米。此瓶为银制，但在瓶肚上的花纹、瓶口上的莲花瓣、注水口的动物纹及瓶座等处为金制，壶腹还有一周鎏金梵文。此瓶为皇宫藏传佛教庙礼拜时使用的法器，装以圣水浇熄圣火之用。此壶造型雅致，纹样繁复，雕刻精细，风格华丽，为清代装饰风格。

银錾花梵文贲巴壶

乌兰察布盟盟长贝子乘马牌

清代，银铸。内蒙古博物院藏。通高16.9厘米，牌高14.4厘米，宽9.9厘米。此银制乘马牌上部为尖云头形，下部为方形，上面阳刻有四行蒙古文，大意为乌兰察布盟盟长征用坐骑证。由此可知，此乘马牌为乌兰察布盟盟长征调盟内马匹的令牌。乘马牌雕铸精细，四周用镶有回旋纹的黄铜边饰，背面为两道黄铜箍，穿以皮带，方便佩挂。乘马牌造型精美，具有极强的装饰效果。

乌兰察布盟盟长贝子乘马牌

苏尼特左旗札萨克印

清代，银铸。内蒙古博物院藏。银印高11厘米，印边长10.5厘米，重4000克，印盒高17.8厘米，长16厘米，宽15.8厘米。此印为苏尼特左旗札萨克郡王萨木札之印，于康熙二十五年（1686年）时颁发。印为银制，呈方形，顶部正中有一虎形纽，造型写实，呈蹲卧状，印文刻有汉、蒙两种字体。这种银、铜质的方印，是清王朝赐予蒙古各派势力的权力见证，除此之外还有多枚，其尺寸相同，只在纽的造型和印文上有所差异。

苏尼特左旗札萨克印